Samuel Leutwyler
Markus Nägeli
(Hrsg.)

Spiritualität und Wissenschaft

Forum für Universität und Gesellschaft
Universität Bern

Publikation des

u^b

UNIVERSITÄT
BERN

Spiritualität und Wissenschaft

Herausgegeben von
Samuel Leutwyler
und Markus Nägeli

Mit Beiträgen von
Reinhold Bernhardt, Rudolf Dellsperger, Franz-Xaver Hiestand,
Kaspar H. Jaggi, Willigis Jäger, Lutz Jäncke, Franz-Xaver Jans,
Hans Jecklin, Annette Kaiser, Samuel Leutwyler, Christoph Müller,
Franz Nikolaus Müller, Markus Nägeli, Klara Obermüller,
Christian M. Rutishauser, Christian Scharfetter, Georg Schmid,
Rainer C. Schwinges, Jörg Stolz, Ernst Tugendhat, Jürg Welter,
Peter Wild

Projektleitung: Prof. Dr. Samuel Leutwyler
Projektassistent: Dr. Markus Nägeli
Kerngruppe: Dr. Suzanne Braga, Johanna Ebell-Maak,
Prof. Dr. Hans-Ulrich Fisch, Dr. Martina Güntert,
Pfr. Jürg Welter

vdf Hochschulverlag AG an der ETH Zürich

Projekt und Publikation wurden durch die Stiftung
«Universität und Gesellschaft» unterstützt.

Bibliografische Information Der Deutschen Bibliothek
Die Deutsche Bibliothek verzeichnet diese Publikation in der Deutschen
Nationalbibliografie; detaillierte bibliografische Daten sind im Internet über
http://dnb.ddb.de abrufbar.

© 2005
vdf Hochschulverlag AG an der ETH Zürich

ISBN 3 7281 2964 X

Das Werk einschliesslich aller seiner Teile ist urheberrechtlich geschützt.
Jede Verwertung ausserhalb der engen Grenzen des Urheberrechtsgesetzes
ist ohne Zustimmung des Verlages unzulässig und strafbar.
Das gilt besonders für Vervielfältigungen, Übersetzungen, Mikroverfilmungen
und die Einspeicherung und Verarbeitung in elektronischen Systemen.

Inhaltsverzeichnis

Rainer C. Schwinges	Geleitwort	9
Samuel Leutwyler	Spiritualität und Wissenschaft: Zwei Wege, die Welt wahrzunehmen	13
Markus Nägeli	Spiritualität und Wissenschaft: Eine Übersicht	27

Einführung, Terminologie, Grundlagen

Georg Schmid	Spiritualität im Angebot	51
Reinhold Bernhardt	Spiritualität im Spannungsfeld von Esoterik und christlicher Tradition	63
Lutz Jäncke	Wie unterscheidet das Gehirn zwischen Illusion und Realität?	77
Christian Scharfetter	Warum Wissenschaft und Spiritualität nicht in Widerspruch geraten	87
Ernst Tugendhat	Spiritualität, Religion und Mystik	95

Geschichte der Spiritualität, historische spirituelle Wege, Religionssoziologie

Klara Obermüller	Spiritualität und Verantwortung: Mystik der offenen Augen	109
Jörg Stolz	Der Erfolg der Spiritualität. Gesellschaftsentwicklung und Transzendenzerfahrung am Beispiel der Schweiz	121
Franz Nikolaus Müller	Kontemplation – mystischer Versenkungsweg aus altchristlicher Tradition	133

Jürg Welter	Weg ohne Weg – zur Aktualität von Meister Eckharts spirituellem Weg	153
Rudolf Dellsperger	Spirituelle Aufbrüche – Anzeichen gesellschaftlicher Umwälzungen?	169
Christian M. Rutishauser	Spiritualität im Kontext. Eine zeitgeschichtliche und religionswissenschaftliche Verortung	185

Praxis und Reflexion spiritueller Wege, Spiritualität in Beruf und Alltag

Willigis Jäger	Konfessionslose Religiosität	199
Christian Scharfetter	Chancen und Gefahren auf dem spirituellen Weg	219
Hans Jecklin	Spirituelles Denken und Handeln in der Wirtschaft	225
Kaspar H. Jaggi	Spiritualität im therapeutischen Geschehen. Erfahrungen aus der Arzt-Praxis	237
Peter Wild	Spiritualität innerhalb und ausserhalb der Kirche: Verantwortung und Schulungskompetenz	245
Annette Kaiser / Franz-Xaver Jans	Meister, Guru, Seelenführer: Wie finde ich einen seriösen Lehrer?	253
Franz-Xaver Hiestand / Christoph Müller	Indizien einer tragfähigen Spiritualität	269
	Autorinnen und Autoren	285

Geleitwort
Rainer C. Schwinges

Spiritualität ist ein gesellschaftliches und kulturelles Phänomen. Sie ist offenbar ein Grundbedürfnis sehr vieler Menschen, an welchen Punkten ihres Lebens auch immer; und gänzlich unabhängig von Stand und sozialen Positionen wird sie gelebt. Viele haben ein starkes Bedürfnis danach zu fragen, ob «zwischen Himmel und Erde» mehr sei als Luft, und suchen nach Wegen, auf denen man Antworten erhalten kann. Sie finden sie auch gelegentlich für sich und andere aus einer sehr grossen Zahl von Möglichkeiten. Nur wenige Tage vor dem Symposium «Spiritualität und Wissenschaft» in Gwatt b. Thun, konnte man es erfahren: Papst Johannes Paul II. weilte in Bern (5. bis 6. Juni 2004) und begeisterte vor allem die Jugend der Schweiz, nicht einmal nur die römisch-katholische. Von spirituellen Erlebnissen in einer grossen, für einmal aussergewöhnlich wohltuenden Gemeinschaft war dabei des Öfteren die Rede. Aber auch Umfragen haben bestätigt, was wir bereits zu wissen meinen: Ein gutes Drittel der schweizerischen Bevölkerung beschäftigt sich heutzutage mit wie auch immer gearteten spirituellen Fragen. All das muss für Universität und Wissenschaft ein Grund sein, sich diesem Phänomen zu stellen und es zum Gegenstand wissenschaftlicher Erörterungen zu machen. Sinnvoll ist das freilich nur in der Bündelung der Perspektiven verschiedener Wissensbereiche. So finden sich in diesem Band denn auch Beiträge aus Medizin und Psychiatrie, aus Theologie, Philosophie und Geschichte, Naturwissenschaften, Soziologie und Wirtschaft.

Dies nun – Wissenschaften im Dialog – gehört zu den Kernaufgaben des «Forum für Universität und Gesellschaft» an der Universität Bern, in grundsätzlicher Offenheit gegenüber jedweder Thematik. Das Forum stellt sich die Aufgabe, Probleme in Universität und Öffentlichkeit möglichst früh zu erkennen und dann beide Seiten für einen Dialog zu motivieren, für einen fächer- und bereichsübergreifenden Dialog zwischen Persönlichkeiten aus Universität und Wissenschaft, Wirtschaft, Politik und Kultur. Dass dies nötiger denn je ist und den Leistungsauftrag der Universität unmittelbar tangiert, steht ausser Frage. Dabei ist es Anliegen und Anspruch des Forums, dies nicht nur vom Feldherrenhügel der Theorie aus zu tun, sondern vielmehr für eine praktische Ausbeute zu sorgen, für Lösungen oder zumindest für Optionen, die man während der Veranstaltungen erfahren oder später wie in diesem Buch nachlesen kann. Und nicht zuletzt gehört es zu den vornehmsten Aufgaben des Forums, auch der Universität zu helfen, sich zu öffnen und Verständnis für das gesellschaftliche Bedürfnis nach Orientierung, vor allem wissenschaftlich gestützter Orientierung zu entwickeln.

Nun einmal damit konfrontiert hat sich das Forum – der folgende Begriff sei bewusst verwendet – dazu «durchgerungen», das durchaus problematische Thema «Spiritualität und Wissenschaft» in sein Programm aufzunehmen. Ich möchte nicht verhehlen, dass neben grösstem Interesse auch Kritik und Skepsis dabei Wegbegleiter waren. Spiritualität gehöre nicht in die Universität, widerspreche und entziehe sich aufgeklärter Argumentation, passe nicht zu einer der Rationalität verpflichteten Wissenschaft, füge sich nicht in die methodisch kontrollierten Erkenntnisprozesse, unterscheide sich auf das Gröbste in der Formulierfähigkeit, kurzum, man finde keine gemeinsame Sprache. Auch von Angst war die Rede und nicht zuletzt von der Sorge, sich in der Universität als Wissenschaftler zu blamieren. Am Ende jedoch siegte, was Wissenschaft noch immer ausgemacht hat, die Neugier nämlich, die sich über Bedenken hinwegsetzt, die Neugier darauf, ob wohl auch spirituelle Metasprachen entzifferbar seien, und umgekehrt, ob auch in der Wissenschaft gewisse Grenzüberschreitungen möglich und für den Erkenntnisprozess nützlich seien.

Das Forum hat die Herausforderung der Spiritualität und des gesellschaftlichen Bedürfnisses danach angenommen, verschiedene Veranstaltungen projektiert und die Resultate im vorliegenden Buch bilanziert. Von Anfang Februar bis Ende Mai 2004 haben Vorträge und Workshops an der Universität Bern stattgefunden, die einerseits klärende begriffliche Leitlinien für den Umgang mit Spiritualität und spirituellen Angeboten aufzeigen und andererseits praktische Kenntnisse und Erfahrungen auf verschiedenen spirituellen Wegen vermitteln sollten. Die Veranstaltungen standen unter dem Motto «Spiritualität selber erfahren, Spiritualität kritisch reflektieren, Spiritualität besser verstehen». Zuspruch und Resonanz in Universität und Öffentlichkeit waren ausserordentlich gross und die Erwartungen wurden mehr als erfüllt.

Dass nun ein Buch vorliegt, verdankt das Forum der glücklichen Fügung, dass es die Projektleitung in ausserordentlich geschickte und vertrauenswürdige Hände legen konnte. Sie gehören ausgewiesenen Wissenschaftlern mit sehr viel Verständnis für Spiritualität, Professor für Physikalische Chemie der eine, Theologe und Pfarrer der andere. Und so danke ich sehr herzlich Herrn Professor Samuel Leutwyler und seinem Projektmitarbeiter Herrn Pfarrer Dr. Markus Nägeli für die Initiative, das grosse Engagement und die unermüdliche Bereitschaft, das Projekt durchzuführen und erfolgreich zum Abschluss zu bringen.

Ebenso herzlich gilt der Dank im Namen des Berner Forums den Mitgliedern der Projektgruppe (Dr. Suzanne Braga, Johanna Ebell-Maak, Prof. Dr. Hans-Ulrich Fisch, Pfr. Jürg Welter), deren Wissen und Fähigkeiten in beiden «Seinsweisen», der wissenschaftlichen wie der spirituellen, die Konzeptgestaltung ungemein befruchtet haben. Zu ihnen gehörte auch Frau Dr. Martina Güntert vom wissenschaftlichen Sekretariat des Forums, die sich darüber hinaus der redaktionellen Betreuung des Bandes angenommen hat. Und nicht zuletzt gebührt ein herzliches Dankeschön der Stiftung «Universität und Gesellschaft» in Bern, die die Arbeit des Forums auch diesmal wieder in grosszügiger Weise unterstützt hat. Ich wünsche dem Buch in Wiederholung der Erfolge der früheren Veranstaltungen grosse und schöne Resonanz.

Spiritualität und Wissenschaft:
Zwei Wege, die Welt wahrzunehmen
SAMUEL LEUTWYLER

1. Einleitung

Es geht in diesem Band weder um eine spirituelle Erklärung von Wissenschaft noch um wissenschaftliche Erforschung von Spiritualität. Der Grund dafür ist, dass Wissenschaft und Spiritualität verschiedene *Arten* oder *Methoden* der Weltwahrnehmung sind. Dazu Wittgenstein im Tractatus:[1]

> *Wir fühlen, dass selbst, wenn alle möglichen wissenschaftlichen Fragen beantwortet sind, unsere Lebensprobleme noch gar nicht berührt sind. Freilich bleibt dann eben keine Frage mehr; und eben dies ist die Antwort.*

Er weist also darauf hin, dass Wissenschaft in eine andere Richtung zielt als auf «unsere Lebensprobleme». Die Frage nach dem Sinn des Lebens – ausgelöst durch das Erleben der Kontingenz menschlichen Daseins – ist ein zentraler Ausgangspunkt für Spiritualität. Für Wittgenstein sind Erklärungsversuche von spiritueller oder wissenschaftlicher Seite über die jeweils andere Weltwahrnehmungsweise demnach Kategorienfehler. Im nächsten Satz insistiert er, dass die «Lebensprobleme» sprachlich nicht erfassbar sind:[2]

> *Die Lösung des Problems des Lebens merkt man am Verschwinden dieses Problems. (Ist dies nicht der Grund, warum Menschen, denen der Sinn des Lebens nach langen Zweifeln klar wurde, warum diese dann nicht sagen konnten, worin dieser Sinn bestand?).*

Ähnliches sprechen spirituelle Lehrer aus, so z.B. Renz:[3]

> *Solange ein Hoffnungsträger da ist, der denkt, er könnte sich durch die Beantwortung der Frage ‹Wer bin ich?› zur Glückseligkeit aufschwingen, leidet er darunter, dass diese Frage nie beantwortet wird. ... Es wird nie eine Beantwortung dieser Frage geben. Das, was Du bist, wirst Du nie kennen. Es ist einfach kein Objekt des Wissens.*

---

[1] Wittgenstein, Ludwig: *Tractatus logico-philosophicus*. Frankfurt a.M. 1973, Satz 6.52.
[2] Ebd., Satz 6.521.
[3] Renz, Karl: *Das Buch Karl; Erleuchtung und andere Irrtümer*. Bielefeld 2004.

Spiritualität und Wissenschaft haben dennoch viele Gemeinsamkeiten: (1) Sie entspringen beide einer evolutionär entstandenen und durch Erziehung und Kultur geformten biologischen Struktur, dem menschlichen Gehirn. (2) Wissenschaft wie Spiritualität gehen beide von der Erfahrung aus, dass die Welt mysteriös ist. Sie weisen beide darauf hin, dass die Welt nicht so beschaffen ist wie der «gesunde» Menschenverstand es behauptet. Beide versuchen, die Welt anders wahrzunehmen als durch den Filter unserer Vorurteile. (3) Spirituelle Wege und Wissenschaft sind deshalb prozesshaft; sie muten dem Lernenden einen Ausbildungsweg zu. Beide beinhalten ein grosses Mass an Ent-Lernen, an Dekonstruktion des «common sense». (4) Wissenschaft wie Spiritualität basieren darauf, dass der Mensch von sich selber Abstand nimmt, die Wichtigkeit der eigenen Person zurücktreten lässt. (5) Wissenschaften suchen nach Gesetzmässigkeiten in der Welt und setzen damit voraus, dass Gesetzmässigkeiten überhaupt existieren.[4] Spiritualität sucht nach der Sinnhaftigkeit der Welt und setzt voraus, dass Sinn, Tiefe oder Verbundenheit erlebt werden kann.

Der vorliegende Band ist entstanden aus dem Projekt «Spiritualität und Wissenschaft» des Forums für Universität und Gesellschaft der Universität Bern. Dieses versuchte ein Feld zu schaffen, auf dem sich spirituell *und* wissenschaftlich aktive und suchende Menschen begegnen und austauschen konnten, auf dem ein respektvoller und angstfreier Dialog möglich war. In einem Vortragszyklus wurden zunächst Grundlagen erarbeitet und Termini («Spiritualität», «Religion», «Mystik», «Esoterik» usw.) näher erläutert. Spirituelle Grundformen und Wege wurden beschrieben, hinterfragt und universelle Elemente von Spiritualität charakterisiert. Spirituelle Strömungen wurden in ihrer Geschichte beleuchtet, miteinander verglichen und eingeordnet. In einem zweitägigen Symposium wurden verschiedene Ausformungen von Spiritualität in ihrem historischen und aktuellen Kontext dargestellt, ihr Weltbild und ihre Praxis ausgeleuchtet. Beziehungen zwischen Spiritualität und Religion, Wissenschaft, Medizin und Wirtschaft wurden vorgestellt und diskutiert. In diesem Band sind die Vorträge des Vortragszyklus und des Symposiums zusammengefasst. Die Beiträge sind thematisch gruppiert und in einem Synthesekapitel (*Nägeli*)[5] verbunden worden.

---

[4] «... und es bleibt nur die eine – offenkundig nicht durch falsifizierbare Theorien beantwortbare, also ‹metaphysische› Frage übrig: Woher es kommt, dass wir mit der Aufstellung von Theorien oft Glück haben – dass es ‹Gesetzmässigkeiten› gibt.» Popper Karl: *Logik der Forschung*. Tübingen 1973, S. 72.

[5] Die in Klammer kursiv genannten Autoren haben einen Beitrag zum vorliegenden Sammelwerk geleistet.

Spiritualität muss empirisch erfahren und erlebt werden. Deshalb wurden in sechs Workshops beispielhaft verschiedene spirituelle Wege vorgestellt. Dabei wurden Traditionen gewählt, die (1) einen persönlichen und direkten Bezug zur «Einen Wirklichkeit» (*Jäger*) erlauben, (2) einer kontinuierlichen persönlichen spirituellen Entwicklung dienen, (3) den Menschen in seine Selbstverantwortung führen, (4) der individuellen Lebensrealität angepasst sind und (5) tolerant sind und die Effektivität anderer – auch traditioneller – spiritueller Wege anerkennen. Vorgestellt wurden: ignatianische Exerzitien (C. Rutishauser, J. Ebell), Sufismus (P. Cunz), Zen-Buddhismus (E. Egloff), Saddhana-Yoga (A. Nayak), Schamanismus (B. Schweizer, R. Weiss) und jüdische Kabbala (M. Bollag).
Interviews zu diesen Wegen mit sechs der acht WorkshoplehrerInnen finden sich auf der Begleit-CD von Radio chrüz u quer.[6]

2. Die Suche nach Spiritualität

Viele Menschen in unserem Kulturkreis erleben die Gesellschaft und ihr eigenes Leben als sinnarm und beängstigend.[7] Sie sind mit ihren Lebensproblemen allein und auf der Suche nach dem Sinn ihrer Existenz. Die Glaubenssysteme der christlichen Kirchen scheinen ihre sinnstiftende und integrative Kraft verloren zu haben.[8] Ein Grund mag sein, dass ihre heiligen Schriften und grosse Teile ihrer Glaubensgebäude 1500 – 2500 Jahre alt sind und deshalb Familien- und Gesellschaftsstrukturen, Wertsysteme und Weltbilder nomadischer und agrarischer Gesellschaften widerspiegeln. Diese Weltbilder konnten nicht Schritt halten mit der Entwicklung der Wissenschaften und der Gesellschaft in den letzten 300 Jahren, die unser Verständnis der Welt auf eine empirisch-rationale Basis gestellt und fundamental verändert haben. Die Entwicklung zwingt die Religionen zu Anpassungen, die teilweise auch stattfinden.[9] Wie aber schon Galilei erlebte, können Offenbarungsreligionen nur in beschränktem Ausmass ihr schriftlich fixiertes Fundament und ihre darauf basierende dogmatisch gefestigte Weltsicht an neue Weltbilder anpassen. Nicht-theistische Philosophiereligionen wie der Buddhismus scheinen hier flexibler zu sein, wie der

---

[6] *chrüz u quer* ist das ökumenische Lokalradioprojekt der Berner Stadt- und Agglomerations-Kirchen (www.chruezuquer.ch).
[7] Kierkegaard, Sören: *Der Begriff Angst*. Stuttgart 1992.
[8] Halbfas, Hubertus: *Traditionsabbruch. Zum Paradigmenwechsel im Christentum*. Festvortrag an der Thomas-Akademie, Universität Luzern, 2004 (www.unilu.ch/tf/290.htm).
[9] So z.B. die *Konstitution über die Kirche in der Welt von heute (Gaudium et spes)* des 2. Vatikanischen Konzils.

aktuelle Diskurs zwischen dem Dalai Lama und Neurobiologen zeigt.[10] Ein wichtiger Grund für die aktuelle Suche nach Spiritualität im westlichen Kulturkreis liegt in der Dissonanz – wenn nicht Inkompatibilität – der empirisch-wissenschaftlichen und theistisch-religiösen Weltbilder.

3. Was ist Wissenschaft?

Neuzeitliche Wissenschaft beginnt im Spätmittelalter und nimmt ihren Aufschwung im 17.Jh. Wissenschaftliche Methodik geht von klar definierten Hypothesen aus und versucht anschliessend, mittels Experimente (sorgfältiger, umfassender und intersubjektiv vereinbarter Beobachtungsverfahren) die «Welt» zu befragen und im Rahmen eines Modells oder einer Theorie ein Stück «Realität» zu interpretieren. Eine tragfähige wissenschaftliche Theorie muss alle experimentellen Befunde, für die sie zuständig sein will, korrekt wiedergeben und in sich widerspruchsfrei sein. Ferner muss sie Vorhersagen über künftig beobachtbare Tatbestände machen; können diese durch weitere Experimente nicht bestätigt werden, so muss die Theorie zu Gunsten einer besseren modifiziert oder verworfen werden. Wissenschaftlicher Fortschritt kann als auf Experimenten basierender, kumulativ und selbstkritisch fortschreitender Aufbau des Bestands von Erkenntnissen über bestimmte Realitätsbereiche gesehen werden.[11] Dennoch wissen wir nicht, was die wissenschaftliche Methode «wirklich» ist. Es sprechen viele Argumente dafür, dass wissenschaftliche Erkenntnis durch Tatsachen weder schlüssig belegt noch schlüssig verworfen werden kann. Wissenschaftliche Theorien können weder zwingend verifiziert[12] noch falsifiziert werden. Die Wissenschaftstheorie hat versucht, in universell gültiger Weise darzustellen, was das Besondere und Charakteristische an wissenschaftlicher Erkenntnis ist und ist dabei auf gravierende Schwierigkeiten gestossen. Wir haben zurzeit keine allgemein gültige, ahistorische Definition von Wissenschaft oder wissenschaftlicher Methode.[13] Ein Hauptgrund dafür ist, dass Wissenschaftler einen Bereich der Wirklichkeit *herauspräparieren* und für diesen im Wechselspiel von Experiment und Theorie einen konzeptuellen Rahmen (framework)[14] entwickeln. Dieser Rahmen bezieht sich nie auf die «ganze» Realität. Verschiedene Bereiche der Wirklichkeit sind ver-

---

[10] Varela, Francisco J.: *Traum, Schlaf und Tod. Der Dalai Lama im Gespräch mit westlichen Wissenschaftlern*. München 2001.
[11] Chalmers, Alan F.: *Wege der Wissenschaft*. Berlin 2001.
[12] Popper, Karl R.: *Logik der Forschung*. Tübingen 1973.
[13] Chalmers, ebd.
[14] Als Beispiel eines «frameworks» mit Bezug auf die Neurowissenschaften, s.: Francis Crick and Christof Koch, Nature Neuroscience 2003, 6, 119.

schieden beschaffen und auch verschieden komplex. Dementsprechend variieren die experimentellen Methoden, die Ansprüche an Präzision und Reproduzierbarkeit, die zu erreichenden Ziele, selbst die Vorstellungen darüber, was ein «framework» oder eine gute Theorie sei. Dieser «herausschneidende» Charakter neuzeitlicher Wissenschaft geht zurück auf die Descartes'sche Unterscheidung von Subjekt und Objekt als zweier «Substanzen», d.h. auf den sog. *Cartesischen Schnitt*. Descartes trennte die Wirklichkeit in die *res cogitans*, der denkenden und zweifelnden Seele als «einer Substanz, deren Wesen oder Natur nur im Denken besteht», und in die *res extensa*, eine räumlich ausgedehnte Substanz materieller Objekte.[15] Durch die Abbildung der *res extensa* auf Zahlen wurde diese mathematisierbar.

> *Die ausgezeichnete Rolle, die Descartes dem Denken zuschrieb, führte ihn zur Forderung, sinnliche Inhalte aus naturwissenschaftlichen Begriffen restlos zu tilgen, und erlaubte ihm so eine mathematische Objektivierung der Aussenwelt. Descartes hat aber nicht eine naturgesetzliche Struktur der Welt entdeckt, sondern eine ... Symmetriebrechung eingeführt. Das heisst, Descartes hat die res extensa nicht gefunden, sondern gemacht.*[16]

Mit anderen Worten: Die den modernen Wissenschaften zu Grunde liegende Methode projiziert aus der Realität die *res extensa*. Die Einzelwissenschaften schneiden sich aus der *res extensa* wiederum Bereiche heraus, um sie zu erforschen. Der Cartesische Schnitt wird dort problematisch, wo das Nicht-Herausgeschnittene, der Hintergrund, als minderwertig oder wertlos betrachtet wird. Durch diese Wertung wird der Schnitt – der ja nur ein methodologisches Erkenntniswerkzeug ist – absolut gesetzt. Die ursprüngliche Ganzheit der Weltwahrnehmung und damit auch der Sinnzusammenhang gehen verloren.

4. Was ist Spiritualität?

Der Begriff «Spiritualität» wird in diesem Band mehrfach definiert (*Schmid, Bernhardt, F.N. Müller, Scharfetter, Rutishauser*). In der christlichen Theologie hat Spiritualität zwei Bedeutungen: im *personalen* Sinn das «geistliche Leben», die «in einer Begegnung mit Gott gewonnene Lebenstüchtigkeit» (*Rutishauser*), dann auch geistliche Praktiken wie Gebete, Rituale, liturgische Formen, die Weise, wie ein Individu-

---

[15] Descartes, René: *Meditationen über die Erste Philosophie*. Stuttgart 1986.
[16] Primas, Hans, in *Der Pauli-Jung-Dialog und seine Bedeutung für die moderne Wissenschaft*. Hrsg. v. Atmanspacher, Harald et al., Berlin 2001, S. 210.

um seine Beziehung zu Gott lebt. Andererseits verwendet die Theologie den Begriff Spiritualität im *organisationalen* Sinn für eine bestimmte spirituelle Ausrichtung, d.h. eine protestantische, katholische, methodistische, buddhistische, sufistische Spiritualität. Verallgemeinernd wird von Spiritualität*en* gesprochen.

In der aktuellen umgangssprachlichen Verwendung bedeutet Spiritualität hingegen oft eine *nichtalltägliche Wahrnehmungskategorie*, charakterisiert durch eine besondere Qualität und Stärke der Wahrnehmung sowie eine Verschiebung[17] des Wahrnehmungspunkts. Spiritualität erleben alle Menschen in Form des Numinosen oder Sakralen, so z.B. bei der Betrachtung des Nachthimmels, einer Landschaft oder eines Sonnenuntergangs. Spirituelle Öffnungen treten auch auf bei Trauer, beim Miterleben von Geburt oder Tod und bei anderen erschütternden Erlebnissen. Während solcher Ereignisse treten wir aus der Alltagswirklichkeit heraus, unsere Weltsicht verändert sich grundlegend. Charakteristisch sind u.a. folgende spontane Veränderungen:

- Das Erleben entzieht sich der sprachlichen Beschreibung und führt in die Sprachlosigkeit. Der Gedankenstrom[18] bzw. das innere Selbstgespräch[19] reisst ab.
- Seelisch / körperliche Wahrnehmungen treten in den Vordergrund, wir sind «berührt» oder «ergriffen».
- Die Grenzen des Ich-Raums lösen sich auf, die Trennung von Subjekt und Objekt ist aufgehoben.
- Wir erfahren etwas Tiefes, Sakrales, Mysteriöses.
- Wir erleben ein Gefühl der Zeitlosigkeit, des Verweilens im Jetzt.[20]

Solche spontanen, oft nur teilweise bewussten Erlebnisse werden im Diagramm *implizite Spiritualität* genannt. Im Unterschied dazu umfasst *explizite Spiritualität* die bewusste Suche nach dem Mysterium im Menschen und in der Welt. Hier geht es um die aktive und bewusste Pflege des Zugangs – oft Aufmerksamkeit oder Achtsamkeit genannt – um die kontinuierliche Entwicklung zu Öffnung und Veränderung hin, letzlich zur Ichrelativierung. Im Zentrum stehen direkte und persönliche Erfahrungen, auf die in allen Religionen und Konfessionen verwiesen wird.[21] Im Gegensatz zu Religionssystemen, bei denen der Glaube eine zentrale Rolle spielt, stützt sich Spiritualität – wie die Wis-

---

[17] Castaneda, Carlos: *Reise nach Ixtlan*. Frankfurt a.M. 1972; ders., *Der Ring der Kraft*. Frankfurt a.M. 1978.
[18] Kleist, Heinrich v.: *Über die allmähliche Verfertigung der Gedanken beim Reden*. München 1966.
[19] Wygotski, Lew S.: *Denken und Sprechen*. Frankfurt a.M. 1964.
[20] Tolle, Eckhart: *The Power of Now*. London 1999.
[21] Z.B. Waaijman, Kees: *Handbuch der Spiritualität, Band 1: Formen*. Mainz 2000.

senschaft – auf empirische Erfahrung. Explizite Spiritualität ist als Erfahrungsweg mitteilbar und lehrbar, Schulen der Spiritualität werden *spirituelle Wege* genannt.[22] Diese betonen die Erfahrungsseite und die Praxis:

> *The more you understand our thinking, the more you find it difficult to talk about it. The purpose of my talking is to give you some idea of our way, but actually, it is not something to talk about, but to practice. The best way is just to practice without saying anything.*[23]

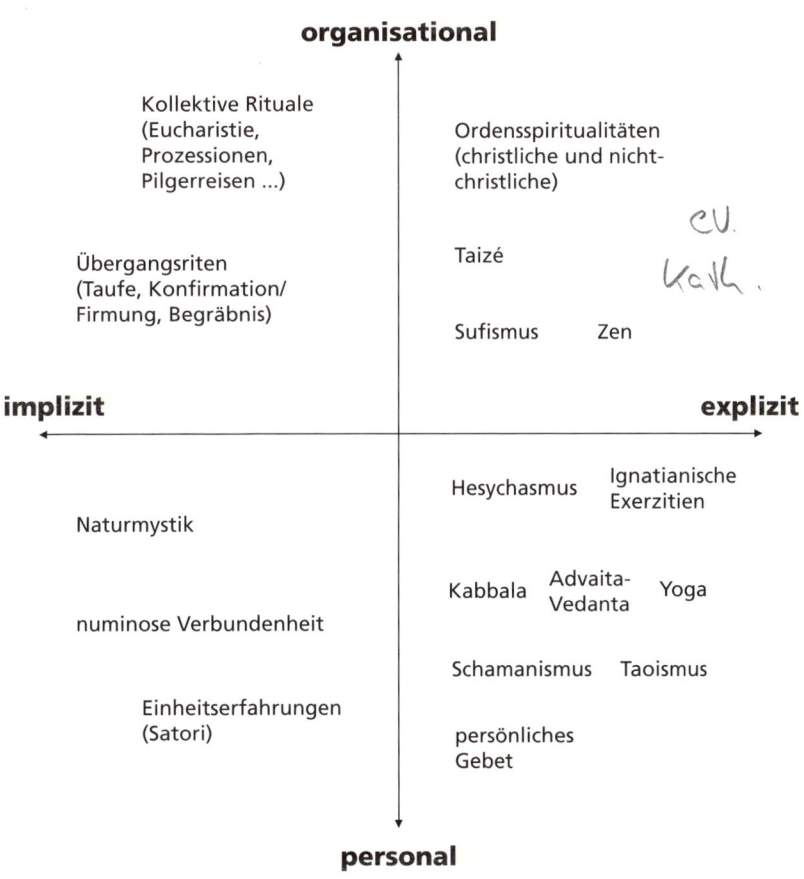

---
[22] Für eine aktuelle Einführung siehe z.B.: *Mystische Wege in den Weltreligionen.* Hrsg. v. C. Rutishauser, IFOK Luzern / Lassalle-Haus, Bad Schönbrunn 2003.
[23] Suzuki, Shunryu: *Zen Mind, Beginner's Mind.* New York 1970.

Um die unterschiedlichen Verwendungsweisen des Begriffs «Spiritualität» darzustellen, verwendet das obige Diagramm in horizontaler Richtung die Achse *implizit – explizit*, in vertikaler Richtung die Achse *personal – organisational*. Die angegebenen Begriffe, Schulen, Orden usw. sind als Beispiele aufzufassen, auch ist der Ort eines Begriffs auf dem Diagramm nicht quantitativ zu interpretieren.

Die oben erwähnten Momente von Naturmystik, numinoser Verbundenheit und Einheitserfahrungen sind Beispiele personaler und impliziter Spiritualität; sie befinden sich im Diagramm links unten. Im rechten unteren Quadranten liegen spirituellen Wege: diese lehren explizite Formen der Verbundenheit, sind Ausdruck einer personalen Spiritualität und sind meist wenig organisiert. Wichtig ist es, das Prozesshafte einer spirituellen Entwicklung richtig einzuschätzen: So wie Schulungen, Berufs- und Lebenswege nicht geradlinig verlaufen und mit der Zeit zu einem persönlichen Teppich von Kompetenzen und Kenntnissen führen, so sind die spirituellen Entwicklungen vieler Suchenden durch Brüche, Sackgassen und Neuorientierungen charakterisiert (*Jecklin, Wild, Hiestand*). Spirituelle Entwicklungsprozesse können auch Gefahren bergen, wie z.B. die Vereinnahmung durch Lehrer oder durch die Gemeinschaft (*Bernhardt, Kaiser, Jans*), Selbstaufgabe oder Abschieben von Eigenverantwortung (*Chr. Müller*), Realitätsflucht und unter Umständen sogar Probleme für die psychische Gesundheit (*Scharfetter*). Damit stellen sich die Fragen, wie spirituelle Lehrerinnen gefunden werden können (*Kaiser, Jans*), wie eine spirituelle Praxis auf ihre Tragfähigkeit zu beurteilen ist (*Hiestand, Chr. Müller*) und Fragen nach Verantwortung und Schulungskompetenz (*Wild, Rutishauser*). Findet ein spiritueller Schulungsweg grössere Verbreitung, so entwickeln sich charakteristische Formen, Rituale und Lehren und ein organisatorischer Überbau, es bilden sich Orden und Konfessionen. Hier befinden wir uns im explizit-organisationalen Quadranten des Diagramms. Hat eine organisierte spirituelle Bewegung sehr grossen Erfolg und durchdringt die gesamte Gesellschaft, bildet sich eine Religion heraus. Auf Grund vielfältiger sozialer und kollektiver Zwänge tritt der spirituelle Gehalt langsam in den Hintergrund, er wird unbewusst und damit implizit. So finden wir links oben religiöse Zeremonien, deren spirituelle Quellen und Symbolik vielen Teilnehmenden oft nicht mehr bewusst sind. In den Referaten wird der Terminus «Spiritualität» verschieden verwendet. Die Leserin ist eingeladen, darauf zu achten, in welchem «Quadranten» die Diskussion jeweils geführt wird.

5. Weltwahrnehmung in Spiritualität und Wissenschaft

Spirituelle Wege ermöglichen uns, den Blick auf das Mysteriöse der Welt zu lenken und unseren Wahrnehmungsmodus zu ändern. Manche dieser Wege gehen dabei von der Grundlage aus, dass wir die Welt nicht wahrnehmen «wie sie ist», d.h. dass unsere Wahrnehmung der Welt eine *Illusion* ist. Sie machen uns bewusst, dass wir in unserer Kindheit konditioniert wurden, die Welt auf eine bestimmte Art zu erkennen und in frühester Jugend zu Mitgliedern einer kollektiven Konvention wurden. Auch weisen sie darauf hin, dass wir diese unfreiwillig erworbenen Wahrnehmungsgewohnheiten selber nicht erkennen, d.h. dass sie für uns «transparent» sind.[24] Diese Diagnose der Transparenz unserer Weltwahrnehmung wird von den modernen Neurowissenschaften unterstützt:[25,26]

> *Wichtig ... ist nun, dass dieser frühe Lernprozess in einer Phase sich ereignet, in der die Kinder noch kein episodisches Gedächtnis aufbauen können. Wir erinnern uns nicht an die ersten zwei bis drei Lebensjahre, weil in dieser frühen Entwicklungsphase die Hirnstrukturen noch nicht ausgebildet sind, die zum Aufbau eines episodischen Gedächtnisses erforderlich sind. Es geht dabei um das Vermögen, Erlebtes in raumzeitliche Bezüge einzubetten und den gesamten Kontext des Lernvorgangs und nicht nur das Erlernte selbst zu erinnern. ... Man weiss das Gelernte, spürt das Erfahrene, aber weiss nicht, woher das Wissen, woher die Erfahrung kommt. Was Kleinkinder wissen, wissen sie an sich.*[27]

Dass die Trennung von Realität und Illusion äusserst schwierig ist, wird eindrücklich von der sinnesphysiologischen und neurobiologischen Forschung bestätigt: Unser Gehirn interpretiert nur einen kleinen Teil des Informationsstroms aus der Umwelt und verarbeitet diesen Teil auf der Basis vorher gespeicherten Wissens (Jäncke).

Dass wir in der Kindheit eine bestimmte Weltbeschreibung lernen, ist überlebenswichtig: sie garantiert unser Zusammenwirken mit und unser Überleben in der menschlichen Gemeinschaft. Da wir von Kind auf «eingeschworene» bzw. konditionierte Mitglieder einer bestimmten Wirklichkeitswahrnehmung sind, weigern wir uns aber, dies in Betracht zu ziehen. Mögliche Gründe sind: (1) Unsere Weltwahrnehmung funktioniert sehr erfolgreich und es scheint keine Vorteile zu bieten, ande-

---

[24] Z.B.: Watts, Alan: *The Book on the Taboo against Knowing Who You Are*. New York 1989. – Watts, Alan: *Talking Zen*. London 1994.
[25] Singer, Wolf: *Der Beobachter im Gehirn*. Frankfurt a.M. 2002.
[26] Roth, Gerhard: *Fühlen, Denken, Handeln*. Frankfurt a.M. 2001.
[27] Singer, ebd. S. 74.

re Weltwahrnehmungsmodi zu erlernen. (2) Um andere Modi entwickeln zu können, müssten wir unseren primären Wahrnehmungsmodus «entlernen». Wir müssten also, um die Relativität unserer Weltwahrnehmung zu erkennen, zuerst uns selber ändern.

Auch in den Wissenschaften laufen immer wieder Entwicklungen ab, die uns zwingen, unsere von makroskopischen Phänomenen geprägte Weltwahrnehmung aufzugeben und neue, fremdartige Weltbeschreibungen zu akzeptieren. Um einige Beispiele aus dem 19. Jh. zu nennen: die Existenz unsichtbarer magnetischer und elektrischer Felder, die Ausbreitung elektromagnetischer Schwingungen ohne Trägersubstanz, Strahlen, die Materie durchdringen, die Existenz von Atomen, die künstliche Synthese von biologischen Substanzen. Im 20. Jh. wurden die Weltbeschreibungen derart ungewohnt, dass die Beziehung von Sprache und Wirklichkeit auch in den Naturwissenschaften in den Brennpunkt des Interesses rückten: Physiker wie Einstein, Bohr, Eddington und Heisenberg begriffen, dass Sprache eine gesellschaftliche Konvention ist und von ihrer Struktur her ungeeignet, das Wesen der Realität wiederzugeben:

> *Die einzige Rechtfertigung für unsere Begriffe und Begriffssysteme liegt darin, dass sie uns dienen, die Gesamtheit unserer Erfahrungen zu repräsentieren; darüber hinaus haben sie keine Legitimität.*[28]

Fast gleichzeitig wiesen auch Anthropologen wie Malinowski, Kluckhorn, Sapir und Whorf, Sprachforscher wie Wygotskij und Korzybski und Philosophen wie Pierce, Rapoport und Wittgenstein auf die zentrale Rolle der Sprache bei der Konstruktion der Wirklichkeit hin. So formulierte Whorf:[29]

> *Wir sezieren die Natur entlang von Linien, die unsere Muttersprache vorgezeichnet hat. ... Wenn wir, wie wir es tun, die Natur zerteilen, sie in Begriffe einordnen und Bedeutung zuschreiben, dann weitestgehend deshalb, weil wir Teilnehmer einer Vereinbarung sind, sie in dieser Weise zu organisieren – einer Vereinbarung, die innerhalb unserer Sprachgemeinschaft Gültigkeit hat und in den Mustern unserer Sprache kodifiziert ist.*

Wissenschaft zu betreiben, heisst also, sich fundamental neuen Weltbeschreibungen und Sprachen zu öffnen und sie sich anzueignen. Die-

---

[28] Einstein, Albert: *Die Bedeutung der Relativität*. Berlin 1922.
[29] Whorf, Benjamin L.: *Sprache, Denken, Wirklichkeit*. Reinbek 2003.

se Weltbeschreibungen sind höchst ungewohnt und erschüttern unsere Vorstellung einer makroskopisch fest gefügten Welt. Wissenschaftliche Ausbildungen zerstören die Illusion, dass die Welt so ist «wie sie ist». Sie weisen damit Analogien auf zu den Anleitungen zu Des-Illusionierung und Dekonditionierung, wie wir sie in vielen spirituellen Wegen finden. Es ist deshalb nicht erstaunlich, dass Wissenschafter, die auf fundamental neue Konzepte stiessen, sich tiefe Gedanken über die Beziehung von Welt, Sprache und Wahrnehmung machten und auch über innere Wandlungsprozesse berichten (*Obermüller*).[30,31,32,33]

6. Ist die «Neue» Spiritualität wirklich neu?

Die christliche Spiritualitätsgeschichte (*F.N. Müller, Welter, Rutishauser, Dellsperger*) erforscht und beschreibt, wie sich neue spirituelle Bewegungen aus innerkirchlichen und Laienbewegungen heraus entwickelt haben. Eine grosse spirituelle Erneuerungsbewegung des 14. Jh. wird die *Devotio moderna* genannt (*Dellsperger*). Inwiefern kann also die aktuelle Situation als «modern» bezeichnet werden?

Fast ausnahmslos haben sich frühere spirituelle Bewegungen als Alternativen *innerhalb* eines christlichen Religionsverständnisses verstanden und entwickelt. *Ausserchristlich* zu denken, war im Abendland früher praktisch nicht möglich. Neu an der aktuellen Situation ist die Lösung vom rein christlichen Kontext und der Einbezug von spirituellen Lehren und Wegen aus anderen Kulturen (*Jäger, Tugendhat, Jecklin, Wild, Stolz, Scharfetter*). Zusammen mit den Warenströmen aus Arabien, Indien und China gelangte auch fremdes spirituelles Wissen nach Europa. Zunächst waren diese Kenntnisse nur Missionaren, Kaufleuten, Forschungsreisenden und einer kleinen gesellschaftlichen Elite vorbehalten. Heute bringen uns Bücher und Medien das spirituelle Gedankengut anderer Kulturen nahe wie nie zuvor (*Obermüller, Bernhardt, Stolz*). Spirituelle und mystische Lehren, welche früher nur Ordensleuten oder Eingeweihten vorbehalten waren – und von letzteren auf Grund kirchlicher Verfolgung geheim gehalten wurden – sind heute gefahrlos in jeder Buchhandlung und auf dem Internet zugänglich. Umfasste der Teilnehmerkreis von Hesses «Morgenlandfahrt» noch ein knappes Dutzend Künstler und Intellektuelle, so kam es mit

---

[30] Heisenberg, Werner: *Der Teil und das Ganze*. München 2001.
[31] Einstein, Albert: *Die Religiosität der Forschung*. In: *Mein Weltbild*. Berlin 1934.
[32] Schrödinger, Erwin: *Was ist Leben?* München 1999.
[33] Pauli, Wolfgang: *Naturwissenschaftliche und erkenntnistheoretische Aspekte der Ideen vom Unbewussten*. Dialectica 1954, 8, 283. – *Wolfgang Pauli und C. G. Jung. Ein Briefwechsel*. Hrsg. v. Karl Meier, Berlin 1992.

der 68er Generation zu einer spirituellen Globalisierungsbewegung, bei der Hunderttausende in direkten persönlichen Kontakt mit anderen spirituellen Wegen kamen. Das fundamental Andersartige der aktuellen spirituellen Entwicklung ist somit auf dem Hintergrund des globalisierten Wissens über andere Religionen und spirituelle Erfahrungswege zu sehen. Es konstituiert sich eine grundsätzlich neue Situation der Wahl- und Entwicklungsmöglichkeiten – und gleichzeitig auch der persönlichen Verantwortung für diese Wahl.

7. Spiritualität: ein Rückfall vor die Aufklärung?

Wer in einer rational-naturwissenschaftlich basierten Gesellschaft über Spiritualität spricht, wird oft konfrontiert mit Vorwürfen und Ängsten, dass dies ein Abgleiten ins Romantisch-Irrationale oder einen Rückfall in eine vor-aufklärerische Haltung darstelle (*Obermüller*). Diese Ängste und Vorwürfe sind verständlich und auch nicht neu: sie begleiten unsere Kultur seit der Aufklärung.[34] Was ist denn Aufklärung?

> *Aufklärung ist der Ausgang des Menschen aus seiner selbstverschuldeten Unmündigkeit. Unmündigkeit ist das Unvermögen, sich seines Verstandes ohne Leitung eines anderen zu bedienen. Selbstverschuldet ist diese Unmündigkeit, wenn die Ursache derselben nicht am Mangel des Verstandes, sondern der Entschliessung und des Mutes liegt, sich seiner ohne Leitung eines andern zu bedienen.*[35]

Die Begegnung von Spiritualität und Wissenschaft, die Öffnung zur jeweils anderen Weltsicht, das Kennenlernen des anderen Standpunktes schafft also auch Voraussetzungen für *spirituelle Mündigkeit*. Spirituell Suchende gehen oft durch Ablösungsprozesse, in welchen sie die Bedingtheiten und Restriktionen ihrer religiösen Prägung reflektieren und relativieren; diese sind wichtige Schritte zur Mündigkeit.
In diesem Projekt ging es also auch um die Übertragung des Ansatzes der Aufklärung auf den spirituellen Bereich, um die Wahrnehmung der eigenen Spiritualität (*Jecklin, Jaggi, Jans, Kaiser, Wild*), um das Ernstnehmen der Möglichkeiten, sie eigenverantwortlich zu entwickeln und achtsam anzuwenden (*Schmid, Welter, Jäger, F.N. Müller, Tugendhat*). Ein modernes *nosce te ipsum* ist nicht im Konflikt mit einer wissenschaftlichen Weltsicht (*Scharfetter, Jäncke*). Wer sich selbst

---

[34] Postman, Neil: *Die zweite Aufklärung*. Berlin 1999 (engl.: *A Bridge to the Eighteenth Century*. New York 1999).
[35] Kant, Immanuel: *Beantwortung der Frage: Was ist Aufklärung*. Berlinische Monatsschrift 1784, 481.

verstehen will, versteht sich auf säkularen Erkenntnisgrundlagen, so z.B der Philosophie (Tugendhat), der Neurobiologie (Jäncke) und der Psychologie (Jans, Scharfetter). Auch Kant ging es nicht um die Abspaltung des Religiösen, sondern um spirituelle Mündigkeit:

> Dass die Menschen ... schon imstande wären oder darin auch nur gesetzt werden könnten, in Religionsdingen sich ihres eigenen Verstandes ohne Leitung eines andern sicher und gut zu bedienen, daran fehlt noch sehr viel. Allein, dass jetzt ihnen doch das Feld geöffnet wird, sich dahin frei zu bearbeiten und die Hindernisse der allgemeinen Aufklärung oder des Ausganges aus ihrer selbstverschuldeten Unmündigkeit allmählich weniger werden, davon haben wir doch deutliche Anzeigen.[36]

Erst die Begegnung mit ungewohntem Gedankengut ermöglicht eine Selbstrelativierung. Wissenschaften wie auch spirituelle Wege weisen auf die fundamentalen Beschränkungen hin, denen wir unterliegen, solange wir uns in unseren gewohnten und uns selbst unsichtbaren «Welt-Wahrnehmungsprogrammen» aufhalten. Unsere Sprach-, Denk- und Wahrnehmungsgewohnheiten zu hinterfragen und zu verlassen, bedeutet in einem mehr als metaphorischen Sinn, neue Welten zu erkunden. Von diesen Aufbrüchen und Erkundungen ist in den Referaten dieses Sammelbands die Rede.

---

[36] Kant, Immanuel, ebd.

Spiritualität und Wissenschaft: Eine Übersicht
Markus Nägeli

1. Einleitung

1.1 Dringlichkeit des Themas

Das wohl am häufigsten erwähnte Zitat in den Beiträgen dieses Bandes ist das Diktum des deutschen Theologen Karl Rahner aus den Sechzigerjahren des letzten Jahrhunderts: «Der Fromme von morgen wird ein ‹Mystiker› sein, einer, der etwas «erfahren› hat, oder er wird nicht mehr sein.»[1] Dieser Ausspruch atmet eine gewisse Dringlichkeit. Die auffällige Häufigkeit seines Zitierens lässt erahnen, dass das Thema «Spiritualität» vielen Autoren nicht nur aktuell erscheint, sondern für sie ebenfalls eine gewisse Dringlichkeit besitzt. Wenn die Welt der Wissenschaft und die Welt der Spiritualität miteinander ins Gespräch gebracht werden sollen, geht es dabei um Zukunft. Die Beschäftigung mit spiritueller Erfahrung, die uns die mystische Dimension der Wirklichkeit eröffnet, könnte über Sein oder Nichtsein wohl nicht nur des «Frommen», sondern letztlich einer Menschheit entscheiden, die allzu lange die Sinnfrage als belanglos ausgeklammert hat.[2]

So herrscht grundsätzliche Einigkeit unter den Autorinnen und Autoren dieser Beiträge über die Einschätzung der erstaunlichen Rückkehr des Religiösen in den beiden letzten Jahrzehnten des 20. Jh.: Das Programm der Aufklärung ist nicht in der erwarteten Weise fortgeführt worden. Die Theorie einer fortschreitenden Säkularisierung der Gesellschaft, bei der die Religion als Relikt aus der Vergangenheit aussterben würde, ist faktisch widerlegt: In den beiden schnell wachsenden, in vielem gegensätzlich akzentuierten religiösen Strömungen fundamentalistischer und spiritueller Prägung meldet sich das Religiöse gegenwärtig mit Macht zurück und erheischt Aufmerksamkeit. Diese neue Ausgangslage stellt für die Wissenschaft eine Herausforderung dar.

---

[1] Das ganze Zitat in seinem Zusammenhang findet sich bei F.N. Müller i.d.Bd.
[2] Vgl. Rutishauser i.d.Bd.: «Die Religiosität oder sogar eine transzendentale Offenheit wird ... als konstitutives Existential des Menschen rehabilitiert.»

2. Begriffsbestimmungen

2.1 Grundsätzliches

«Spiritualität» ist zu einem «Zentralbegriff gegenwärtiger Religionskultur» (*Bernhardt*)[3] geworden. Das Wort zieht unterschiedlichste Bedeutungsnuancen auf sich. Wer deshalb eine eineindeutige Begriffsklärung der zu dieser Thematik in Frage kommenden Termini erwartet, sieht sich zunächst ernüchtert. Mehrere Autoren weisen auf die grundsätzliche Problematik von Begriffsdefinitionen hin und warnen vor starren Konzepten. Schmid betont: «Was Religiosität, Spiritualität, Religion und Mystik sind, bestimmen die spirituell Engagierten oder Nachdenklichen selbst.» Für Tugendhat ist klar, «dass keiner dieser Termini eine fest umrissene Bedeutung hat» und dass der Wert eines Definitionsversuchs nur darin bestehen könne, «dass er die Szenerie des menschlichen Lebens erhellt». Schmid sekundiert: «Nichts ist für den fragenden Geist verhängnisvoller als ein fertiges Konzept, das ihn hindert, sich auf neue Fragen und Erkenntnisse einzulassen.» So bleibt auch künftig niemandem die Mühe der Rückfrage erspart, mit welcher Nuancierung denn ein Redner oder Autor seine Begrifflichkeit verwendet.

2.2 Definitionen

2.2.1 Spiritualität

Als Definitionsrahmen für Spiritualität formuliert Stolz: «Praktisch immer ist ein Verhältnis eines Individuums zu einer irgendwie gearteten Transzendenz ... gemeint.» Scharfetter definiert Spiritualität mit «Leben aus und in der Ausrichtung auf das All-Eine». Etwas poetischer entfaltet Schmid Spiritualität als «Liebesgeschichte des endlichen mit dem unendlichen Geist», währenddem Jans den Begriff in umschreibender Weise bezeichnet: «Ein Mensch rechnet mit einer Wirklichkeit, die über Raum und Zeit hinausgeht, und er verspürt ein sehendes Suchen in sich, mit dieser Wirklichkeit eins zu werden.»

Chr. Müller würde für den Sachverhalt lieber weiterhin das alte Wort «Frömmigkeit» verwenden, da es sich «sperriger» erweist und weniger gefällig als Spiritualität. Jedoch lässt gerade die Tatsache, dass Religiosität oder Frömmigkeit für viele Zeitgenossen allzu sehr nach überholtem Kirchentum riecht, den viel offener wirkenden Begriff Spiritualität gegenwärtig boomen. Spiritualität weist in einem weit ver-

---

[3] Die in Klammer kursiv genannten Autoren haben einen Beitrag zum vorliegenden Sammelwerk geleistet.

breiteten Sprachgebrauch stärker auf ein religiöses Bedürfnis hin, das sich individuell, weltoffen und kreativ zeigt und in einer solchen Haltung nach mystischer Erfahrung sucht.[4]

Der Begriff Spiritualität stammt ursprünglich aus der christlichen Tradition. Ausgehend von der Bibel bezeichnet er ein «Leben aus dem (Heiligen) Geist».[5] Im deutschen Sprachraum lange nur in einem Nischenbereich gebräuchlich, hat sich der Terminus erst seit Mitte des letzten Jahrhunderts in der Theologie etabliert.[6] Viel früher schon hatte er jedoch im französischen und angelsächsischen Sprachraum seinen festen Platz. Heute wird der Begriff vielerorts so verwendet, dass er implizit über den christlichen Bereich in den interreligiösen Dialog hinausweist. Andere bezeichnen damit jedoch neu ihre angestammte kirchliche Frömmigkeitspraxis. Um nicht weiterer Sprachverwirrung Vorschub zu leisten, legen deshalb mehrere Autoren Wert auf die Feststellung, dass richtigerweise von Spiritualität als einer Mehrzahl ausgegangen werden muss: Es gibt nicht *eine* Spiritualität, sondern zahlreiche in ihrer Farbgebung unterschiedliche «Spiritualitätsformen» und so erweist sich Spiritualität, wie sie momentan weit herum verstanden wird, auch nur als eine kontextuell bedingte Spiritualitätsform unter anderen. Nochmals in anderer Weise gebraucht Tugendhat den Begriff: Er verwendet Spiritualität eingegrenzter als andere Autoren für «spirituelle Reflexion» und fragt danach, ob Religion oder ob Mystik sich als geeigneter für die Entfaltung einer dergearteten Spiritualität erweisen würden.

2.2.2 Mystik

Nicht nur der Begriff «Spiritualität», auch der Begriff «Mystik» boomt und seine nähere Beschreibung stellt uns ebenfalls in die erwähnte Verstehensproblematik. So ist bei jedem Text genau darauf zu achten,

---

[4] «Religiosität wird etwa in negativer Weise als unfreies, mechanisches Glauben von Dogmen und ein Eingeschlossensein in religiöse Institutionen verstanden ... Spiritualität dagegen wird in positiver Weise als freie und kreative Transzendenz- und Selbsterfahrung gesehen ...» (Stolz i.d.Bd.).

[5] «Wo die Geist-Energie Gottes zur Wirkung kommt, dort herrscht Spiritualität» (Bernhardt i.d.Bd.).

[6] Die Feststellung Rutishausers, dass im deutschen Sprachraum Hans Urs von Balthasar das Wort «Spiritualität» 1947 zum ersten Mal verwendet habe, ist ergänzungsbedürftig: Bereits fast 50 Jahre früher stiess Rudolf Steiner in seiner Begegnung mit der anglo-indischen Theosophie auf diesen Begriff und versuchte ihn für eine Lebenshaltung zwischen dem rationalen «geistig» und dem allzu stark kirchlich gebundenen «geistlich» fruchtbar zu machen. Nach noch spärlicher Verwendung vor 1910 wurde «Spiritualität» und «spirituell» in der Anthroposophie zu einer tragenden Begrifflichkeit, die durch anthroposophisch beeinflusste Theologen auch in die Welt der Theologie hinausgetragen, aber dort lange Zeit nicht aufgenommen worden ist (vgl. Wehr, Gerhard: *Spirituelle Interpretation der Bibel als Aufgabe*. Basel 1968).

in welchem Zusammenhang und mit welcher Konnotation das Wort verwendet wird. Einig ist man sich im Bestreben, den Mystikbegriff vom «beliebigen Gefühl subjektiver Ergriffenheit» (*Obermüller*) abzugrenzen. Die Bandbreite, in der Mystik verstanden wird, lässt jedoch deutlich den geistigen Hintergrund des jeweiligen Autors erkennen. So beschreibt F.N. Müller vom christlichen Standpunkt aus Mystik als «Erfahrung und Bewusstsein der unmittelbaren Gegenwart Gottes» und grenzt sie auf diese Weise von der Theologie ab, der es um Reflexion geht. Demgegenüber bedeutet Mystik für Tugendhat (stärker auf dem Hintergrund östlicher Spiritualität) «die Möglichkeit eines sich eins Fühlen mit der Welt», sozusagen ein «ozeanisches» Gefühl. Jäger als Grenzgänger zwischen Ost und West versteht mystische Erfahrung als die Erfahrung «leerer Einheit», die sich, weil aus einer transrationalen Bewusstseinsebene stammend, nur paradox ausdrücken lässt. Werde sie in der christlichen Mystik mit «Leerheit, Nichts, Gottheit, Ursprung allen Seins, Erste Ursache» bezeichnet, nenne sie die östlichen Religionen einfach «Realisation der Wirklichkeit». Schmid will von seinem Anliegen eines «religiösen Konsumentenschutzes» her billigen «Mystizismus»[7] deutlich von echter Mystik unterscheiden und unterstreicht deshalb deren Radikalität: «Mystik weitet das Ich nicht ins Unendliche aus. Sie löscht es aus ... Mystik kann und darf nicht jedem Gemüt zugemutet werden. Mystizismus hingegen kann zumeist gefahrlos verschrieben werden.» Mag diese Unterscheidung den Blick für allfällige Missbräuche des «Mystischen» schärfen, wird sie sich im allgemeinen Sprachgebrauch wohl nicht durchsetzen. Es wird weiterhin möglich bleiben, nicht nur für den Zielpunkt (die «unio mystica») den Begriff «Mystik» zu verwenden, sondern auch schon für Wegstrecken, die in diese Richtung zielen.[8]

2.2.3 Esoterisch-exoterisch

«Esoterik» ist mittlerweile für einen Grossteil der heutigen Gesellschaft ein gebräuchlicher Begriff für fragwürdige Ausprägungen spiritueller Angebote geworden. Esoterik wird – meist negativ konnotiert – zur Bezeichnung schwärmerisch abgehobener oder sich auffällig vermarktender Spiritualität verwendet. Als religionswissenschaftlicher Fachbegriff trägt der Terminus jedoch deutlich andersgeartete Züge und ist auf zweifache Weise im Gebrauch: Einerseits dient Esoterik als Sammelbegriff zur Bezeichnung vielfältiger Erscheinungsweisen kosmi-

---

[7] «Mystizismus ist Modemystik und Instant-Mystik, ein Flirt mit dem Himmel, ein Techtelmechtel des endlichen mit dem unendlichen Geist» (Schmid i.d.Bd.).
[8] So spricht Wild i.d.Bd. problemlos von «Einführung in die Mystik» und erwähnt dabei z.B. «allegorische oder spirituelle Deutung der Bibeltexte».

scher Spiritualität, andererseits wird «esoterisch-exoterisch» aber auch in phänomenologischer[9] Bedeutung wertfrei für die Bezeichnung eines «innen» und «aussen» verwendet. Auf Grund dieser unterschiedlichen Bedeutungsmöglichkeiten sind hier ohne sorgfältiges Hinhören Missverständnisse geradezu vorprogrammiert.

Bernhardt führt in sachlicher Weise in die Problematik ein. Ursprünglich wies «esoterisch» (zum inneren Kreis gehörig) auf ein Geheimwissen hin, das sich deutlich von der «exoterischen» (allgemein verständlichen) Ausprägung der Religion unterschied. Heute jedoch geht Esoterik mit einem unüberblickbar vielfältigen Angebot auf den öffentlichen Markt der Religionen und Weltanschauungen. Die Entwicklung in diesem Segment ist rasant, so dass man in ihr gar «die Weltreligion der Zukunft» erblicken kann. Obwohl es ein «unmögliches Unterfangen» darstellt, «die Esoterik begrifflich zu bestimmen», ist doch ein zentrales Thema auszumachen: «... die Beziehung des menschlichen Geistes (bzw. seiner Seele) zu kosmischen Geisteskräften, das Aufsuchen und Kultivieren dieser Ur- und Universal-Kräfte im Inneren des Menschen – im Gegensatz zur Konzentration auf das Äussere, Exoterische, wie es etwa vorliegt in den (in Heiligen Schriften kodifizierten) Offenbarungen und deren Überlieferung.»

Wild vermag mit Hilfe des phänomenologischen Sprachgebrauchs des Begriffspaars «esoterisch-exoterisch» ein seelsorgerliches Problemfeld aufzuzeigen: Erfolgte früher die Einführung in die mystische Dimension des Glaubens *nach* einer längeren exoterischen Unterweisung, werden heute vermehrt Menschen ohne vorherige religiöse Sozialisation direkt in den esoterischen Bereich eingeführt und deshalb oft überfordert. Wild wünscht sich deshalb von den Religionen einen hilfreichen exoterischen Deutungsrahmen zur Vorbereitung, Ermöglichung und Begleitung esoterischer Erfahrungen.

In phänomenologischer Hinsicht vertritt Jäger ebenfalls eine esoterische Spiritualität, wenn er den Begriff auch kaum verwendet. Geht es ihm doch darum, auf die «philosophia perennis»[10] aufmerksam zu machen, die seiner Meinung nach auf der Innenseite aller bewährten spirituellen Wege zu entdecken ist und die letztlich über jegliche Konfessionalität hinausführt. Dies wird jedoch nur denjenigen Menschen einsichtig, die durch eine mystische Erfahrung sozusagen in den esoterischen Bereich der Religion eingetreten sind. Wer aber dem exoterischen Verständnis seiner Religion verhaftet bleibt, wird diese Sicht weiterhin ablehnen.

---

[9] Das Wort «phänomenologisch» wird hier in der Bedeutung einer möglichst objektiven Beschreibung des Gegebenen, der Phänomene, verwendet.

[10] «Philosophia perennis» = immerwährende / ewige Philosophie

3. Historische und religionssoziologische Erkenntnisse

Die historischen und religionssoziologischen Beiträge zur Spiritualität in diesem Band stammen vorwiegend von christlichen Theologen. Sie gehen deshalb primär von der Untersuchung spiritueller Aufbrüche im Christentum aus. Geprägt von ihrem Standort versuchen sie jedoch fast durchwegs, ihre Sichtweise auch in den Bereich der interreligiösen Spiritualitätsdiskussion auszuweiten.

3.1 Spirituelle Wege in der Vergangenheit

Eine bestimmte Spiritualität wird für eine historische Betrachtungsweise meist in der Ausgestaltung und Verbreitung eines spezifischen «spirituellen Weges» fassbar. F.N. Müller weist am Beispiel des mystischen Versenkungswegs der «Kontemplation» auf die philosophischen und biblischen Wurzeln der christlichen Mystik in der Antike hin: Vor allem der Neuplatonismus in der panentheistischen[11] Rezeption durch Dionysius Areopagites wurde zum prägenden weltanschaulichen Hintergrund der abendländischen Mystik. Von Dionysius her stammt der schon in Platons Höhlengleichnis angelegte Stufenweg von «Reinigung» (via purgativa) über «Erleuchtung / Durchlichtung» (via illuminativa) zur Erfahrung der «Einung» (via unitiva). Dieser spirituelle Weg wurde ausgehend von den Wüstenvätern über Jahrhunderte vor allem in klösterlichen Gemeinschaften methodisch ausgebaut und eingeübt. Hauptstützen dafür bilden die meditative Praxis der Ruminatio (mantrische Wiederholung eines kurzen Gebetswortes) und der Hintergrund einer apophatischen[12] Theologie. In der «lectio divina», der verbreitetsten Gebets- und Meditationsweise des Mittelalters, wird die Vertiefung auf dem spirituellen Weg systematisch z.B. im Dreischritt lectio – ruminatio (oder meditatio) – contemplatio geübt. Wesentlich auch bei unterschiedlichen Anleitungen bleibt, dass der innere Weg «vom Beten mit Worten zum Gebet des Schweigens» führt.

F.N. Müller entdeckt in der Geschichte dieses «hesychastischen»[13] Weges «überraschende Übereinstimmungen und Parallelen» zu östlicher Mystik und deren spiritueller Praxis, die vermutlich im Kulturaustausch der Antike wurzeln. Für jeden spirituellen Weg, auch für den der Kontemplation, bleibt die Zielrichtung jedoch nicht eine beseligende Gottesschau, sondern eine Durchdringung des «ganz gewöhnlichen

---

[11] Müller definiert «Panentheismus» wie folgt: «Gott ist nicht identisch mit ‹Allem›, aber er ist in allem zu finden.»
[12] Apophatische Theologie = «negative» Theologie, die nur beschreibt, was Gott nicht ist und damit Raum für eine alle Gottesbilder transzendierende Spiritualität lässt.
[13] Hesychia = Herzensruhe

Lebens». «Hier muss sich der Übungsweg ... bewähren.» Das bekannte benediktinische Ideal «ora et labora» meint deshalb primär nicht das Nacheinander von Gebet und Arbeit im derart geregelten Tagesablauf, sondern eine Gleichzeitigkeit als innere Haltung. «Das Motto ‹Aktion und Kontemplation› muss daher verstanden werden als ‹actio in contemplatione›.»[14]

Die Schematisierung des geistlichen Wegs in einer Stufenfolge hat in der Geschichte auch immer wieder Kritik erfahren: Welter beschreibt, wie der grosse mystische Theologe Meister Eckhart den sich z.T. vielfältig konkurrierenden geistlichen Wegen seiner Zeit einen «Weg ohne Weg» gegenüber stellt. Eckhart will die Vermittlung des Heils von der Einengung durch das Kreatürliche lösen und für die zeit- und masslose Dimension Gottes offen halten. «Es gibt keinen Zugang, keinen Weg zu Gott. Gott ist jenseits aller Vorstellung und Intention, über dem kreaturhaften Werden, über allem Mass.» Ist die Grundkritik an spirituellem Schematismus jedoch einmal verankert, kann auch Eckhart den Menschen als «Werdenden» beschreiben und gewisse Entwicklungsstufen in der spirituellen Ausrichtung benennen. Zielpunkt bleibt jedoch das «Lassen», dass sich der Mensch seiner selbst entledigt und «dass er sich auch seines Wissens entleert». Dazu gehört, dass er sich auch «der Anschauungen Gottes entledige: Man muss Gottes ‹quitt sein›.» So ermöglicht Eckharts Position Distanz und Kritikfähigkeit, die eine Abhängigkeit von einem bestimmten Weg und einem spirituellen Lehrer verhindert und eine «Pluralität der möglichen Wege» offen hält.

Im Protestantismus ist die Kritik an der Mystik und an spirituellen Wegen generell bereits bei den Reformatoren (die z.T. das Klosterleben am eigenen Leib erfahren hatten) vorhanden und wurde immer wieder neu ausgesprochen. Viele der bekannten protestantischen Theologen des 20. Jh. lehnten die Mystik als eine «Verfremdung des christlichen Glaubens durch eine hellenistische Religiosität» ab (*F.N. Müller*). Deshalb ist bis heute vor allem in der vom Protestantismus beeinflussten Theologie wenig an vergleichender Forschung bezüglich spiritueller Wege geschehen und das Forschungsgebiet der Mystagogik[15] scheint hier vergleichsweise noch in den Kinderschuhen zu stecken.[16]

---

[14] In ähnlicher Weise äussert sich auch Hiestand i.d.Bd.
[15] Mystagogik = Einführung in einen spirituellen Weg. Vgl. zu dieser Thematik: Lipsett, Peter: *Wege zur Transzendenzerfahrung*. Münsterschwarzach 1992, S. 25f.
[16] Vgl. demgegenüber neuere Publikationen der beiden führenden katholischen Institute für Spiritualität, dem Titus Brandsma Institut Nijmegen und dem Institut für Spiritualität in Münster (Westfalen), so z.B. Kees Waaijmann: *Handbuch der Spiritualität. Formen, Grundlagen, Methoden*. Mainz 2004.

3.2 Zur Gesellschaftsrelevanz spiritueller Aufbrüche

Spirituellen Bewegungen ist oftmals eine geistliche Nabelschau und wenig gesellschaftliche Relevanz vorgeworfen worden. Dellspergers Untersuchung vermag aufzuzeigen, dass spirituelle Aufbrüche stets in einer gewissen Wechselwirkung zu gesellschaftlichen Umwälzungen stehen und im Lauf der Jahrhunderte für unzählige soziale Initiativen verantwortlich gewesen sind. Die Aufbrüche geschehen «in religiösen, sozialen und politischen Krisensituationen». Sie sind «Sensoren wie Motoren gesellschaftlichen Wandels. Sie sind Teil gesellschaftlicher Umwälzungen und stehen zugleich an deren Wurzeln», auch wenn nicht klar auszumachen ist, ob sie diese Umwälzungen erst hinterher registrieren oder gar im Voraus wahrzunehmen vermögen. «Die Gesellschaftsrelevanz spiritueller Aufbrüche steht selbst dann ausser Frage, wenn man einräumt, dass sie ... sozialen Wandel selten allein hervorbringen. Ihre Fernwirkung ... ist oft beträchtlich.» Eine solche gesellschaftsrelevante Fernwirkung vermag Dellsperger am Beispiel der «Devotio moderna» sogar im Bezug auf eine spirituelle Bewegung aufzuzeigen, deren Gesellschaftsbezug in ihrer Zeit «nur von marginaler Bedeutung» war. Durch vermehrte Forschung in diesem Bereich liesse sich zeigen, dass noch weitere spirituelle Bewegungen auf eine solch indirekte Weise höchst gesellschaftsrelevant geworden sind.[17]

3.3 Zur Genese des heutigen spirituellen Aufbruchs

Die erwähnte gegenseitige Beeinflussung von Gesellschaftsentwicklung und spirituellen Umbrüchen lässt sich sehr schön an der jüngsten Geschichte des heute wirksamen spirituellen Aufbruchs aufzeigen. Stolz zeigt auf, wie die Entwicklung der modernen Gesellschaft «über einen Trend zu immer mehr Rationalisierung und funktionaler Differenzierung» vor sich gegangen ist. Da diese funktionale Differenzierung auch die Religion der Gesellschaft erfasst, «kommt es zu einem Einflussverlust der Religion bezüglich aller anderen gesellschaftlichen Teilsysteme». Alle diese Veränderungen beeinflussen die sozialen Strukturen derart, dass die Individuen in ihnen «tendenziell freigesetzt» werden. Sie haben bezüglich Familienzugehörigkeit, sozialer Schicht und Rolle, Konfession und Wohnort etc. freie Wahl. «Diese Freiheiten führen dazu, dass die individuellen Menschen im Effekt immer

---

[17] Wer sich ohne Scheuklappen z.B. mit der Geschichte der anthroposophischen Bewegung befasst, kann feststellen, dass die Anthroposophie gerade durch ihre vielfältigen sozialen Initiativen indirekt zu einer Bahnbrecherin der heutigen spirituellen Bewegung und ihrer Akzeptanz bei zahlreichen Führungskräften in Mitteleuropa geworden ist. (Vgl. Nägeli, Markus: *Kirche und Anthroposophen. Konflikt oder Dialog*. Bern 2003, S. 461f.)

verschiedener voneinander werden.» Um mit diesem Sachverhalt innerlich Schritt halten zu können, hat sich im 20. Jh. ein Wertwandel «weg von Pflicht- und Akzeptanz- und hin zu Selbstentfaltungswerten ergeben.» Der Erfolg der heutigen «Spiritualisierung» zeigt sich damit keineswegs als «isoliertes Phänomen»: «Auch im religiösen Bereich wirken eine strukturelle Ausdifferenzierung und Individualisierung sowie ein kultureller Wertwandel hin zu Selbstentfaltungswerten. So erscheint es nur folgerichtig, dass Religiosität bzw. Frömmigkeit (= Pflicht und Akzeptanz) durch Spiritualität (= Selbstentfaltung) ersetzt werden.» Die enorme Ausbreitung des Spiritualitätsbegriffs erklärt Stolz einerseits mit einem «Marktmodell»: Anbieter auf dem religiösen Markt setzen ganz bewusst auf den Spiritualitätsbegriff, um ihr Produkt attraktiver zu machen. Andererseits wirkt aber auch ein «Diffusionsmechanismus»: Der Spiritualitätsbegriff «trifft etwas» der modernen individuellen Befindlichkeit. Dadurch wird er von Individuen, die neu mit ihm in Kontakt kommen, als «zutreffend» und «nützlich» weiter verbreitet.

Für Rutishauser stellt das gegenwärtige auffällige Reden von Spiritualität «ein Krisenphänomen» dar, das zeigt, wie der heutige Mensch am «Verlust der Religion» leidet. «Der Zusammenbruch der grossen religiösen und auch pseudoreligiösen Erzähltraditionen» (inkl. Marxismus und Nationalsozialismus) hat ein Sinnvakuum hinterlassen, in welches die Suche «nach den letzten Fundamenten des Lebens» mit Macht einströmt und sich, wie anfangs erwähnt, in zweifacher Weise ausprägt: Der religiöse Fundamentalismus in seiner «politisch, patriarchal und legalistisch» geprägten Art ist «eindeutig ein Gegner der Moderne». Die moderne Spiritualität dagegen wirkt «eher individuell, feministisch und charismatisch»[18] und zeigt «ein facettenreicheres Gesicht». Rutishauser stellt fest, dass sich «die gegenwärtig aufblühende Spiritualität» relativ leicht in die «moderne, ausdifferenzierte Gesellschaft» einordnet und sie geradezu stabilisieren hilft und stellt die Frage, ob denn Spiritualität nicht noch eine tiefere Aufgabe habe, «als die Wunden und Fehler der aktuellen Gesellschaft zu heilen und zu lösen?»

4. Erfahrungsfelder von Spiritualität in der heutigen Gesellschaft

Beobachtungen und Gedankengänge zur Aufgabe und zum Stellenwert von Spiritualität in der heutigen Gesellschaft finden sich vor al-

---

[18] Rutishauser braucht das Wort «charismatisch» hier im phänomenologischen und nicht im konfessionskundlichen Sinn, wo «charismatische» Gruppen sich meist als auf dem Untergrund einer fundamentalistischen Theologie stehend erweisen.

lem in den Beiträgen im dritten Teil des vorliegenden Sammelbands. Die Lebenswege, die diese Autorinnen und Autoren bisher gegangen sind, sind selber charakteristisch für die Breite der heutigen spirituellen Situation in unserer Gesellschaft: Herkunftsmässig im Christentum verwurzelt, sind viele von ihnen nicht nur durch Leitfiguren aus der christlich-mystischen Tradition wie die Wüstenväter, Ignatius von Loyola, Meister Eckhart, Theresa von Avila, Niklaus von Flüe etc. geprägt, sondern sie haben zum Teil über längere Zeit Erfahrungen auf spirituellen Wegen ausserhalb des Christentums gesammelt (Yoga, Hinduismus, Tibetischer Buddhismus, Zen, Sufismus etc.) und diese Erfahrungen und Erkenntnisse in ihre Spiritualität integriert. Aber auch die Gedankenwelt eines Rudolf Steiner, C.G. Jung, Ken Wilber u.a.m. haben zum Teil ihr Denken nicht unwesentlich beeinflusst.

4.1 Erfahrungsfelder von Spiritualität in Beruf und Alltag

Ein ernsthafter Einbezug der spirituellen Dimension in der Arbeitswelt wirkt nicht nur in der Weise eines momentanen «Aufhellers», sondern verändert beispielhaft bei Manager, Hausarzt und kirchlichem Theologen die Wahrnehmung der Wirklichkeit und damit das praktische Verhalten:

So legt Jecklin Gewicht darauf, an seiner eigenen Person aufzuzeigen, was spirituelles Umdenken bedeutet, um erst danach den Blick auf das Thema Wirtschaft zu lenken. Für ihn ist klar, dass «spirituelles Denken und Handeln in der Wirtschaft» nicht etwas grundlegend anderes sein kann als «spirituelles Denken und Handeln in allen anderen Lebensbereichen». Da Jecklin nun an sich selber feststellt, dass «Vitalität, Emotionalität und Konventionen Zustände in uns schaffen können, die gerade in Krisensituationen zu falschem Verhalten führen», sucht er nach einem Weg, um durch spirituelle Vertiefung einen gewissen «Abstand zum inneren Geschehen» zu gewinnen und mit Hilfe einer «integralen Wahrnehmung» eine neue Sicht auf die «Verstrickung der inneren Kräfte in die äusseren Verhältnisse» zu erhalten. «Da-sein mit dem gegenwärtigen Augenblick» erweist sich für ihn als ein «wesentlicher Schlüssel zum Glück». Aus diesen Erfahrungsmomenten mit dem «reinen Sein» entwickelt Jecklin das Konzept «Liebe statt Angst» und sucht die Orientierung für seine wirtschaftliche Tätigkeit vom bestmöglichen Umgang mit dem Mangel «auf das Bewusstmachen und Teilen unseres Potenzials an Lebensfülle» umzustellen. In seinem eigenen Unternehmen konnte er die Wirksamkeit dieser Motivationskraft einer «gesellschaftsdienlichen Sinngebung des Unternehmens» auf die Mitarbeiterschaft in einer gemeinsamen Visionssuche eindrücklich erfahren, was sich letztlich auch in der unternehmerischen Bilanz positiv niederschlug.

Auch in der Medizin könnte sich eine Blickrichtung vom gesundheitlichen Defizit der Patienten hin zum heilenden Potenzial, das in ihnen steckt, heilvoll erweisen. Jaggi zeigt auf, wie die Patienten dem Hausarzt selber spirituelle Lehrer sein können, wenn dieser für deren hintergründiges Fragen auf Grund ihrer Krankheit offen ist. In der Arzt-Patientenbeziehung kann eine gemeinsame Suche nach Beantwortung der Sinnfrage und nach den in der Krankheit wirkenden «Hintergrundskräften» entstehen, die den Ansatz einer tiefer verstandenen Heilung in sich bergen. «Es ist fast so, wie wenn Krankheit durch den Prozess, den sie auslöst, ihr eigenes Heilmittel mitentwickeln hülfe.»[19] Wesentlich ist dabei jedoch, dass das Individuelle jeder Krankheitssituation und jedes Patienten gesehen wird. Deshalb plädiert Jaggi für eine Verlagerung der therapeutischen Haltung des Hausarztes von einer standardisierten «evidence based medicine» hin zu einer «cognition based medicine», die der jeweiligen individuellen Situation des mündigen Patienten und ihrer Einbettung in eine Arzt-Patientenbeziehung, die auch die spirituelle Dimension mitberücksichtigt, stärker entspricht.

Das Bewusstsein der spirituellen Mündigkeit des heutigen Menschen verändert auch die Sichtweise des kirchlichen Theologen. Wild will nicht mehr festlegen, welche spirituellen Strömungen nun zur Kirche gehören und welche nicht: «Menschen, die spirituell unterwegs sind, betrachten es oft nicht mehr als vorrangig, über ihre Kirchenzugehörigkeit oder gar über Abgrenzungen nachzudenken. Sie erfahren, was ihnen spirituell Leben schenkt, und dem gehört ihre Zugehörigkeit.» So gibt es heute mitten in der Kirche spirituelle Bewegungen, die keinerlei Bezug zum traditionellen Kirchgemeindeleben besitzen, «sie sind aber insofern in der Kirche integriert, als kirchenzugehörige Menschen sie praktizieren» und es gibt zunehmend spirituelle Bewegungen, «die Elemente der traditionellen kirchlichen Spiritualität in einem ausserkirchlichen Rahmen einsetzen». Das Kunterbunte dieser Spiritualitäten stört Wild nicht. Immer wichtiger in diesem multispirituellen Kontext wird für ihn jedoch die Frage: «Wer in all diesen unterschiedlichen Bewegungen trägt Verantwortung für die einzelnen Menschen, die spirituell auf dem Weg sind?» Was ihm zu schaffen macht ist nämlich die Tatsache, dass viele Menschen, «die ihr Leben für die spirituelle Suche investieren, durch Sackgassen entkräftet und durch Irrgänge entmutigt werden». Und so plädiert Wild für die Notwendigkeit einer «spirituellen Vaterschaft und Mutterschaft» und führt aus: «Wer anderen diese absolut bindungslose innere Erfahrung zumuten will, muss selber bereit sein, wie ein Vater oder eine Mutter

---

[19] Das Zitat stammt aus der mündlichen Fassung des Referats von Jaggi.

das eigene innere Leben mit Gott weiterzugeben, dieses Leben im anderen zu wecken und zu schützen.»

4.2 Religiöser Konsumentenschutz

«Der religiöse Markt der Gegenwart ruft nach religiösem Konsumentenschutz.» Dieses Diktum von Schmid hat mehrfach Resonanz gefunden, da sich nach Auswüchsen, Katastrophen und der Zunahme religiös motivierter Anschläge[20] diese Frage auch bis hinein in die Politik stellt. Gibt es bezüglich Spiritualität Kriterien für «gesund» und «ungesund»?

Schmid will zunächst den Gesundheitszustand einer Spiritualität am Vergleich von Verliebtheit und Eifersucht mit reifer Liebe prüfen: «Spiritualität als Schwärmerei gleicht einer Droge» und «Liebe zu Gott wird durch andere Liebe zu Gott nicht bedroht ... Von spiritueller Eifersucht hält sie sich so weit wie möglich fern.» Nach Auffassung von Hiestand und Chr. Müller «kann eine tragfähige Spiritualität nicht uniform sein. Vielmehr ist sie offen für einen intensiven Dialog und erweist sich gerade auch darin als tragfähig, dass sie Differenzen anspricht.» So zeigt Hiestand auf dem Hintergrund ignatianischer Spiritualität wesentliche Spannungsfelder auf, in denen sich eine Spiritualität zu bewähren hat und fragt: «Bietet mir diese Spiritualität die Möglichkeit, eigene Spannungen zwischen Trennungs- und Bindungsimpulsen je neu auszuloten, zu leben, auszuhalten und fruchtbar weiterzuentwickeln?» «Wie weit ermöglicht die Spiritualität ein fruchtbares Spannungsfeld zwischen dem Einzelnen und der Institution?» und kann eine bestimmte Spiritualität den Einzelnen befähigen, «verschiedene Erfahrungsebenen und Weltanschauungen zu unterscheiden und in die eigene Lebensentfaltung einzubauen?»

Chr. Müller listet in einer Tabelle eine «Zusammenstellung wichtiger Indizien einer tragfähigen Spiritualität» auf: «Alltag – Menschenwürde – Empathie – Widerstand – Klage – Bescheidenheit» sind hier die Hauptstichworte. Tragfähig ist nach Müller eine Spiritualität dann, wenn sie dazu befähigt, «den Alltag neu zu entdecken und selbst im scheinbar Gewöhnlichen das Ungewöhnliche wahrzunehmen». Sie ist dann hilfreich, wenn sie sich in einer «elementaren Empathie» dem Mitmenschen zuwendet und wenn dabei «die in ihr zum Zuge kommende Macht geteilte Macht ist ... Macht in der Konkretion der Ermächtigung (empowerment)». Eine solche Spiritualität verzichtet auf

---

[20] Hier denke ich vor allem an das Drama des kollektiven Suizids der Sonnentempler, aber auch an die Giftgasanschläge der AUM-Sekte und die Situation nach dem 11. September 2001.

«plumpe Vermarktung» und auf «Personenkult um besonders ‹spirituelle› Menschen» und ist «in sozialer, ökologischer und politischer Hinsicht wach».

Um diese Wachheit einer gesunden Spiritualität geht es auch Obermüller, wenn sie mit J.B. Metz von einer «Mystik der offenen Augen» spricht und für die Entwicklung einer religiösen Lebensweise plädiert, die zugleich Relativismus und Fanatismus ausschliesst und wenn sie demgegenüber mit Dorothee Sölle eine neue Art von «Verbindlichkeit der inneren Beziehung zu uns selbst, zu unserem Nachbarn, zur Tradition und zur Geschichte» anstrebt.

Scharfetter gibt als erfahrener Psychiater einen Überblick über die «Chancen und Gefahren auf dem spirituellen Weg». Er unterscheidet zwischen Gefahren, «die das Setting» betreffen und «innere, das heisst im eigenen Bewusstsein aufbrechende Gefahren». Der Leser wird dadurch sensibilisiert, bei auffälligen Vorkommnissen in spirituellen Bewegungen differenzierter zwischen dem Gesunden bzw. Krankmachenden einer bestimmten spirituellen Bewegung und der persönlichen Disposition des davon betroffenen Individuums zu unterscheiden, als dies häufig der Fall ist.

4.3 Spirituelle Begleitung

Das Bedürfnis, zwischen gesunder und ungesunder Spiritualität unterscheiden zu können, fokussiert natürlicherweise auf die Frage nach der jeweiligen Persönlichkeit, die einen spirituellen Weg anleitet: «Meister, Guru, Seelenführer: Wie finde ich einen seriösen spirituellen Lehrer?» Kaiser und Jans sind sich darin einig, dass das Leben selbst der ursprünglichste Lehrer ist, um daran spirituell reifen zu können. Und doch spielen konkrete spirituelle Lehrerinnen oder Lehrer eine nicht unwesentliche Rolle. Sie geben «Unterweisung ... sie sind Inspiration, Wegweisung, Spiegel, Katalysator. Aber der Schüler muss den Fluss selbst überqueren» (*Kaiser*). Jans spricht in Bezug auf dieses Verhältnis lieber von «spiritueller Begleitung» anstelle von «spirituellem Meister oder von spiritueller Meisterin» und nennt dies ein «Weggeschehen». Ein spiritueller Begleiter ist ein Mensch, der bereits «eine Erfahrung mit dem Kern des Menschseins, mit dem göttlichen Funken, mit dem göttlichen Hauch in sich gemacht» hat. Seine Aufgabe ist es nun, gemeinsam mit dem Begleiteten darauf zu achten, dass dieser den Weg durch die vielen Wohnungen der «Seelenburg»[21] zur innersten Kammer findet und nicht auf dem Weg oder gar auf dem Wegweiser sitzen bleibt. Dabei ist der spirituelle Weg für den Suchenden im-

---

[21] Vgl. Teresa von Avila: *Die innere Burg*. Zürich 1979.

mer auch «ein Weg mit Gott und nicht einfach ein Weg zu Gott». Deshalb wird ein äusserer Lehrer «immer auf den inneren Lehrer verweisen, weil der Mensch alles in sich selbst trägt» (*Kaiser*).[22] Bei der Wahl der spirituellen Begleitung kann wegleitend sein, inwiefern diese Person «präsent» ist, sie den «gesunden Menschenverstand» hochhält, in ihrem Umfeld «keine Abhängigkeiten» entstehen und sie nicht durch Macht, Sexualität und Geld korrumpierbar ist. Kaiser ist nach alter Tradition überzeugt: «Der Lehrer findet uns», wenn unser inneres Bedürfnis dazu genügend stark ist. Jans stellt die für unsere multispirituelle Zeit wichtige Frage: «Muss nicht auch eine Inkulturation für eine artfremde spirituelle Begleitung stattfinden, damit eine spirituelle Tradition authentisch wird in einer kulturellen Umgebung, die ganz anders geartet ist?»

5. Offene Grundfragen und Problemfelder

Wer die Beiträge in diesem Band im Quervergleich liest, entdeckt immer wieder neue Spannungsfelder. Manche Fragen können durch einen Autor, der die Materie aus bisher ungewohntem Blickwinkel beleuchtet, besonders erhellt werden. Mancherorts müsste die angefangene Diskussion unbedingt weitergehen, um die gemeinsame Erkenntnis weiter zu bringen. Nachfolgend seien einige Problemfelder skizziert, die zu weiterem Fragen Anlass geben, und es soll der Versuch gemacht werden, mögliche Richtungen aufzuzeigen, in welchen allenfalls Lösungsmöglichkeiten aufzufinden wären.

5.1 Verstehensschwierigkeiten rund um das «Ich»

Ein Kernanliegen aller mystischen Wege befasst sich mit der Stellung und Veränderung des «Ich». Oft scheinen darüber auf den ersten Blick diametral entgegengesetzte Aussagen gemacht zu werden. Einerseits ist von der Auslöschung des Ich in der mystischen Erfahrung die Rede[23], anderseits wird von der Notwendigkeit eines «stabilen Ich» gesprochen, um den mannigfaltigen Gefahren auf dem spirituellen Weg nicht zu erliegen.[24] Und der Leser fragt sich, ob denn sein Ich nun gestärkt

---

[22] Hiestand i.d.Bd. betont: «In jeder christlichen Spiritualität soll Jesus Christus selbst diese Lehrer-Rolle einnehmen.»
[23] Vgl. Schmid i.d.Bd., aber auch Welter i.d.Bd., der in Anlehnung an Eckhart davon spricht, dass sich das Ich in mystischer Zurücknahme «auflösen» soll: «eine absolut gedachte geistige Selbstreduktion», eine «Destruktion der personal-individuellen Existenz».
[24] Vgl. Scharfetter i.d.Bd. Vgl. aber auch Scharfetter, Christian: *Der spirituelle Weg und seine Gefahren*. 5. Aufl. Stuttgart et al. 1999, S. 61f.

oder ob es abgebaut werden soll.²⁵ Die Verständnisschwierigkeiten lösen sich jedoch auf, wenn von einer Unterscheidung *innerhalb* des Ich ausgegangen wird und dabei klar wird, dass es auf dem spirituellen Weg um eine Transformation des Ich von seiner oberflächlichen Ego-Bestimmtheit hin zu einer tieferen Ich-heit geht. Tugendhat beschreibt dies als «Preisgabe des Verwickeltseins im Ich – im ‹ich will› und im Besitzenwollen». Diese Unterscheidung wird in vielen spirituellen Traditionen gemacht. Trotz unterschiedlicher Terminologie geht es letztlich um dasselbe: So unterscheidet man in der indianischen Tradition das «niedere Selbst» vom «höheren Selbst». In Kreisen, wo christliche Kontemplation geübt wird, wird oft vom «kleinen Ich» und «grossen Ich» gesprochen. In den Ignatianischen Exerzitien soll das «Ich ... auf dem Weg spiritueller Transformation sterben und sich neu konstituieren» (*Hiestand*). In der Nachfolge von C.G. Jung wird das «Ego» vom «Selbst» unterschieden. Der Mensch soll auf seinem «Individuationsweg» einen Wandlungsprozess von der Ego-Bestimmtheit hin zur Verwirklichung des Selbst durchlaufen. Viele spirituelle Wege wissen jedoch darum, dass das Ego sozusagen das Eingangstor hin zur «Selbstwerdung» bedeutet.²⁶ Ein instabiles, nicht gut verankertes Ego sollte sich nicht auf den Individuationsweg machen. Deshalb wird ein allzu schwaches Ego in der spirituellen Begleitung zunächst oft gestärkt.

5.2 Gottesbild und Persönlichkeitsentwicklung

Auf dem Hintergrund mystischer All-Einheitserfahrungen werden in der gegenwärtigen Spiritualitätsdiskussion immer wieder traditionelle theistische Gottesbilder als überholt in Frage gestellt. Gelegentlich wird diese Infragestellung auch auf den Bereich der Persönlichkeitsentwicklung ausgedehnt: Wer eine theistische Spiritualität pflege, sei unreif, da er es noch nötig habe, eine menschliche Beziehungsweise auf sein Verhältnis zum Göttlichen zu projizieren. Im klaren Gegensatz dazu wird von anderer Seite mehrfach betont, dass «ein dialogisches Verhältnis zum absoluten Geist» in der biblischen Tradition dazu führe, «dass auch der Beter zu immer mehr Persönlichkeit findet. Das

---

[25] Dieselbe Verständnisschwierigkeit ergibt sich bei der Rede Jesu über die Selbstverleugnung (Mt.16,24f. par.), wo auf den ersten Blick ebenfalls nicht klar ist, weshalb das Ich zu verleugnen sei, wenn es letztlich doch darum geht, es zu gewinnen.

[26] Vgl. Jans i.d.Bd.; vgl. auch: Jans, Franz-Xaver: *Das Tor zur Rückseite des Herzens*. Münsterschwarzach 1994, S. 18: «Da wir jedoch das Ego benötigen, um das Tor zu dem grossen Herzen zu öffnen, spreche ich lieber davon, die Identifizierung mit dem Ego aufzugeben.»

göttliche Du hilft dem menschlichen Ich, immer prononcierter Ich zu sein» (*Schmid*). Zudem wird gerade in der mystischen «Sehnsucht nach Identifikation, nach Verschmelzung und Symbiose mit den göttlichen Energien» ein regressiver Zug vermutet, eine «Sehnsucht nach Rückkehr in den Schoss der kosmischen Gebärmutter».[27]

Mit Hilfe des erwähnten Modells des Individuationswegs ist es möglich, die berechtigten Anliegen beider Seiten zu stützen: Wenn es bei manchen Menschen in einer ersten Phase eines spirituellen Weges zunächst auch um die Persönlichkeitsstärkung gehen muss, könnte ein Überspringen wollen dieser Phase tatsächlich einen regressiven Zug beinhalten. Der personale Aspekt in der Gottesbeziehung kann hier heilend und reifend wirken. Wenn sich jedoch in einer späteren Phase des Individuationsprozesses in Bezug auf die Beziehung zum Göttlichen auch Bereiche jenseits personaler Kategorien erschliessen, könnte eine Fixierung auf ein theistisches Gottesbild in dieser Phase ebenfalls als ein regressiver Aspekt wahrgenommen werden.

Jäger verdeutlicht diesen Prozess und die unterschiedliche Begrifflichkeit in West und Ost: «Es ist wichtig, unsere Persönlichkeit zu entwickeln ... Dazu brauchen wir ein stabiles Ich.» Dann geht es jedoch darum «aus dieser falschen Identifikation herauszutreten» um die «eigentliche Natur des Geistes» zu erfahren. «Nur wer die Identifikation mit seinem Ichbild ... immer wieder verlassen kann, gelangt in die Erfahrung der Leere und Einheit. In der theistischen Mystik stirbt das Ich in der Unio mystica. In der östlichen Mystik gibt es kein Ich, das Permanenz hat.»

Eine weitere phänomenologische Klärung versucht Bernhardt, indem er zwei Grundtypen von Spiritualität einander gegenüber stellt: «ein auf die Selbst-Entwicklung des Menschen ausgerichteter kosmischer Typus und ein an der personalen Gottesbeziehung orientierter theistischer Typus». Die Klärung gelingt nur zum Teil, denn Bernhardt muss selber einräumen, dass die Unterscheidung eine idealtypische[28] sei und

---

[27] Bernhardt i.d.Bd.: «Nicht die Verschmelzung mit dem anderen, sondern das Gegenüber zu ihm, führt zum selbstbewussten Ich.»

[28] Um begriffliche Klarheit und Unterscheidungsmerkmale zu gewinnen scheint es oft hilfreich, idealtypische Formen herauszudestillieren, in welchen Mischformen und Grautöne herausgefiltert sind. Wenn in dieser Phase jedoch bereits Schlussfolgerungen gezogen werden, fördert dies Parteinahme und Abgrenzung (vgl. Tugendhat i.d.Bd., der auf Grund ähnlicher Vorgehensweise Religion und Mystik auseinanderdividiert und dann klar für eine ausserchristliche Mystik Partei nimmt, oder Schmid i.d.Bd., der gerade andersherum letztlich für den reformierten Spiritualitätstypus votiert). Wenn stattdessen nach Aufzeigen der idealtypischen Antipositionen bewusst wieder auf die Mischformen eingegangen würde (die in der Realität viel verbreiteter sind als die seltenen idealtypischen Formen), würde dies nicht nur den Dialog fördern, sondern es könnten nun auch Schlüsse gezogen werden, die stärker der Realität entsprechen.

die beiden Typen «sich in den real existierenden Religionskulturen nicht selten in gegenseitiger Partizipation und Überlagerung finden». Könnte man mit diesem Befund auch anders umgehen? Beispielsweise finden wir gerade in der christlichen Tradition ein geeignetes Sprachsymbol, das in seiner paradox erscheinenden Ausdrucksweise für dieses Ineinander von «Selbst-Entwicklung» und personaler Gottesbeziehung stehen kann: Wenn Paulus sagt: «Ich lebe, doch nicht ich, Christus lebt in mir»[29], geht er davon aus, dass das, was er einerseits als göttliches Gegenüber wahrnimmt, anderseits in einer bestimmt qualifizierten Weise mitten im Innersten seines eigenen Lebens gegenwärtig ist. Wo Christus mit dem innersten Selbst des Menschen in Zusammenhang gebracht werden kann[30], ist ein phasenweises Oszillieren zwischen mehr personalen und dann wieder mehr transpersonalen Ausdrucksformen von Spiritualität auch für den Theologen durchaus legitim.[31]

5.3 Spiritualität – «konfessionslos»[32] oder «dialogisch»

In den vorliegenden Beiträgen zur Spiritualitätsdiskussion ist vor allem *ein* Hauptspannungsfeld auszumachen, in welchem pointiert für unterschiedliche Sichtweisen Position bezogen wird. Das Modell einer «konfessionslosen» (*Jäger*) oder «freien» (*Jecklin*) Spiritualität hat explizit vor allem durch Rutishauser (implizit auch durch *Bernhardt*) Widerspruch erfahren. Die Ausgangslage zeigt sich sehr verkürzt dargestellt wie folgt:

a) Konfessionslose Spiritualität
In einer gewissen Analogie zu Ansichten der pluralistischen Religionsphilosophie wird in der Mystik die allen Religionen gemeinsame Grunderfahrung gesehen. Erst durch nachträgliche Versprachlichung

---

[29] Gal. 2,20.
[30] Könnte hier allenfalls ein Schlüssel liegen, um den unnötigen Gegensatz von «Selbstentfaltung ... durch das Selbst» und «Entfaltung ... durch die Erlösungstat Jesu Christi», wie er in gewissen kirchlichen Kreisen postuliert wird, aufzulösen (vgl. Stolz i.d.Bd.)?
[31] Obwohl auch F.N. Müller i.d.Bd. den besonderen Akzent der abrahamitischen Religionen als «Begegnungsgeschehen» zwischen Mensch und Gott beschreibt, betont er zugleich: «Allerdings darf diese Begegnung nicht anthropomorph eingeengt und verkürzt werden. Das ‹Du› Gottes ist kein blosses ‹gegenüber› oder ‹über mir›, sondern jenseits solcher Kategorien. Das vertraute Gegenüber von ‹Ich und Du› wandelt sich in der Versenkung zu einem ‹Ineinander von Ich und Du›. Insofern muss das vertraute personale Gottesverständnis immer wieder transzendiert werden zu einem transpersonalen Verständnis und Sprechen, um das Geheimnis Gottes zu wahren.»
[32] «Konfessionslos» ist hier nicht auf die christlichen Konfessionen eingegrenzt, sondern bezieht sich im interreligiösen Sinn auf alle Bekenntnisse.

sind die Religionssysteme ihrem kulturellen Hintergrund gemäss ausgeformt und dadurch voneinander verschieden geworden. In allen Religionen ist jedoch im Verborgenen das Wissen um die allen Menschen gemeinsame Erfahrung des Absoluten wach geblieben (philosophia perennis) und dieses Wissen drängt in der heutigen Zeit nach aussen, um in einem neuen Evolutionsschritt für die Welt Allgemeingut zu werden. Zugänglich ist diese «philosophia perennis» nur denjenigen Menschen, die selber eine mystische Erfahrung gemacht haben. Deshalb wird eine Hierarchie spiritueller Erfahrungen postuliert. Daraus folgt ein Spiritualitätsmodell, bei dem der spirituelle Weg in einer Stufenfolge zu beschreiben ist. Auf diesem Weg wächst die Überzeugung, dass die Mystik, wenn sie sich aus den konfessionellen Schranken befreien kann, nicht nur zum nötigen Bewusstseinswandel der Menschheit beiträgt, sondern dass durch die aus innerer Erfahrung gewonnenen Erkenntnis ein wirklicher Humanismus mit gesellschaftlicher Relevanz begründet wird.

b) Dialog der Spiritualitäten
Rutishauser hält dagegen die Auffassung der «Religionen als Symbolisierung und Entfaltung mystischer Erfahrung von Einzelpersonen» für eine allzu «monokausale Sichtweise». Er stellt gerade in den westlichen Offenbarungsreligionen, die auf geschichtlichen Ereignissen gründen, eine unterschiedliche Stellung zur Mystik fest und betont zudem, dass «jede Versprachlichung und damit vernunftmässige Erschliessung konstitutiv zur Erfahrung selbst» gehört. Im Anschluss an Rahner beschreibt er Spiritualität nicht im Sinn eines «spirituellen Stufenwegs» mit seiner «Aufstiegslogik», sondern als «existentielle Vertiefung der personalen Akte des Menschen». Dabei wird der spirituelle Weg nicht auf Erkenntnis ausgerichtet, sondern «die Liebe als Wesen und Ziel aller Mystik» gesehen. «Auch wenn Spiritualität in der Zukunft zu Recht weniger konfessionell sein wird, so muss sie an Religion oder zu mindest an metaphysische Traditionen zurückgebunden bleiben» und zwar in der Weise, dass «die dargebotene Lebensordnung und Erlösungsperspektive ... existentiell vom Menschen erfasst werden können». Der Blick dürfe nicht durch «historische Zerrformen der religiösen und spirituellen Tradition» verstellt werden. Eine transreligiöse Spiritualität tendiere entgegen ihrer eigentlichen Friedensintention dazu, «totalitär zu werden». Demgegenüber ruft Rutishauser zum Dialog zwischen den unterschiedlichen Formen von Spiritualitäten und Weltanschauungen auf. «Identität steht in einem dialogischen Prozess mit dem Fremden in sich und dem Andern der Umwelt» und der Dialog ist «per definitionem eine Alternative zur Gewalt angesichts des Fremden».

An dieser Stelle muss das Gespräch unbedingt weitergehen, denn in beiden Positionen findet sich Zukunftsweisendes. Dabei sollte m.E. jedoch die folgende Klippe beachtet werden: Von Seiten der «Perennisten» wird oft in einer Weise argumentiert, wie wenn ihre Sicht einer «freien Spiritualität» das leidige Problem der Konfessionen wie von selbst lösen würde. Sie verstehen sich in ihrer Erkenntnis des gemeinsamen mystischen Untergrundes als frei von Konfessionalität und damit in einer fortschrittlicheren Position. Dabei wird ihrerseits manchmal übersehen, dass sie, religionssoziologisch gesehen, selber faktisch eine neue transreligiöse «Konfession» (mit ihrem spezifisch beschreibbaren eigenen Mythos, Ritus und Ethos) bilden.[33] Wer sich dieses «Paradoxes» einer «transkonfessionellen Konfession» selber nicht bewusst ist, wird in seinen Aussagen inhärent absolutistischer wirken und dadurch, vielleicht ohne es zu wollen, den Dialog erschweren.

5.4 Zum Verhältnis von Spiritualität und Wissenschaft

Die Projektgruppe des Forums für Universität und Gesellschaft ist mit dem Anspruch angetreten, mit ihrem Projekt das Spannungsfeld der Beziehung zwischen Spiritualität und Wissenschaft auszuloten und mögliche Konsequenzen für neue Handlungsstrategien auf persönlicher und gesellschaftlicher Ebene zu formulieren. Ist dies gelungen? Die wissenschaftliche Beobachtung des Phänomens «Spiritualität» ist durch die vorliegenden Beiträge sicher einige Schritte vorangekommen. Wie steht es aber mit einer «gegenseitigen Befruchtung von Spiritualität und Wissenschaft». Dazu wird auffallend wenig Konkretes formuliert.

Obermüller geht in ihrem Beitrag auf den seit Beginn der Neuzeit herrschenden Antagonismus «zwischen einer Wahrheit der religiösen Offenbarung» und der «Wirklichkeit der sinnlichen Erfahrung» ein und sucht nach Lösungsansätzen. Sollen mit Kolakowski Wissenschaft und Glauben als «zwei unterschiedliche, aber sich nicht unbedingt widersprechende Methoden» verstanden werden, «sich ein und demselben Geheimnis anzunähern»?[34] Welche Sprachen verwenden Wissenschaft und Spiritualität und dürfen sie vermischt werden? Gibt es eine «kosmische Religiosität», die viele Naturwissenschaftler seit Langem schon in ihrem Forschen antreibt? Führende Physiker wie Heisenberg, Pauli und Einstein haben Beiträge zum Verhältnis Spiritualität und Wissen-

---

[33] Vgl. Jecklin i.d.Bd., der den von ihm favorisierten Typus einer «freien Spiritualität» hier als weiteren «inneren Weg» neben den herkömmlichen Wegen der verschiedenen Religionen und Traditionen anführt.
[34] Vgl. auch den Aufsatz von Christian Scharfetter, *Warum Wissenschaft und Spiritualität nicht in Widerspruch geraten.* i.d.Bd.

schaft geliefert, an die anzuknüpfen wäre.[35] Obermüller folgert: «Ganz aufheben ... lässt sich der Widerspruch zwischen Naturwissenschaft und Religion, zwischen Wissen und Glauben, zwischen objektiver Erkenntnis und subjektiver Erfahrung wohl nie. Aushalten aber lässt er sich vermutlich schon. Persönliche Bekenntnisse legen immer wieder Zeugnis davon ab.» So mögen gerade auch die persönlichen Begegnungen von Wissenschaftlern mit Vertretern spiritueller Bewegungen im Rahmen dieses Projekts manche wertvolle Ergebnisse in Bezug auf die gegenseitige Befruchtung von Spiritualität und Wissenschaft gebracht haben, die bisher noch keinen schriftlichen Niederschlag finden konnten.

Wie jedoch könnte diese wichtige Fragestellung konkret vorangebracht werden? Gibt es vielleicht noch mehr gemeinsame Berührungsflächen? Wie wäre es, wenn Spiritualitätsvertreter ihrerseits ihre Beobachtungen und Fragen zum heutigen Wissenschaftsbetrieb stellen und von ihren transpersonalen Erfahrungen her Anfragen an unseren Wissenschaftsbegriff formulieren würden?[36] Wie müssen alle diese Fragen gestellt werden, dass sie im Wissenschaftler die Lust nach Erweiterung und Vertiefung der Forschertätigkeit wecken? Kann durch den Einbezug von Kunst und Symbolforschung in die Diskussion eine weitere Brücke zwischen Spiritualität und Wissenschaft geschlagen werden?[37] Sind vielleicht gar Forschungsgemeinschaften von Wissenschaftlern und Spiritualitätsvertretern denkbar und wäre dies ein Boden dafür, dass «mögliche Konsequenzen für neue Handlungsstrategien» auch auf gesellschaftlicher Ebene gezogen werden könnten?

Was können die Neurowissenschaften dazu beitragen? Geht es dabei doch um die brisante Thematik, wie unser Erkenntnisorgan, das Gehirn, funktioniert. Der Beitrag von Jäncke verdeutlicht, dass unsere Wahrnehmung «nur bedingt die physikalische Realität» wiedergibt und das «Produkt eines individuellen Interpretationsprozesses» darstellt. Dieser Interpretationsprozess hängt von den gespeicherten Informationen ab. Unser Hirn kann damit «eigene Wahrnehmungen generieren, ohne dass externe Reize physikalisch präsent sind». Das heisst, dass unser Gehirn sozusagen «seine eigene Wahrheit generie-

---

[35] Dies findet auch Jäger i.d.Bd., wenn er gegenüber der Theologie provokativ behauptet: «Die Mystik wird zur Rettung der Theologie. Dieses Jahrhundert wird ein Jahrhundert der Metaphysik werden. Vorreiter wird nicht die Theologie sein, sondern die Physik und die transpersonale Psychologie.»

[36] So formuliert Welter i.d.Bd. von Eckharts «Dialektik von Wissen und Nichtwissen» her eine «durchaus aktuelle Anfrage an die Theologie als Wissenschaft» und findet: «Vor diesem Hintergrund haben die Streitigkeiten zwischen theologischen Positionen und Schulen etwas Zweifelhaftes und Lächerliches.»

[37] Vgl. Jaggi i.d.Bd.

ren kann». Was bedeutet dies nun für das Verständnis von Spiritualität? Ist die Erfahrung einer transpersonalen Wirklichkeit nur ein Trugbild unserer Neuronen oder bietet das Gehirn dem Menschen eine Antenne für etwas, was ihm von einer transpersonalen Wirklichkeit her widerfährt? Der Neuropsychologe verzichtet in seinem Beitrag auf diesbezüglich weiterführende Fragen und Schlussfolgerungen. An dieser Stelle jedoch muss das Gespräch zwischen Spiritualität und Wissenschaft in gegenseitigem ergebnisoffenem Dialog weitergehen. Vielleicht liesse sich gerade in solch heiklen Grenzbereichen im interdisziplinären Gespräch von Naturwissenschaft, Philosophie und Spiritualität Neues entdecken.

Einführung, Terminologie, Grundlagen

Spiritualität im Angebot
Georg Schmid

1. Definitionsversuche

Keine religiöse Autorität, kein spiritueller Meister und kein Religionsphilosoph kann uns seine Begrifflichkeit aufdrängen. Was Religiosität, Spiritualität, Religion und Mystik sind, bestimmen die spirituell Engagierten oder Nachdenklichen selbst. Sinnvollerweise setzen wir unsere Begriffe aber lieber so, dass wir erstens in etwa verstanden werden, dass zweitens unsere Begriffe die Phänomene, die sie ansprechen möchten, mehr aufdecken als zudecken, dass sie drittens unseren bisherigen Erfahrungsraum mehr ordnen und klären als durcheinander werfen und dass sie viertens offen stehen für neue Perspektiven und neue Erfahrungen und uns vielleicht sogar aufs bisher Nicht-Bedachte hinweisen. Nichts ist für den fragenden Geist verhängnisvoller als ein fertiges Konzept, das ihn hindert, sich auf neue Fragen und Erkenntnisse einzulassen. Vielleicht könnten die folgenden Definitionsversuche – offen eingesetzt – den erwähnten Anforderungen an hilfreiche Begriffe mindestens teilweise entsprechen.

2. Religiosität

Religiosität ist mitten im Wirklichen die Sehnsucht nach Wirklichkeit. Wirklich nennen wir in der Regel die Welt des Vorhandenen und Zuhandenen, alle Aspekte und alle Gegebenheiten der vergänglichen Realität. Wirklichkeit aber meint hier das, was das Wirkliche zusammenbindet, den Grund, den Sinn und die Mitte alles Wirklichen. Der kritische Leser wird einwenden, dass er Wirklichkeit so verstanden noch nie zu Gesicht bekam und wahrscheinlich auch nie zu Gesicht bekommen wird. Wirklichkeit im angegebenen Sinn taucht nirgends auf, also existiert sie vielleicht auch nirgends. So nahe dieser Einwand auch liegt, er übersieht das weltweite Faktum «Religiosität». Die Sehnsucht nach Wirklichkeit ist wahrscheinlich so alt wie der menschliche Geist. Sie ist unausrottbar, wie das menschliche Fragen. Und sie ist notwendig, wie unser Angewiesensein auf Sinn. Etwas einfacher formuliert: Wir wissen in der Regel zwar nicht, wie und was und wo Wirklichkeit ist, und wo sie sich findet. Aber wir sind überzeugt, dass sie ist. Wir werden diese Wirklichkeit auch nie verstehen. Aber wir verstehen weder diese Welt noch uns selbst ohne sie.

Überdies – von der Wirklichkeit zu sagen, sie existiere oder sie existiere nicht, wäre doch in beiden Fällen eine sehr unpassende Form der

Rede. Wenn die Wirklichkeit ist, so ist sie nie im Stil meiner Agenda, die ich auf meinem Schreibtisch suche und von der ich nach entsprechender Kontrolle sagen kann: «Sie ist da» oder «Sie ist nicht da». Wirklichkeit ist nirgends im Stil meiner Agenda vorhanden oder nicht vorhanden. Sie ist einerseits das Licht am letzten Horizont, das mir hilft, den Weg durchs Halbdunkel des Lebens nicht aus den Augen zu verlieren, und andrerseits das Licht verborgen in allem Vorhandenen, das, «was die Welt im Innersten zusammenhält». Sie ist das Nächste und das Fernste. Die Begriffe Existieren oder Nicht-Existieren passen zu ihr wie eine Leselupe in eine Sternwarte.

3. Spiritualität

Spiritualität ist die Liebesgeschichte des endlichen mit dem unendlichen Geist. Spiritualität – abgeleitet von spiritus (Geist) – verstehen wir am besten als Aktion des Geistes in Richtung auf den Geist. Aber welcher Geist wendet sich hier zu welchem Geist? Die nahe liegende Antwort lautet: Der endliche wendet sich zum unendlichen Geist. So offen gefasst wäre aber «Spiritualität» fast deckungsgleich mit «Religiosität». Sinnvollerweise fassen wir Spiritualität als besonders qualifizierte Ausrichtung aufs Unendliche. An dieser Stelle drängt sich sofort das Stichwort «Liebe» auf. Von der eigenartig herben Liebe der Psalmsänger zu ihrem Gott, über die beinah verwandtschaftliche Nähe Christi zum himmlischen Vater, über die Jesusminne des christlichen Mittelalters und des Pietismus, über die indische Bhakti und die Sufis und die Amida-gläubigen Buddhisten dokumentieren unzählige Lieder und Bekenntnisse weltweit, dass die innigste Beziehung des Menschen zu Gott oder dem Göttlichen immer eine Liebesbeziehung besonderer Ordnung war. Wir könnten hier einwenden: «Die Gläubigen leben mit dem Himmel die Liebe, die sie mit Menschen zu leben nicht im Stande sind.» Dieser Einwand – so einleuchtend er vielerorts ist – trifft nie die ganze Breite menschlicher Spiritualität. Es findet sich auch oft der Fall, dass die Liebe zu Gott erst richtig die Liebe und sogar die Erotik unter Menschen zum Fliessen bringt. «Seitdem ich gläubig bin, bin ich ein besserer Liebhaber», bekannte mir schon mehr als ein neo-charismatischer Christ. Spiritualität erschliesst das Tor zu den eigenen Gefühlen. Wo Gefühle gezeigt und gelebt werden, öffnen sich für Erotik und Sexualität neue Dimensionen. Ähnlich muss ich auch das eindrücklichste Zeugnis für religiöse Erotik, das ich kenne, die Tempel von Khajuraho, verstehen. Die menschliche Liebe und die göttliche Liebe spiegeln sich gegenseitig und verbinden sich zur Liebe Gottes zum Menschen und des Menschen zu Gott. Die erotischen Darstellungen

an den Tempelwänden sind gleichzeitig theologisch, spirituell und sehr irdisch zu deuten. So wie auf den Wänden wird in der Welt der Götter geliebt, so dürfen und sollen auch Menschen einander lieben und so lebendig ist auch die Liebe Gottes zum Menschen und umgekehrt.[1]
Das grösste, für Aussenstehende kaum zu begreifende Mysterium der Spiritualität kann hier nur kurz erwähnt werden: Spirituell engagierte Menschen lieben nicht ins Leere hinaus. Die Liebesgeschichte der Menschen mit Gott wird nicht als Einbahnstrasse erlebt. Man und frau sind überzeugt, dass der Himmel ihrer Hinwendung mit Zuwendung, ihrem Respekt mit Wohlwollen, ihrer Liebe mit Liebe begegnet. Ein guter Teil der spirituell engagierten Menschen geht in ihren Überzeugungen noch weiter und erahnt oder erlebt, dass die Liebe des Himmels zur Erde der Liebe der Erde zum Himmel vorausgeht. «Du hast uns je und je geliebt / und auch nach dir gezogen; / eh ich noch etwas Guts geübt, / warst du mir schon gewogen»[2], bekennt die spirituell wache Seele im Lied ihrem Gott.

4. Religion

Wie Spiritualität und Religiosität mehr auf die innere Beziehung des Menschen zum Absoluten hinweisen, so umgreift der umfassendere Begriff der Religion religiöses Sehnen, Erahnen, Erleben, Bekennen, Feiern, Veranstalten, Lehren, sich Organisieren, Verwalten und Kämpfen in ihrer ganzen schillernden Bandbreite. Religion ist Religiosität und Spiritualität integriert in die menschliche Gemeinschaft. Religion weckt, inszeniert, begleitet, feiert, normiert, belebt und erstickt die Liebe des endlichen zum unendlichen Geist. Kurz – Religion leistet der Spiritualität oft einen Dienst und nicht weniger oft einen Bärendienst. Sie erdrückt das Pflänzchen der Spiritualität, das sie hegen und pflegen möchte. Dieses zwiespältige Verhältnis der Religion zur Spiritualität ist ihr selbst aber zumeist gar nicht bewusst. Sie tötet im Gefühl dem wahren spirituellen Leben zu dienen. Würde man die Religion mit der Anklage «Mord an der Spiritualität» vor Gericht stellen, das Gericht würde zumeist die Vorsätzlichkeit verneinen und Fahrlässigkeit oder Grobfahrlässigkeit konstatieren. Die Ahnungslosigkeit der Religion im Umgang mit Spiritualität gründet zumeist im Willen aller

---

[1] Dass die tantrischen Darstellungen an den Aussenwänden der Tempel überdies auch noch apotropäisch wirken, muss mitbedacht werden. Tantra ist immer auch Magie. Sexualität – vor allem auch von Göttern vorgelebte Sexualität – befreit Kräfte, die auch zum Schutz vor negativen Kräften eingesetzt werden können. Indische Symbole rufen immer nach vielschichtiger Deutung.

[2] Paul Gerhardt im Lied: *O Jesu Christ, mein schönstes Licht*. 1653.

Organisationen, zu verwalten und zu verfügen, was ihnen anvertraut ist. Spiritualität lässt sich wecken und begleiten. Aber nicht verwalten und verfügen. Was von der Spiritualität gilt, gilt noch ins Unendliche gesteigert vom absoluten Geist. Wie kann der menschliche Geist sich anmassen, den absoluten Geist zu verwalten und zu normieren? Alle heiligen Autoritäten, alle Vertreter des Himmels auf Erden, alle Seher und Sprachrohre der geistigen Welt, alle Buddhas der Gegenwart, alle wahren Propheten des einzigen Gottes vergegenwärtigen den absoluten Geist in seiner ungeteilten Unverfügbarkeit und in ihrer persönlichen Unzulänglichkeit. Sie spiegeln nur den Himmel auf Erden. Religion ist im besten Fall «Spekulation», «Spiegelung» des Absoluten im Relativen. Relativ ist die eigene Person, die eigene Organisation, die Formulierung, in die Religion die himmlische Wahrheit kleidet. Absolut ist das, was sie in ihre Formulierung hüllt und was sie mit ihrer Organisation anzeigt. Wenn Religion die eigene Relativität erkennt, dient sie der Spiritualität. Wenn nicht, dann taucht sie in jene feierlich-freche Ahnungslosigkeit im Umgang mit dem Absoluten, in jene Verwalter-der-höchsten-Wahrheit-Rolle, die jede Spiritualität normativ vorschreibt und damit erstickt. An die Adresse der kritisch denkenden Aussenstehenden ergibt sich so besehen die deutliche Empfehlung: Gehen Sie davon aus, dass Religion das Absolute immer gleichzeitig erkennt und verkennt, repräsentiert und verunstaltet. Lassen Sie sich durch Lehren, Dogmen, Riten und Symbole inspirieren. Aber glauben Sie nie daran. Was die Dogmen und Riten meinen, ist hilfreich. Aber was sie sagen, ist hilflos.

5. «Religiöser Konsumentenschutz»

Der religiöse Markt der Gegenwart ruft nach religiösem Konsumentenschutz. Der spirituell suchende Mensch steckt nicht selten in einer Umbruchsphase oder Lebenskrise. Da kommen ihm spirituell attraktive Angebote mehr als nur gelegen. Er saugt die Botschaften irgendwelcher spiritueller Meister auf wie ein Verdurstender das Wasser, das er irgendwo in einem Dreckloch in der Wüste findet. Menschen im Aufbruch nach spirituellen Erfahrungen sollten sich erkundigen können: Wie verhält sich die betreffende Bewegung zur spirituellen Tradition, in die sie sich eingebettet weiss? Wohin führt der angedeutete spirituelle Weg? Wie wird die betreffende Bewegung von Aussenstehenden wahrgenommen? Was erzählen ehemalige Mitglieder der Organisation? Solcher «Konsumentenschutz» für Wahrheitssucher und deren Bekannte und Angehörige ist sicher kein objektives Geschäft, vergleichbar mit den Konsumentenschützertests, die im Blick auf

Waschmittel angewandt werden. Spirituelle Angebote und religiöse Organisationen lassen sich nicht einfach in eine Testanlage eingeben und mit Messgeräten durchleuchten und filtern. Sinn und Unsinn eines religiösen Angebots lässt sich immer nur subjektiv erwägen. Trotzdem ist solche subjektive Prüfung mehr als nur sinnvoll. Sie ist angesichts des boomenden spirituellen Marktes der Gegenwart notwendig. Die Scharlatanerie feiert im religiösen Markt der Gegenwart mit seiner breiten, finanziell oft sehr gut gestellten Kundschaft wahre Urstände. Es braucht Menschen und Institutionen, die religiöse Angebote im Blick auf ihren impliziten Sinn, Unsinn oder Wahnsinn hin befragen.

6. Spiritualität – Liebe oder Eifersucht?

Wenn wir nun in einer ersten Annäherung an Spiritualität das Sinnvolle vom Unsinnigen zu unterscheiden suchen, so gilt eine erste Überlegung dem Verhältnis von Liebe und Eifersucht. Wie in jeder Liebe so ist auch in der Spiritualität für Aussenstehende der Unterschied oft mit Händen zu greifen. Eifersucht ist kranke Liebe. Sie will besitzen und verfügen. Sie wird von Verlustängsten ständig bedroht. Sie klammert sich ans geliebte Gegenüber und lässt dem Gegenüber keinen Freiraum mehr. Liebe hingegen akzeptiert das unverfügbare und letztlich auch nicht durchschaubare Geheimnis des anderen. Auf die Liebe des endlichen zum unendlichen Geist übertragen springt der Unterschied noch deutlicher ins Auge: Die eifersüchtige Liebe zu Gott ist exklusiv. Sie duldet neben sich keine andere Form der Liebe. Sie sieht sich als einzige von Gott auserwählt. Der Himmel ist mit ihr sozusagen einen Exklusivvertrag eingegangen und hat alle seine Rechte auf Erden an den eifersüchtigen Vertragspartner abgetreten. Zweifel an diesem exklusiven Verhältnis der auserwählten Organisation zum absoluten Geist sind – weil mit kritischer Erwägung nicht zu beantworten – ungehörig, pietätlos, gotteslästerlich, in einem Wort: tabu.
Liebe verhält sich anders. Liebe zu Gott wird durch andere Liebe zu Gott nicht bedroht. Sie muss Gott nicht für sich in Beschlag nehmen und nicht an sich binden. Sie liebt Gott im weiten Chor all derer, die sich ihm zuwenden. Von spiritueller Eifersucht hält sie sich so weit wie möglich fern. Denn in ihrer Nähe zu spiritueller Eifersucht könnte sie die Perspektiven und Methoden des Nachbarn ungewollt übernehmen.

7. Spiritualität – Verliebtheit oder Liebe?

Etwas schwieriger fällt es auch dem geübten Auge, zwischen Verliebtheit und Liebe in den spirituellen Erfahrungen der Gegenwart zu unterscheiden. Natürlich – der aus einer Identitäts- und Lebenskrise neu in spirituelle Erfahrungen aufbrechende Mensch wird zuerst alle Merkmale spiritueller Verliebtheit zeigen. Er besucht seine spirituelle Gruppe bei jeder sich bietenden Gelegenheit. Er beschäftigt sich auch tagsüber mit den ihm empfohlenen Texten oder Gedanken. Er führt im Auftrag seiner Gemeinschaft vielleicht sogar ein spirituelles Tagebuch, in dem er seinen Einsatz für die neugewonnene Wahrheit und seine Fortschritte auf dem spirituellen Pfad notiert. Diese Tagebucheinträge bespricht er regelmässig mit seinem spirituellen Coach, seinem persönlichen «Meister» oder «Mentor». Er ändert seinen Lebensstil, um den Anforderungen seiner Gemeinschaft zu genügen. Sein Vokabular, seine Essgewohnheiten, seine Schlafenszeiten, sein Umgang mit Problemen, sein Kommunikationsmuster, sein Finanzhaushalt, hie und da sogar sein Name, seine Frisur und seine Kleidung entsprechen nun dem neugefundenen wahren Leben. Aussenstehende sprechen von Psychomutation und konstatieren, dass der Neubekehrte dem Kreis der alten Freunde verloren ging. Ähnliche Kommunikationsprobleme stellen sich der Verwandtschaft. Auch die bisherige Partnerschaft oder Ehe ist oft diesem Persönlichkeitswandel nicht mehr gewachsen. Wenn irgendjemand noch mit dem Neubekehrten zusammenleben kann oder will, dann eine Partnerin aus dem Kreis der neuen Gesinnungsfreunde. Dieses bedingungslose Eintauchen des Neubekehrten in eine ihm bis anhin völlig unbekannte Welt scheint ihm – diesen Eindruck gewinnt der Kritiker – fürs Erste überhaupt keine Mühe zu bereiten. Der Charme der neuen Wahrheit und die Liebe seiner neuen spirituellen Familie beflügeln ihn derart, dass er lächelnd die grössten Opfer erbringt. Sein emotionaler Zustand gleicht der Gefühlslage verliebter Pubertierender. Er umschwärmt seine Meisterin oder seinen Meister mit verklärten Augen und mit dem jugendlich-ungetrübten Wissen, dass er vor einem vollkommenen Menschen steht. Sein Schwärmen wird er sich auch so lange erhalten können, bis die Realitäten ihn einholen. Dann erst entscheidet sich, ob aus seiner Verliebtheit Liebe wird oder ob die Enttäuschung ihn aus der Bindung an die spirituelle Gemeinschaft befreit. Dass die Realitäten ihm aber so lange wie nur irgend möglich erspart bleiben, dafür sorgt der sorgsam geregelte Gruppenalltag: Kritik am Meister wird aus dem Leben der Gemeinschaft völlig ausgeklammert. Meditationen vor dem Meisterbild oder regelmässiges Eintauchen in Darshans oder Celebrations – die Masse der Gläubigen bewundert den spirituellen Leader – vertiefen und verlängern die Schwärmerei. Die Erinnerung an das sinnlose Leben vor dem Eintritt in die Gruppe trägt das Ihre dazu bei. Zuletzt gelingt es dem Neubekehrten während Jahren in einer Art pubertierender Schwärmerei für die

Leader der neuen Gemeinschaft religiös nie erwachsen zu werden und dem zu entfliehen, was ihn vorher am meisten bedrohte: Das Erwachsenenleben mit seinen zahllosen schwierigen Entscheidungen und mit seinen vielen ungelösten Problemen. Spiritualität als Schwärmerei gleicht einer Droge. Sie hilft mir ein Leben zu führen, in dem Probleme mich nicht mehr berühren und Entscheidungen mich nicht mehr behelligen. Ich bade in der wohligen Wärme spätpubertärer Gefühle, erwärme mich an der Zuneigung meiner neuen Glaubensgeschwister und strahle in grenzenloser Verehrung für meine neuen spirituellen Eltern.

8. Spiritualität – Mystik oder Mystizismus?

Mystizismus ist Modemystik und Instant-Mystik, ein Flirt mit dem Himmel, ein Techtelmechtel des endlichen mit dem unendlichen Geist. Von den Weekend-Erleuchtungen des Neo-Buddhismus über die Workshop-Schamanenreisen der neuen Esoterik über die vom Beat der grossen Band eingetrommelte Geistergriffenheit der neo-charismatischen Gemeinschaft gehört Mystizismus zu den populärsten spirituellen Angeboten der Gegenwart. Mystizismus öffnet das Himmelstor termingerecht auf Bestellung, führt gefahrlos durch die Gefilde der Seligen und stellt – anders als die vorher erwähnte Verliebtheit – die Reisenden durch andere Dimensionen zuletzt wieder zurück in ihre Alltagswelt. Durch ihre Wanderungen durchs Unendliche bereichert kehrt der mystizistisch bewegte Geist zuletzt wieder in die engen vier Wände seines Zimmers und in seine nüchterne Arbeitswelt zurück. Meistens hat sich der Ausflug gelohnt. Der eingepferchte eigene Geist konnte Unendlichkeit schnuppern, bevor er sich wieder in seinen Käfig einsperren lässt.

Mystik ist verglichen mit Mystizismus geradezu erschreckend anders: Mystik weitet das Ich nicht ins Unendliche aus. Sie löscht es aus. Sie durchstreift nicht Engelwelten. Sie stellt die Seele vor Gott. Sie lädt nicht zu kollektiven Schamanenreisen ein. Sie lässt den Schamanen den eigenen Tod durchleben. Sie befriedigt nicht unseren Wunsch nach Abwechslung und unsere Sehnsucht nach neuen Dimensionen. Sie führt vom alten Leben mit allen seinen Sehnsüchten und Wünschen durch den Tod des Ichs in ein verwandeltes, neues Leben. Der Weg des christlichen Mystikers gleicht dem Sterben und Auferstehen des Christus. Der Weg der altbuddhistischen Mystik führt in die Erfahrung des Anatta, des Nicht-Ich. Die Mystiker unter den indischen Bhaktas, Gottesfreunden, wissen, dass sie in der Umarmung Gottes sterben werden. Ähnliches bezeugen auch die Sufis. Mystik verspricht den Tod des

Ichs und neues Menschsein. Mystizismus verspricht Engelsreisen und schenkt offene Fensterchen in eine unerhört weite Welt.

Wir dürfen die Bedeutung des Mystizismus fürs menschliche Leben nicht unterschätzen. Fänden sich nicht Hunderte von mystizistischen Angeboten im religiösen Markt der Gegenwart, ich weiss nicht, wie viele Menschen die sie anstarrende Sinnlosigkeit ihres engen Daseins noch durchstehen würden. Doch Mystizismus in Ehren – wir können trotzdem nicht zulassen, dass sich der Mystizismus schon für Mystik hält. Genau dieser Selbsttäuschung verfällt er aber oft nur zu gern. Mystik kann und darf nicht jedem Gemüt zugemutet werden. Mystizismus hingegen kann zumeist gefahrlos verschrieben werden. Er verliert das Ziel der Mystik, wenn er es je einmal erkannt hätte, sofort wieder völlig aus den Augen. Aber er erbarmt sich aller eingepferchten und emotional ansprechbaren Geister. Er schenkt kollektiv inszenierte Bewusstseinerweiterung als Trost für jede sinnferne Existenz.

9. Spiritualität – personal oder apersonal?

Wie der absolute Geist vorgestellt, gedeutet und erlebt wird, ist kulturell und individuell vorgeprägt. Mit anderen Worten: Wenn sich Gott in der menschlichen Seele spiegelt, sehen wir nie nur das Spiegelbild, sondern auch den Spiegel. Gott «pur», «rein», jenseits von menschlicher Zugabe und Beigabe, jenseits menschlicher Vorstellungsmuster, begegnet uns – Gottseidank, wir würden die Begegnung nicht durchhalten! – nirgends in der Welt der Religionen. Zu den beliebtesten Vorstellungsmustern für den absoluten Geist gehören das Nichts, das Alles oder das Sein und das Du.

Der absolute Geist west derart jenseits aller unserer Bilder, dass der Geist, der sich ihm nähert, immer offenkundiger in eine Leere oder gar in ein Nichts gleitet. Die Leere des «grossen» und das Nirvana oder Anatta des «kleinen Fahrzeuges» zeigen als Leitbegriffe buddhistischer Spiritualität, wie faszinierend und inspirierend eine Spiritualität sein kann, die von allem, von der Welt des Relativen, wegführt und in die absolute Leere gleitet. Dass gerade das «grosse Fahrzeug» dem Gläubigen zahllose persönliche himmlische und irdische Leitgestalten als Begleiter zur Seite stellt und ihn hie und da in eine alles andere als unpersönliche Meisterbindung führt, zeigt aber auch, dass das reine Nichts als Woraufhin engagierter Spiritualität im Normalfall den menschlichen Geist überfordert. Irgendwie brauchen wir einen Himmel, der uns sieht, uns anspricht, uns liebt. Spiritualität als Liebesgeschichte des menschlichen Geistes mit dem reinen Nichts wäre eine holprige Einbahnstrasse. Wir würden suchen und lieben, was uns weder sucht noch liebt.

Keine Spiritualität hat je das Absolute so radikal als das Sein selbst verstanden, als den innersten Kern alles Vergänglichen, wie der Hinduismus. Seit der Zeit der frühen Upanishaden, d.h. seit über 2 ½ Jahrtausenden, wird Gott gesucht und erlebt als der Grund alles Wirklichen, als die rote Schnur, die sich durch die ganze sichtbare Welt zieht und die alles mit allem geheimnisvoll verbindet. Der Meditierende sucht sich mit seinem eigenen Wesensgrund zu verbinden und findet so in ein Erleben des Einsseins mit allen Dingen. Einheit, oder genauer: Nichtzweiheit, nennt die indische Tradition dieses mystische Ende jeder Distanz, jeder Erfahrung von Ich und Du und Ich und Es und Hier und Dort.

Dieses Eintauchen ins göttliche Sein schlechthin verbindet sich aber nicht nur in der Volksfrömmigkeit, sondern auch in den edelsten Texten spiritueller Tradition, z.B. in der Bhagavadgita, mit einer innigen Liebe zum persönlichen Gott. Diese Bhakti ergänzt nicht nur das mystische Eintauchen ins Geheimnis alles Seienden. Wie die in der indischen Spiritualität zentrale Meisterbindung korrigiert die Bhakti auch die Liebe zu einem reinen Sein. Hier gilt Analoges wie vom buddhistischen Nichts: Eine Liebesgeschichte mit dem Sein schlechthin ergreift mich auf die Dauer nur, wenn dieses Sein nicht nur in sich selber ruht, sondern auch seine Arme nach mir ausstreckt.

In der jüdisch-christlichen Tradition – und von beiden geprägt auch im Islam – ist Gott zuerst und vor allem das Du schlechthin, das Gegenüber, das den spirituell bewegten Menschen anspricht und begleitet. Seit der Zeit der frühen Psalmen ist Spiritualität ein intensives Gespräch mit Gott, geführt von Seiten des Menschen innig und ehrlich. Was immer den Beter bewegt, bespricht er mit dem göttlichen Du. Dieses persönliche, dialogische Verhältnis zum absoluten Geist führt in der biblischen Tradition dazu, dass auch der Beter zu immer mehr Persönlichkeit findet. Das göttliche Du hilft dem menschlichen Ich, immer prononcierter Ich zu sein. Natürlich gilt zu einem guten Teil der alte Vorwurf der Religionskritik, der religiöse Mensch würde seine Projektionen an den Himmel werfen. Aber auch wenn alles, was Menschen sich über Gott ausdenken, nur Projektion wäre[3], so würden doch unsere Projektionen wieder auf uns zurückfallen. Sogar ein projiziertes göttliches Du würde uns wieder als Person herausfordern und uns hel-

---

[3] Ich bin nicht geneigt dies anzunehmen. Der Himmel reagiert oft überraschend anders als erwartet. Oder im Bild gesprochen: Wenn Religion Squash wäre, ein Ballspiel auf einen Partner hin, der nur als tote Mauer und Projektionsleinwand dasteht, wären alle Reaktionen irgendwie voraussehbar. Weil der Himmel oft anders als erwartet reagiert, spielt Religion wahrscheinlich Tennis, d.h. sie steht vor einem lebendigen Gegenüber.

fen, ganzheitlicher Person zu sein. Mit anderen Worten: Spiritualität, die sich auf ein göttliches Du ausrichtet, steht näher bei den elementaren Bedürfnissen problemgeplagter Seelen und hilft ihnen – deutlicher als jedes Entgleiten in abstraktere Dimensionen – Individuum zu sein.

10. Spiritualität – einsam, kollektiv, gemeinsam?

«Was ich glaube oder nicht glaube», sagen sich viele, «geht nur mich etwas an. Da lasse ich mir nicht dreinreden. Da lasse ich mich nicht einmal aushorchen. Sogar so genannte religionssoziologische Umfragen beantworte ich aus Prinzip nie.» Dieser unmissverständliche Wille zum eigenen spirituellen Weg ist so begreiflich wie andrerseits der omnipräsente Zwang und Hang zur Gleichschaltung und Anpassung in der modernen Massengesellschaft. Wo kämen wir hin, wenn jeder zum Beispiel im Strassenverkehr oder im Steuerrecht seine eigenen Regeln aufstellen wollte? Umso begreiflicher ist der Wunsch nach dem ureigenen Weg im Glauben, den heute viele in sich spüren.

Dieser Wunsch führt sie sicher und bewahrt sie vor religiösem Missbrauch, solange sie sich mit potentieller Religion zufrieden geben können. Der potentiell Gläubige muss sich nirgends engagieren und nirgends festlegen. Aber er hält sich alle Türen offen. Er sinnt hinaus ins Unendliche und muss doch nicht hinausrufen oder hinausschreien. Ihm genügt sein zarter Respekt für einen fernen Gott.

Anders stellt sich die Situation dem prononcierten religiösen Individualisten, wenn das sanfte Leuchten eines göttlichen Seins am fernsten Horizont zu wenig Licht ins Dunkel seines Lebens wirft und er aktuelle Religion braucht. Nun kann sich gemeinschaftsferner Individualismus in bizarre selbstinduzierte Erleuchtungen flüchten. Er spricht nun zwar mit dem Himmel, aber fern von allen hilfreichen Begleitern. Einsame Erleuchtungen überschwemmen seinen Geist. Was ist nun Wahn? Was ist Durchbruch ins Wesentliche? Wo sprachlos einsame Wahrheitssucher sich in ihre Offenbarungen stürzen, öffnen sich Wahrheiten, die der kritische Beobachter jedem wahrheitssuchenden Geist lieber ersparen würde. Aber was kann er ausrichten, wenn eine Mauer des völligen Schweigens ein intensives spirituelles Erleben umschliesst?

Die zahlenmässig erfolgreichsten spirituellen Gemeinschaften der Gegenwart wissen, dass Menschen Gott oder die geistige Welt in kürzester Zeit erspüren und erleben, wenn es gelingt ihr Normalbewusstsein in einen Zustand leichter Trance zu überführen. Die Trance darf nicht soweit gehen, dass der Wahrheitssucher den Sinn fürs gegenwärtige Geschehen verliert. Er muss noch hören, was der Meister raunt oder

der Pastor ausruft. Auch der Beat der charismatischen Band oder der Schamanentrommel, das feierliche Gemurmel der buddhistischen Mönche, die exaltierten Beschwörungen der neuen Hexe oder das endlose Wippen und Singen der neuen Sufis darf und soll er noch wahrnehmen. Nur so führt ihn die spirituelle Gemeinschaft an das Ziel, an das sie alle führen möchte, in die göttliche Sphäre, die zu erschliessen ihr in besonderer oder exklusiver Weise gegeben ist. In der Grossgruppe inszenierte Halbtrance erlaubt den «Buddhas» und «Gottesmännern», den Channels und Prophetinnen, den Schamanen und Hexen der Gegenwart, in das Gefühlsleben des Schülers unmittelbar einzuwirken, ohne den vorher ständig aktiven, alle Eindrücke bewertenden Verstand. Die Zuhörergemeinde ist in der Halbtrance «ganz Ohr», weil nichts mehr das Gehörte und Wahrgenommene beurteilt und filtert. «Décervelage», «Ent-Hirnung», nennen die kritischen Franzosen den Drang zu kollektiver Kopflosigkeit. Der Begriff bezeichnet treffend auch die Wirkung der kollektiv inszenierten Halbtrance. Die Amerikaner formulieren noch handfester: No brain, no pain. Das in kollektiver Halbtrance gelähmte kritische Denken wird zum Glücksfall für alle Menschen, die sich durch ihre eigene kritische Überlegung in nur immer ärgere Aporien verstricken. Ausweg aus allen unlösbaren Problem verheisst am Ende nur noch die kollektiv inszenierte «Ent-Hirnung». Am Ende erstickt die kollektiv «enthirnte» Spiritualität in Massenhysterie.

Trotz solch immer wieder auftretender Missbräuche muss hilfreiche Spiritualität die Halbtrance nicht im Vornherein ablehnen. Menschen sind oft dem Himmel erst dort nahe, wo sie sich vom kritischen Beurteilen wenigstens im Moment dispensieren. Wer alles, was er erfährt, zuerst beurteilt, bleibt immer aussen vor. Die angebotene Erfahrung steht vor ihm wie ein Haus, das er nur beobachtet, aber nie betritt. Wie will er beurteilen und beschreiben, was er sich von innen nie besehen hat? Halbtrance als vorerst kritikfreie Erlebnisbereitschaft ist für viele das Tor zum eigenen spirituellen Erleben. Die entscheidende Frage lautet nur: Wie lange dispensiere ich mich vom kritischen Verstand? Und wie radikal verzichte ich auf vertrauenswürdige Begleiter auf meinem Weg in mein spirituelles Erleben? Hilfreiche Spiritualität pflegt die eigene Erlebnisfreude nicht weniger als das offene kritische Gespräch über eigene und fremde Erfahrungen. Sie stürzt sich nicht kopflos und gemeinschaftsfern in spirituelle Abenteuer und trotzt nicht mit permanenter Kritiksucht jedem Anflug von eigenem Erleben. Sie steht im Dialog mit der eigenen und mit anderen spirituellen Gemeinschaften. Sie kopiert nicht die spirituellen Leitgestalten der eigenen Tradition. Aber sie ignoriert sie auch nicht. Sie ist bereit, mit und von spirituellen Leitgestalten zu lernen. Dass die Geschichte des eigenen Glaubens sie in besonderer Weise beschäftigt, bezeugt ihre spirituelle Verwurzelung. Hilfreiche Spiritualität lebt nie im luftleeren Raum. Sie sieht sich eingebettet in eine Geschichte. Diese Verwurzelung schenkt ihr auch den nötigen Weitblick. Buddhistische Erleuchtungswege, Neo-Sufis, neuhinduistische Meister, Theosophen, Anthroposophen, neue Schamanen und neue Heiden fordern sie heraus. Verwurzelte Spiritualität ist begegnungsfreudig. Wer seine geistige Heimat kennt, wird gerne andere spirituelle Welten durchwandern. Jede Begegnung wird ein neuer Anlass, sich aufs wirklich Eigene zu besinnen. Sogar von der oben erwähnten heute wieder in vielen religiösen Traditionen populären kollektiven Trance als Weg zum universalen Geist kann sie Eines lernen: Sie schätzt wieder die in der traditionellen christlichen Spiritualität geforderte Verbindung von Erlebnisbereitschaft und Reflexion und von Denken und Glauben.

Spiritualität im Spannungsfeld von Esoterik und christlicher Tradition
REINHOLD BERNHARDT

1. Die Herkunft des Begriffs «Spiritualität»

«Spiritualität» ist zu einem Modewort geworden. Es reicht weit über den religiösen Bereich hinaus – besonders in der englischen und französischen Sprache. So forderte Jacques Delors, 1994 die Entwicklung einer «spiritualité de l'Europe». Das Programm «Europa eine Seele geben» ist daraus erwachsen. «Spirituell» in dieser nicht-religiösen Bedeutung verweist auf den «Geist» im Buchstabenwerk (wie etwa in der vielbeschworenen Formel vom «Geist der KSZE-Schlussakte von Helsinki»), auf die Intention, das geistige Prinzip, die zum Ausdruck kommende Idealvorstellung – im Unterschied zum empirisch Feststellbaren, Mechanischen, Verwaltungstechnischen.

Im Deutschen hat der Ausdruck «Spiritualität» demgegenüber (noch) eine engere, in die Religion verweisende Bedeutung, die über das Geistige hinaus auf das Geistliche, also die transzendente göttliche Geistigkeit, ausgreift. Der Begriff stammt vom mittelalterlichen «spiritualitas» ab und war ursprünglich auf das innere, das geistige Wesen des Christen bezogen. Die Spur führt zurück bis in die biblische Überlieferung vom «Geist Gottes». So schreibt etwa Paulus in 1. Kor 2,12ff:

> *Wir aber haben nicht empfangen den Geist der Welt, sondern den Geist aus Gott, dass wir wissen können, was uns von Gott geschenkt ist. Und davon reden wir auch nicht mit Worten, wie sie menschliche Weisheit lehren kann, sondern mit Worten, die der Geist lehrt, und deuten geistliche Dinge für geistliche Menschen. Der natürliche Mensch aber vernimmt nichts vom Geist Gottes; es ist ihm eine Torheit, und er kann es nicht erkennen; denn es muss geistlich beurteilt werden. Der geistliche Mensch aber beurteilt alles und wird doch selber von niemandem beurteilt.*

Wo im letzten Vers dieses Texts für das «geistliche» «pneumatikos» steht, übersetzt die lateinische Ausgabe: «spiritualis».

Von hier aus sind dann weitere Ableitungen vorgenommen worden: die Spiritualen der franziskanischen Armutsbewegung, die Spiritualisten der Reformationszeit, oder auch die Spirituals, die lebendigen geistlichen Gesänge der afroamerikanischen Christen.

Der Begriff Spiritualität entstammt also der christlichen Tradition und hat dort die Bedeutung von «Frömmigkeit». Entgegen der Assoziation, die dieser Begriff im alltagssprachlichen Gebrauch nahe legt, handelt es sich nach theologischer Lehre hierbei allerdings nicht um eine

Leistung des Menschen, sondern um das Leben aus der Kraft des Geistes Gottes, des Heiligen Geistes (spiritus sanctus), um ein Leben «im Geist». Der Begriff «Spiritualität» bringt diesen primär passiv-rezeptiven Bedeutungsaspekt deutlicher zum Ausdruck als der Begriff «Frömmigkeit». Wo die Geist-Energie Gottes zur Wirkung kommt, dort herrscht Spiritualität. Die christliche Tradition nennt das Leben in diesem Kraftfeld «Heiligung» und die, die darin leben, «Heilige». «Heiligung» meint dabei zunächst gar nicht eine besondere, herausgehobene, gesteigerte Frömmigkeit, sondern das Christsein als solches. «Heilige» sind die «Christen». «Heiligkeit» ist nicht eine besondere, ihnen verliehene Qualität und schon gar nicht verliehen aufgrund einer aussergewöhnlichen Glaubensanstrengung, sondern die von Gott gewährte Teilhabe an seiner Heiligkeit und dem daraus fliessenden Heil. Diese Rückbindung der Spiritualität an die Quelle des spiritus sanctus wurde in der christlichen Theologie immer mit Nachdruck betont, denn Spiritualität steht in der Gefahr, sich enthusiastisch zu verselbständigen und kann dabei seltsame Blüten treiben: sie kann in einen weltabgewandten Heilsegoismus führen, von einem spirituellen Führer abhängig machen und – im Extremfall – autoritär-charismatische Gemeinschaftsformen fördern, die ihre Mitglieder entpersonalisieren und deren bisherige Beziehungen schwer schädigen. Nicht jede Form der christlichen Begeisterung führt zu Christus hin, so wie es Martin Luther gefordert hatte, als er «das, was Christum treibet»[1] zum Kriterium des Christlichen erklärte. Dieses Bewusstsein, dass es einer kritischen Beurteilung der Spiritualität bedarf, ist schon im Neuen Testament ausgeprägt. So ruft der Verfasser des 1. Joh. zu einer Prüfung der Geister auf. Und Paulus benennt Massstäbe für diese Prüfung. Es sind pragmatische Kriterien, die auf die «Früchte des Geistes» angewendet werden sollen, also auf die Haltungen und Handlungen, die aus einer bestimmten Spiritualität erwachsen: Wenn es sich um den Geist Gottes handelt, der in ihr zum Tragen kommt, dann erkennt man das nach Gal. 5,22 daran, dass diese Spiritualität nicht selbstgenügsam ist, sondern in die Nächstenliebe führt. Sie äussert sich in grundlegender Lebensfreude, einem innerem Frieden, der sich auch nach aussen friedensstiftend betätigt. Sie zeigt sich daran, dass ein Mensch Geduld mit anderen hat, eine Freundlichkeit an den Tag legt, die mehr als blosse Höflichkeit ist, dass er Güte, Treue und Sanftmut walten lässt und dass er schliesslich den Vertrauensrahmen der Ehe nicht verletzt.
Spiritualität ohne Liebe kann nicht Geist vom Geiste Gottes sein. Daran haben sich alle religiösen Erfahrungen bemessen zu lassen und

---

[1] Werke Luthers, zitiert nach der «Weimarer Ausgabe» Bd. VII, S. 384.

seien sie noch so spektakulär. D.h. nach Paulus führt Spiritualität nicht in einen frommen Individualismus, sondern in die «Gemeinschaft der Heiligen», d.h. der Christen und sie führt zum Dienst am Mitmenschen. Jeder Mensch ist mit spezifischen Geistesgaben gesegnet. Und auch diese «Charismen» sollen nicht primär der eigenen Heiligung dienen, sondern anderen Mitgliedern der Gemeinschaft und damit dieser selbst zugute kommen.

Der Geist Gottes als Grund echter christlicher Spiritualität überwindet soziale, ethnische und religiöse Grenzen, er hebt die Trennungen zwischen Juden und den Völkern, Herren und Knechten, Frauen und Männern auf (Gal. 3,28). Die in dieser Hinsicht für die christliche Spiritualität grundlegende Überlieferung ist die Pfingsterzählung in Apg. 2, wo von der Ausgiessung des Heiligen Geistes gesprochen wird. Auch nach dieser Bezeugung einer intensiven Geisterfahrung führt der Geist Gottes nicht in die Vereinzelung der Selbstvertiefung, sondern erzeugt ein Verstehen der Menschen untereinander: Kommunikation im tiefsten Sinn des Wortes.

Und so hat die christliche Theologie und Kirche immer wieder den charismatischen Bewegungen aller Zeiten, die sich auf privilegierte Geisterfahrungen berufen haben, in Erinnerung gerufen, dass sich der Geist am Wort – an der Verkündigung des Evangeliums von der unbedingten und universalen Menschenliebe Gottes – messen lassen müsse.

2. «Spiritualität» als Zentralbegriff gegenwärtiger Religionskulturen

In den letzten 40 Jahren ist es in Mitteleuropa zu einem starken Bedeutungsverlust der christlichen, kirchlich organisierten Religion gekommen. Vergleicht man die Entwicklung der gesellschaftlichen Grossbereiche Politik, Wirtschaft, Kultur und Religion, dann kann man eine deutliche Gewichtsverlagerung feststellen: Während die Wirtschaft sehr viel stärker ins öffentliche Bewusstsein gerückt ist, hat die christliche Religion an Aufmerksamkeit verloren – etwa in der Berichterstattung in den Medien. Was aber für das kirchliche Christentum Mitteleuropas gilt, lässt sich nicht für Religion generell sagen – schon gar nicht im Weltmassstab: Das in den 60er Jahren prognostizierte gänzliche Verschwinden der Religion hat nicht statt gefunden. Im Gegenteil: In den 70er Jahren des 20. Jh. kam es weltweit zu einer Revitalisierung traditioneller Religionen, zu einem Schub neuer religiöser Bewegungen und Angebote und zu vielfältigen Synthesen zwischen Traditionellem und Neuem. Während die Kirchenmitgliedschaft stetig rückläufig war, hatte der Markt der ausserkirchlichen Religiosität Zulauf.

Die im Jahr 1999 veröffentliche «Ökumenische Basler Kirchenstudie» belegt, wie verbreitet ein allgemeiner Gottesglaube und eine vielgestaltige spirituelle Praxis im säkularisierten Basel ist. Setzt man die erhobenen Umfragewerte in Beziehung zur Kirchenmitgliedschaft, zeigt sich, dass es eine nicht-kirchlich gebundene Religiosität in enormem Ausmass gibt. Viele Erscheinungen aus dem breiten und diffusen Spektrum gegenwärtiger Religionskulturen charakterisieren sich selbst als spirituell.

Die Attraktivität des Begriffs «Spiritualität» liegt darin, dass der damit bezeichnete Inhalt einerseits den säkularen Materialismus des naturwissenschaftlichen Weltbildes überwindet, ohne aber andererseits in den vermeintlichen Dogmatismus der traditionellen Religionen zu verfallen. Er verweist nicht so sehr auf «Religion», sondern eher auf «Religiosität», also nicht so sehr auf die objektiven Gebilde der historischen Religionen mit ihren tradierten Lehren, Riten und Institutionen, sondern mehr auf das subjektive Erfülltsein von transzendenter Geistigkeit: Persönliche Ganzheits-Erfahrung statt Übernahme von lehrhaften Glaubensinhalten, frei flottierende existentielle Bewegung und Entwicklung statt fester Zugehörigkeit zu Religionsgemeinschaften, ihrer Metaphysik und Moral; religiöse Selbstbestimmung und Selbstorganisation statt Gehorsam gegenüber geistlichen Autoritäten, Option statt Tradition – das sind Merkmale postmoderner, von christlichen Wurzeln mehr oder weniger gelöster Spiritualität.

Sie verwirklicht sich als offene Transzendenzerfahrung im Rahmen der individuellen Persönlichkeitsentwicklung, nicht selten durch selektiven Anschluss an mehrere, selbstgewählte Traditionen – besonders an die mystischen Richtungen in den abrahamitischen Religionen oder an die zahlreichen Meditationspraktiken, welche die Religionen indischen Ursprungs hervorgebracht haben. Das eigene subjektive Empfinden wird dabei zur Vergewisserungsinstanz. Es ist eine Ich-Religion. Weil das Ich aber einem ständigen Veränderungsprozess unterliegt, ist auch seine Spiritualität in einem ständigen Wandel begriffen. Der Weg ist das Ziel und der Weg passt sich der Biographie des Menschen an.

Der Begriff «Spiritualität» und sein Bedeutungsinhalt, wie er heute in der deutschen Sprache gebraucht wird, ist demnach eng mit einem bestimmten Typus von Religion verbunden: einer nachtraditionalen, individualisierten, pluralisierten Religion – im Unterschied zu den klassischen Religionen, die ein in langer Tradition gewachsenes, quasi «fertiges» Identitätsangebot machen. Identitätsbildung vollzieht sich nicht durch die Übernahme einer obsolet gewordenen Traditionslast im Rahmen einer religiösen Sozialisation, sondern auf selbstbestimmten Wegen eigener Transzendenzerfahrung.

In diesem religionskulturellen Geistesklima haben Formen der Spiritualität, die man unter dem Titel «Esoterik» zusammenfasst, für viele Menschen eine besondere Attraktivität. So schillernd und facettenreich wie der damit bezeichnete Bereich von Religiosität ist auch der Begriff «Esoterik», der in dieser substantivischen Form auf den französischen Kabbalisten Eliphas Lévi (1810–1875) zurückgeht. Zu dieser Zeit bezeichnete «Esoterik» – nahezu bedeutungsgleich mit «Okkultismus» – die theosophischen Weisheitslehren (wie die Rosenkreuzer, die Templer oder die Theosophie von Helena Blavatsky, die den dritten Band ihrer Geheimlehre «Esoterik» nannte), aber auch magische Praktiken, Mantik, Alchemie, Astrologie usw. Seit den 80er Jahren des 20. Jh. hat sich mit der Ausbreitung des Esoterik-Marktes die Begriffsbedeutung deutlich verschoben. Seither gilt, wie Edmund Runggaldier konstatiert: «Die Esoterik begrifflich zu bestimmen, ist ein unmögliches Unterfangen.»[2] Es gibt wohl kaum ein Kennzeichen, das allen Bewegungen und Praktiken zukommt, denen man das Etikett «Esoterik» anheftet. Dennoch lassen sich mindestens zwei sehr allgemeine Kennzeichen esoterischer Religiosität benennen: Die Wendung in das Innere des Subjekts und seine Suche nach Einbindung in einen geistigen Ganzheitshorizont: Innerlichkeit und geistige Ganzheitlichkeit. Beides trifft in einer starken Betonung der religiösen Erfahrung zusammen. Zentrales Thema der Esoterik ist die Beziehung des menschlichen Geistes (bzw. seiner Seele) zu kosmischen Geisteskräften, das Aufsuchen und Kultivieren dieser Ur- und Universalkräfte im Inneren des Menschen – im Gegensatz zur Konzentration auf das Äussere, Exoterische, wie es etwa vorliegt in den (in Heiligen Schriften kodifizierten) Offenbarungen und deren Überlieferungen.

Die Abgrenzung dieser zeitgenössischen Begriffsbedeutung gegenüber okkulten und spiritistischen Lehren und Praxisformen ist nicht leicht, aber notwendig – auch deshalb, weil sich vieles, was unter «Esoterik» firmiert, mit den «klassischen» Bewegungen und Gemeinschaften des 19. Jh. kaum mehr etwas zu tun hat und auch nicht mehr zu tun haben will. Während es im Okkultismus und Spiritismus um die übersinnlichen Kräfte, ihre Wirkungen (paranormale Phänomene) und deren magische Beeinflussung geht, zielt heute verbreitete Esoterik primär auf den Menschen und die in seinem Inneren waltenden Geistes- und Energiepotentiale. Wenn auch Okkultismus und Esoterik wie zwei Seiten einer Medaille in der Praxis oft eng miteinander verzahnt sind, so ist die jeweilige Blickrichtung und das damit verbundene Interesse doch verschieden.

---

[2] Runggaldier, Edmund: *Philosophie der Esoterik*. Stuttgart et al. 1996, S. 9.

Die ursprüngliche, schon im 3. Jh. n. Chr. belegte Bedeutung des Adjektivs «esoterisch» im Sinne von «zum inneren Kreis gehörig» hat sich im gegenwärtigen Begriffsgebrauch weitgehend aufgelöst. Es geht nicht mehr um ein Geheimwissen, das nur einem kleinen Kreis von Eingeweihten mitgeteilt wird und in strenger Arkandisziplin nur in deren Gemeinschaft ausgetauscht und praktiziert werden darf. Im Gegenteil: Esoterik geht auf den öffentlichen Markt der Religionen und Weltanschauungen, um dort für die eigenen Angebote zu werben. Basel hat sich zu einem Zentrum dieses Esoterikmarktes entwickelt: Jedes Jahr im Spätherbst werden die Psi-Tage[3] veranstaltet, verbunden mit der «Nacht des Heilens» und der Esoterik-Messe «Aura». Zumindest was die Entwicklung auf dem Markt der Religionen angeht, kann man mit guten Gründen in der Esoterik die Weltreligion der Zukunft erblicken. Nicht eine Religion des Wortes, sondern eine Religion des Geistes, die ihr Lebenselixier aus den Quellen unterschiedlicher Weisheitsüberlieferungen schöpft und daraus neue Formen der Spiritualität bildet.

In Anlehnung an Runggaldiers «Philosophie der Esoterik» (35ff) ist das Wirklichkeitsverständnis der Esoterik mindestens durch die folgenden fünf Grundüberzeugungen charakterisiert:

1. Das Geistige ist das eigentlich Wirkliche: Die sichtbare, grobstoffliche (materielle) Welt ist von einer grösseren, übersinnlichen, feinstofflichen (geistigen) Welt umschlossen und durchdrungen, die in ständiger Kommunikation mit ihr steht. Spiritualität besteht im Innewerden dieser Welt des universellen Geistes, die als Lebensenergie in und hinter den äusseren Erscheinungen, vor allem aber im Innern des Menschen wahrgenommen werden kann. Philosophisch gesehen haben wir es hier mit einer monistischen Ontologie zu tun: Es gibt *ein* Wirklichkeitsprinzip. Alles ist Geist-Energie. Die Dinge und Ereignisse der sichtbaren Welt sind als Manifestationen, als Materialisationen dieser dynamischen, spirituellen Urenergie zu verstehen, die sich in ihnen allerdings in verschiedenen Formen, Ausprägungen und Intensitäten realisiert. Sie ist nicht zu identifizieren mit physikalisch messbaren Kräften. Auch diese Energien sind Manifestationen der kosmischen Geist-Energie.

2. Prinzip der Analogie: Für esoterische Wirklichkeitsdeutung ist eine Denkweise typisch, die sich ausser an den Gesetzen der Logik an denen der Analogie orientiert. Es gilt das Prinzip der Entsprechungen, der Korrespondenzen, der Ähnlichkeiten: Alles, was auf einer Ebene

---

[3] «Psi» ist ein Ausdruck aus der Parapsychologie zur Bezeichnung von aussersinnlicher Wahrnehmung und Psychokinese.

vorhanden ist, ist Abbild dessen, was auf den anderen Ebenen ist und wirkt. «Wie oben, so unten, wie aussen so innen» – so das für esoterisches Denken grundlegende Postulat, das sich schon im Corpus Hermetica, den gnostischen Offenbarungen des «Hermes Trismegistos» aus dem 2. und 3. Jh. n. Chr., findet. Makro- und Mikrokosmos sind durch dieses Band der Analogie ebenso miteinander verbunden wie die eigentliche Welt der geistigen Wirklichkeit und die Welt der Erscheinungen. Symbole vermitteln zwischen diesen Sphären der Wirklichkeit. Die Konstellation der Sterne etwa steht in unmittelbarer Beziehung zum eigenen Schicksal.

3. Prinzip der Polarität oder des Gegensatzes: Alles hat zwei Seiten oder Pole, die zueinander in einem Spannungsverhältnis stehen: z.B. männlich-weiblich, positiv-negativ, hell-dunkel. Zwischen den Polen fliesst eine Energie. Der interpolare Energiefluss ist kreativ; er lässt Neues entstehen.

4. Prinzip der Schwingung und des Rhythmus: Alles hat seine eigene Schwingung, seine energetische Vibration in einer ihm eigenen Frequenz. Die Urenergie fliesst zyklisch, rhythmisch hin und her, auf und ab, vor und zurück; wie ein Pendel. Es herrscht das «Gesetz der Balance oder Ausgewogenheit» – im Pulsschlag und im Atem wird es körperlich spürbar. Entwicklung ist also nicht nach dem Modell des einlinigen Fortschritts vorgestellt, sondern als wellenartige Bewegung.

5. Prinzip von Ursache und Wirkung: Jede Wirkung hat ihre Ursache und umgekehrt. Es gibt keine Zufälle und kein Chaos. Alles hat einen bestimmten Sinn. Die Wirklichkeit ist deterministisch zu deuten. Der Begriff «Kosmos» (= geordnete Wirklichkeit) spielt eine wichtige Rolle.

Wie sich diese Prinzipien konkretisieren, soll nun an dem für esoterische Spiritualität zentralen Thema von *Krankheit und Heilung* dargestellt werden:

Nach dem Verständnis esoterischer Wirklichkeitsdeutungen ist Krankheit als äussere Erscheinung eines inneren Ungleichgewichtszustandes, einer Disharmonie der Energien zu deuten. Die Ursache für diese Störung der Balance liegt in der Abschottung des Menschen gegenüber der kosmischen Urenergie, in seiner Rebellion gegen den Fluss der Energieströme in ihrem idealen polaren Gleichgewichtszustand. Ganzheitliche, die leiblich-seelische Gesundheit wiederherstellende Heilung kann nur durch die Wiederherstellung der Energiebalance erreicht werden. Dazu ist zuerst eine Bewusstseinsveränderung erforderlich, welche die Eigendynamik der Lebensenergien rational und emotional einsieht und akzeptiert.

Nach dem dabei vorausgesetzten psychosomatischen Verständnis des Menschen besteht zwischen seinem Personzentrum – seinen Gedanken, Gefühlen und Willensregungen – und den Körperfunktionen eine unmittelbare Wechselwirkung, so dass auch körperliche Erkrankungen durch Methoden der Selbsterkenntnis und / oder der geistigen Energiezufuhr therapiert werden können. Die dazu angewandten Methoden können sehr unterschiedlich sein: Nach der Reiki-Meditation geht es darum, die sieben «Chakras» (Energiezentren), die der Kundalini-Yoga zwischen dem untersten Ende der Wirbelsäule und dem Scheitel lokalisiert, für die «universelle Lebenskraft» zu öffnen. Durch Edelsteine, Pyramiden und die Bach-Blütentherapie lässt sich diese Heilung bewirkende Kraft aktivieren. Per Channeling können dem Kranken «feinstoffliche» Energien durch einen Geistheiler zugeführt werden. Nach den homöopathischen Heilmethoden wirkt nicht eine chemische Substanz auf den Organismus, sondern eine Information, keine materielle, sondern eine rein geistige Kraft. Die Wirksamkeit solcher geistiger Heilmittel wird dabei nicht nach dem Modell effektiver physikalischer und chemischer Kausalität erklärt – wie bei Medikamenten in der Schulmedizin – sondern nach dem erwähnten Gesetz analoger Entsprechungen bzw. nach dem Modell finaler Kausalität.

Das Moment der Selbsterkenntnis spielt dabei eine mehr oder weniger grosse Rolle. Zahlreiche esoterische Therapieangebote empfehlen folgenden Dreischritt: (1) Die Erkenntnis und die Akzeptierung der eigenen Verfasstheit mit ihrer gestörten Energiebalance. (2) Das Erspüren der rechten Ordnung, in welche die Energien – ihrer eigenen Dynamik folgend – streben. (3) Das Zulassen dieser Ordnung unter Zurücknahme aller Willensrichtungen, die ihrer Verwirklichung entgegenstehen.

So schreibt Monika Reiz:

> ... in Dir liegt die Kraft, in Dir ist der Frieden! Denn das Licht ist in Mir, in Dir, in Uns ... Erkenne, wer Du bist, erkenne, was Du bist, sag ja zum Leben, sag ja zu dem, was Du als Gott, Schöpfer und Vater des Lebens begreifen kannst. Beginnt sich Dein Bewusstsein mehr und mehr dem Licht dessen zu öffnen, was Du als das Ur-Ewige bezeichnest, dann beginnt sich Dein Leben zu ordnen, Deine Zellinformation beginnt nach Plan zu arbeiten.[4]

---

[4] Reiz, Monika: *Was dir dein Körper zu sagen hat*. München 1990, S. 171.

Hier wie in anderen Formen geistiger Heilung ist es letztlich der Einklang des Selbst mit dem kosmischen Lichtfunken, des Mikro- mit dem Makrokosmos, der die Heilung erzeugt. Und dazu kann und muss der Kranke selbst einen Beitrag leisten, in dem er die in seinem Personzentrum liegenden Kräfte aktiviert.

Wie verhält sich dieses Verständnis von Heilung und die ihr zugrunde liegende Form von Spiritualität nun zu dem im ersten Teil beschriebenen christlichen Geistverständnis?

3. Esoterische und christliche Spiritualität

Zunächst ist festzuhalten, dass es einen weiten Überschneidungsbereich gibt zwischen esoterischen und christlichen Spiritualitätsformen, so dass man sie nicht einfach einander alternativ gegenüberstellen kann. Solche christliche Esoterik durchzieht das gesamte neuzeitliche Christentum und versteht sich nicht selten als Korrektur zu einem der Rationalität verpflichteten, in Lehrformen und Amtshierarchien erstarrten veräusserlichten («exoterischen») Kirchenchristentum, aus dem der Geist ausgezogen ist. Kontemplation und Meditation, geistliche Exerzitien und mystische Frömmigkeitsformen sind von je her Bestandteile der christlichen praxis pietatis gewesen. Die christliche Mystik des Spätmittelalters lehrte, dass sich die «Gottesgeburt im Seelengrund» (Meister Eckhart) ereignen müsse – esoterisch gewissermassen. Ähnlich formuliert Angelus Silesius (Johannes Scheffler) dreihundert Jahre später: «In dir muss Gott geboren werden. Wird Christus tausendmal zu Bethlehem geboren und nicht in dir, du bleibst noch ewiglich verloren.»[5]

Wichtige Anstösse für die christliche Esoterik kamen von dem Theosophen und Naturmystiker Jakob Böhme (1575–1624) und von seinem jüngeren Zeitgenossen, dem Lutheraner Valentin Andreae, auf den die Rosenkreuzer-Bewegung zurückgeht. Er verstand sein Wirken als neue Reformation. Auch die aus der Abwendung von der Aufklärung hervorgegangenen esoterischen Strömungen verstanden sich nicht selten als christliche Erneuerungsbewegung – so etwa die «Neue Kirche» der Anhänger Emanuel Swedenborgs, die über F. Chr. Oetinger in den württembergischen Pietismus hineinwirkte – oder als Weiterentwicklung christlicher Auffassungen – so die Anthroposophie Rudolf Steiners, die sich ja in ihrem Kern als Christosophie versteht.

---

[5] Held, Hans Ludwig (Hrsg.): *Angelus Silesius. Gesammelte Werke*, Wiesbaden 2002 (nach der 3. erweiterten Auflage von 1952), Bd. 3: *Cherubinischer Wandersmann. Sinnliche Beschreibung der vier letzten Dinge*. Erstes Buch, 61. Spruch (S. 14).

In den protestantischen Frömmigkeits- und Erweckungsbewegungen des 17. bis 20. Jh. steht die innere Erfahrung der existenzverwandelnden Geisteskraft Gottes im Zentrum. Sie sind nicht esoterisch zu nennen, weisen aber doch viele Züge auf, die mit denen esoterischer Religiosität strukturverwandt sind. Auch in der Theologie hat das seinen Niederschlag gefunden, wie sich etwa in den «Reden über die Religion» des jungen Schleiermacher zeigt, die vor dem Hintergrund der frühromantischen Bewegung entstanden sind.

Die Attraktivität, die in der Gegenwart von Kommunitäten wie Taizé ausgeht, erklärt sich aus der Sehnsucht nach einer geistlichen Lebenspraxis. Der katholische Theologe Karl Rahner hat einmal gesagt: «Der Fromme von morgen wird ein ‹Mystiker› sein, einer, der etwas ‹erfahren› hat, oder er wird nicht mehr sein.»[6]

Doch ist christliche Mystik und Spiritualität mit ihrem Bezug auf den Geist Gottes charakteristisch unterschieden von den Esoterikangeboten, die numinose kosmische Geistenergien vermitteln wollen, von okkulten Weltanschauungen und Praktiken, sowie von Therapieanleitungen, die Heilung durch Selbsterkenntnis versprechen oder zum Ziel haben, lediglich das leib-seelische Wohlbefinden des Menschen zu steigern.

Nicht die Beziehung zwischen Gott und Mensch ist das Grundmodell der esoterischen Spiritualität, sondern das Streben nach Identität des Ich mit den kosmischen Geistkräften, die sein Inneres durchfliessen. In der Spiritualität der traditionellen theistischen Religionen besteht der Grundvorgang dagegen darin, dass der glaubende Mensch seine Existenz und seine Geistesgaben als von Gott gewährtes unverfügbares Geschenk erfährt. Sicher kann er im Glauben wachsen, aber letztlich hängt sogar der Glaube selbst von Gott ab. In diesem Angewiesensein liegt eine ungeheure Entlastung: die Existenz selbst, aber auch Heil und Heilung können nur exoterisch – von aussen her empfangen werden – als unverfügbare Gabe. Das heisst nicht, dass der Geist Gottes nicht auch *im* Menschen wirken würde, oder dass der Mensch zu blosser spiritueller Passivität verurteilt wäre. Er kann und soll sich durchaus für die Gegenwart des Geistes öffnen und sie in seinem Inneren zur Entfaltung kommen lassen. Aber diese Erfüllung mit dem Geist Gottes gründet in dessen «Entgegenkommen» in einer Bewegung, die von aussen auf den Menschen zukommt. Und so sehr sich Gott auch auf diese Weise im einzelnen Menschen und in geistlichen Gemeinschaften präsent macht, so bleibt er doch immer auch ein Gegenüber, das

---

[6] Rahner, Karl: *Frömmigkeit früher und heute*. In: ders.: Schriften zur Theologie, Bd. VII: Zur Theologie des geistlichen Lebens, Einsiedeln et al. 1966, S. 11–31, Zitat S. 22. (Zum Kontext des Zitats vgl. F.N. Müller i.d.Bd.)

alle menschliche Spiritualität infrage stellt. Im Kontrast zur esoterischen Verflüssigung des Göttlichen in Ströme spiritueller Lebensenergie, die der Mensch in sich zum Fliessen bringen muss, bleibt Gott nach Auffassung der abrahamitischen Religionen auch in seiner Offenbarung der Ganz-Andere in letztlich uneinholbarer Transzendenz.

Dem entspricht das Menschenbild: Der zu Gott in Beziehung stehende Mensch ist ex-zentrisch. Er hat sein Zentrum ausserhalb seiner selbst, kreist nicht um sich, sondern um Gott und um seinen Mitmenschen. Denn das ist ja das höchste Gebot, das Jesus Christus aufgerichtet hat: das Gebot der Gottes- und Nächstenliebe.

Esoterische Religiosität fasst das kosmisch Geistige demgegenüber pantheistisch als das All-Eine auf, und wendet sich der inneren Geistigkeit des Menschen als dem privilegierten Ort der Gegenwart dieses Geistes zu. Das Göttliche ist nicht mehr Gegenüber, von dem ein personaler Zuspruch und Anspruch ausgeht, sondern der Inbegriff der kosmischen Energieflüsse, mit denen der Mensch in Einklang kommen muss. Diese Sehnsucht nach Identifikation, nach Verschmelzung und Symbiose mit den göttlichen Energien kann regressive Züge annehmen, indem sie sich als Sehnsucht nach Rückkehr in den Schoss der kosmischen Gebärmutter darstellt.

Konstitutiv für die Ausbildung einer freien und selbständigen Persönlichkeit ist dagegen die anerkennende Begegnung mit einem personalen Gegenüber – wie nicht nur die Entwicklungspsychologie lehrt, sondern auch die Ich-Du-Philosophie von Martin Buber, derzufolge der Mensch erst am Du zum Ich wird, oder die Philosophie von Emmanuel Levinas, demzufolge mich das Antlitz des anderen, der mich anschaut, in die Verantwortung ruft und damit mein Selbstsein begründet. Nicht die Verschmelzung mit dem anderen, sondern das Gegenüber zu ihm, führt zum selbstbewussten Ich.

Nach christlichem Verständnis ist die Beziehung zu Gott bestimmt durch die Polarität von Freiheit und Liebe. Freiheit bringt das Moment des Sich-Lösens und des Erlöst-Werdens zum Ausdruck, Liebe das Moment des Sich-Bindens und des In-Anspruch-genommen-Werdens. Beides gehört zusammen.

Idealtypisch kann man zwei Typen von Spiritualität unterscheiden: Ein auf die Selbstentwicklung des Menschen ausgerichteter kosmischer Typus und ein an der personalen Gottesbeziehung orientierter theistischer Typus. Während sich die kosmische Spiritualität primär auf die Interaktion des seelischen Mikrokosmos mit dem Makrokosmos konzentriert und in diesem Sinn esoterisch zu nennen ist, richtet sich die theistische auf ein von aussen kommendes Gotteswort («verbum externum») aus und kann deshalb als exoterisch bezeichnet werden.

Der eine Typus strebt danach, die Selbsterkenntnis- und Selbstheilungskräfte im Menschen zu aktivieren, um die kosmische Energie in ihm ungestört fliessen zu lassen, der andere legt ihm nahe, sein Sein und sein Heil als gnadenhaftes Geschenk aus dem Geist Gottes zu empfangen. Die kosmische Spiritualität zielt darauf, im Einklang mit dem «Universum» zu leben, auf diese Weise zu einer inneren Harmonie und Selbstidentität zu gelangen und die Energiebalance herzustellen. Die theistische Spiritualität findet ihre Verwirklichung in der Kommunikation mit Gott: im Hören auf den Zuspruch und Anspruch des Evangeliums, im Gebet als Antwort auf dieses Wort und in einem verantwortlichen Lebensvollzug. Die eine ist stark auf die Gegenwart bezogen, auf das Jetzt der Transformation, die andere lebt zwischen Erinnerung und Hoffnung in der Geschichte der jüdisch-christlichen Tradition. Auch dieser Tradition geht es um Innewerden und Verinnerlichung des Gottgeistes, wie der Begriff «Erinnerung» (in einer weitgefassten Bedeutung) schon anzeigt, aber es ist dies keine individualistische Innerlichkeit, sondern eine solche, die sich konstitutiv mit der Gemeinschaft des Volkes Gottes verbunden weiss.

Diese Unterscheidung ist eine idealtypische. Die beiden einander gegenübergestellten Typen finden sich in den real existierenden Religionskulturen nicht selten in gegenseitiger Partizipation und Überlagerung. Nicht wenige nach spiritueller Erfüllung suchende Zeitgenossen verbinden esoterische und christliche Überzeugungen und Praxisformen in ihrer individuellen Religiosität miteinander oder wandern zwischen ihnen hin und her. Zudem gibt es Weiterentwicklungen (bzw. Wiederentdeckungen), die beide Typen betreffen, wie etwa die Aufnahme naturmystischer Züge im Zuge der ökologischen Bewegung. Viele esoterische Spiritualitätsformen gehen über eine mystische Innenschau in das Ich hinaus und sehen die Natur und die Materie als vom kosmischen Geist durchwirkt an. Das spiegelt sich etwa im Verständnis der Esoterik als «Liebe zur Innenseite aller Dinge», als Vordringen in die «innersten Kammern der Wirklichkeit», wie es Georg Schmid entfaltet.[7] Der Weg hin zu dem, was die Welt im Innersten zusammenhält – zur Seele aller Dinge, führt über die eigene Seele des Menschen. Sie ist das Tor zum Geheimnis der Wirklichkeit.

Es gibt aus der Sicht der christlichen Theologie keinen Grund, die esoterischen Bewegungen und Angebote als solche pauschal abzulehnen, aber es bedarf einer kritischen Prüfung, so wie sie schon Paulus gefordert hatte: «Prüft alles und behaltet das Gute» (1. Thess. 5,21).

---

[7] Vgl. Schmid, Georg: *Im Dschungel der neuen Religiosität. Esoterik, östliche Mystik, Sekten, Islam, Fundamentalismus, Volkskirchen*. Stuttgart 1992, S. 55.

Dazu bedarf es kritischer Rückfragen. Weil es keinen traditionsneutralen archimedischen Erkenntnis- und Urteilsstandpunkt gibt, können die darin implizierten Normen nur aus der je eigenen religiösen und kulturellen Tradition gewonnen werden. Die sich aus dieser Traditionsgebundenheit ergebende Perspektivität ist unaufhebbar. In der Begegnung der Religionen und Kulturen werden also immer auch unterschiedliche Normensysteme zur Beurteilung religiöser Phänomene aufeinandertreffen und im Dialog in Beziehung zueinander gesetzt werden müssen, ohne ihre Unterschiedlichkeit dabei aufheben zu können. Dass sie an die je eigene Tradition gebunden sind, bedeutet aber nicht, dass sie auch nur auf diese Tradition anwendbar wären. Ihr Anwendungsbereich reicht über ihren Entdeckungszusammenhang hinaus. Jedes dieser religiösen Normensysteme erstreckt sich auch auf Phänomene anderer religiöser Traditionen und erlaubt (oder sogar: gebietet), wertend zu ihnen Stellung zu nehmen. So wie man im Bereich des Politischen und Sozialen ja auch Ideale und die daraus erwachsenen Wertmassstäbe der eigenen politischen und gesellschaftlichen Kultur auf andere Staaten und Gesellschaften anwendet – etwa im Blick auf die Rechte der Frauen. Daran ist nichts Verwerfliches, solange diese Beurteilung auf prinzipieller Gegenseitigkeit beruht und damit in einen Dialog hineinführt.

So gewinne ich die folgenden fünf Fragen, an denen sich religiöse Erscheinungen nach meinem Verständnis zu bewähren haben, aus der christlichen Tradition, formuliere sie aber so, dass sie auch auf den Bereich der nicht-christlichen Spiritualität bezogen werden können. Dabei ist keineswegs von vorneherein ausgemacht, dass christliche Religionsformen ihnen eher gerecht werden als nichtchristliche.

1. Im Blick auf den *Realismus* der religiösen Erscheinungen ist aus theologischer Sicht zu fragen: Bringt eine Religionsform die Wirklichkeit unverkürzt zur Darstellung – einschliesslich ihrer Gebrochenheiten und Ambivalenzen – oder ergeht sie sich in einem Optimismus, der die Schattenseiten ausblendet? Führt sie in die Haltung eines gläubigen Realismus, der die Welt ganz und gar ernst nimmt (gegen Tendenzen zur Weltflucht), ohne sich letztlich an sie auszuliefern (gegen Tendenzen zur Verweltlichung), in die Haltung einer kritischen Empathie und Solidarität?

2. Im Blick auf den *Humanismus* der religiösen Erscheinungen ist aus theologischer Sicht zu fragen: Wird eine Religionsform der conditio humana illusionslos ansichtig – einschliesslich ihrer Potenz zum abgrundtief Bösen – oder reduziert sie die Depravierungen des Menschseins zu blossen Störungen geistiger Energieflüsse und glaubt an die

grundsätzliche Therapierbarkeit aller Fehlentwicklungen? Erträgt sie Erfahrungen des Leidens, ohne sie unter Berufung auf eine höhere Notwendigkeit von vorne herein für prinzipiell (!) sinnvoll zu erklären?

3. Im Blick auf die *Sozialität* der religiösen Erscheinungen ist aus theologischer Sicht zu fragen: Bricht eine Religionsform das «in sich verkrümmte Herz» (M. Luther) des Menschen auf, um es für seine Mitwelt und für Gott zu öffnen, oder geht es ihr in erster Linie um das eigene Heil? Führt der Weg zu Gott über den Anderen oder in einem selbstgenügsamen Heilsegoismus an ihm vorbei? Dieses Kriterium lässt sich in zwei Richtungen weiter treiben: (a) Ist der Glaube «konstruktiv», trägt er zum Aufbau der Glaubensgemeinschaft bei? Und (b): Leitet er zu befreiender Praxis in der «Welt» an, zum Einsatz für Gerechtigkeit und Frieden, zur «universalen Diakonie» (H. Gollwitzer)?

4. Im Blick auf die *Relativität* der religiösen Erscheinungen ist aus theologischer Sicht zu fragen: Bringt eine Religionsform ihre eigene «Vorletztheit» zum Ausdruck, weiss sie sich also angewiesen auf die ihr immer uneinholbar vorausliegenden Wahrheit Gottes oder zieht sie den eschatologischen Vorbehalt ein, identifiziert sich selbst (ihre Lehre und Praxis) mit der göttlichen Letztwahrheit, bietet universale Problemlösungen an und verspricht vollkommenes Heil im Unheil dieser Welt? Ist ihr bewusst, dass Gott ihr nicht nur Grund gibt, sondern sie auch radikal in Frage stellt? Stellt sie sich mit prophetischem Protest gegen alle religiösen Idolatrien, d.h. gegen alle Versuche, Erscheinungen der menschlichen (Geistes-) Geschichte mit dem Nimbus des Göttlichen zu sanktionieren – auch in der eigenen Religion?

5. Im Blick auf die *Transzendenz* der religiösen Erscheinungen ist aus theologischer Sicht zu fragen: Gibt eine Religionsform Antwort auf die letzten Fragen des Menschen nach seinem Woher und Wohin oder frönt sie einem Gegenwartsnarzissmus? Streckt sie sich aus – einerseits nach dem, was den Kosmos begründet, nach seinen (nicht primär zeitlich, sondern ontologisch zu deutenden) Konstitutionsbedingungen (so wie es in der Tradition der abrahamitischen Religionen im Schöpfungsglauben zum Ausdruck kommt) und andererseits nach der Zielbestimmung des kosmischen Prozesses, nach seinem (wiederum nicht primär zeitlich, sondern ontologisch zu deutenden) Telos (so wie es in der Tradition der abrahamitischen Religionen in den Endzeitlehren zum Ausdruck kommt)?

Durch eine solche kritische Befragung sollte es möglich sein, Unterscheidungen vorzunehmen, die pauschale Verurteilungen vermeiden und stattdessen zur differenzierten Urteilsbildung verhelfen.

Wie unterscheidet das Gehirn zwischen Illusion und Realität?
Lutz Jäncke

1. Einleitung

Unser Organismus sollte eigentlich so konstruiert sein, dass wir uns in der Realität zurechtfinden können. Allerdings wird uns in vielen Situationen gewahr, dass es andere Zustände als die physikalisch definierbare Realität für uns gibt. Dies wird uns im Traum, bei der Meditation, beim Lesen spannender Bücher, beim Betrachten technisch anspruchsvoller Kinofilme und beim Benutzen moderner virtueller Realitäten (Fahr- und Flugsimulatoren) gewahr. In all diesen Situationen können wir Gefühle empfinden, die uns von diesen Reizkonstellationen aufgedrängt werden. Gelegentlich verlieren in der Tat den Kontakt zur Realität und verlieren uns in diesen virtuellen Realitäten. Im Folgenden soll versucht werden, aus Sicht der modernen kognitiven Neurowissenschaften zu erläutern, wie es dazu kommt, dass unser Gehirn gelegentlich Illusion und Realität verwechselt.

2. Realitätsverwechslungen bei Gesunden

2.1 Der «Blinde Fleck»

Unter dem «blinden Fleck» verstehen wir ein Netzhautareal, das *nicht* mit Rezeptoren bedeckt ist. Dieses Gebiet besteht im Wesentlichen aus Nervenfasern, die neuronale Informationen aus den Netzhautrezeptoren zum Gehirn weiterleiten. Da an dieser Stelle der Netzhaut keine Rezeptoren vorhanden sind, müsste man eigentlich an dieser Stelle nichts sehen oder genauer gesagt, man müsste an diesem Punkt des Gesichtsfeldes einen schwarzen Punkt sehen. Sofern wir nicht unter diversen Sehstörungen leiden, sehen wir allerdings ein kohärentes und sinnvolles Abbild der Umwelt, ohne irgendwo einen schwarzen Punkt zu entdecken. Das liegt daran, dass das visuelle Wahrnehmungssystem diese «Lücke» anhand der umliegenden visuellen Informationen sinnvoll ausfüllt bzw. interpretiert, was dort gesehen werden könnte. Das bedeutet, dass Interpretationen bzw. Hypothesenbildungen elementare Verarbeitungsprinzipien schon auf der untersten Ebene der Informationsverarbeitung sind.

2.2 Gedächtnisillusionen

Ein weiteres sehr interessantes Phänomen, welches Aufschluss über die Art und Weise gibt, wie unser Gehirn mit der Realität umgeht, bzw. eine eigene also subjektive Realität (die Buddhisten bezeichnen die subjektive Realität als Wahrheit, um physikalische und subjektive Realität voneinander zu unterscheiden) generiert, sind so genannte Gedächtnisillusionen (Payne, Elie, Blackwill, & Neuschatz, 1996).[1] Diese Gedächtnisillusionen sind dadurch gekennzeichnet, dass wir uns sehr häufig absolut sicher sind, dass wir etwas gesehen haben, oder dass etwas passiert ist, obwohl diese Situationen oder Ereignisse überhaupt nicht existent sind oder überhaupt nicht stattgefunden haben. D.h. wir können uns *nicht* jederzeit auf unser Gedächtnis verlassen. Die Grundlage dieses Phänomens kann man sehr schön mit einfachen, aber sehr aussagekräftigen Experimenten nachweisen. Im Folgenden soll ein typischer experimenteller Versuchsaufbau dargestellt werden, mit dem man Gedächtnisillusionen auslösen kann. Die Versuchsperson wird aufgefordert, eine Wortliste zu lernen. Diese Liste besteht aus vier Unterlisten mit je zehn Wörtern. Eine Unterliste besteht aus Wörtern mit Tiernamen, die nächste aus Möbelnamen, die dritte aus Fahrzeugnamen und die vierte aus Werkzeugnamen. Aufgabe der Versuchspersonen ist es nun, diese vier Listen auswendig zu lernen (Lernphase). Nach dem erfolgreichen Lernen dieser Listen wird den Testpersonen nach einer bestimmten Zeit (ca. dreissig Minuten) eine Wiedererkennensliste vorgelegt (Wiedererkennensphase). Diese Wiedererkennensliste beinhaltet einerseits Wörter, die in den gelernten Listen aufgeführt waren (Zielwörter), aber auch Wörter, die nicht aufgeführt waren (Distraktoren). Als Distraktoren sind allerdings auch Wörter aufgeführt, die zwar nicht in der Lernliste enthalten waren, die aber den entsprechenden Kategorien der Liste zuzuordnen sind. Das bedeutet, dass die Wiedererkennensliste jetzt auch Worte enthalten würde, die zwar zur Kategorie Tiere gehört, die aber explizit nicht in der Lernliste aufgeführt waren (semantisch ähnliche Distraktoren). In einer solchen Situation stellt sich immer wieder heraus, dass viele Probanden davon überzeugt sind, dass diese Distraktoren tatsächlich in der ursprünglichen Lernliste enthalten waren. Die mit solchen experimentellen Anordnungen erzielten Befunde zeigen sehr eindrücklich, dass unser Gedächtnis kein System ist, das Informationen physikalisch präzise abspeichert wie in der Metapher des «Nürnberger Trichters».[2]

---

[1] Payne, D.G., Elie, C.J., Blackwill, J.M. & Neuschatz, J.S.: *Memory illusions: Recalling, recognizing and recollecting events that never occurred.* Journal of Memory and Language 1996, 35, 261–285.

[2] Der «Nürnberger Trichter» ist eine scherzhafte Bezeichnung nach dem 1647 von G. Philipp Harsdorffer in Nürnberg veröffentlichten Lehrbuch der Poesie. Seitdem fasst man Darstellungen von Personen zusammen, denen ein grosser Trichter auf dem Kopf angesetzt ist und bei denen die Weisheit quasi «eingetrichtert» wird. Solche Darstellungen reflektieren die im 18. und 19. Jh. gängigen Auffassungen vom Lernen als passive Wissensaufnahme.

Unser Gedächtnis arbeitet vielmehr interpretativ. Das bedeutet, dass Informationen, die wir lernen, interpretiert, organisiert und in einer Wissensstruktur abgelegt werden. Beim Abrufen des Gedächtnisses erfolgt dann eine Neukonstruktion, in dem der semantische Hintergrund als Grundlage des Gedächtnisabrufes dient. Das hat zur Folge, dass wir nicht immer die partikulären Einzelheiten dessen, was wir lernen, abspeichern und abrufen, sondern lediglich semantische Informationen. Dies hat zur Folge, dass Gedächtniseinheiten abgerufen werden, die wir *wahrscheinlich* gelernt haben und die einem bestimmten semantischen Kontext zuzuordnen sind.

Dieses Problem der Gedächtnisillusion ist ein fundamentales Problem in der forensischen Psychologie bzw. im Gerichtswesen. Sehr häufig sind wir mit widersprüchlichen Zeugenaussagen konfrontiert, wo die entsprechenden Zeugen sich völlig sicher sind, dass das, was sie angeben, auch der Wahrheit entspricht. Das Problem ist nur, dass das, was jedes Individuum als wahr empfindet, nicht unbedingt der Realität entspricht. Vielmehr zeigt sich in solchen Zeugenaussagen, dass unser Gedächtnis ein sehr individuelles Produkt eines Interpretationsprozesses ist. Dieser Prozess generiert eine eigene individuelle Wahrheit, welche durchaus in einigen Punkten fernab der physikalischen Realität sein kann.

Man mag den Eindruck haben, dass das oben dargestellte Organisationsprinzip des Gehirns mit Nachteilen behaftet ist. Doch man muss bedenken, dass tagtäglich eine ungeheure Menge von Informationen auf unser Gehirn eintrifft. Insofern muss man sich die Frage stellen, wie unser Gehirn mit dieser Menge von Informationen umzugehen vermag. Wahrscheinlich hat sich im Laufe der Evolution ein selektiver Wahrnehmungsmechanismus herausgebildet, welcher dazu führt, dass unser Gehirn Wichtiges von Unwichtigem trennt und nur einen kleinen Teil der Informationen aus der Umwelt aufnimmt, um aus diesem kleinen Teil die Realität auf der Basis des gespeicherten Wissens zu interpretieren. Diese ständige Interpretation bzw. Hypothesenbildung bezüglich der Umwelt ist ein sehr effizienter Mechanismus, der unser Gehirn von der lästigen Abspeicherung und dem Abruf einzelner Information befreit.

3. Realitätsverlust bei klinischen Fällen

3.1 Musikhalluzinationen bei Ertaubten

Ein eindrückliches Beispiel für die illusionäre Kraft unseres Gehirns sind Musikhalluzinationen bei spät Ertaubten. Nicht wenige im fortgeschrittenen Alter Ertaubte berichten, dass sie den Eindruck haben, sie würden Musikstücke hören. Manche «hören» nur ein einziges Musikstück, während andere unterschiedlichste Stücke zu hören glauben. Diese Wahrnehmungen können sehr differenziert sein, wobei einige Patienten berichten, bestimmte Stimmen oder Instrumente bevorzugt zu hören. Es sind keine durch psychiatrische Erkrankungen motivierte Halluzinationen, sondern diese Musikhalluzinationen sind Ausdruck eines unkontrollierten kognitiven Prozesses. Damit ist gemeint, dass übergeordnete Hirngebiete, welche Musikwahrnehmungen verarbeiten und Musikstücke speichern, durch die Schädigung des peripheren Hörsystems nicht mehr realitätsbezogene Informationen erhalten. Insofern können die von diesen übergeordneten Hirngebieten generierten Wahrnehmungen nicht mehr anhand der Realität kontrolliert bzw. ausgeglichen werden. Deshalb scheinen diese Patienten den Eindruck zu haben, die gehörte Musik wäre real. Im Übrigen sind diese Musikhalluzinationen mit Durchblutungszunahmen in übergeordneten auditorischen Hirngebieten assoziiert (Griffiths, 2000).[3]

3.2 Der Phantomschmerz

Phantomschmerzen treten im Zusammenhang mit amputierten Gliedern auf. Viele Patienten, denen man Hand, Arme oder Beine amputiert hat, bemerken nach einiger Zeit Schmerzen in den amputierten Gliedmassen. Darüber hinaus entsteht bei den Patienten zudem der Eindruck, dass diese Schmerzen mehr oder weniger unkontrollierbar über sie hereinbrechen. In bemerkenswerten Untersuchungen konnte gezeigt werden, dass sich bei diesen Patienten nach einer bestimmten Zeit die somatosensorische Repräsentation des amputierten Gliedes in das Gesichtsareal inkorporiert hat (Ramachandran & Blakesless, 1998).[4] Dies hat zur Folge, dass bei diesen Patienten durch Berühren bestimmter Gesichtsbereiche (z.B. der Backe) die Berührungsempfindung einzelner Finger z.B. der amputierten Hand ausgelöst wird (im Falle einer Handamputation). Wie ist das zu erklären? Man muss sich zunächst vorstellen, dass nach einer Amputation die Hirngebiete, die eigentlich mit der Verarbeitung taktiler Informationen der Hand betraut sind, keine Informationen aus der Peripherie mehr erhalten. Das bedeutet, dass diese Hirngebiete «arbeitslos» geworden sind. Nach einer bestimmten Zeit der Untätigkeit beginnen Nachbarregionen, d.h. Regionen, welche um das Handareal lokalisiert sind, ihren Einflussbereich

---

[3] Griffiths, T.D.: *Musical hallucinosis in acquired deafness. Phenomenology and brain substrate.* Brain 2000, 123 (Pt 10), 2065–2076.
[4] Ramachandran, V.S. & Blakesless, S.: *Phantoms in the brain.* Quill William Morrow, New York City 1998.

auf das brachliegende taktile Handareal auszubreiten und die quasi «arbeitslos» gewordenen Neurone zu übernehmen. Das hat zur Folge, dass nach einiger Zeit Neurone, welche früher für die taktile Handrepräsentation verantwortlich waren, nun für die taktile Verarbeitung von Gesichtsinformationen verantwortlich sind. Lediglich als Rudiment bleibt eine bestimmte Zeit lang – quasi als «Blaupause» – noch eine schemenhafte Repräsentation der Hand erhalten. Diese Neuorganisation des ehemaligen Handareals ist häufig mit unangenehmen Nebenerscheinungen verbunden, welche sich als Phantomschmerzen äussern können. Denn das Ausmass der Reorganisation ist mit Schmerzen verbunden, die wahrscheinlich auf unspezifische neuronale Erregungen im Zusammenhang mit der Reorganisation zurückzuführen sind. Insofern ist der Phantomschmerz nichts anderes als der Ausdruck eines gerade stattfindenden neuronalen Reorganisationsprozesses. Ist die Reorganisation vollendet, z.B. in einem Zustand, wo die Neuronen des Handareals vollständig im benachbarten Gesichtsareal aufgegangen sind, verschwindet auch gleichzeitig der Phantomschmerz. Eine wichtige Botschaft aus diesen Beobachtungen ist, dass der illusionäre Schmerz keine Einbildung ist, sondern eher Ausdruck eines neuronalen Reorganisationsprozesses und somit ein reales Phänomen, das sich unserem Gehirn in diesem Fall als Schmerzen eines nicht existierenden Gliedes mitteilt.

3.3 Visuelle Halluzinationen

Ein recht seltener Fall aus der Praxis der Ophthalmologie lehrt uns etwas über die Lebhaftigkeit und den Charakter von visuellen Halluzinationen, nämlich das so genannte «Charles Bonnet Syndrom».[5] Neuere Arbeiten haben die Phänomenologie dieses Krankheitsbildes sehr gut herausgearbeitet, wobei eine wichtige Grundvoraussetzung dieser Diagnose ein mehr oder weniger ungeschädigter cortikaler Sehapparat bei gleichzeitigem Defekt des peripheren Sehsystems ist (Santhouse, Howard, & Ffytche, 2000).[6] In diesen Arbeiten konnte gezeigt werden, dass die sehr lebhaften visuellen Halluzinationen prinzipiell in drei Gruppen einzuteilen sind. Eine Gruppe zeichnete sich dadurch aus, dass die Patienten verschiedene Figuren, mit und ohne Kostüme, oder Kinder sahen. Gelegentlich wurden auch Landschaften oder

---

[5] Das Charles Bonnet Syndrom (CBS) wurde erstmalig von dem Schweizer Philosophen Charles Bonnet im Jahre 1760 beschrieben. Es ist durch das Auftreten von komplexen visuellen Halluzinationen bei psychisch gesunden Menschen gekennzeichnet.

[6] Santhouse, A.M., Howard, R.J. & Ffytche, D.H.: *Visual hallucinatory syndromes and the anatomy of the visual brain.* Brain 2000, 123 (Pt 10), 2055–2064.

sich bewegende Objekte erkannt. Eine zweite Gruppe sah vorwiegend Gesichter, z.B. mit hervorstechenden Augen, oder solche, die zu grotesken Fratzen verformt waren. Andere sahen Gesichter, wo die Zähne in besonderer Art und Weise hervorstachen, andere wiederum hatten den Eindruck, cartoonartige Gesichter skizziert zu sehen. Eine dritte Gruppe zeigte eine andere Variante der visuellen Halluzination, die dadurch gekennzeichnet war, dass im wesentlichen Objekte, die an einer Position gesehen wurden, nach dem Drehen des Kopfes und Betrachten eines anderen Objekts quasi virtuell mit an die neue Position relokalisiert wurden. Zum Beispiel sah ein Patient eine Person an einem Tisch sitzen. Nach dem Schwenken des Blickes an die neue Position wurde die zuvor betrachtete Person in die neu betrachtete Szene integriert. Das bemerkenswerte dieses «Charles Bonnet Syndroms» liegt darin, dass die Patienten diese Halluzinationen als real empfinden. In Situationen, in denen sie unter diesen Halluzinationen leiden, fällt es ihnen zunächst sehr schwer zu akzeptieren, dass es sich um Halluzinationen handelt. Nach einer bestimmten Zeit (meist durch Rückmeldung von Begleitpersonen) realisieren sie, dass das, was sie dort sehen, nicht der Wirklichkeit entsprechen kann. Dann korrigieren sie (meist widerwillig) ihre Eindrücke.

Die oben dargestellten Fälle aus dem klinischen Alltag zeigen uns sehr eindrücklich, dass unter ganz bestimmten Umständen sehr lebhafte Wahrnehmungen (Illusionen) entstehen können, die es den Patienten kaum erlauben, Realität und Einbildung voneinander zu unterscheiden. Trotz der offensichtlichen Unterschiede ist allen drei hier dargestellten Syndromen gemein, dass der direkte Zugang zur Realität entweder verborgen oder defizitär ist. Bei den «Charles Bonnet Patienten» sind es die zuführenden visuellen Informationswege, sodass die Patienten von der visuellen Realität nur einen fragmentarischen Eindruck erhalten. Bei den Patienten, welche taub sind und welche Musikhalluzinationen hören, ist insbesondere das zuleitende auditorische System oder gar der primäre auditorische Cortex gestört und damit auch der Kontakt zur Realität über den primären auditorischen Cortex nicht mehr gewährleistet. In ähnlicher Art und Weise könnte man die Phantomschmerzen interpretieren. Denn auch hier gelingt es dem Gehirn nicht mehr, reale Informationen aus der Peripherie der Gliedmassen zu empfangen. Als Folge davon wird bei allen drei Syndromgruppen die Bedeutung übergeordneter Zentren im Gehirn zunehmen, sodass intern generierte Wahrnehmungsinhalte (*top-down*) getriebene Wahrnehmung) ohne Gegenkontrolle durch Informationen aus der Realität ablaufen. Dies hat zur Folge, dass die übergeordneten cortikalen Zentren ohne Kontrolle und von sich aus tätig werden. Deshalb sind die von diesen Patienten generierten Wahrnehmungen lebhaft und werden vor allen Dingen auch als echt bzw. wahr vom Gehirn interpretiert.

4. Ursachen der Illusion im gesunden Gehirn

Was passiert im Gehirn, wenn wir glauben etwas zu hören, obwohl physikalisch kein akustischer Reiz präsent ist? Im Folgenden wird gezeigt, dass unser Gehirn auf Reize reagiert, die gar nicht physikalisch präsent sind, aber die vom Gehirn gleichwohl erwartet und verarbeitet werden. Typischerweise erwarten wir bei der Präsentation ganz bestimmter visueller Reize immer einen dazugehörigen akustischen Reiz. Zum Beispiel wenn wir einen Wasserfall sehen, erwarten wir zwangsläufig das Geräusch des rauschenden Wassers. Ähnlich verhält es sich mit anderen visuellen Reizen, z.B. wenn wir einen Hammer auf einen Nagel fallen sehen. Wir erwarten zeitgleich mit dem Auftreffen des Hammerkopfes auf den Nagel immer das entsprechende Geräusch des Aufschlagens. Was aber passiert im menschlichen Gehirn, wenn wir einen solchen visuellen Reiz präsentieren, ohne dass ein akustischer Reiz vorhanden ist? Wir konnten zeigen, dass immer dann, wenn typische akustische Reize automatisch erwartet werden, auch die sekundären und tertiären auditorischen Areale neuronal aktiv sind, obwohl überhaupt kein akustischer Reiz vorhanden ist. Eine solche Konstellation ist relativ einfach auch trainierbar, z.B. wenn man visuelle und akustische Reize zusammen darbietet, obwohl diese beiden Reize gar nicht zusammenpassen. Ein typisches Beispiel: Zeitgleich mit dem Darbieten eines Lichtblitzes wird eine Silbe akustisch präsentiert. Man kann nun diese visuellen und akustischen Reize eine Zeit lang simultan darbieten. Nach einer bestimmten Zeit wird die simultane Darbietung unterbrochen, indem nur visuelle Reize dargeboten werden. Dann stellt man fest, dass wenn nur visuelle Reize dargeboten werden, die sekundären *auditorischen* Areale auch aktiv werden. Offenbar ist eine Assoziation zwischen dem Lichtblitz und dem auditorischen Reiz erstellt worden, die geeignet ist, den auditorischen Kortex immer dann zu aktivieren, wenn ein visueller Reiz präsentiert wird (Abbildung).

A)

Akustische Reize sind physikalisch präsent

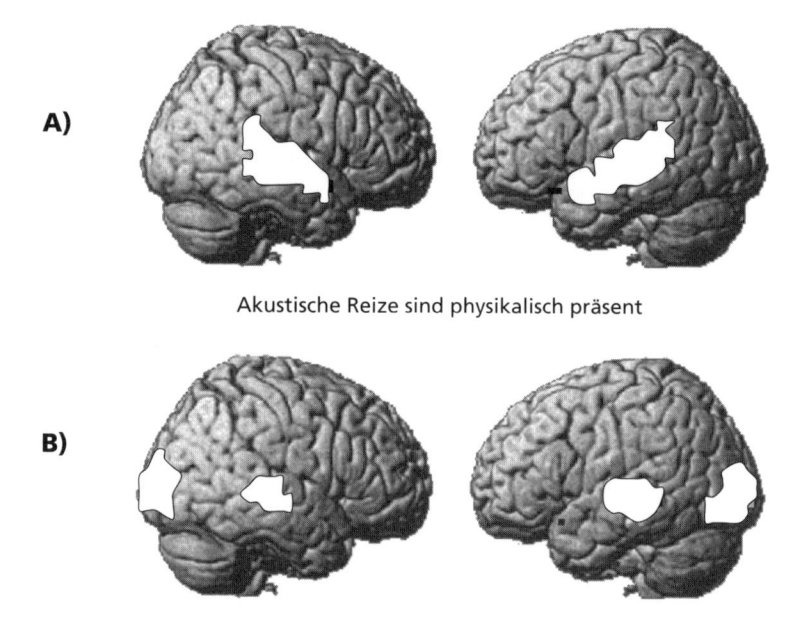

B)

Akustische Reize sind physikalisch nicht präsent

Schematische Darstellung von Durchblutungsveränderungen im sekundären auditorischen Cortex, obwohl kein akustischer Reiz vorhanden ist. In A) sind die Durchblutungsveränderungen in den auditorischen Arealen bei ausschliesslicher Präsentation von akustischen Reizen dargestellt. In B) erkennt man Durchblutungszunahmen in den sekundären auditorischen und den visuellen Hirnarealen, obwohl den Probanden kein akustischer Reiz präsentiert wurde (nach Jäncke und Shah, 2004).[7] Als primäre auditorische Areale bezeichnet man Hirngebiete, die für elementare akustische Analysen verantwortlich sind, während sekundäre auditorische Areale Hirngebiete bezeichnen, die komplexe Analyseprozesse vornehmen.

Diese Versuchsanordnung zeigt, dass in Situationen, in denen keine akustischen Reize vorhanden sind, unser Gehirn aber solche erwartet, die sekundären auditorischen Areale neuronal aktiv sind (Durchblutungsveränderungen) und dass solche Assoziationen in relativ kurzen Lerndurchgängen aufgebaut werden können. Streng genommen könnte man durchaus vermuten, dass ein visueller Reiz durch entsprechendes Training Wahrnehmungen in den sekundären auditorischen Arealen evoziert. Interessant ist, dass solche Assoziationen durchaus gelernt werden können, beruhigend aber ebenfalls, dass sie auch wieder verlernt werden können.

---

[7] Jäncke, L. & Shah, N.J.: «*Hearing» syllables by «seeing» visual stimuli.* European Journal of Neuroscience 2004, 19, 2603–2608.

5. Zusammenfassung und Konklusion

Die in den vorangegangenen Kapiteln dargestellten Beispiele aus dem Alltag eines Neuropsychologen belegen Folgendes:
Unsere Wahrnehmung gibt nur bedingt die physikalische Realität wieder.
Unsere Wahrnehmung ist Produkt eines individuellen Interpretationsprozesses, der von gespeicherten Informationen (z.B. den Gedächtnisinhalten) abhängt.
Die Wahrnehmung und die Interpretationen werden von bestimmten Hirngebieten generiert. Das bedeutet, unsere Wahrnehmungen sind an die Funktion von Nervenzellen bzw. grösseren Gruppen von Nervenzellen (so genannte «neural assemblies») gebunden.
Unser Gehirn kann eigene Wahrnehmungen generieren, ohne dass externe Reize physikalisch präsent sind. Das bedeutet, dass unser Gehirn eine eigene Wahrnehmung und damit eine eigene Wahrheit generieren kann.
Möglicherweise kann unser Gehirn (nachdem entsprechende Informationen gespeichert sind) relativ unabhängig von externen Reizen aus sich selbst heraus aktiv sein. Solche Zustände können z.B. in der Meditation, im Traum und im Tagtraum erreicht werden.
Es bleibt allerdings die Frage, warum sich unser Gehirn in der Evolution so entwickelt hat. Diese Frage ist derzeit nicht eindeutig beantwortbar. Alle diesbezüglichen Antworten müssen demzufolge als spekulativ gewertet werden. Ein mögliches Erklärungsmoment ist das der «Verarbeitungsökonomie»: Unser Gehirn wäre überlastet, wenn es alle Reize verarbeiten müsste, die auf unser Sensorium eintreffen. Deshalb muss das Gehirn eine sinnvolle Auswahl treffen. Dies setzt allerdings voraus, dass aus dieser Auswahl auch einigermassen gut die Realität konstruiert werden kann, damit wir uns orientieren können. Ähnliches gilt für das Gedächtnis. Unser Gedächtnis wäre überfordert, würde es jede Einzelheit speichern und abrufen müssen. Deshalb ist es ökonomischer, wenn nur bestimmte Informationen gespeichert werden und beim Abruf der Informationen das Gehirn versucht, die Realität zu konstruieren. Dadurch wird das Gehirn flexibler und schneller, in manchen Situationen aber auch fehleranfälliger.
Ein weiterer wichtiger Punkt ist, dass der Mensch im Zuge der Evolution eine besondere Fertigkeit hinsichtlich der «mentalen Simulation» entwickelt hat, d.h., dass wir uns Situationen, Handlungsabläufe und Gefühle vorstellen können. Solche mentalen Simulationen (Vorstellungen oder «mental imagery») sind deshalb wichtig und evolutionsstabil, weil sie uns einen gewissen Vorteil bescheren. Wir können Handlungen durchdenken und die Konsequenzen von Handlungen vorweg-

nehmen. Wir können uns in andere Personen hineinversetzen und antizipieren, welche Gefühle sie haben könnten, wenn wir in bestimmter Art und Weise mit ihnen in Kontakt treten. Wir können also vieles mental simulieren, bevor wir die realen Handlungen auslösen. Dies verschafft uns im Vergleich zu anderen Lebewesen den bemerkenswerten Vorteil, mit unseren Artgenossen sensibler umzugehen. Des Weiteren können wir durch diese Simulation auch Handlungen mental vorwegnehmen, um sie effizienter und damit optimaler ablaufen zu lassen. Diese offensichtlichen Vorteile sind aber immer auch mit Nachteilen verbunden, welche allerdings nur in bestimmten Situationen zum Tragen kommen (z.B. bei Hirnstörungen oder anderen psychischen Erkrankungen).

Trotz allem kann man immer wieder ehrfürchtig die Leistungen unseres Gehirns bewundern. Vielleicht gelingt es uns auch irgendwann, diese Ehrfurcht zu nutzen, um die Individualität der Menschen besser zu verstehen und vor allem zu würdigen. Vielleicht entwickeln wir gerade aufgrund des Verständnisses der Gehirnfunktionen irgendeinmal auch ein tieferes Verständnis für die individuellen Eigenarten eines jeden Menschen. Trotz vieler Ähnlichkeiten sind wir wegen unseres Gehirns und der damit verbundenen Verarbeitungsmechanismen sehr unterschiedlich und entwickeln höchst unterschiedliche Ansichten, Einstellungen und Sichtweisen der Welt.

Warum Wissenschaft und Spiritualität nicht in Widerspruch geraten
Christian Scharfetter

1. Mein Verständnis von Spiritualität

Spiritualität meint in meinem Verständnis eine Grundhaltung der lebensbestimmenden Ausrichtung auf das jedes Individuum, ja alles Seiende, jede Form und Gestalt hervorbringende und zurücknehmende Eine.

Dieses Eine, Umfassende, Grundlegende, Umgreifende (Jaspers) ist kognitiv und affektiv nicht fassbar. Dennoch kann es als lebensbestimmende Orientierung innerer Führer des Menschen werden.

Die Haltung der Hinordnung des Lebens bestimmt die Lebensführung, die Praxis der Ethik. Diese Sinn- und Zielausrichtung bestimmt die Proportionen der Ereignisse im Leben und des Menschen Beziehung dazu zwischen der Gelassenheit (buddhistisch uppekha) und dem Habenwollen, Begehren, Wünschen, Festhalten.

Schlichte, auch epistemisch[1] enthaltsame Spiritualität trägt bei zu einer Kultur von Güte, Mitfühlen in Freud und Leid mit allen Wesen, Gelassenheit (im Buddhismus die vier Brahma viharas: metta, mudita, karuna, uppekha). Spiritualität als Ausrichtung des Lebens auf das unfassbare All-Eine kann als grundlegend vorreligiös, religionsfundierend und als transreligiös im Sinne von transtheistisch aufgefasst werden.

«Vorreligiös» meint, dass diese spirituelle Orientierung zum germinativen Keim der Religiopoiese, Theopoiese[2] und der dogmatisch-kirchlichen Ausgestaltung der Kulturmanifestation Religion werden kann.

«Transreligiös» meint, dass die radikale spirituelle Haltung einen Verzicht auf Theologie, Gottesbilder, Dogmen, Rituale, Kirchen bedeutet (im Sinne einer weitestgehenden sog. apophatischen oder negativen Theologie[3]).

Spirituelle Orientierung stützt sich nicht auf ein wie immer begründetes oder argumentativ diskutierbares Wissen. Als gelebte Ethik impliziert sie ein Bekenntnis – in der Schwebe des Nichtwissens, der alles einzelne Objekt-wissen und alle Glaubensformen überschreitenden Leere.

---

[1] die Erkenntnis i.S. von «Wissen» betreffend
[2] kognitive Gestaltung von Religion und von Gottesvorstellungen
[3] auf Eigenschaftszuschreibungen verzichtende Theologie

2. Bewusstsein – Sein – Seiendes

Bewusstsein im weiten und grundlegenden Sinn heisst die vitale Fähigkeit zum Erleben, zum Erfahren (und auf die Erlebnisse zu reagieren). Das umgreift also rezeptives, afferentes und efferentes Geschehen.

Die Erlebnisfähigkeit «Bewusstsein» umgreift affektive und kognitive Verarbeitung. Affekt und Kognition werden erst in der abendländischen Anthropologie und Psychologie getrennt. Protopathische Wahrnehmung[4] zeigt, wie Fühlen ein rezeptiver kognitiver Vorgang ist. Dieser kann später (onto- und/oder phylogenetisch) kognitiv, denkend, verarbeitet und in Sprache gefasst werden.

Das individuelle Bewusstsein, d.h. das Bewusstsein eines Einzelwesens, kann als eine Manifestation des absoluten, individuums-übergreifenden, in diesem Sinne transpersonalen Bewusstseins aufgefasst werden. Dabei bleibt aber auch das Einzelbewusstsein wie sein Ursprung, das absolute Bewusstsein, ohne uns erkennbare Grenzen, gestaltlos, leer im Sinne der Nichtfestgelegtheit auf bestimmte Formen und Inhalte (oder neurobiologische Lokalisationen).

Das individuelle Bewusstsein kann absolutes Bewusstsein (als umgreifendes Eines, als Sein) nicht direkt erfahren. Es kann sich aber das Formlose in Formen, Gestalten bringen: in Bildern, Visionen, Auditionen, zoenaesthetischen (Leibgefühl) Erlebnissen, Berührungen, gar Begegnungen (encounter im Prozess des awakening).

Individuelles Wachbewusstsein bezieht sich auf die phänomenal gegebene Welt (vor und jenseits der Innen-, Aussen-Unterscheidung) in Gestalten, Formen, Dingen, «Objekten» als perzeptiv vermittelten «Gegen-ständen».

Das Traum-Bewusstsein spiegelt in seinen vielfältigen Gestaltungen etwas von der gestalt-gebenden Potenz des Tageswachbewusstseins.

Das All-Eine (Atman, Maha-Atman, Brahman, Purusha, Tao) «ist» jenseits aller Gestalt und Form, es «ist» in diesem Sinne gestaltlos. Darum heisst es auch die Leere (Shunyata von Nagarjuna, Brahma nirguna).

Das Verhältnis von Bewusstsein als absolutem Bewusstsein und All-Einem Sein kann in den non-dualistischen Weltbildern (Taoismus, Advaita, buddhistische Philosophie der Shunyata) als identisch gesetzt werden: Sein, absolutes Sein «ist» absolutes Bewusst-Sein.

Im OM-Zeichen sind die vier Bewusstseins-Zustände in ihrer Relation dargestellt: Wachbewusstsein, Traumbewusstsein, Tiefschlafbewusstsein und absolutes Bewusstsein.

---

[4] anmutungshafte, vor-kritische, gefühlshafte Wahrnehmung

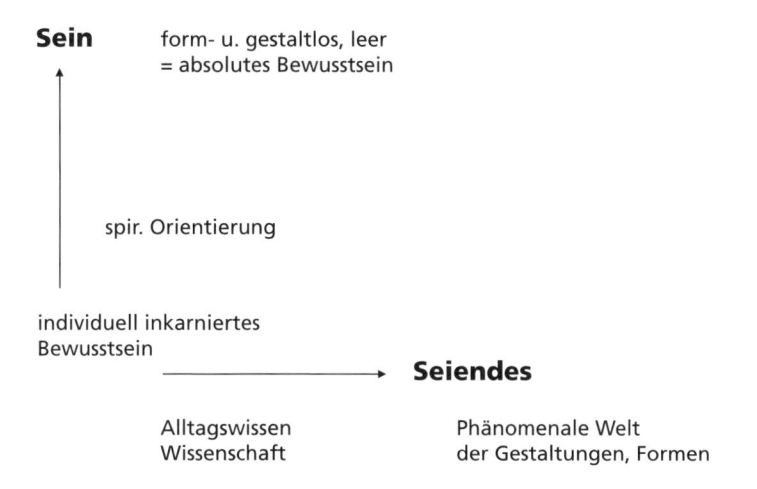

```
Sein      form- u. gestaltlos, leer
 ↑        = absolutes Bewusstsein
 |
 |
 |        spir. Orientierung
 |
 |
 |   individuell inkarniertes
 |   Bewusstsein
 |_____→  Seiendes

     Alltagswissen         Phänomenale Welt
     Wissenschaft          der Gestaltungen, Formen
```

3. Wissenschaft als methodisch-systematischer Gewinn von Wissen

«Wissen» im alltagssprachlichen Sinn meint ein handlungsleitendes Sichauskennen in der objektalen, phänomenalen Welt. Als impliziertes Alltagswissen sammelt es kulturelle, kollektiv-tradiertes und in der persönlichen Lebenserfahrung erworbenes Wissensgut, das zur Bewältigung der Aufgaben des Lebens brauchbar ist. Brauchbarkeit, Nützlichkeit, Dienlichkeit (viability) sind also wesentliche Kriterien dieses vorwissenschaftlichen Wissens. (Im Keime haben das schon Tiere, die sich in ihrer Welt durchbringen und behaupten können.)

Wissenschaftliches Wissen im Sinne von Episteme hingegen ist ein methodisch erworbenes Wissen: die «objektalen» Grundlagen des Wissens, das Zustandekommen des Wissens (u.U. im Experiment), die perzeptiven, kognitiven, u.U. empirisch repetitiv aufweisbaren und auf intersubjektiven Konsens sich abstützenden Weisen des Wissens sind transparent und argumentationszugänglich zu machen. Der Anteil an Interpretation, Hermeneutik ist unumgänglich, muss aber auch explizit und damit argumentativem Diskurs zugänglich gemacht werden. Deskription des in einer bestimmten Perspektive, Interessenlage gewählten «Sachverhaltes», möge er physikalistisch oder als Objekt der Geisteswissenschaft konzipiert sein, Herstellen eines funktionalen Zusammenhanges von Einzelgegebenheiten in «Gesetzen», Erklärungen, in Verstehensentwürfen (Interpretaten) – das sind gemeinsame Elemente jeder Wissenspoiesis (Wissensschaffen) jenseits der traditionellen Polarisierung von Natur- und Geisteswissenschaft.

Keine Wissenschaft ist wertfrei, auch wenn dies oft (bes. in den Naturwissenschaften) implizit und dem Forscher selbst «unbewusst» bleibt. Das beginnt schon beim Interesse an einem bestimmten Forschungsgebiet, setzt sich beim Umgang mit den Forschungsobjekten fort (z.B. Tierversuche) und manifestiert sich in der Anwendung der Forschung (z.B. kriegs- und geheimdienstgestützte Forschung). Insofern impliziert jede Forschung (und ihre Präsentation) eine Werthaltung und ein epistemisches Bekenntnis, das selbst ausserwissenschaftlich ist.

4. Was Wissenschaft nicht kann: Sinn und Ethik

Wissenschaft bleibt auf «Sachverhalte», wenn auch konstruktivistisch konfigurierte, bezogen. Sie kann auf viele Fragen des Menschen keine Antwort geben: auf die Frage nach Bedeutung und Sinn des Lebens, des Leidens, der erfüllten oder versäumten Existenz, nach dem Tod. Elaborierte Fragen dieser Art kann die Philosophie stellen, kann für Gläubige die Religion beantworten. Spiritualität wird die sinnstiftende Erfüllung des Lebens in ethisch-karitativem Wirken sehen.

Spiritualität als gelebte Ethik der Verantwortlichkeit gegenüber allen den geschwisterlichen Wesen im Lebensstrom heisst Rücksichtnahme, mitempfindende Teilhabe, Wirken in Güte, Barmherzigkeit. In solcher Spiritualität liegt das Potential für eine Realisation der Botschaft von Jesus: Was ihr dem Geringsten meiner Brüder getan habt, das habt ihr an mir getan (Mt. 25,40). Und: Was ihr dem Geringsten meiner Brüder nicht getan habt, habt ihr auch mir nicht getan (Mt. 25,45).

Erweitern wir das Zielwort «Brüder» um Schwestern und um alle Lebewesen, die die Erde birgt, so kommen wir zu einer ökologischen Ethik rücksichtsvollen Umganges mit der gemeinsamen Lebensgrundlage. Wissenschaft kann die Fakten der Bedrohung des Lebensraumes Erde und seine Folgen zeigen, aber sie kann nicht den Sinn von Rücksichtnahme, Pflege, Liebe vermitteln.

5. Nicht-wissenschaftliches Wissen

Ausser dem wissenschaftlichen Wissen, das seit dem Zeitalter der Aufklärung so stark gewichtet wird, gibt es ein «Wissen» im Sinne der Anmutung, der nicht weiter ableitbaren Ahnung, gar Gewissheit (auch Intuition genannt), eine Schau, Gnosis. Es kann lebensbestimmend sein. Es ist aber nicht intersubjektiv kommunikabel (ausser bei hörigen Adepten gnostischer Gurus in Religion, Parapsychologie, Esoterik, Geistheilen u.ä.) und letztlich nicht argumentationszugänglich, wenn auch oft sprachlich umkleidet von pseudowissenschaftlichen Konzepten (wie Energie, Kanäle u.ä.) oder mythisierender Verkündigung (z.B. als extraterrestische, Engelsbotschaft u.ä.).

6. Epistemologische Stellung von Wissenschaft und Spiritualität

Wissenschaft, gerichtet auf die phänomenal gegebene, gegenständliche, objektale Welt, arbeitet in gegenstandsangepasster Methode in einer bestimmten Perspektive (s. Perspektivismus), in einem beschränkten Bewusstseinshorizont. Sie ist also notwendig in ihrer Anwendung begrenzt – und auch in ihren Ergebnissen: Ihre Ergebnisse sind durch Interesse und Methodik limitiert und sie sind vergänglich. Es gibt kein bleibendes gesichertes wissenschaftliches Wissen. Darin liegt die Stärke, aber auch Begrenzung der Wissenschaft. Sie stellt ein perspektivisch und methodisch begrenztes «Wissen» von der gestalteten Welt des Seienden her. Im optimalen Fall ist dieses Wissen in den Naturwissenschaften und manchen Sozialwissenschaften positiv handlungsrelevant (z.B. Therapie, Sozialhilfen).

Spiritualität hingegen kann von ihrer Grundorientierung her gar nicht in Konkurrenz zur Wissenschaft treten. Sie richtet sich auf ein transszientisches Bewusstseinsgebiet. Sie kann sich als Gnosis, als intuitive Schau, als Offenbarung (revelation) und in den Religionen als Glaubensüberzeugung, Konfession manifestieren. Dann bleibt sie im bildschaffenden Bewusstsein mit ontologischen Setzungen (Weltbilder, Gottesbilder, positive oder kataphatische[5] Theologie). In radikalerer epistemischer Askese wird Spiritualität ohne Bilder, ohne Theopoiese, ohne ontologische Setzungen auskommen: als trans-theistische Spiritualität (negative Theologie z.B.).

Ihre Sprache ist die Paradoxie: im Indischen z.B. «neti neti», es ist – es ist nicht. Es kann vom Absoluten weder gesagt werden, es sei, noch es sei nicht. Das ist der Ausdruck der Schwebe, auch des epistemischen Verzichtes auf Setzungen.

In diesem asketischen Verzicht auf ontologische Setzungen, hingegeben dem unfassbaren, umgreifenden Ermöglichungsgrund der Wahrnehmung einer (wissenschaftszugänglichen) objektalen Welt, bleibt Spiritualität als sinn- und richtungsgebende Haltung, Einstellung eine hohe Forderung an den Einzelnen, im täglichen bescheidenen Vollzug des Guttuns in Güte, Mitleid, Mitfreude und Gelassenheit den ungesicherten, auf kein Heilsversprechen sich abstützenden Lebenssinn zu verwirklichen.

Das «eigentliche» Absolute ist epistemisch nicht zugänglich. Es bleibt hinter dem Schleier (s. F. Schiller, *Das verschleierte Bild von Sais*; G.E. Lessing, *Nathan der Weise*). Wissenschaft, so können wir im Bilde bleibend sagen, bleibt vor dem Vorhang. Spiritualität richtet sich auf das

---

[5] Eigenschaften attribuierende Theologie

Mysterium hinter dem Vorhang, ohne es ergreifen zu wollen[6] – das ist ein möglicher tiefer Sinn von Askese: Enthaltsamkeit im Wissenwollen, Erfahrenwollen, keine Sucht nach exzeptionellen Erfahrungen des Numinosen, in welcher Form immer als Kundalini, Vision, Audition. Das heisst Loslassen, Liberation – selbst von dem Wunsch nach Liberation, Salvation. Im Sufitum: Das Verlassen des Verlassens im Entwerden (fana).

Ernsthafte wissenschaftliche Einsicht wird den Forscher im Gedenken an die perspektivische Horizontbegrenzung und die methodische Limitierung auf immer nur temporär gültiges epistemisches Wissen zum Blick «auf den Gipfel des Berges» leiten können, zur Ahnung von den grossen Zusammenhängen alles Seienden, der Allverbundenheit im All-Einen Sein.

Selbstbescheidene Wissenschaft kann so gerade das Gewahrsein für den transszientistischen Bewusstseinsbereich öffnen – ohne der Gefahr zu erliegen, in der mündlichen oder schriftlichen Ausgestaltung spiritueller Orientierung das All-Eine zu substantialisieren, zu ontologisieren und zum Gegenstand argumentativen Diskurses oder kerygmatischer Emphase (Verkündigung als offenbarungsgegebenes Wissen) zu machen. Das ginge an der «Sache», ihrem Wesen vorbei. Es geht in der Spiritualität nicht um ein Wissen. Es geht auch nicht um einen Glauben an ausgestaltete Bilder (Gott, Heil, Verdammung, Sünde, Karma, Wiedergeburt, Nachtod u.ä.). Und doch drückt sich in der gelebten, im Alltag verwirklichten Spiritualität – und nur die ist ernsthaft – eine lebenstragende, die ethische Lebensführung bestimmende Haltung aus – mit dem Mut zur Schwebe in der Leere.

7. Zusammenfassung

Das im Individuum sich manifestierende Bewusstsein als vitale Erlebnis- und Reaktionsmöglichkeit kann als Derivat des individuumsüberschreitenden (darum transpersonal genannten) absoluten Bewusstseins aufgefasst werden. Dieses «ist» selbst als Absolutes leer in dem Sinne, dass es ohne dem Menschen erfassbare Form und Gestalt und bestimmte Inhalte «ist», aber selbst die Potentialität aller Einzelgestaltungen birgt: leere Fülle, volle Leere des Seins in den non-dualistischen Weltbildern.

---

[6] Darin liegt eine Gefahr von Mystik als scheinbarer Blick hinter den Schleier oder als Ergriffenheit (Possession) vom Numinosen hinter dem Schleier. Wenn das Erlebnis dann noch in Sprache gefasst wird, verselbständigt es sich, wird es verwandelt, gesetzt, fixiert – wenn auch in Metaphern. Es ist schon eine Gestaltgebung an das Ungestaltete.

Das im Menschen inkarnierte Bewusstsein kann sich in der spirituellen Orientierung auf das absolute Bewusstsein, das Sein selbst richten und daraus seine ethische Haltung gewinnen.

Im Alltag richtet sich individuelles Bewusstsein auf einzelnes Seiendes, die phänomenale Welt der Gestaltungen, Formen, bestimmter Inhalte. Alltagspraktisches (oft nur implizites) Wissen ist zu unterscheiden von wissenschaftlichem Wissen, Episteme. Das ist in einer bestimmten Perspektive auf konstruktivistisch konfigurierte «Gegenstände» in bestimmter Finalität (Ziel, Zweck, Wertwelt) mit bestimmter Methodik gewonnenes, möglichst subjektunabhängiges replizierbares, argumentativem Diskurs zugängliches Wissen. Dieses Wissen ist zeitgeist- und methodenabhängig und daher wandelbar.

Daher beziehen sich Spiritualität und Wissenschaft auf ganz verschiedene Bewusstseinsbereiche und müssen nicht in eine rationalistisch argumentierende Opposition geraten.

Literatur

Scharfetter, Christian: *Das Ich auf dem spirituellen Weg*. Sternenfels 2004.

Uhl, F., Boelderl, A.R. (Hrsg.): *Zwischen Verzückung und Verzweiflung. Dimensionen religiöser Erfahrung*. Bd. 2. Düsseldorf 2001, Parerga.

Spiritualität, Religion und Mystik
Ernst Tugendhat

Das Thema des Symposiums ist die «Spiritualität». Hinsichtlich dieses Terminus stellen sich für mich zwei Grundfragen. Erstens: Können wir ihm einen klaren Sinn geben? Und zweitens: Steht er für etwas, was zu uns als Menschen, zum Menschsein, wesentlich gehört? In der Frage, was Menschen von anderen Tieren unterscheidet, ist in unserer Tradition ihr Vernunftcharakter hervorgehoben worden, die so genannte Rationalität, d.h. das Vermögen zu überlegen und nach Gründen zu fragen. Aristoteles verwendete den Ausdruck «lógos». Dieses Wort steht erstens für die satzförmige Struktur der menschlichen Sprache und zweitens für Grund. Man kann sagen: Das Vermögen der Menschen zu überlegen und nach Gründen zu fragen, gründet in der Struktur ihrer Sprache. Wenn nun auch Spiritualität wesentlich zum Menschsein gehören soll, liegt es nahe zu vermuten, dass auch sie von daher zu verstehen ist. Es liesse sich dann sagen, dass ausser der Rationalität auch Spiritualität zum Menschsein gehört; anders formuliert, dass die Menschen auf Grund ihrer Bewusstseinsstruktur auch zu einer Reflexion geführt werden, die man als spirituelle bezeichnen kann.
Aber noch habe ich nichts darüber gesagt, was mit diesem Wort – «Spiritualität» – überhaupt gemeint sein soll. Man sieht sich, wenn man das klären will, auf die weiteren Termini «Religion» und «Mystik» verwiesen. Wenn man fragt: Wie soll man Spiritualität verstehen, wie Religion, wie Mystik, so ist allemal klar, dass keiner dieser Termini eine fest umrissene Bedeutung hat. Jede genauere Festlegung ihrer Bedeutung lässt sich nur als Vorschlag verstehen. Ihre Bedeutung muss auf die eine oder andere Art präzisiert werden, da man sonst zu verschwommen redet, aber es ist unvermeidlich, dass jede solche Präzisierung auch willkürliche Aspekte enthält. Ein Wort hat nicht eine wahre Bedeutung, und der Wert eines solchen Versuchs kann nur darin bestehen, dass er die Szenerie des menschlichen Lebens erhellt.
Ich will zuerst das Problem bezeichnen, auf das die Rede von Spiritualität nach meiner Meinung als Antwort zu verstehen ist. In der archaischen griechischen Dichtung stossen wir auf ein Selbstverständnis der Menschen, das in eine Ausweglosigkeit führt. Sie ist am schärfsten in folgenden zwei Zeilen eines Gedichts von Pindar formuliert (Pyth.VIII, 95f): «Tagwesen! Was ist einer, was ist einer nicht? Der Mensch der Schatten eines Traums.» Die Frage «Was ist einer, was ist einer nicht?» soll besagen: man kann bei einem Menschen weder sagen, dass er so und so ist, noch dass er so und so nicht ist, weil er immer alsbald das

Gegenteil ist (einmal glücklich, dann betrübt, einmal am Leben, dann tot). Deswegen sind wir «Tagwesen», d.h. ausgeliefert dem Wechsel von einem Tag zum anderen. Daher dann die Folgerung (die Begrifflichkeit Platons vorwegnehmend): der Mensch der Schatten eines Traums. Pindar bringt hier auf eine höchste Zuspitzung, was man als das tragische Lebensgefühl der archaischen Griechen bezeichnen kann: Ein Sein, das ohne Beständigkeit ist, war aus griechischer Perspektive eigentlich ein Unding, ein nicht seiendes Sein. Etwa zur selben Zeit dieses Gedichts Pindars hat der Philosoph Parmenides erklärt, es gebe in Wahrheit nur ein einziges Sein, das absolut und unveränderlich ist, das Sein als solches. Parmenides hat dieses Konzept für eine logische Notwendigkeit gehalten, aber man kann das, was in Pindars Gedicht angesprochen wird, als den menschlich-existentiellen Hintergrund der parmenideischen Auffassung ansehen. Aus griechischer Sicht erschien das Problem der Vergänglichkeit für Menschen ausweglos. Eigentliches Sein war nur ausserhalb der menschlichen Welt denkbar. Es ist signifikant, dass Parmenides sein Seinskonzept nur als begriffliche Notwendigkeit angesehen hat und nicht, wie es zur selben Zeit in Indien der Fall war, als eine mystische Möglichkeit, die den Menschen selbst offen stünde. Wie die parmenideische Seinsvorstellung, so ist auch die griechische Gottesvorstellung eine reine Kontrastvorstellung gewesen. Während in der jüdisch-christlichen Tradition Gott ein Bezugswesen ist, durch welches ein Mensch sein wahres Verhältnis zu sich selbst gewinnt, waren die griechischen Götter in erster Linie Kontrastfiguren: Die Götter sind die Unsterblichen im Kontrast zu den Menschen als den Sterblichen. So stellte die menschliche Vergänglichkeit im archaischen Griechentum ein unlösbares Problem dar, nicht ein theoretisches Problem, sondern eine Klippe, an der menschliches Leben scheitert. Ich meine, dass es das ist, was die Griechen aus späterer Sicht als vergleichsweise unreflektiert, aber auch tragisch erscheinen lässt. Es gab keine Reflexion darüber, ob man das eigene Leben grundsätzlich anders verstehen könne als wie man es natürlicherweise vorfindet. Man vergleiche das etwa mit folgender Stelle aus der Brihadaranyaka-Upanischade (3. Brahmana, Vers 27, nach der Übersetzung von R. Otto)

> *Aus dem Nichtseienden führe mich zum Seienden,*
> *Aus der Finsternis führe mich zum Licht.*
> *Aus dem Tode führe mich zur Todesfreiheit.*

Innerhalb der griechischen Kultur wäre ein solcher Gedanke nicht gut vorstellbar, ausser dann bei Platon. Man kann sagen, dass die griechische Kultur eine vor-spirituelle war, im Gegensatz sowohl zur jüdischen als auch zur indischen und chinesischen. Vergänglichkeit und Tod bildeten Grenzen, denen man ins Auge schauen musste, die aber nicht dazu veranlassten, sich anders zu verstehen. Es fehlte also etwas, das man als spezifisch spirituelle Reflexion bezeichnen kann.

Was ist damit gemeint? Wie kann man Spiritualität verstehen? Reflexion heisst Überlegung, und wenn es eine spezifisch spirituelle Reflexion gibt, dann muss das gegenüber der gewöhnlichen Reflexion, die in der menschlichen Rationalität enthalten ist, eine Reflexion zweiter Stufe sein. Machen wir uns zuerst klar, worin die Überlegung erster Stufe besteht. Man kann theoretische und praktische Überlegung unterscheiden. In der theoretischen Überlegung fragen wir, welche Meinung wahrer (besser begründet) ist. Die praktische Überlegung hingegen zielt ihrem Sinn nach auf das Gute und Bessere. Man überlegt, welches die besten Wege und Mittel sind, um seine Ziele zu erreichen und die drohenden Übel zu vermeiden, und dann überlegt man welchen Zielen selbst man Vorrang geben soll. Wir stossen an dieser Stelle auf eine grundsätzliche Eigentümlichkeit des menschlichen Lebens, die in dem anfangs genannten Vermögen der Rationalität gründet: Menschliches Leben ist immer auf Ziele bezogen, ebenso wie negativ auf die Vermeidung von bevorstehenden Übeln. Beides, die positiven Ziele wie die Übel werden antizipiert. Menschen unterscheiden sich von anderen Tieren durch die drei zusammenhängenden Charakteristika Sprache, Rationalität und Zeitbewusstsein. Während das Bewusstsein anderer Tiere situationsbezogen ist, ist das Bewusstsein der Menschen, auf Grund ihrer Sprache, situationsunabhängig. Darin gründet, dass wir im praktischen Leben immer auf Ziele bezogen sind und dass wir überlegen können und müssen.

Die Überlegung erster Stufe ist also auf die Mittel zur Erreichung und Vermeidung künftiger Ereignisse gerichtet und dann auch auf den Vergleich der Ziele untereinander. Die Ziele ihrerseits sind uns in unserer Bedürftigkeit vorgegeben, wir können sie abwandeln, aber nicht erfinden, und wir haben scheinbar für unsere Ziele keinen Massstab ausser den anderen Zielen.

Wie kann es dann zur Spiritualität, zu einer Überlegung zweiter Stufe kommen? Hier kann ich mich auf das Pindargedicht beziehen. In ihm kommt zum Ausdruck, dass Menschen nicht nur wie alle anderen Tiere konkreten Übeln ausgeliefert sind, sondern dass das menschliche Leben in sich einen Aspekt von grundsätzlichem Elend aufweist: das bewusste Erleben von Vergänglichkeit und Tod. Wir können jetzt sehen, dass das an der besonderen Struktur des menschlichen Lebens liegt, – nicht nur, wie die Griechen meinten, im Gegensatz zu den von ihnen dafür erfundenen Göttern, sondern im Gegensatz zu den wirklichen anderen Tieren –: in der Situationsunabhängigkeit des menschlichen Bewusstseins und dem Zeitbewusstsein. Und ich meine, es ist dieser Umstand, dass das Leben der Menschen nicht nur wie das der anderen Tiere Leid geplagt ist, sondern dass das Bewusstsein von Zeit und Vergänglichkeit schon in sich selbst ein Problem bildet, und es ist das, was zu einer Überlegung zweiter Stufe führt. Im archaischen Griechentum hat man unter diesem Tatbestand gelitten, aber man hatte keine Idee von einer Reflexion, die einen Ausweg aus dieser Situation sucht.

Es kommen neben Vergänglichkeit noch weitere Erschwernisse hinzu, die man ebenso wie das Bewusstsein von Vergänglichkeit und Tod als Erschwernisse des Lebens als solchem bezeichnen kann: die Leere der Zeit, das Sichverlieren in der Vielfalt der Ziele und die Frage nach dem Zweck oder Sinn des Lebens, – alles Aspekte, die mit den genannten Strukturen des menschlichen Lebens zusammenhängen. Menschen haben damit nicht nur Bewusstseinszustände und beziehen sich nicht nur auf Gegenstände und andere Menschen, sondern sie sind mit ihrem Leben – mit ihrem Auf-der-Welt-Sein als solchem – konfrontiert. Das Leben als solches wird also, wenn es nicht gelingt, in Zerstreuungen auszuweichen, als beschwerlich (um nicht zu sagen: unerträglich) empfunden und führt, wenn es so gesehen wird, zu einer Überlegung höherer Art – die man deswegen vielleicht als spirituelle bezeichnen kann –, in der man versucht, ein anderes Verhältnis zu sich selbst zu gewinnen.

Aber wie soll das möglich sein? Woher kann dieses Überlegen höherer Stufe seinen Massstab nehmen? Die zwei denkbaren Quellen sind die Religion und die Mystik. Wie bereits gesagt, kann man beide Ausdrücke verschieden verstehen, und ich bin mir bewusst, dass ich beide etwas eigenwillig definiere. Ich verstehe Mystik nicht, wie es meist geschieht, als eine besondere Form von Religiosität, sondern die beiden Worte stehen für mich für zwei verschiedene Bedeutungskreise, jedoch so, dass sie sich überlappen können. Das heisst, dass es auch in der Religion Mystik gibt, also religiöse Mystik, aber es gibt auch eine eigenständige, nicht-religiöse Mystik.

Beginnen wir mit der Religion! Bei ihr scheint es klar, dass sie eine Interpretation des Lebens darstellt, die aus dem natürlichen Leben herausführt und auf diese Weise einen transzendenten Massstab gewinnt. Ich schlage vor, Religiosität zu definieren als Glaube an Götter oder, wenn wir uns auf die für uns nächstliegende Möglichkeit beschränken, als Glaube an den Einen Gott. Hier wird ein übernatürliches Wesen projiziert. Was ist das Motiv für einen so dramatischen Schritt?

Man kann etwa von Schleiermachers[1] Auffassung ausgehen, der das religiöse Grundphänomen als das Gefühl einer unbedingten Abhängigkeit bezeichnet hat. Damit ist nicht eine Abhängigkeit gemeint, die absolut ist und die es neben den relativen Abhängigkeiten, in denen jeder von uns steht, auch gibt, sondern es geht um die Tatsache, dass jeder Mensch, egal welche Macht er hat und in welchem Ausmass er von der Macht anderer unabhängig ist, immer mit dem konfrontiert ist, was nicht in seiner Macht steht. Auch dieser Aspekt gründet offenbar in der genannten Struktur des Menschseins, denn nur ein Wesen, das auf Ziele ausgerichtet ist, das über die Welt verfügen will, erlebt sie notgedrungen als kontingent, als durchsetzt von Unverfügbarkeit. Was Schleiermacher im Auge hat, impliziert aber mehr: Wenn man von einer absoluten Abhängigkeit spricht, heisst das nicht nur, dass das Leben mit Kontingenz und Unverfügbarem durchsetzt ist, es wird auch unterstellt, dass alles Kontingente seinerseits von einer einheitlichen Macht bestimmt wird, dem allmächtigen Gott. Und man muss noch einen Schritt weitergehen: Das Wesen, von dessen Macht alles abhängen soll, was in unserer Welt geschieht, wird als ein Wesen verstanden, das einen Willen hat und gütig ist: Der religiöse Mensch verhält sich zu ihm als einem Wesen, das er anrufen kann, zu dem er betet, das er bitten und dem er danken kann.

Fragt man sich also, aus welcher Motivation heraus es zur Projektion eines übernatürlichen Wesens kommt, ergibt sich: erstens auf Grund der Erfahrung von Kontingenz und Unverfügbarkeit, aber zusätzlich zweitens aus dem Bedürfnis, eine Instanz zu haben, die man im Ausgesetztsein in eine Welt von Kontingenzen um Hilfe anrufen kann.

Dürfen wir nun sagen, dass die Religion, wenn man sie nur so charakterisiert, wie ich es bis jetzt getan habe, etwas Spirituelles ist? Wohl nicht, denn wenn man den Begriff des Spirituellen so einführt, wie ich es getan habe, dann ist das Spirituelle definiert durch jene Überlegung zweiter Stufe, in der man sich mit den nicht-haften Aspekten des menschlichen Lebens auseinandersetzt und versucht, einen neuen Stand im Verhältnis zu ihnen zu gewinnen. In der Beziehung auf ein übernatürliches Wesen ist vielleicht dafür ein Ansatz enthalten, aber solange Gott nur die Funktion hat, innerhalb der Kontingenzen des Lebens um Hilfe gebeten werden zu können, liegt darin noch nichts, was man als spezifisch spirituell im gekennzeichneten Sinn bezeichnen kann. Das Religiöse erfüllt noch nicht an und für sich den Tatbestand des Spirituellen.

Dieser ergibt sich jedoch aus einer verständlichen Weiterführung des eben Gesagten. Wird nämlich Gott als gütig und allmächtig gesehen,

---

[1] Schleiermacher, F.: *Der christliche Glaube*. §4, hrsg.v. Martin Redeker, Berlin 1960.

ist es nahe liegend, dass die, die an ihn glauben, sich seinem Willen unterwerfen. Von daher kommt eine Wendung ins religiöse Bewusstsein, die gegenüber der Motivation, wie es überhaupt zum religiösen Bewusstsein kommt, wie eine Drehung um 180 Grad erscheint. Wenn der Gläubige sich an Gott um Schutz und Hilfe wendet, heisst das: er wünscht, dass Gott das tue, was er will; aber wenn er sich dem Willen Gottes unterwirft, so heisst das, dass er bereit ist, das als gut zu akzeptieren, was Gott will: Gott also nicht nur als der Schützende und Helfende, sondern als der Gebietende. Dieser Aspekt macht auch verständlich, weshalb in vielen (nicht in allen) Religionen Gott als Quelle der moralischen Normen angesehen worden ist. Diese Umkehr im Verhältnis des eigenen Willens zum Willen Gottes – die Umwendung von der Bitte um Erfüllung des eigenen Wunsches zur Bereitschaft zum Gehorsam, zur Erfüllung des Willens Gottes und von daher auch zum Bewusstsein von Schuld und Sünde – ist wohl der wichtigste Faktor zum Verständnis einer religiösen Genese des Spirituellen. Aber von Spiritualität wird man erst dann sprechen können, wenn diese Unterwerfung unter den Willen Gottes nicht wie in der Moral Normen betrifft, sondern das Verhältnis zu sich selbst.

Ein Beispiel für diese spirituelle Wendung innerhalb des religiösen Verhältnisses ist alles, was im «Vaterunser» zum Ausdruck gebracht wird. Die Bitte «gib uns heute unser täglich Brot» könnte als Ausdruck der ersten religiösen Ebene erscheinen, aber indem die Bitte auf das Heute eingeschränkt wird, schliesst sie eine Absage an die für das menschliche Leben charakteristischen Zukunftsängste ein, also die Bereitschaft, das eigene Leben wie das der «Vögel des Himmels» oder der «Lilien auf dem Felde» zu verstehen. Hier wird offensichtlich ein Schritt über das natürliche menschliche Leben hinaus vollzogen. Noch expliziter kommt dieser widernatürliche Schritt in dem Satz «Dein Wille geschehe» zum Ausdruck. Wie in Jesus' Gebet in Gethsemane zu sehen ist, kann das eigene Wollen jetzt doppelt sein: Jesus bittet Gott, der Kelch möge an ihm vorbeigehen, aber erklärt sich gleichzeitig auf einer zweiten Ebene bereit, das Abschlagen seines Wunsches zu akzeptieren. Auf diese Weise gewinnt, was auf der natürlichen Ebene widersinnig erscheint, auf der spirituellen Ebene Sinn. Was bei Pindar als ausweglos erschien, wird jetzt zum Anlass einer Umwendung genommen. Was man will und wünscht, wird nicht mehr absolut genommen, sondern relativiert. Man kann alles Überlegen als ein Relativieren ansehen: Auf der ersten, natürlichen Ebene relativierte man die eigenen Ziele mit Bezug auf andere eigene Ziele; auf der jetzigen, spirituellen Ebene relativiert man sich selbst, d.h. das eigene «ich will». Das geschieht hier auf Gott hin, aber in anderer Weise ergibt sich eine solche Selbstrelativierung auch in der Mystik. Wie sollen wir Mystik verstehen? Eine Möglichkeit ist, sie als meditative Versenkung und Einheitsbewusstsein zwischen Ich und Welt zu sehen. Es gibt eine Auseinandersetzung zwischen Freud und Romain Rolland (die Freud am Anfang seiner Schrift «Das Unbehagen in der Kultur»[2] festgehalten hat), in der Romain Rolland gegen Freuds Ableitung der Religion von «der infantilen Hilflosigkeit» die Auffassung vertritt, «die eigentliche Quelle der Religiosität» sei «ein Gefühl wie von etwas Unbegrenztem, … gleichsam Ozeanischem». Freud erklärt, dass ihm ein solches Gefühl unbekannt sei, dass es aber allemal nicht als Grundlage der Religion in Frage komme, da diese vielmehr in der Hilfs- und Trostbedürftigkeit gründe. Diese Kontroverse löst sich auf, wenn man Religion und Mystik aus zwei unabhängigen Motiven erwachsend ansieht, die sich dann überlappen können und die, jedes für sich, im Menschsein als solchem gründen. Was Freud als primäres Motiv für Religion im Auge hat, die Hilfsbedürftigkeit, entspricht der Auffassung von Religion, wie ich sie vorhin vertreten habe, während was Romain Rolland mit dem ozeanischen Gefühl im Auge hatte, Mystik ist, die Möglichkeit eines sich eins Fühlens mit der Welt. Dieses Bewusstsein ist unabhängig von der Religion, es enthält von sich aus keine Projektion eines transzendenten Wesens, kann sich aber mit einer solchen verbinden, wie die christliche und die islamische Mystik dokumentieren. Andere Formen der Mystik wie die hinduistische, die buddhistische, die taoistische haben zu ihrem Gegenstand die All-Einheit, und wenn in ihnen Götter auftauchen, so haben diese nur eine intermediäre Funktion.

Bei der Religion war die spirituelle Deutung – die Umdeutung des Selbstverständnisses im Sinn einer Selbstrelativierung – nur eine Möglichkeit, wie sich die Unterwerfung unter den göttlichen Willen interpretieren lässt. Hingegen scheint sich aus der Vorstellung einer All-Einheit die Selbstrelativierung eher unmittelbar zu ergeben. Es gibt jedenfalls mystische Traditionen, in denen das evident ist, z.B. im Taoismus. Weniger klar erscheint das in den indischen Traditionen, in denen das Bewusstsein einer vollständigen Auflösung des Ich erstrebt wird. Selbstrelativierung setzt voraus, dass das normale Ichleben erhalten bleibt und nur modifiziert wird. Man kann wahrscheinlich sagen, dass die Motivation für die mystische Versenkung im Buddhismus und im Vedanta eine primär negative ist: Man will ein Bewusstsein erreichen, in dem man von der Vielfalt des Lebens und seinem Leiden ganz loskommt. Buddha hat dies auch als das entscheidende Motiv

---

[2] Freud, Sigmund: *Das Unbehagen in der Kultur.* Gesammelte Werke London/Frankfurt 1942–1968, XIV, 421 ff.

ausgesprochen. Andererseits befindet sich kein Mystiker dauernd in Meditation. Daher wird in den mystischen Traditionen, besonders im Mahayana-Buddhismus, immer auch versucht, das All-Einheitsbewusstsein in das konkrete Leben zu vermitteln. Daraus ergaben sich solche Maximen wie: nicht an seinen Wünschen zu haften; alle Gegenstände so zu sehen, dass sie aufeinander und auf die All-Einheit hin transparent werden; gegenüber dem Leiden alles Lebendigen mitleidig zu sein, ja diesem allseitigen Mitleid Vorrang einzuräumen gegenüber der eigenen mystischen Versenkung.

An dieser Stelle muss eine allgemeine Schwierigkeit erwähnt werden, vor die wir uns bei der Interpretation der Selbstdeutungen der Mystiker gestellt sehen. Ähnlich wie in der Religion besteht auch in der Mystik eine Tendenz, das, was man erlebt, als Wahrheit hinzustellen, als die wahre Sicht der Dinge, anstelle von wie sie natürlicherweise erscheinen. Auf diese Weise ergaben sich theoretische Scheingefechte. So musste im Vedanta unsere gewöhnliche Welt in ihrer Mannigfaltigkeit als Schein hingestellt werden, in Wahrheit sei die Welt eine einheitliche; im Buddhismus bemühte man sich zu beweisen, dass es in Wahrheit kein Ich gebe; im Mahayana sprach man von der wechselseitigen Durchdringung aller Dinge als von ihrer wahren Realität. Solche Versuche, die mystischen Auffassungen mit einem metaphysischen Unterbau zu versehen, ergeben sich aus einer verständlichen Tendenz des naiven Bewusstseins. Sie haben zur Folge, dass ihre wirkliche Begründung verdeckt wird, die immer nur in der Motivation liegen kann (und bei Buddha ist das auch ausgesprochen): Sich und die Welt so zu sehen, ist nicht wahrer, sondern besser, befriedigender, wenn man sich mit der Flüchtigkeit und Wertlosigkeit des gewöhnlichen Lebens konfrontiert. Ich meine daher, dass man die Selbstrelativierung nicht erst als Konsequenz des Mystischen verstehen sollte, sondern als seinen Kern, und die Selbstrelativierung stellt ihrerseits diejenige Ergänzung des menschlichen Selbstverständnisses dar, in dem dieses zur Ruhe kommt, in dem man, wie die Mystiker sagen, den inneren Frieden erreicht, den Frieden mit sich selbst.

Vergleicht man nun den Stellenwert, der dem Spirituellen in der Religion zukommt, mit dem, den es in der Mystik hat, kann dieser Vergleich nur zu Ungunsten der Religion ausfallen. Auch wenn man Mystik nicht geradezu als Selbstrelativierung definiert, sondern als Einheitsbewusstsein, hängen Mystik und Selbstrelativierung unmittelbar zusammen, während sich in der Religion die Selbstrelativierung erst auf dem Umweg über den Gehorsam und die Unterwerfung unter den Willen Gottes ergibt. In der Religion ist die Selbstrelativierung nicht das Motiv, das Motiv ist der Gehorsam, und wenn man sich fragt, wieso denn überhaupt Gehorsam, Treue, Vertrauen einen so zentralen Stellenwert gewinnen für das Verhältnis des Menschen zu dem, was über ihn hinausreicht, sieht man sich mit Freud auf das Verhältnis des Kindes zu seinen Eltern verwiesen, oder auf andere vasallenartige zwischenmenschliche Verhältnisse. Zum Verständnis des spirituellen Sichverhaltens des Menschen zu sich und zu dem, was über ihn hinausreicht, scheinen solche zwischenmenschlichen hierarchischen Vorbilder ganz unangemessen.

An dieser Stelle kann es hilfreich sein, mit der religiösen Begründung des Spirituellen die religiöse Begründung der Moral zu vergleichen. In beiden Fällen, beim Moralischen wie beim Spirituellen, ist die religiöse Begründung eine äusserliche. Bei der religiösen Moral lässt sich fragen: ist das Moralische gut, weil Gott es geboten hat, oder gebietet es Gott, weil es gut ist? Wäre es gut, weil Gott es geboten hat, wäre die Moral etwas willkürlich Gesetztes und uneinsichtig. Ist die Moral hingegen von Gott geboten, weil sie gut ist, hätte Gott nur die Funktion, ihr Nachdruck zu verleihen und sie müsste ausser-religiös begründet werden. Und tatsächlich erscheint es doch selbstverständlich, dass etwa diejenigen im Alten Testament von Gott erlassenen Gebote, die wir als moralisch ansehen, ihren eigentlichen Grund in ausser-religiösen Tatbeständen haben. Sowohl die Moral wie die Selbstrelativierung sind in der jüdisch-christlichen Kultur autoritär begründet worden – die Kardinaltugend ist die des Gehorsams –, weil ihnen scheinbar nur so Gewicht gegeben werden konnte, aber eben dadurch wurde ihr Eigengewicht vernachlässigt.

Man kann sich das vielleicht besonders gut am Phänomen des Liebesgebots verdeutlichen, in dem sich Moral und Spiritualität treffen. In der jüdisch-christlichen Tradition erscheint es selbstverständlich, dass diese spirituelle Idee einer allseitigen Liebe in Gott gründet, aber wie muss dann diese Begründung aussehen? Im Alten Testament hat sie die Form eines Gebots, im Neuen Testament ergibt sie sich durch das Vorbild Christi. Beide Begründungen – Gebot und Vorbild – weisen über sich hinaus, denn man muss sich doch fragen: warum wird das geboten, wieso ist es ein Vorbild? In keiner dieser Begründungen wird die Liebesidee in sich verständlich. In sich verständlich wird sie nur, wie in der Idee des allseitigen Mitleids im Mahayana-Buddhismus, als eine Ausdeutung des Gefühls der All-Einheit und Selbstrelativierung.

Die religiöse Begründung des Spirituellen hat gegenüber der mystischen auch den Nachteil, dass sie den Glauben an ein ausserhalb der natürlichen Welt existierendes Wesen voraussetzt, einen Glauben, der in früheren Zeiten seine Verständlichkeit hatte, aber nicht in der unsrigen. Die Idee eines geistigen und moralischen Wesens, das ausserhalb von Zeit und Raum und vor der biologischen Entwicklung existiert, lässt sich mit unserer Sicht der Realität kaum vereinbaren. Wenn man sich nun klarmacht, dass das, was an der Religion als wichtig erscheint, sich besser unabhängig von ihr begründen lässt, wird man die intellektuelle Verrenkung, die ein solcher Glaube erfordert, unnötig und ausserdem irreführend finden. Denn er führt zur positiven Bewertung von Einstellungen, die implizieren, dass wir uns das, was uns übersteigt, nach dem Modell eines ins Übernatürliche gesteigerten zwischenmenschlichen Verhältnisses vorstellen. Man mag es also logisch nicht ausschliessen können, dass es ein übernatürliches Wesen gibt, das die Welt geschaffen hat und das sich darum kümmert, wie wir leben, aber wenn es denn so wäre, kann ich mir zwar vorstellen, dass dieser Gott wollen könnte, dass wir spirituell leben, aber gewiss nicht, dass wir zwischenmenschliche Verhältnisse wie Gehorsam und Vertrauen auf ihn projizieren.

In dem Masse nun, in dem man sich klarmacht, dass die religiöse Motivierung zur spirituellen Reflexion immer nur eine sekundäre sein kann, muss diejenige Motivation, die ihr in der Mystik zukommt, also wenn sie durch sich selbst motiviert ist, ins Zentrum unseres Interesses rücken. Lässt sich einheitlich sagen, was es ist, das jenseits aller historischen Differenzen zur Mystik motiviert? Vorhin war ich positiv vom Einheitsbewusstsein mit der Welt ausgegangen, aber wenn man nach dem eigentlichen Motiv fragt, muss man vom Bedürfnis ausgehen. Der primäre Tatbestand ist, dass Menschen Wesen sind, die so leben, dass sie auf Ziele ausgerichtet sind. Solange sie nur die Ziele selbst reflektieren, ist das das, was ich die Reflexion erster Stufe genannt habe. Das Motiv zu einer Reflexion zweiter Stufe ergibt sich, meine ich, aus zwei Gründen: erstens, weil Menschen über ihr Leben nachdenken können und nicht nur über einzelne Ziele; zweitens, weil man im Bezug auf die Einzelziele, aber auch im Bezug auf das eigene Leben im Ganzen immer mit Unverfügbarkeit, mit Vergänglichkeit und mit Sinnlosigkeiten konfrontiert ist. Pindar hatte das menschliche Leben als Schatten eines Traums bezeichnet, weil man in ihm keinen Stand gewinnen kann. Wollen Menschen mit Bezug auf ihr Leben gleichwohl eine Beständigkeit gewinnen, scheint es nur zwei Möglichkeiten zu geben: entweder die Projektion eines ewigen Lebens nach dem Tod oder der Versuch, sich von der natürlichen Tendenz, sich selbst absolut zu setzen, freizumachen. In der Sehnsucht nach einem Weiterleben nach dem Tod hält man weiterhin an sich als einem Absoluten fest, hingegen gewinnt man, wenn man nicht mehr an sich festhält, eine neuartige Beständigkeit im Leben selbst. Die Preisgabe des Verwickeltseins im Ich – im «ich will» und im Besitzenwollen – ist das, was in den verschiedenen Traditionen der Mystik als Befreiung empfunden wird, man gelangt zu einem Seelenfrieden. Zu dieser Selbstrelativierung gehört ein Sichtranszendieren auf anderes und schliesslich auf die Eine Welt hin. Hingegen meine ich, dass man es offen lassen kann, wie weit diese Umorientierung von sich weg hin auf die Welt als mystisches Einheitsbewusstsein verstanden werden muss.

Jedenfalls stossen wir hier auf das merkwürdige Phänomen der Selbstlosigkeit. Auch diese Idee ist dem griechischen Denken fremd gewesen. Es stellt sich die Frage, ob es sich dabei primär um eine moralische Idee handelt, die dann mystisch erweitert wurde, oder ob es nicht ebenso gut denkbar ist, dass es in erster Linie eine mystische Idee ist, die erst von daher ihre Bedeutung für die Moral gewinnt. Vielleicht ist letztlich alle nicht bloss konventionelle Moral Mystik. Normalerweise reden wir von Selbstlosigkeit nicht in Beziehung auf die Welt, sondern in Beziehung auf einzelnes Andere. Sie steht für diejenige gefühlsmässige Beziehung zu anderen Personen, aber auch zu Dingen, in der man der Neigung zu besitzen widersteht. Innerhalb des Theoretischen – also bei der Wahrheitsfrage – und im Ästhetischen sprechen wir von Interesselosigkeit. Eine wiederum andere Form von Selbstlosigkeit ist aus dem Taoismus und im Zen-Buddhismus bekannt. Diese Überlegungen führen zu der Frage, wie diese Formen von Selbstlosigkeit im Einzelnen sich zu der prinzipiellen Selbstrelativierung verhalten, die in der Mystik gemeint ist.

Hier ergeben sich also viele Fragen, und ich sehe keine leichte Antwort auf sie. Ich habe kein Konzept, wie das, was in den Ideen von Spiritualität, Mystik und Selbstrelativierung anvisiert ist, zu einem konkreten Lebenskonzept verdichtet werden kann. Mir ist auch nicht klar, in welchem Verhältnis diese spirituelle Reflexion sich zur Reflexion erster Stufe verhält, also zu dem, was man als das natürliche menschliche Leben bezeichnen kann. Das Spirituelle ist allemal eine nicht-natürliche Einstellung. Man kann daher bezweifeln, ob es, wie das in manchen mystischen Traditionen der Fall war, auf eine Weise auszubilden ist, die aus dem natürlichen Leben herausführt, oder ob es mehr so etwas wie eine regulative – aber keineswegs ausschliessliche – Idee ist. Die Unnatürlichkeit dieser Einstellung des von sich Zurücktretens macht auch verständlich, warum innerhalb der jüdisch-christlichen Tradition das Bedürfnis so stark ist, diese Einstellung an der Beziehung auf eine übernatürliche Person festzumachen. Auf der anderen Seite wissen wir, dass es Traditionen gibt, in denen das Bedürfnis zu einer solchen Personalisierung nicht besteht. Das sind alles offene Fragen. Das Spirituelle kann, wie sich zeigte, nach verschiedenen Seiten hin akzentuiert werden, wie dies in den diversen Traditionen verschieden geschehen ist, und für uns heute ist es eine offene Frage, wie die Akzentuierung vorgenommen wird. Worauf es hier ankam, war nur, dass es sich wirklich um eine Dimension handelt, die – mehr als Aufgabe denn als Tatbestand – zum menschlichen Leben als solchem gehört.

Geschichte der Spiritualität, historische spirituelle Wege, Religionssoziologie

Spiritualität und Verantwortung: Mystik der offenen Augen
Klara Obermüller

Von dem deutschen Theologen Karl Rahner stammt der viel zitierte Satz: «Der Fromme von morgen wird ein ‹Mystiker› sein, einer, der etwas ‹erfahren› hat, oder er wird nicht mehr sein.» Karl Rahner setzt die beiden Begriffe «Mystiker» und «erfahren» in Anführungszeichen – so, als wüsste er, wie missbraucht und missbräuchlich sie sind. Und auch, wie quer sie damals, 1966, in der theologischen und politischen Landschaft lagen. Zumindest scheinbar und auf den ersten Blick. Theologisch stand die katholische Kirche, der Rahner angehörte, damals ganz im Zeichen des 2. Vatikanischen Konzils. Themen wie Liturgiereform, Ökumene und Dialog mit der Moderne beherrschten die Debatte. Mystik, im landläufigen Sinn des Wortes, genoss dabei nicht unbedingt erste Priorität. Politisch wehte der Wind ebenfalls aus einer anderen Richtung. Im Vorfeld der Studentenunruhen vom Mai 68 war Frömmigkeit entweder überhaupt kein Thema oder aber eins, das negativ codiert war. Streng nach Karl Marx hielt man Religion für ein Phänomen, das sich im Zuge fortschreitender Säkularisierung von selbst erledigt. Wer innerlich noch nicht ganz so weit war, behielt seine Gefühle für sich, wenn er nicht als bourgeois oder geistig ein wenig zurückgeblieben gelten wollte.
Im Herbst 1968 startete dann allerdings in Köln eine Initiative, die sich das «Politische Nachtgebet» nannte: «das Experiment einer Gruppe, die den Satz, dass Glaube und Politik untrennbar sind, in die Praxis umsetzen wollte», wie die Theologin Dorothee Sölle als eine der Begründerinnen der Initiative in ihren Lebenserinnerungen schreibt.
Wieviel die Impulse, die vom «Politischen Nachtgebet» ausgingen, mit der Prognose Karl Rahners und seinem Mystik-Verständnis zu tun hatten, zeigt sich, wenn man nachliest, was er meinte, wenn er vom Mystiker sagte, er sei «einer, der etwas ‹erfahren› habe». Dieses «etwas» bezeichnet, so Rahner, die Erfahrung,

> dass des Menschen Grund der Abgrund ist; dass Gott wesentlich der Unbegreifliche ist; dass seine Unbegreiflichkeit wächst und nicht abnimmt, je richtiger Gott verstanden wird, je näher uns seine ihn selbst mitteilende Liebe kommt; dass man ihn nie als bestimmten Posten in das Kalkül unseres Lebens einsetzen kann, ohne zu merken, dass dann die Rechnung erst recht nicht aufgeht; dass er nur unser ‹Glück› wird, wenn er bedingungslos angebetet und geliebt wird; aber auch, dass er nicht bestimmt werden kann als dialektisches Nein zu einem erfahrenen bestimmten Ja,

> z.B. nicht als der bloss Ferne gegenüber einer Nähe, nicht als Antipol zu Welt, sondern dass er über solche Gegensätze erhaben ist.

Aus diesen Sätzen gehen im Wesentlichen zwei Einsichten hervor:
1. Mystische Frömmigkeit, wie Karl Rahner sie versteht, hat wenig oder gar nichts zu tun mit jenem beliebigen Gefühl subjektiver Ergriffenheit, das heutzutage vielfach unter dem modischen Begriff der Spiritualität verstanden wird.
2. Gott ist für Karl Rahner ein Unbegreifliches und Unverfügbares, dem weder mit dogmatischen Sätzen noch mit irgendwelchen rituellen Praktiken beizukommen ist. Zum «Mut» des Mystikers gehört es, sich ohne dogmatisch-institutionelle Absicherung dem Geheimnis Gottes auszusetzen und ein Schweigen auszuhalten, in dem vielfach nicht mehr zu hören ist als das «hohle Echo der eigenen Stimme».

Und schliesslich kommt, wenn man in dem Aufsatz «Frömmigkeit heute und morgen» weiterliest, hinzu, dass
3. zum lebenslangen Suchen des Mystikers nach Gott auch die «Verantwortung für die Welt» gehört. Nicht Weltflucht soll sein Ziel sein, sondern «Weltfrömmigkeit», wie Rahner es nennt. Denn, so schreibt er:

> Das vorbehaltlos redlich gelebte weltliche Leben ist schon ein Stück des frommen Lebens, weil Gott die Welt selbst liebt, sie selbst begnadigt und kein Konkurrent zu ihr ist, der ihr neidisch wäre.

Rahner schliesst – und da ist er schon ganz nahe bei Dorothee Sölles «Politischem Nachtgebet» – mit den Sätzen:

> Der Christ kann nicht von vornherein von der Politik als einem «schmutzigen Geschäft» reden und von Gott erwarten, dass er andere als ihn dieses «schmutzige Geschäft» so betreiben lasse, dass er selbst in kleinbürgerlicher Behäbigkeit seiner stillen Frömmigkeit nachgehen kann. Die Welt als werdende, vom Menschen getane «weltliche Welt» fordert heute den Christen an, und die Erfüllung dieser Forderung in einer – so könnte man sagen – «politischen» Frömmigkeit ist heute oder morgen ein Stück der echten christlichen Frömmigkeit.

Wie zukunftweisend diese Worte von Karl Rahner wirklich waren, erkennt man erst, wenn man auf die Entwicklung der inzwischen vergangenen Jahrzehnte zurück blickt. Noch vor 30 Jahren galten – zumindest in der universitären und medialen Welt, wie ich sie kenne – die Ideen der Aufklärung für endgültig etabliert. Von Religion, von

Spiritualität oder gar von Frömmigkeit sprach man, wenn überhaupt, in der Vergangenheitsform. Das rationalistisch-wissenschaftliche Denken dominierte den Diskurs. Der Glaube an Machbarkeit und Fortschritt schien so gut wie ungebrochen.

Kaum jemand vermochte sich damals, in den 70er Jahren des letzten Jahrhunderts, vorzustellen, dass es noch einmal so etwas wie eine Gegen-Aufklärung oder zweite Romantik geben könnte: eine Zeit, da religiöse Fundamentalismen und theokratische Ideologien das Projekt der Moderne mit seiner Säkularisierung und seiner Verpflichtung auf Werte wie Demokratie, individuelle Freiheit und Toleranz gegenüber Andersdenkenden ernsthaft in Frage stellen würden. Genauso wenig hätte man es für möglich gehalten, dass Spiritualität in völlig neuer und grösstenteils nicht mehr kirchlich geprägter Form noch einmal ein viel diskutiertes Thema werden könnte. Und doch ist genau dies eingetreten.

Überall, auf dem Buchmarkt, in den Medien, auf Podiumsveranstaltungen und in Weiterbildungskursen, ist heute von Spiritualität oder von der Rückkehr des Religiösen die Rede. Im Kino boomen Fantasy-Produktionen wie «Herr der Ringe» oder Mistery-Filme wie «Signs» und «Ghost». Auf Esoterik-Messen wird so gut wie alles angeboten, was in irgendeiner Weise Heil oder Heilung verspricht. Auch Mystik ist zu einem Modewort geworden und hat als Synonym für jedwelche Hinwendung zum Übersinnlichen Eingang in den Sprachschatz des modernen Mitteleuropäers gefunden.

Was ist geschehen? Ist die Aufklärung gescheitert? Ist sie an ihre natürlichen Grenzen gestossen? Oder ist der Mensch eben doch so «hoffnungslos religiös», dass er sein Leben nur sinnvoll zu leben vermag, wenn er sich auf ein Unverfügbares, auf eine wie auch immer verstandene Transzendenz verwiesen weiss?

Ich denke, wir wissen, was wir der Aufklärung an persönlicher Autonomie und politischer Freiheit verdanken. Ich denke, wir wissen aber auch, was sie uns schuldig geblieben ist. Bei aller Befreiung aus weltlichen und geistlichen Zwängen, bei aller Demokratisierung der Gesellschaft und allem wissenschaftlichem Fortschritt: auf die Fragen aller Fragen – woher wir kommen und wohin wir gehen, worin der tiefere Sinn unseres begrenzten Erdendaseins besteht und woher das Böse kommt, das auch der besten aller möglichen Welten noch immer innewohnt – hat sie uns keine Antwort gegeben. Sie hat dem Forschen und Streben des Menschen Tür und Tor geöffnet; ihm die Grenzen zu weisen, vermochte sie nicht. Wie einen Stachel im Fleisch trägt der moderne Mensch seither diese offenen Fragen mit sich herum. Die Antworten sucht er an den möglichsten, aber auch unmöglichsten Orten.

Wann genau dieses Fragen und Suchen anfing, sich bemerkbar zu machen, ist schwer zu sagen. Sicher ist nur, dass im Verlauf der achtziger Jahre, bedingt durch politische Umwälzungen und Erosionsprozesse, das Interesse an religiösen Fragen deutlich zunahm und sich jene gesellschaftlichen Strömungen auszubreiten begannen, die uns heute so nachhaltig beschäftigen: der Fundamentalismus am einen, die New Age-Spiritualität am andern Ende des religiösen Spektrums. Die Kirchen standen – und stehen zum Teil noch – diesem Phänomen einigermassen ratlos gegenüber.

Denn gesucht werden die Antworten auf die elementaren Fragen unserer Existenz nicht mehr wie früher im angestammten religiösen Milieu und bei den alteingesessenen Religionsgemeinschaften, in die man hinein geboren wurde. Gesucht wird heute überall, und man nimmt sich die Antworten, wo immer man sie findet oder zu finden glaubt: beim modisch gewordenen Buddhismus, bei der Esoterik-Industrie, bei östlichen Meditationstechniken, pseudowissenschaftlichen Überlieferungen schamanischer, keltischer und indianischer Kultpraktiken – oder aber bei den fundamentalistischen Welterklärungsmodellen evangelikaler und charismatischer Gemeinschaften.

Der amerikanische Soziologe Peter L. Berger spricht in seinem Buch «Sehnsucht nach Sinn» nicht zu Unrecht vom «Glauben in einer Zeit der Leichtgläubigkeit». Seines Erachtens ist der Prozess der Säkularisierung längst von einem solchen der Pluralisierung abgelöst worden, d.h. von einem mehr oder weniger friedlichen, weil letztlich beliebigen Nebeneinander der unterschiedlichsten Weltanschauungen und religiösen Praktiken in ein und derselben Gesellschaft, ja manchmal sogar innerhalb ein und derselben Person. Bereits in seinem 1980 erschienen Buch «Der Zwang zur Häresie» hat er in diesem Zusammenhang den Begriff des «Auswahlglaubens» geprägt und die These aufgestellt: «Modernität schafft eine neue Situation, in der Aussuchen und Auswählen zum Imperativ wird.»

Den Preis für diese Art der «Rückkehr des Religiösen» sieht Berger in einer Trivialisierung und Banalisierung des Glaubens, der auch vor offensichtlichem Humbug nicht Halt macht. Eine echte Gefahr aber sieht er darin, dass «Menschen, nachdem sie lange genug fröhlich in diesem Morast der Relativitäten herumgewatet sind, in diesem oder jenem Fanatismus eine attraktive Alternative erblicken». «Die Entwicklung einer religiösen Lebensweise, welche beide Alternativen, Relativismus und Fanatismus, ausschliesst», bezeichnet Berger deshalb als eine der grossen Aufgaben pluralistischer Gesellschaften.

Und, möchte man hinzufügen, nicht nur der Gesellschaften, sondern auch und vor allem der Kirchen, die sich eine neue Glaubwürdigkeit und Attraktivität dadurch erwerben könnten, dass sie auf dem Markt religiöser Möglichkeiten ihre Traditionen und ihre Glaubensüberzeugungen mit neuer Verbindlichkeit vertreten. Vielleicht gelänge es ihnen dann, sich jener Entwicklung entgegen zu stellen, die die Theologin Dorothee Sölle noch kurz vor ihrem Tod mit den Worten kritisiert hat:

> *Religionen selbst sind eine Art Markenprodukte geworden. Viele Menschen flanieren durch die Religionen wie durch ein Warenhaus, nehmen sich von den verschiedenen Lehren, was ihrem Glaubensbedürfnis gerade entspricht. So entsteht eine Spiritualität, die ausschliesslich auf das Individuum ausgerichtet ist ... Was dabei fehlt, ist eine Art Verbindlichkeit der inneren Beziehung zu uns selbst, zu unserem Nachbarn, zur Tradition und zur Geschichte.*

Dorothee Sölle ist nicht die Einzige, aber sie ist eine der Ersten, die auf die mangelnde Verbindlichkeit, den fehlenden gesellschaftlichen Bezug der neuen Formen von Religiosität und Spiritualität hingewiesen hat. Die zunehmende Individualisierung, die Selbstbezüglichkeit und Egozentrizität religiöser Empfindungen haben ihr je länger je mehr Sorgen bereitet. Menschen, die nur noch mit Fragen wie «Was bringt mir das?» und «Stimmt das für mich?» an Sinnangebote und Wertesysteme herangehen, können sich zwar durchaus als religiös empfinden und für sich allein ein sehr spirituelles Leben führen. Die Gefahr der Weltvergessenheit oder gar Weltflucht ist jedoch stets nahe. In der Klause ihrer eigenen Innerlichkeit leben sie auf sich selbst bezogen und vergessen dabei, dass die Suche nach Gott die Verantwortung für die Welt nicht nur nicht ausschliesst, sondern sie nachgerade bedingt. Aus der Befreiungstheologie stammt ursprünglich ein Begriff, der in der politischen Theologie einer Dorothee Sölle und eines Johann Baptist Metz eine zentrale Rolle spielt: Es ist der Begriff der «Mystik der offenen Augen». Von ihr sagt Metz, sie sei «keine rein selbstbezügliche Wahrnehmung, sondern gesteigerte Wahrnehmung fremden Leids». Mit dieser Definition schliesst sich gewissermassen der Kreis unserer Betrachtung. Der «Fromme von morgen», so Rahner, werde ein «Mystiker» sein, «einer, der etwas erfahren hat», oder er werde nicht mehr sein. Diese Frömmigkeit von morgen aber, so sagte Rahner auch, werde nicht Weltflucht bedeuten, sondern Weltzugewandtheit. «Politische Frömmigkeit», so heisst es bei ihm, werde «morgen ein Stück der echten christlichen Frömmigkeit» sein.
Auf den ersten Blick sind «Mystik» und «Politik» Begriffe, die sich zu widersprechen scheinen. Unter einem «Mystiker» verstehen wir nicht

nur, wie Rahner dies tut, einen Menschen, «der etwas erfahren hat»; mit dem Wort «Mystik» assoziieren wir immer auch Innerlichkeit, Entrücktheit und Entsagung. So hat Dorothee Sölle in ihrer Untersuchung über «Mystik und Widerstand» geschrieben:

> *Mystik ist einer berühmten scholastischen Definition nach* cognitio Dei experimentalis, *Erkenntnis Gottes aus der Erfahrung. Gemeint ist damit ein eigenständiges Gotteswissen im Unterschied zu der Erkenntnis von Gott, die durch Unterweisung und Tradition, Bücher und Lehre vermittelt wird.*

Auch der amerikanische Religionspsychologe William James, auf den sich Sölle explizit bezieht, hat vor etwas mehr als 100 Jahren schon von «Gottesgefühl» bzw. «Gottesbewusstsein» gesprochen und in seinem berühmten Buch über «Die Vielfalt religiöser Erfahrung» die Ansicht vertreten:

> *Das Wissen über eine Sache ist nicht die Sache selbst ... Wenn die Religion eine Tätigkeit ist, durch die die Sache Gottes oder die des Menschen wirklich vorangebracht wird, dann dient ihr derjenige, der sie lebt, wie beschränkt auch immer, besser als derjenige, der nur etwas über sie weiss, wieviel das auch sein mag.*

Dorothee Sölle geht allerdings noch einen entscheidenden Schritt weiter, indem sie versucht, mystische Erfahrung und politisch-soziales Verhalten miteinander in Beziehung zu bringen. In ihrem Buch «Mystik und Widerstand» ging es ihr, nach ihren eigenen Worten, darum, die «fatale Trennung von Ethik und Religion» zu überwinden und zu einer Form von Spiritualität zu finden, die «auf Erfahrung bezogen» sein sollte – und zwar sowohl, was ihre Entstehung als auch was die daraus zu ziehenden Konsequenzen für das tägliche Leben betrifft.

> *Meine Fragestellung ist auf die soziale Realität bezogen. Das bedeutet: Ich versuche die Unterscheidung von mystischem* Innen *und politischem* Aussen *aufzuheben um des Innen willen. Alles Innere ist zu veräussern, sonst verdirbt es wie das auf Vorrat gesammelte Manna in der Wüste. Keine Gotteserfahrung lässt sich so privatisieren, dass sie Besitz der Besitzer, Privileg der Mussehabenden, esoterischer Bereich der Eingeweihten bleibt. Suche ich nach Begriffen, die die mögliche Weltbeziehung der Mystiker benennen, so stosse ich auf eine Reihe verschiedener Möglichkeiten, die zwischen dem Rückzug von der Welt und ihrer revolutionären Veränderung anzusiedeln sind. Aber ob es sich um den Rückzug, die Ver-*

> *weigerung, die Nichtübereinstimmung, die Abweichung, den Dissens, die Reform, den Widerstand, die Rebellion oder die Revolution handelt – in all diesen Formen steckt ein Nein zur Welt, wie sie jetzt ist ... Denn wer will, dass die Welt so bleibt, wie sie ist, hat schon in ihre Selbstzerstörung eingewilligt und so die Gottesliebe mit ihrem Ungenügen am Gegebenen verraten.*

Neben diesem politischen Aspekt – dem Nein zur Welt, wie sie ist –, wie ihn Sölle, Metz und andere der Befreiungstheologie nahestehende Autoren betonen, ist es vermutlich vor allem das Element des Undogmatischen und Anti-Institutionellen, was mystische Frömmigkeit in jüngster Zeit für viele so attraktiv erscheinen lässt. Eine Spiritualität der Erfahrung jenseits von Dogmen und Institutionen zu leben, vermag auch derjenige, der mit Religiosität im herkömmlichen Sinn Mühe hat – sei es, weil er von einer Institution enttäuscht wurde, oder sei es, dass der Glaube an Dogmen im Licht der Vernunft nicht zu bestehen vermag, z.B. der auf Rationalität und Empirie hin erzogene Naturwissenschaftler.

Spiritualität und Wissenschaft – der Titel des Symposiums – stellen zwei Bereiche dar, die weit herum noch immer als gegensätzlich, als einander widersprechend und sich gegenseitig ausschliessend betrachtet werden. Seit den grossen Entdeckungen der Neuzeit haben wir uns angewöhnt zu unterscheiden zwischen einer Wahrheit der religiösen Offenbarung, wie sie in den heiligen Schriften niedergelegt ist, und der Wirklichkeit der sinnlichen Erfahrung, die von jedermann überprüft werden kann. Der Glaube an eine die Wirklichkeit transzendierende Macht hatte in der Welt der exakten Naturwissenschaften einen schweren Stand.

«Gott», so hat der polnische Philosoph Leszek Kolakowski einmal geschrieben, stellt «keine empirische Hypothese» dar, «die wissenschaftlich zuverlässig überprüfbar» ist. Denn es gibt «keinen logisch zulässigen Übergang vom empirischen Wissen ... zur aktuellen Unendlichkeit, geschweige denn zur zweckvoll wirkenden, als Person aufgefassten Vorsehung». Eine Feststellung, die Kolakowski freilich keineswegs als Beweis für die Nichtexistenz Gottes verstanden wissen wollte. Ein Glaube, der mit den Kriterien der Wissenschaft Gott zu beweisen versucht, war seiner Meinung nach ebenso zum Scheitern verurteilt wie eine Wissenschaft, die meint, mit erkenntnistheoretischen Mitteln Gott aus der Welt heraus argumentieren zu können. Statt dessen plädierte er dafür, Wissenschaft und Glauben als zwei unterschiedliche, aber sich nicht unbedingt widersprechende Methoden zu verstehen, sich ein und demselben Geheimnis anzunähern.

In eine ähnliche Richtung dachte auch der Physiker Werner Heisenberg, der in einer Rede über «Naturwissenschaftliche und religiöse Wahrheit» ausdrücklich davor warnte, die Sprache der Naturwissenschaft und die Sprache der Religion, die auch der Sprache der Dichtung nahe ist, durcheinander zu bringen.

> *Die Naturwissenschaft versucht, ihren Begriffen eine objektive Bedeutung zu geben. Die religiöse Sprache aber muss gerade die Spaltung der Welt in ihre objektive und ihre subjektive Seite vermeiden; denn wer könnte behaupten, dass die objektive Seite wirklicher wäre als die subjektive.*

Allerdings musste gerade Heisenberg als einer der führenden Köpfe der Quantenphysik einsehen, dass er die neu entdeckten Ordnungsstrukturen der Welt zwar in mathematischen Formeln darstellen konnte; wenn er aber darüber sprechen wollte, dann musste er sich, wie er sagte, «mit Bildern und Gleichnissen begnügen, fast wie in der religiösen Sprache». Und nicht nur dies. So sagt Heisenberg:

> *Selbst die Forderung der Objektivität, die lange Zeit als die Voraussetzung aller Naturwissenschaft gegolten hat, ist in der Atomphysik dadurch eingeschränkt worden, dass eine völlige Trennung des zu beobachtenden Phänomens vom Beobachter nicht mehr möglich ist. Wie steht es dann mit dem Gegensatz von naturwissenschaftlicher und religiöser Wahrheit? Der Physiker Wolfgang Pauli hat in diesem Zusammenhang einmal von zwei Grenzvorstellungen gesprochen ... Das eine Extrem ist die Vorstellung einer objektiven Welt, die unabhängig von irgendwelchen beobachtenden Subjekten in Raum und Zeit gesetzmässig abläuft; sie war das Leitbild der neuzeitlichen Naturwissenschaft. Das andere Extrem ist die Vorstellung eines Subjekts, das mystisch die Einheit der Welt erlebt und dem ... keine objektive Welt mehr gegenübersteht; sie war das Leitbild der asiatischen Mystik. Irgendwo in der Mitte zwischen diesen beiden Grenzvorstellungen bewegt sich unser Denken; wir müssen die Spannung, die aus den Gegensätzen resultiert, aushalten.*

Albert Einstein hat die Gegensätze, hat den Widerspruch zwischen Schöpfergott und Naturwissenschaft dadurch zu überwinden versucht, indem er von einer «kosmischen Religiosität» sprach und damit einen Begriff in die Debatte einführte, die dem der Mystik sehr nahe steht. «Kosmische Religiosität», so Einstein, kennt «keine Dogmen und keinen Gott, der nach dem Bild des Menschen gedacht wäre». Es gibt keine Kirche, die ihre Lehren verwaltet. Und es fällt auch der unversöhnliche Antagonismus weg zwischen der Einsicht in die «kausalen

Gesetzmässigkeiten allen Geschehens» und der «Idee eines Wesens, welches in den Gang des Weltgeschehens eingreift».«Kosmische Religiosität» sei «die stärkste und edelste Triebfeder wissenschaftlicher Forschung», sagt Einstein und begründet seine Behauptung so:

> *Welch ein tiefer Glaube an die Vernunft des Weltenbaues und welche Sehnsucht nach dem Begreifen, wenn auch nur eines geringen Abglanzes der in dieser Welt geoffenbarten Vernunft musste in Kepler und Newton lebendig sein, dass sie den Mechanismus der Himmelsmechanik in der einsamen Arbeit vieler Jahre entwirren konnten ... Nur wer sein Leben ähnlichen Zielen hingegeben hat, besitzt eine lebendige Vorstellung davon, was diese Menschen beseelt und ihnen die Kraft gegeben hat, trotz unzähliger Misserfolge dem Ziel treu zu bleiben. Es ist die kosmische Religiosität, die solche Kräfte spendet. Ein Zeitgenosse hat nicht mit Unrecht gesagt, dass die ernsthaften Forscher in unserer im Allgemeinen materialistisch eingestellten Zeit die einzigen tief religiösen Menschen seien.*

Ganz aufheben allerdings lässt sich der Widerspruch zwischen Naturwissenschaft und Religion, zwischen Wissen und Glauben, zwischen objektiver Erkenntnis und subjektiver Erfahrung wohl nie. Aushalten aber lässt er sich vermutlich schon. Persönliche Bekenntnisse legen immer wieder Zeugnis davon ab. Eine Form von Spiritualität, die die Sehnsucht nach Gott mit der Verantwortung für die Welt verbindet, jenseits aller Dogmen und Institutionen, ist zweifellos die Mystik. Dorothee Sölle schreibt:

> *Gerade unter den kritischen naturwissenschaftlich Denkenden wächst eine neue Aufmerksamkeit für eine herrschaftsfreie, das heisst: mystische Religiosität. Es ist immer klarer geworden, dass alles, was existiert, ko-existiert und in ein Netzwerk von Beziehungen, das wir Interdependenzen nennen, eingebunden ist. Diese Annäherung an die Schöpfung macht die Vorstellung von der absoluten Herrschaft einer Spezies, des Menschen, immer fraglicher. Der Anthropozentrismus, der heute das Überleben der Schöpfung bedroht, ist nicht nur naturfeindlich, sondern, indem er Menschen als «maîtres et possesseurs de la nature» (Descartes) darstellt, ohne Beziehung zu Gott.*

Das ist *ein* Verständnis von mystischer Religiosität; ein anderes wäre das der Entäusserung, des Rückzugs aus der Welt, der Weltverneinung. Auch Ernst Tugendhat ist diesen verschiedenen Formen von Mystik in seiner anthropologischen Studie über «Egozentrizität und Mystik» nachgegangen und kommt zum Schluss:

> *Nach der ersten Auffassung ist es das Ziel des Mystikers, mit dem Einen eins zu werden (die sog. unio mystica). Nach der zweiten stellt sich der Mystiker in die Welt zurück: statt alles aus der egozentrischen Perspektive zu sehen, sieht er sich von der Welt her.*

Dieser Verzicht auf die egozentrische Perspektive, dieses «Von-der-Welt-her-Sehen», von dem Ernst Tugendhat spricht, kommt m.E. der «Mystik der offenen Augen», wie sie die Befreiungstheologie versteht, recht nahe.

Zur Leitfrage der Tagung, wie weit sich Spiritualität und Wissenschaft zu befruchten vermögen, soll zum Abschluss noch einmal Leszek Kolakowski zu Wort kommen. Er spricht von den Unsicherheiten und Ängsten unserer Zeit und der Art und Weise, wie Menschen, Gläubige und Ungläubige, sich damit auseinanderzusetzen versuchen.

> *Für den Ungläubigen ist die Sorge um Gott eine verkleidete Sorge um die Welt. Für den Gläubigen ist das genau Umgekehrte der Fall: die Sorge um die Welt ist ein verkleidete, sich selbst nicht bewusste Sorge um Gott. Dieser Streit geht um das Endgültige, und somit kann er nie mit den Mitteln entschieden werden, die von beiden Seiten als zuverlässig und endgültig anerkannt sind. Für beide aber ist die Unruhe in einer von Gott verlassenen Welt spürbar. In dieser Unruhe wird auch offenbar, dass der Sieg der gottlosen und selbstgefälligen Aufklärung nicht sicher sein konnte. Sie hat sich in ihrem Sieg so zweideutig und zwiespältig gezeigt, ihre Erfolge haben so viele neue Ungewissheiten gebracht, dass unser Zeitalter nur scheinbar als gottlos bezeichnet werden darf: scheinbar, weil zu intensiv der Abwesenheit Gottes bewusst. Darum wurde «die Rückkehr des Sacrum» zu einem wichtigen Thema. Fieberhaft versucht die Gottlosigkeit den verlorenen Gott durch etwas anderes zu ersetzen ... Aber das Absolute könnte nur dann durch etwas Nichtabsolutes und Endliches ersetzt werden, wenn das Absolute vergessen wäre. Wäre das möglich gäbe es kein Bedürfnis mehr nach Ersatz ... Doch das Absolute kann nie vergessen werden. Die Unvergessenheit Gottes macht Ihn gegenwärtig auch in der Ablehnung.*

Literatur zum Thema

Berger, Peter L.: *Der Zwang zur Häresie. Religion in der pluralistischen Gesellschaft.* Frankfurt a.M. 1980.

Berger, Peter L.: *Sehnsucht nach Sinn. Glauben in einer leichtgläubigen Zeit.* Frankfurt a.M. 1994.

James, William: *Die Vielfalt religiöser Erfahrung.* Frankfurt a.M. 1997.

Kolakowski, Leszek (Hrsg.): *Der nahe und der ferne Gott. Nichttheologische Texte zur Gottesfrage im 20. Jahrhundert.* Berlin 1981.

Metz, Johann Baptist: *Zum Begriff der neuen Politischen Theologie.* Mainz 1997.

Rahner, Karl: *Schriften zur Theologie.* Bd. VII, Einsiedeln/Köln 1966.

Sölle, Dorothee: *Mystik und Widerstand.* Hamburg 1997.

Wabbel, T.D. (Hrsg.): *Im Anfang war (k)ein Gott. Naturwissenschaftliche und theologische Perspektiven.* Düsseldorf 2004.

Der Erfolg der Spiritualität. Gesellschaftsentwicklung und Transzendenzerfahrung am Beispiel der Schweiz
Jörg Stolz

Ob man den Begriff für eine blosse Modeerscheinung, einen Indikator für wichtige Gesellschaftsveränderungen oder gar für ein erstes Anzeichen eines neuen, besseren Zeitalters hält, eines ist sicher: Spiritualität ist «in». Das Konzept hat Erfolg, und zwar nicht nur in alternativen Kreisen, sondern auch und gerade im «Mainstream». Rund um die Erfolgsgeschichte von «Spiritualität» werden in diesem Artikel drei Fragen behandelt. Zunächst untersuchen wir, was man unter Spiritualität im allgemeinen und in verschiedenen gegenwärtigen religiösen oder sozialen Traditionen, also etwa dem Protestantismus, dem Katholizismus oder der alternativen Szene in der Schweiz versteht. In einem zweiten Schritt versuchen wir, den Erfolg des Spiritualitätsbegriffs seit den 60er Jahren des 20. Jh. soziologisch zu erklären. Drittens betrachten wir schliesslich, wie und warum sich verschiedene Spiritualitäten unterschiedlich erfolgreich entwickeln.

1. Bedeutungen von «Spiritualität»

Der Spiritualitätsbegriff, welcher seine fulminante Karriere erst in den 60er Jahren begann[1], ist heute Allgemeingut: Man hört von katholischer, evangelischer, keltischer, buddhistischer, afrikanischer, weiblicher, New-Age- oder Ökospiritualität. Praktisch immer ist ein Verhältnis eines Individuums zu einer irgendwie gearteten Transzendenz (Götter, Geister, allgemeine transzendentale Prinzipien, persönliche Entwicklungspotenziale o.ä.) gemeint. Ausserdem enthält der Begriff durchgängig eine Komponente der Offenheit, persönlichen Entfaltung und Individualität. Der Begriff bezeichnet meist das, was man früher «Religiosität», «Frömmigkeit», «Glaube», «religiöse Erfahrung», «Transzendenzerfahrung», «Mystik», «Meditation» «Kontemplation» oder «geistliches Leben» genannt hatte; seine Bedeutung erschöpft sich jedoch nicht in diesen Bezügen. Während seine begrifflichen Vorläufer, v.a. «Religiosität» und «Frömmigkeit», zunehmend negativ bewertet werden, erhält der Spiritualitätsbegriff eine deutlich positive Konnotation. Dies lässt sich sowohl im englisch-, deutsch-, wie auch französischsprachigen Raum und sowohl mit qualitativer als auch quantitativer Methodik zeigen (Roof 1994, Zinnbauer 1997). Religiosi-

---

[1] Natürlich ist der Begriff sehr viel älter. Etymologisch gesehen entsteht er in der christlichen Theologie. Das paulinische Adjektiv «pneumatikos» wird im 5. Jh. auf lateinisch zu «spiritualis».

tät wird etwa in negativer Weise als unfreies, mechanisches Glauben von Dogmen und ein Eingeschlossensein in religiöse Institutionen verstanden. Man geht in die Kirche und «macht die Bewegungen mit». Spiritualität dagegen wird in positiver Weise als freie und kreative Transzendenz- und Selbsterfahrung gesehen; es ist z.B. eine persönliche, umfassende, weite Verbindung mit «seiner eigenen höheren Macht». Solch allgemeine Bedeutungsangaben dürfen jedoch nicht vergessen lassen, dass der Begriff innerhalb dieser Grenzen in verschiedenen sozialen und religiösen Gruppen sehr unterschiedlich benutzt wird. Dies wollen wir jetzt untersuchen. Ich gehe kurz auf alternative, feministische, katholische, reformierte, evangelikale und ökumenische Spiritualität ein.[2]

1.1 Alternative Spiritualität

Die sog. alternative Spiritualität[3] beinhaltet selbst eine riesige Anzahl verschiedener Spiritualitäten, etwa die keltische, neugermanische, Wicca-, Schamanen-, satanistische, feministische, buddhistische, Yoga- etc. Spiritualität (Campbell 1972, Bloch 1998, Bowman 2002). Gleichwohl gibt es im entsprechenden Milieu gewisse von vielen Mitgliedern geteilte Ansichten. So lässt sich alternative Spiritualität trotz grosser Verschiedenheit in einzelnen Punkten doch in den meisten Fällen als holistische, synkretistische, naturverbundene und individualisierte Selbsterfahrung und -entfaltung beschreiben. *Holistisch* ist alternative Spiritualität, weil sie reduktionistische Dichotomien (Unterscheidungen) wie Mann / Frau, hell / dunkel, gut / böse, Gott / Teufel und materiell / spirituell ablehnt. Um das dichotomische Denken zu überwinden, betont man gerade die Verbundenheit der Dinge: das Göttliche und das Weltliche bilden eine Einheit, diese Einheit ist sowohl männlich wie weiblich, materiell wie spirituell, und weist sowohl Licht- wie auch Schattenseiten auf usw. Im Weltbild der alternativen Spiritualität hängt, wie man sieht, alles mit allem zusammen. *Synkretistisch* ist alternative Spiritualität insofern, als Einflüsse unterschiedlichster kultureller Herkunft miteinander vermengt werden: fernöstliche, keltische, jungianische, ökologische, indianische, christliche und ande-

---

[2] Die sowohl qualitative als auch quantitative Forschung in der Schweiz zum Unterschied zwischen Religiosität und Spiritualität steckt leider noch in den Anfängen. Die folgenden Ausführungen sind daher als ein erster Beschreibungsversuch zu verstehen, welcher in zukünftiger Forschung überprüft werden sollte.

[3] Als «alternativ» bezeichnet man diese Gruppen, da sie von aussen meist als nicht zum «Mainstream» gehörig angesehen werden und sich selbst oft auch so präsentieren. Die Grenzen zwischen «Mainstream» und «alternativ» unterliegen allerdings ständigem historischem Wandel (Bowman 2002).

re Überzeugungen werden in immer neue Verbindungen gebracht. *Naturverbunden* ist alternative Spiritualität schliesslich, da die Natur meist für wichtig, wenn nicht gar für heilig gehalten wird. Letzteres gilt besonders stark für den Ökospiritualismus und den indianischen Schamanismus.

In holistischer, synkretistischer und naturverbundener Art und Weise versucht man nun in der alternativen Spiritualität, sich selbst zu verwirklichen. Vermittels völlig persönlicher Auswahl von gemeinsamen oder individuellen Praktiken und Überzeugungen schafft man sich seine ganz eigene Religion, seine ganz eigene Form des sinnvollen Daseins. Da jeder seine Auswahl selbst treffen darf und treffen soll, kann man alternative Spiritualität als *individualisiert* bezeichnen.

Ein wichtiger Teilbereich der alternativen Spiritualität ist die *alternative weibliche und feministische Spiritualität* (Ladner 2001). Neben den schon genannten Attributen betont sie als spezifisch weiblich empfundene Eigenschaften (Körperlichkeit, Naturnähe, Intuition etc.) und kritisiert ein patriarchalisches Herrschaftssystem der Gesellschaft und / oder bestimmter religiöser Traditionen. Wichtige Bereiche der feministischen Spiritualität sind die Göttinnenbewegung / Wicca, sowie feministische Theologien.

Wie wichtig der Spiritualitätsbegriff in der alternativen Szene der Schweiz ist, zeigt eine Befragung verschiedener alternativ-religiöser Gruppen (Mayer 1993). Es wird deutlich, dass die meisten dieser Gruppen sich selbst keineswegs als religiös, sehr oft dagegen als «spirituell» bezeichnen. In diversen anderen Fällen halten sich die Gruppen sogar für weder religiös noch spirituell, sondern z.B. für initiatorisch, esoterisch, philosophisch, metaphysisch, wissenschaftlich oder kulturell.

1.2 Katholische Spiritualität

Der *Katholizismus* hat grundsätzlich positiv auf den modernen Höhenflug des Spiritualitätsbegriffs reagiert (Zahlauer 2001).[4] Spiritualität hat man – so wird gesagt – ja eigentlich immer schon angeboten, wenn auch unter anderen Titeln, als Kontemplation, Meditation, Exerzitien und in den Sakramenten. Allerdings ist Vorsicht geboten. Christliche oder katholische Spiritualität hat Jesus Christus zum Zentrum zu haben und ist auf den heiligen Geist, keinesfalls aber auf irgendwelche anderen Geister zu beziehen. So ist mit Spiritualität zwar auch ein

---

[4] Der wichtigste katholische Theologe, der zum Spiritualitätsbegriff gearbeitet hat, war Hans-Urs von Balthasar. Ähnlich wichtig für unseren Zusammenhang sind die Arbeiten von Karl Rahner zum Begriff der Mystik.

Moment der Selbstentfaltung gemeint, dieses wird aber insofern eingeschränkt, als die Entfaltung letztendlich nicht durch das Selbst, sondern durch die Erlösungstat Jesu Christi gewirkt ist. Insofern ist Spiritualität nicht als Gegensatz zur Institution der Kirche zu verstehen, sondern mit der Kirche untrennbar verbunden. Diese einerseits positive Grundhaltung gegenüber dem Begriff Spiritualität bei gleichzeitiger Aufmerksamkeit auf ein «korrektes Verständnis» zeigt sich etwa bei Andreas Möhrle (2001):[5]

> (...) seine (Jesus Christus) Spiritualität – wenn ich es einmal so nennen darf – ist Massstab für kirchliche Spiritualität, seine Spiritualität ist letztlich das «was wir zu bieten haben», nicht mehr, aber auch nicht weniger! (...) Spiritualität ist so kein Zusatz zu unserem kirchlichen Leben, sondern seine Mitte.

In diesem Sinne werden dem modernen Menschen heutzutage diverse Spiritualitätsangebote von katholischer Seite gemacht: Seminare der Stille, Exerzitienwochenenden, Gebetsübungen, Meditations- und Kontemplationskurse, Ferien im Kloster, Fastenwochen usw. In der Mehrheit der Fälle wird wie oben beschrieben gut darauf geachtet, die katholische Tradition innerhalb dieser neu erweckten Spiritualität herauszustreichen. Anbieter, die sich zu stark von der gegenwärtigen katholischen Linie entfernen, beispielsweise in Richtung Tiefenpsychologie oder allgemeine Mystik, geraten in Probleme mit der Institution (prominente Beispiele: Eugen Drewermann oder Willigis Jäger).

1.3 Protestantische Spiritualität

Im *protestantischen* Lager unterscheidet man mit Vorteil die reformierten Landeskirchen und die evangelikalen Freikirchen. Die reformierten Kirchen haben seit Zwingli ein – vorsichtig gesagt – gespanntes Verhältnis zur religiösen Erfahrung, zu Emotion und Innerlichkeit (Henrich 1992). Dennoch haben sie in den letzten rund 500 Jahren gewisse spirituelle Elemente neu entwickelt und heutzutage wird der Begriff selbst in den Hochburgen protestantischer Intellektualität ohne Hemmungen verwendet: Die reformierte Universitätsgemeinde Bern etwa «feiert Gottesdienste und probiert eine gelebte Spiritualität».[6] Worin aber bestehen diese Spiritualitäten? Hier unterscheidet man am besten verschiedene Tendenzen. Erstens ist die Kirchenmusik zu nennen. In vielen Gemeinden wird intensiv und oft auch anspruchsvoll

---

[5] Freiburger Materialdienst für die Gemeindepastoral. Kirchliche Spiritualität 1, 2001.
[6] http://www.coolplus.ch/cool/p13001021.html.

musiziert. Dies ist wahrscheinlich der wichtigste Bereich, in welchem Reformierte «Emotionalität» oder «Besinnlichkeit», empfinden können. Zweitens ist die reformierte Kirche aufgrund ihrer Offenheit ökumenisch stark engagiert und daher auch für die entsprechende ökumenische Spiritualität empfänglich, man denke etwa an Taizé, Thomasmessen u.a. Allerdings scheinen entsprechende Entwicklungen oft nicht bleibend auf die Gemeinden überzugreifen. Aufgrund derselben Offenheit und der fortgeschrittenen Emanzipation der Frauen der reformierten Kirche, findet sich, drittens, eine Bewegung protestantischer feministischer Spiritualität (Wegener 1999). Diese verfolgt feministische Anliegen innerhalb der Kirche, versucht etwa, eigene, feministische Liturgien zu schaffen und steht in z.T. engem Kontakt mit der nichtchristlichen oder alternativen feministischen Spiritualität, so dass man hier oft auch Rituale, Gottesvorstellungen und Erlebensformen findet, die sich in einiger Entfernung von herkömmlichen christlichen Gepflogenheiten befinden: Labyrinthe werden begangen, Symbole für Sonne und Mond betrachtet, die Verbundenheit mit der Natur meditativ vergegenwärtigt, Skulpturen von Göttinnen aufgestellt, politische Frauenanliegen besprochen. Das Wort Spiritualität wird schliesslich, viertens, sehr oft von Leuten in der reformierten Kirche gebraucht, die neue Wege gehen wollen, um mehr «religiöse Erfahrung» in reformiertes Kirchenleben zu bringen. Hier ist mittlerweile eine unglaubliche Vielfalt an Aktivitäten und Angeboten entstanden, die oft von individuellen Vorlieben der in der reformierten Kirche arbeitenden Personen abhängen und sich bedenkenlos auch nichtreformierter oder nichtchristlicher Elemente bedienen. Man findet Zen-Buddhismus, Yoga, meditatives Bergsteigen, Tanz in der Kirche (sacred dance), Tier-Gottesdienst, spirituellen Jazz usw.

In den *evangelikalen Freikirchen* liegen die Dinge anders. Hier wird nur in Ausnahmefällen von Spiritualität gesprochen. Die Evangelikalen scheinen gegenüber der allgemeinen Spiritualitätseuphorie immun zusein. Wie lässt sich das erklären? Zum einen sieht es so aus, als hätten sie den Begriff nicht nötig. Meist sind sie – und das gilt besonders für die pfingstlichen und charismatischen Gemeinden – schon völlig auf Erfahrung eingestellt (Stolz 1999). Sie verfügen schon über ein konkurrenzfähiges Produkt mit Bekehrung, charismatischen Erlebnissen, einer geistlichen Lebensführung usw. Auf der anderen Seite stehen Evangelikale dem Begriff auch etwas misstrauisch gegenüber: Er erinnert sie an New Age und alternative Spiritualität. Diese Phänomene aber halten sie oft für gefährlich, da hier dunkle Mächte am Werk seien.

1.4 Ökumenische Spiritualität

Ökumene kann Diskussion über Glaubensinhalte bedeuten; sie kann aber auch in der gemeinsamen Durchführung von Riten bestehen, wodurch die verschiedenen Spiritualitäten erfahrbar werden. Dies ist etwa der Fall in ökumenischen Gottesdiensten, der ökumenischen Gebetswoche, dem Weltgebetstag der Frauen (seit 1927) oder dem ökumenischen Fürbittkalender. Daneben haben sich aber auch ökumenische Bewegungen gebildet, deren Zentrum gerade ganz eigene Erlebensformen oder Spiritualitäten sind, so etwa die Fokolar-Bewegung, die Thomasmesse oder die Taizé-Bewegung. Hier werden neue Arten von Liedgut, von Meditation und von Gemeinschaftsformen entwickelt, die weltweit ausstrahlen.

Wir haben bisher die Frage betrachtet, welche Bedeutungen dem Begriff Spiritualität in verschiedenen religiösen Milieus gegeben wird; es wurde deutlich, dass der Begriff von fast völliger Ungebräuchlichkeit noch in den 50er Jahren zu einem zentralen Begriff der Transzendenzerfahrung sowohl in alternativen Milieus als auch im Mainstream geworden ist. Diese Beobachtung führt wie von selbst zur Frage, wie sich ein solcher Siegeszug der Spiritualität soziologisch erklären lässt.

2. Erfolg der Spiritualität: eine soziologische Erklärung

2.1 Ausdifferenzierung der Gesellschaft; Individualisierung der Menschen

Die Modernisierung westlicher Gesellschaften läuft (unter anderem) über einen Trend zu immer mehr Rationalisierung und funktionaler Differenzierung (Wallis/Bruce 1995). Dieser Prozess hat schon vor Jahrhunderten begonnen und ist auch heute noch nicht abgeschlossen. Rationalisierung bedeutet hierbei, dass die verschiedensten Techniken und Abläufe, seien sie medizinischer, wissenschaftlicher, journalistischer, wirtschaftlicher oder politischer Art, ständig auf ihre Effizienz in Bezug auf bestimmte Ziele geprüft und wenn möglich verbessert oder durch völlig neuartige Techniken und Abläufe ersetzt werden. Ein äusserst wichtiger Effekt der Rationalisierung ist die gesellschaftliche Differenzierung. Da die verschiedenen Teilbereiche (Medizin, Wissenschaft, Medien, Wirtschaft, Politik etc.) ihre Effizienz steigern wollen, beginnen sie, sich immer mehr nur noch an eigenen Kriterien zu orientieren und den eigenen Gesetzmässigkeiten zu folgen. Hatte man es in früheren Gesellschaftsformen viel stärker mit einer Gemengelage der verschiedenen Funktionsbezüge zu tun, so scheinen die Subsysteme sich jetzt immer weiter auseinander zu bewegen. Politiker oder Juristen dürfen beispielsweise nicht sagen, was wissenschaftlich wahr ist, wie umgekehrt Wissenschaftler keine Politik vorschreiben oder Gesetze erlassen können. Da die funktionale Differenzierung auch die Religion der Gesellschaft erfasst, kommt es zu einem Einflussverlust der Religion bezüglich aller anderen gesellschaftlichen Teilsysteme. Die Religion strukturiert und kontrolliert immer weniger, sei es nun im Parlament, in den Klassenzimmern, in den Forschungslabors, den Redaktionsstuben oder den ehelichen (und ausserehelichen) Schlafzimmern. Neben Rationalisierung und Differenzierung entsprechen dem Modernisierungsprozess weitere wichtige Entwicklungen wie etwa die Demokratisierung, der Aufbau von Wohlfahrtsstaaten, das Entstehen riesiger Organisationen, die Formulierung der Menschenrechte, die Bildung einer «kritischen Öffentlichkeit» usw. Durch all diese Veränderungen werden die sozialen Strukturen, in denen sich die Individuen befinden (ihre «Lebenswelten») stark beeinflusst. Im Vergleich zu früheren Gesellschaftsformen werden die Individuen tendenziell freigesetzt. Sie sind nicht mehr über ihre Familien- und Geschlechtszugehörigkeit Zeit ihres Lebens auf eine soziale Schicht, eine Konfession, eine mögliche soziale Rolle, einen fixen Wohnort festgelegt. Vielmehr haben sie nun die Wahl. Sie können selbst entscheiden über Bildungsinvestitionen, angestrebte Gesellschaftsschicht, räumliche Mobilität, Mitgliedschaft in Gruppen aller Art, Interesse für Kunst, Wahl und Abwahl des Lebenspartners, Anzahl Kinder, wie auch Art und Intensität religiöser Praxis (Beck 1986).

Diese Freiheiten führen dazu, dass die individuellen Menschen im Effekt immer verschiedener voneinander werden. Diesen Zusammenhang hat Georg Simmel (1989) sehr klar herausgearbeitet: Je grösser die Zahl der je eigenen Entscheidungen über soziale Merkmale des Individuums, desto unwahrscheinlicher die Möglichkeit, dass ein anderes Individuum die genau gleiche Kombination von sozialen Merkmalen aufweist. Hinzu kommt, dass die Individuen, weil sie sich für vieles selbst entschieden haben, auch noch die Verantwortung für ihre Eigenart zu tragen haben. Gleichzeitig werden sie einander auf anderen Ebenen immer ähnlicher: Sie werden alle zu ganz unverwechselbaren, individuellen Personen, was eine Gleichwertigkeit nahelegt. So gewinnen Ideen von allgemeinen Menschenrechten, der Würde der Person oder der Gleichheit der Geschlechter immer mehr an Überzeugungskraft.

2.2 Wertwandel

Zu den Veränderungsprozessen auf der strukturellen Seite (Differenzierung, Rationalisierung, Individualisierung) müssen kulturelle Veränderungen kommen.[7] Wenn die Individuen faktisch gezwungen sind,

---

[7] Gesellschaftsstrukturen und Werte befinden sich normalerweise in einer gewissen Entsprechung. Wir gehen von gegenseitiger kausaler Beeinflussung aus.

immer mehr selbst zu entscheiden und dadurch im Effekt immer unterschiedlicher werden, so benötigen sie Werte, welche diesem Sachverhalt angemessen sind, welche eine solche Situation als «normal» oder sogar als «gut» darstellen. Es muss mithin zu einem «Wertwandel» kommen. Ein solcher Wandel scheint nun im 20. Jh. tatsächlich stattgefunden zu haben. So hat Helmut Klages (1985) gezeigt, dass sich ein Wandel weg von Pflicht- und Akzeptanz- und hin zu Selbstentfaltungswerten ergeben hat. Hatte man noch in der ersten Hälfte des 20. Jh. in weiten Teilen der westlichen Gesellschaften Pflicht- und Akzeptanzwerte hochgehalten, also etwa Disziplin, Gehorsam, Pflichterfüllung, Treue, Selbstbeherrschung, Enthaltsamkeit usw., so wurden diese Werte mehr und mehr (und in einem Schub dann in den 60er Jahren) durch Selbstentfaltungswerte ersetzt. Hierzu gehören nach Klages einerseits hedonistische Werte wie die Suche nach Genuss, Abenteuer, Spannung, Emotionalität wie auch individualistische Werte wie z.B. Kreativität, Spontaneität, Selbstverwirklichkeit oder Ungebundenheit (Grafik).

2.3 Spiritualisierung

Somit wären wir bei unserer Erklärung des «Erfolgs der Spiritualisierung» angelangt. Es handelt sich aus unserer Sicht keineswegs um ein isoliertes Phänomen. Vielmehr wird der religiöse Teilbereich der Gesellschaft durch die gleichen strukturellen und kulturellen Prozesse verändert, wie alle anderen Bereiche der Gesellschaft. Auch im religiösen Bereich wirken eine strukturelle Ausdifferenzierung und Individualisierung sowie ein kultureller Wertwandel hin zu Selbstentfaltungswerten. So erscheint es nur folgerichtig, dass Religiosität bzw. Frömmigkeit (= Pflicht und Akzeptanz) durch Spiritualität (= Selbstentfaltung) ersetzt wird. Je stärker die Individuen sich individualisieren, je mehr sie über alle möglichen Lebensbereiche selbst entscheiden müssen, je deutlicher sie sich Selbstentfaltungswerte zu eigen machen, desto eher werden sie «Religiosität» als institutionell und unfrei ablehnen, um eine zu ihren Lebensumständen und sonstigen Werten besser passende «Spiritualität» positiv zu bewerten.

Der verursachende individualisierende Trend ist ein durchgehendes Phänomen und alle religiösen Gruppen müssen irgendwie auf ihn reagieren. Wie wir gesehen haben, fallen die Antworten verschiedener religiöser Traditionen unterschiedlich aus. Manche machen den Spiritualitätsbegriff zum zentralen Inhalt ihrer Botschaft, andere verwenden ihn, um ihr Angebot «aufzupeppen», wieder andere – etwa die Evangelikalen – verzichten ganz auf ihn. Gerade an den Evangelikalen aber lässt sich zeigen, wie stark das individualisierende Prinzip ist; denn auch sie reagieren darauf – nur in anderer Begrifflichkeit (Roof 1994).

Wenig erstaunlich daher, wenn wir auch bei ihnen einen starken Akzent auf dem individuellen «geistlichen Wachstum» finden, wenn wir hören, wie das Individuum sich durch den Glauben diverse Vorteile verschaffen kann.

Wie aber breitet sich der Spiritualitätsbegriff genau aus? Welche Mechanismen sind konkret im Spiel? Hier lässt sich m.E. einerseits mit einem Markt-, andererseits mit einem Diffusionsmodell arbeiten. Erstens finden wir Anbieter auf dem religiösen Markt, die ganz bewusst auf den Spiritualitätsbegrriff setzen, um ihr Produkt attraktiver zu machen und eine grössere Zahl von Kunden anzulocken; das haben wir bei der katholischen wie bei der reformierten Kirche gesehen. Andere Anbieter vermeiden den Begriff dagegen bewusst, um ihr Produkt nicht unscharf werden zu lassen, so etwa die Evangelikalen. Zweitens wirkt ein Diffusionsmechanismus. Der Spiritualitätsbegriff «trifft etwas» der modernen individuellen Befindlichkeit. Das hat zur Folge, dass er sich – einer Erfindung oder einer Mode gleich – innerhalb der Gesellschaft ausbreiten kann, da Individuen, die neu mit ihm in Kontakt kommen, ihn als «zutreffend» oder «nützlich» erkennen und daher fortan benützen.

3. Christliche und alternativ-religiöse Orientierungen im Vergleich

Wenn es auch richtig ist, dass sich Individualisierungs- und Spiritualisierungstendenzen praktisch überall im religiösen Bereich nachweisen lassen, so heisst dies nicht, dass alle Spiritualitäten gleich viel Erfolg haben. Im Folgenden gehen wir abschliessend der Frage nach, ob christliche durch alternative Orientierungen tendenziell ersetzt werden, wie dies oft behauptet wird. Aufgrund von Platzmangel können wir die Frage nicht umfassend beantworten; vielmehr berichten wir in geraffter Weise von einigen Befunden zu christlichen und alternativ-religiösen Orientierungen in der Schweiz (Campiche 2004).[8]

Verschiedene Forschungen zeigen für die gegenwärtige Schweiz, dass ältere Menschen deutlich höhere christliche Orientierung aufweisen als jüngere. Ältere Menschen geben beispielsweise deutlich häufiger als jüngere Menschen an, dass nur die Existenz Gottes dem Leben einen Sinn gebe, dass es eine Hölle gebe, dass Jesus Christus die Zukunft der Menschheit bedeute, dass der Kreuzestod Jesu dem Tod einen Sinn verleihe, dass Gott existiere und sich in Jesus Christus zu erkennen ge-

---

[8] Die Daten wurden 1999 erhoben und entstammen dem Projekt «Religion et lien social», sowie der ISSP-Erhebung für die Schweiz, welche beide von Roland Campiche geleitet wurden. Die Stichprobe ist repräsentativ für die Schweiz. N(RLS) = 1561 ; N(ISSP) = 1212. Siehe für weitere Informationen Campiche 2004.

geben habe. Ebenfalls wissenschaftlich belegt ist, dass hier nicht etwa ein individueller Alterseffekt, sondern ein Generationeneffekt vorliegt: Die älteren Personen sind stärker christlich orientiert, weil sie in einer Zeit aufgewachsen und sozialisiert worden sind, in welcher das Christentum ganz generell noch viel mehr galt. Die jüngeren sind weniger christlich ausgerichtet, weil die Familien, in denen sie aufgewachsen sind, ihnen fast keine christlichen Erfahrungen mehr mitgegeben haben. Interessanterweise sind nun jüngere Personen häufiger «alternativ spirituell» als ältere; jüngere Personen glauben häufiger an Glücksbringer, an Seher, an eine Reinkarnation; und sie interessieren sich stärker für New Age, den Buddhismus oder paranormale Erscheinungen (s. Grafik). Hier kann man in der Tat von einer gewissen «Rückkehr» des Religiösen oder Spirituellen sprechen. Ob dies allerdings ein auch in die Zukunft wirkender Trend ist, kann nicht sicher gesagt werden. Insbesondere ist unklar, ob diese Personen ihre alternative Spiritualität beibehalten werden, wenn sie älter werden und welches Niveau alternativer Spiritualität neue Generationen aufweisen werden.

Glaube an verschiedene Formen «alternativer Spiritualität» nach Alter[9]

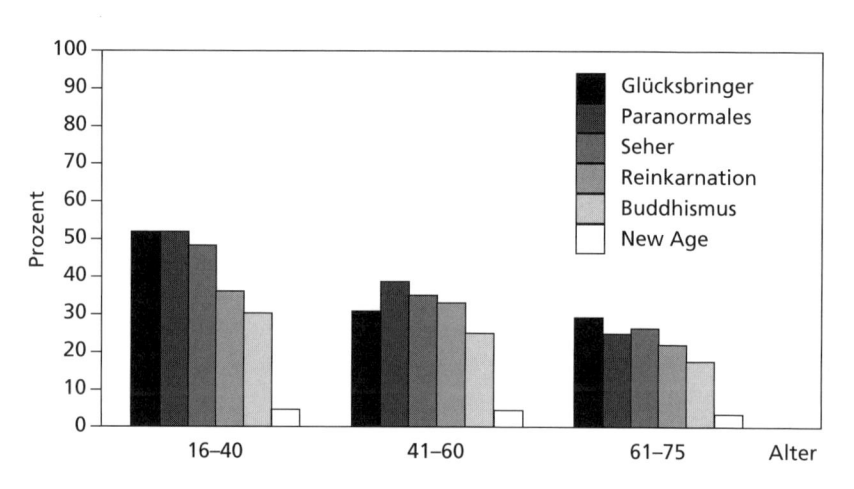

Wie lässt sich dieser Niedergang der christlichen Orientierungen bei einem gleichzeitigen Aufschwung der alternativ-religiösen Orientierungen erklären? Hierzu existiert eine breite Literatur, deren Ergebnisse an dieser Stelle nicht ausgebreitet werden können. *Ein* Element der Erklärung liegt sicherlich darin, dass die alternative Spiritualität besser auf die individualisierten Lebensverhältnisse des modernen Menschen zugeschnitten ist. Aus diesem Grund versuchen sich die an-

---

[9] Für die letzten beiden Items wurde gefragt, ob man sich dem Buddhismus bzw. New Age «nahe» fühle. Ausgewiesen sind die Prozentanteile «Ja».

deren religiösen Richtungen denn auch zu verändern, sie «spiritualisieren» sich, um auf dem Markt der Religionen bessere Karten zu haben.

4. Ausblick

Anders als die (selbst trendige) Rede vom «Megatrend Spiritualität» vermuten lässt, ist die Entwicklung hin zur Spiritualität nicht nur eine Modeerscheinung. Vielmehr liegen dem semantischen Wandel tiefe Umstrukturierungen der gesamten Gesellschaft zugrunde. Diese verändern die Art, wie die Individuen sowohl über sich als auch über das nachdenken, was «ganz anders», «göttlich» oder «heilig» ist. Wenn die christlichen Kirchen gegenüber den «alternativen Religionen» wieder stärker werden wollen, so müssen sie die aufgezeigten gesamtgesellschaftlichen Veränderungen ernst nehmen. Sie werden ihre Heilsgüter auf individuelle Erfahrung, Eigenverantwortung und Emotionalität ausrichten müssen. Wie wir gesehen haben, sind sie teils schon intensiv hiermit beschäftigt. Ob ihre Versuche in Zukunft Erfolg haben werden, vermögen wir hier an dieser Stelle nicht zu sagen. Denn sichere Antworten auf diese Frage gehören selbst in den Bereich der Spiritualität, nicht der Wissenschaft.

Literatur

Beck, Ulrich: *Risikogesellschaft. Auf dem Weg in eine andere Moderne.* Frankfurt a.M. 1986.

Bloch, Jon P.: *New Spirituality, Self, and Belonging. How New Agers and Neo-Pagans Talk about Themselves.* Westport 1998.

Bowman, Marion: *Contemporary Celtic Spirituality.* In: Belief Beyond Boundaries: Wicca, Celtic Spirituality and the New Age, hrsg. v. Marion Bowman, 2002, Sp 55–102.

Campbell, Colin: *The Cult, the Cultic Milieu and Secularisation.* A Sociological Yearbook of Religion in Britain 1972, 5, 119–36.

Campiche, Roland J.: *Les deux visages de la religion. Fascination et désenchantement.* Genève 2004.

Henrich, Rainer: *Reformierte Spiritualität. Bemerkungen zur (noch ungeschriebenen) Geschichte.* NotaBene 1992, 6, Sp. 4.

Klages, Helmut: *Wertorientierungen im Wandel: Rückblick, Gegenwartsanalyse, Prognosen.* Frankfurt a.M. 1985.

Ladner, Gertraud: *Feministische Spiritualität – Suchbewegungen zwischen Kirchenkritik und Kommerzialisierung von Religion.* In: Die Götter kommen wieder, hrsg. v. Andreas Vonach, 2001, Sp 57–76.

Mayer, Jean-François: *Les Nouvelles Voies Spirituelles. Enquête sur la religiosité parallèle en Suisse.* Lausanne 1993.

Roof, Wade Clark: *A Generation of Seekers. The Spiritual Journeys of the Baby Boom Generation*. San Francisco 1994.

Simmel, Georg: *Ueber die Kreuzung socialer Kreise*. In: ders., Aufsätze 1887–1890. Ueber sociale Differenzierung. Die Probleme der Geschichtsphilosophie (1892). Gesamtausgabe Band 2, Frankfurt a.M. 1989, Sp. 237–257.

Stolz, Jörg: *Evangelikalismus als Milieu*. In: Schweizerische Zeitschrift für Soziologie, 1999, 25. Jg., Nr.1, S. 89–119.

Wallis, Roy und Bruce, Steve: *Secularization: The Orthodox Model*. In: The sociology of religion, hrsg. von Steve Bruce, Aldershot 1995, Sp. 693–715.

Wegener, Hildburg: *Bedeutung und Geschichte des Wortes Spiritualität*. In (ed.) Dokumentation von Veranstaltungen der Frauenwerkstatt auf dem Deutschen Evangelischen Kirchentag Stuttgart 1999. Sondernummer der «mitteilungen» der Evangelischen Frauenarbeit in Deutschland, Frankfurt a.M. 1999, S. 6–8.

Zahlauer, Arno: *Spiritualität und Mystik. Arbeit am Begriff*. In: Freiburger Materialdienst für die Gemeindepastoral. Kirchliche Spiritualität 1, Freiburg 2001, Sp. 3–11.

Zinnbauer, Brian J. et al.: *Religion and Spirituality: Unfuzzying the Fuzzy*. In: Journal for the Scientific Study of Religion, 1997, 36. Jg., Nr. 4: S. 549–564.

Kontemplation – mystischer Versenkungsweg aus altchristlicher Tradition
Franz Nikolaus Müller

Johannes Tauler (1300–1361), einer der grossen Meister der Kontemplation, fasst knapp und präzise zusammen, worum es in der Kontemplation geht:

> *Der Mensch lasse die Bilder der Dinge ganz und gar fahren und mache und halte seinen Tempel leer. Denn wäre der Tempel entleert und wären alle Fantasien, die den Tempel besetzt halten, draussen, so könntest du ein Gotteshaus werden und nicht eher, was du auch tust. Und so hättest du den Frieden deines Herzens und Freude und dich störte nichts mehr von dem, was dich jetzt ständig stört, dich bedrückt und dich leiden lässt.*[1]

Tauler setzt dabei das Wort «Kontemplation» mit «templum / Tempel» in Beziehung und beschreibt den Weg zur Kontemplation als eine Art Tempelaustreibung. Bei der Frage nach der konkreten Übungspraxis der Kontemplation werde ich darauf zurückkommen.

Zuvor aber ist es sinnvoll, einige Begriffe zu klären, die uns helfen, die Kontemplation besser einzuordnen auf dem Feld der christlichen Spiritualität und im grösseren Zusammenhang mit spirituellen Wegen anderer Religionen.

1. Einleitende Begriffsklärungen

In der Kontemplation geht es um mystische Erfahrung durch Versenkung und um einen Übungsweg, der diese Erfahrung ermöglicht. Was bedeuten die Begriffe Versenkung, Versenkungsweg und mystisch bzw. Mystik?

Vorweg ist festzuhalten, dass das Wort Kontemplation zwei Aspekte eines spirituellen Weges beschreibt. Einerseits ist damit der Übungsweg, also ein Prozess gemeint und andererseits das Ziel dieses Weges, das man als Zustand oder Seinsweise beschreiben könnte, und zwar als «Erfahrung der Gegenwart Gottes und des Verweilens in Gott».

In dieser Unterscheidung ist die Frage nach Gnade und Werkgerechtigkeit aufgehoben, weil in der ganzen christlichen Tradition immer klar ist, dass die Erfahrung der Gegenwart Gottes und des Verweilens in Gottes Gegenwart Gnade, also geschenkt ist und dass Kontempla-

---

[1] In: Jäger, Willigis (Hrsg.): *Mystische Spiritualität*. Eine Textsammlung, Benediktushof, Holzkirchen o.J., S. 46.

tion im Sinne eines Übungsweges daher verstanden werden muss als ein Akt des sich bereit Machens, des sich Öffnens, des sich Auftuns für die Gegenwart Gottes oder eben als eine «Tempelaustreibung» wie es im Text von Johannes Tauler heisst.

1.1 Versenkung

Versenkung verstehe ich als eine innere Einkehr und ein Verweilen im Seelengrund. Versenkungswege kennen alle grossen Religionen. Ob das, was dabei im Innersten eines Menschen geschieht, letztlich dasselbe ist, soll allerdings nicht vorschnell beantwortet werden. Jedenfalls wird in den abrahamitischen Religionen Judentum, Christentum und Islam dieses Geschehen im Innersten zumeist als Begegnungsgeschehen beschrieben. Dazu drei Beispiele. Meister Eckhart (1260–1328) schreibt:

> *Du brauchst Gott weder hier noch dort zu suchen; er ist nicht ferner als vor der Tür des Herzens. Da steht er und harrt und wartet, wen er bereit finde, der ihm auftue und ihn einlasse.*[2]

Und ganz ähnlich schreibt der grosse islamische Mystiker Djalaleddin Rumi (1207–1273):

> *Ich habe die ganze Welt auf der Suche nach Gott durchwandert und ihn nirgendwo gefunden. Als ich wieder nach Hause kam, sah ich ihn an der Türe meines Herzens stehen. Und er sprach: Hier warte ich auf dich seit Ewigkeiten. Da bin ich mit ihm ins Haus gegangen.*[3]

Und in diesem Sinne ist auch die chassidische Geschichte von Rabbi Mendel von Kozk zu verstehen, der einige gelehrte Männer mit der Frage überrascht:

> «Wo wohnt Gott?» *Sie lachten über ihn und sagten:* «Wie redet ihr! Ist doch die ganze Welt seiner Herrlichkeit voll!» *Er aber beantwortete die eigene Frage:* «Gott wohnt, wo man ihn einlässt».[4]

Versenkung bedeutet also den Weg nach innen, den Weg zum Herzen, um im Innersten Gott zu begegnen. Dieses Begegnungsgeschehen ist – wie schon erwähnt – der besondere Akzent der abrahamitischen

---

[2] Ebd.: S. 33.
[3] Ebd.: S. 104.
[4] Buber, Martin: *Der Weg des Menschen nach der chassidischen Lehre.* 8. Aufl., Heidelberg 1981, S. 49.

Religionen. Allerdings darf diese Begegnung nicht anthropomorph eingeengt und verkürzt werden. Das «Du» Gottes ist kein blosses «gegenüber» oder «über mir», sondern jenseits solcher Kategorien. Das vertraute Gegenüber von «Ich und Du» wandelt sich in der Versenkung zu einem «Ineinander von Ich und Du». Insofern muss das vertraute personale Gottesverständnis immer wieder transzendiert werden zu einem transpersonalen Verständnis und Sprechen, um das Geheimnis Gottes zu wahren. In diesem Sinne kann man viele klassische Texte christlicher, aber auch islamischer Mystik deuten. So schreibt etwa Angelus Silesius (1624–1668):

> *Gott ist in mir das Feuer und ich in ihm der Schein:*
> *Sind wir einander nicht ganz inniglich gemein?*
> *Halt an, wo läufst du hin, der Himmel ist in dir:*
> *Suchst du Gott anderswo, du fehlst ihn für und für.*[5]

Und bei Gerhard Tersteegen (1697–1769) lesen wir (oder singen es):

> *Wunder aller Wunder: Ich senk mich in dich hinunter. Ich in dir, du in mir, lass mich ganz verschwinden, dich nur sehn und finden.*[6]

Und schon lange vorher hat der grosse islamische Mystiker Al Halladsch (858–922) geschrieben:

> *Ich sah meinen Herrn mit dem Auge des Herzens. Ich fragte: Wer bist du? Er antwortete: Du selbst! – Ja, das Wo findet bei dir keinen Platz, und wo du bist, da gibt es kein Wo. Nichts in der Welt vermag sich dich vorzustellen, so dass der Gedanke wüsste, wo du bist. Du bist der, der jedes Wo und Wo-Nicht durchdringt.*[7]

1.2 Versenkungsweg

Versenkung wird in der Regel durch bestimmte Praktiken und Übungen erreicht. Daher finden sich in den grossen Religionen methodisch aufgebaute Übungswege der Versenkung, deren Ziel es ist, bei sich selber anzukommen, um im Innersten Gott zu begegnen, weil Gott mir «innerer als mein Innerstes» ist, wie Augustinus es formuliert. Das

---

[5] Angelus Silesius (Scheffler, Johannes) 1984: *Cherubinischer Wandersmann*. Kritische Ausgabe, hrsg. von Louise Gnädinger, Stuttgart 1984, S. 29–39.
[6] Gesangbuch der evangelisch-reformierten Kirchen der deutschsprachigen Schweiz, Basel et al. 1998, S. 247.
[7] Halbfas, Hubertus: *Das Welthaus. Ein religionsgeschichtliches Lesebuch*. 2. Aufl., Stuttgart et al. 1984, S. 324f.

ist ein Gedanke, der uns in der christlichen Mystik – und darüber hinaus – immer wieder begegnet. Das Bild des «Herzens» steht in verschiedenen religiösen Traditionen für diese innerste Mitte, von der Augustinus und viele andere sprechen. Wir werden später darauf zurück kommen, wenn vom «Herzensgebet» als einem Weg zur Kontemplation die Rede sein wird.

Und schliesslich ist Kontemplation im Titel als mystischer Versenkungsweg bezeichnet. Zum Begriff der (christlichen) Mystik werde ich nun etwas weiter ausholen, weil es dabei auch um die Wurzeln der Kontemplation geht.

2. Christliche Mystik und die Wurzeln der Kontemplation

Etwas vereinfacht könnte man sagen, Kontemplation ist der praktische spirituelle Weg einer mystischen Theologie. Zunächst ist festzustellen, dass christliche Mystik – bei aller Unterschiedlichkeit einzelner MystikerInnen und ihrer Wege und Erfahrungen – immer von der ganz existenziell empfundenen Frage und der Sehnsucht ausgeht «wie bzw. wo kann ich Gott begegnen?» Christliche Mystik kann daher beschrieben werden als «Erfahrung und Bewusstsein der unmittelbaren Gegenwart Gottes». Diese Definition von Mystik zieht eine klare Grenze zur Theologie, der es um Reflexion geht. Die Trennung zwischen Mystik und Theologie ist allerdings erst ab dem 17. Jh. – im Gefolge des aufkommenden Rationalismus – entstanden. Die von Dionysius Areopagites im 5. Jh. geschriebene «Mystische Theologie» kennt diese Trennung noch nicht. Theologie und Mystik waren aufeinander bezogen, so wie wir es noch heute in der orthodoxen Kirche finden. Nach orthodoxem Verständnis sind Theologie und Mystik aufeinander angewiesen und Aufgabe der Theologie ist es dabei, die Grenze zwischen Mystik und Mystizismus zu ziehen.[8]

In diesem Zusammenhang sei auch auf die bekannten visionären Aussagen von Karl Rahner verwiesen. Im Blick auf die Zukunft der Religion(en) ist das Wort von Karl Rahner – schon vor fast 40 Jahren geschrieben – heute gültiger denn je:

Der Fromme von morgen wird ein «Mystiker» sein, einer, der etwas «erfahren» hat, oder er wird nicht mehr sein, weil die Frömmigkeit von morgen nicht mehr die im voraus zu einer personalen Erfahrung und Ent-

---
[8] Vgl. Begzos, Marios: *Ostkirchliche Mystik oder orthodoxe Theologie? Selbstkritische Überlegungen zur Mystischen Theologie der Ostkirche*. Gastvorlesung an der Theol. Fak. der Universität Erlangen-Nürnberg am 2.7.1992, S. 591.

scheidung einstimmige, selbstverständliche öffentliche Überzeugung und religiöse Sitte mittragen wird, die bisher übliche religiöse Erziehung also nur noch eine sehr sekundäre Dressur für das religiös Institutionelle sein kann.[9]

Karl Rahner ist also überzeugt, dass die persönliche (mystische) Erfahrung zur Voraussetzung für die Religion wird. Die Suche vieler Menschen heute nach spirituellen Wegen bestätigt Rahners Prognose. Die Mystik erlebt eine Wiedergeburt und nicht wenige Menschen auf diesem Weg erfahren sie als tragenden Grund ihrer Religion. Rahner spricht aber nicht nur vom «Christen von morgen», sondern vom «Frommen von morgen», seine Aussage kann also auch im Hinblick auf Menschen anderer religiöser Traditionen verstanden werden.
Wenden wir uns nun der Frage zu, wo die Wurzeln christlicher Mystik und der Kontemplation liegen. Wir können drei grosse Wurzeln festhalten: philosophische Wurzeln, religiöse Wurzeln und asketische Wurzeln.[10]

2.1 Philosophische Wurzeln
2.1.1 Platon

Platon (429–347 v.Chr.) hat im 4. Jh. v. Chr. die Philosophie im Sinne seines Lehrers Sokrates weiterentwickelt: Es geht ihm weniger um ein ausgearbeitetes Denkgebäude und um die Ansammlung von Wissen, sondern mehr um einen Weg zur ursprünglichen Erkenntnis und der damit verbundenen Befreiung. Und bei Platon finden wir zum ersten Mal eine dreifache Gliederung des Weges zur Befreiung, wie wir ihn in verschiedenen Varianten auch später immer wieder im Zusammenhang von Mystik und Kontemplation finden. Im berühmten Höhlengleichnis[11] ist die erste Stufe des Weges, der Ausgangspunkt also, das Alltagsleben und die alltägliche Meinung über die Wirklichkeit, die aber sehr defizitär sind: Die Menschen sehen nur Schatten an der Höhlenwand und halten sie für wirklich. Im zweiten Schritt geht es nun darum, auf den Weg zur wahren Erkenntnis zu kommen. Dazu braucht es eine Umkehr (metastrophê), die unsere alltägliche Erkenntnis nicht nur verbessert, sondern die Struktur unseres Erkennens grundlegend verändert. Im Gleichnis geht es darum, die Höhlenbewohner behutsam auf das Schauen im reinen Licht vorzubereiten. Das braucht

---

[9] Rahner, Karl: In: *Geist und Leben,* Jg. 39, 1966, S. 335.
[10] Vgl. Wolz-Gottwald Eckard (u.J.): *Yoga-Philosophie-Atlas*, Petersberg o.J., S. 165–180 und McGinn, Bernard: *Die Mystik im Abendland. Band 1: Ursprünge*, Aus dem Englischen von Clemens Maass, Freiburg et al. 1994, S. 47–102.
[11] Politeia 514a–517a.

Geschick und Geduld des Begleiters auf diesem Weg. Der dritte Schritt ist das Schauen der Wirklichkeit, wie sie tatsächlich ist (theoria). Im Gleichnis ist das nur im reinen Licht der Sonne möglich, die das letzte Prinzip der Wirklichkeit ist. Sie steht für das Gute schlechthin (agathon). Das Schauen (theoria) dieser letzten Wirklichkeit bedeutet daher eine Desillusionierung oder Ent-Täuschung unseres alltäglichen Bewusstseins, das sich an eine sehr vordergründige Konstruktion der Wirklichkeit klammert.

2.1.2 Stoiker und Epikuräer

Neben Plato haben auch die philosophischen Schulen der Stoiker und der Epikuräer einen bedeutenden Einfluss auf die Mystik und Kontemplation ausgeübt. Beide Schulen verstehen Philosophie als Weg zu einem erfüllten Leben. Die Stoiker haben mit ihrem Ideal der Gelassenheit im Sinne einer Loslösung von den Leidenschaften (apatheia) einen Weg gezeigt, der in der späteren mönchischen Askese wieder auftaucht. Aber auch die Epikuräer verstehen ihre Philosophie als einen Weg zu einem erfüllten Leben durch einen ausgeglichenen Gemütszustand (ataraxia) und durch Genügsamkeit. Auch das ist eine Vorwegnahme späterer mönchischer Tugenden.

2.1.3 Plotin und der Neuplatonismus

Aus diesen Wurzeln – insbesondere aus dem Platonismus und der Stoa – entstand nun gegen Ende der Antike der Neuplatonismus, ohne den die Entwicklung der christlichen Mystik und der Kontemplation kaum denkbar wäre. Auf die Frage, ob dabei auch Einflüsse aus dem fernen Osten eine Rolle gespielt haben, werde ich später noch eingehen.
Ammonios Sakkas (175–242) aus Alexandria, der als Begründer des Neuplatonismus gilt, verstand seine Philosophie als reine Lebenslehre, er schrieb daher selber nichts und verbot auch seinen Schülern, darüber zu schreiben. Sein wichtigster Schüler Plotin (204–270) begann dann ab 253 aber doch zu schreiben. Porphyrios (232–304) hat seine Werke veröffentlicht und Proklos (410–485), der Leiter der immer noch bestehenden platonischen Akademie in Athen war, hat den Neuplatonismus systematisch ausgestaltet.
Die Grundidee des Neuplatonismus ist die Vorstellung, dass die gesamte Wirklichkeit in ihrer Vielheit aus dem einen und einzigen (hen) hervorgeht, genauer gesagt aus ihm herausfliesst. Das Eine steht über allem, was sichtbar, denkbar und vorstellbar ist, auch über der Vernunft. Es ist über-vernünftig, über-seiend, über-wesentlich.
Das Herausfliessen aus diesem Einen, diese Emanation, geschieht in mehreren Stufen: Vom Einen hin zum Geist, weiter zur Weltseele und

den vielen Einzelseelen bis hin zur sinnlich wahrnehmbaren Welt. Die sinnlich wahrnehmbare Welt hat am wenigsten Gehalt an Wirklichkeit und der Weg zur höchsten Erkenntnis ist ein Aufstieg bis zurück zum Einen. Der Weg dahin ist wieder ein Dreischritt: 1) Die Kunst führt uns über die Schönheit zurück zur Welt des Seelischen. 2) Das Denken führt uns weiter zur Ursache des Schönen, zum Geistigen. 3) Die Ekstase als letzter Schritt führt zurück zum Einen. Dieser letzte Schritt kann nur durch das «Aus-sich-Heraustreten» (ekstasis) geschehen. Damit wird die Philosophie definitiv zur Mystik. Es geht nicht mehr um Gedanken, Konzepte und Vorstellungen, sondern um gelebte Erfahrung und um den Weg zu dieser Erfahrung, die sich den Worten letztlich entzieht.

Wenn Plotin in den Enneaden (V, 3,14) schreibt: «Wir sagen, was er nicht ist, was er aber ist, sagen wir nicht», dann finden wir hier eine negative, apophatische Theologie grundgelegt. «Negativ» meint hier, dass «positive» Aussagen über Gott vermieden werden. Diese Art, von Gott zu reden, hat die mystische Theologie vom 4. Jh. an entscheidend beeinflusst.

2.1.4 Pseudo-Dionysius «Areopagites», der «Vater der christlichen Mystik»

Der Neuplatonismus wurde zunächst vor allem durch Augustinus (354–430) und später dann besonders durch Dionysius Areopagites (Pseudodionysius) um etwa 500 christlich rezipiert.

Den Namen «Areopagites» erhielt er, weil man ihn bis ins 19. Jh. hinein für jenes von Paulus bekehrte Mitglied des Areopags in Athen hielt, von dem wir in der Apostelgeschichte lesen. Wir wissen über diesen Menschen sehr wenig. Er hat vermutlich um 500 in Syrien gelebt. Seine Bedeutung für die christliche Mystik ist enorm. Die schon erwähnte «Mystische Theologie» wurde zur Grundlage christlicher Mystik überhaupt. Wie Plotin meint auch Dionysius, dass der menschliche Glaube zunächst an Bildern und Vorstellungen hängt. Um aber die Wirklichkeit in ihrem ganzen Zusammenhang und göttlichen Ursprung zu «schauen» (theoria), muss der Mensch einen Prozess der Transformation durchmachen. Es braucht ein Heraustreten (ekstasis) aus dem bisher Geglaubten, das bildhaft ist, um zur unmittelbaren Schau – und damit zur Erfahrung – zu kommen. Er überwindet aber das hierarchische System des Plotin und verchristlicht es, indem er sagt, dass jede Stufe der Wirklichkeit Anteil am Göttlichen hat, dass aber das Göttliche ihr nicht gehört: So wie jeder Abdruck eines Siegels einen Anteil am Siegel hat, aber nicht das Siegel selber ist. Hier ist ein christlicher Panentheismus grundgelegt, der den feinen, aber wichtigen Unterschied zum Pantheismus ausmacht: Gott ist nicht identisch mit «Allem», aber er ist in allem zu finden. Wir finden diese Sicht etwa bei Ignatius von Loyola (1491–1556) wieder mit dessen Motto «Gott in allen Dingen finden»[12] oder auch bei Teilhard de Chardin (1881–1955) der im 20. Jh. schreibt, es gehe heute weniger um die Epiphanie (Ankunft, Erscheinung) Gottes in Christus als vielmehr um die «Diaphanie» Gottes, in der alles durchscheinend wird auf Gott hin.[13]

Dionysios beschreibt den Weg zur unmittelbaren Gotteserfahrung in einem Schema mit drei Schritten. Wir erkennen dabei das grundlegende Schema aus Platons Höhlengeleichnis wieder:

1. Es geht um die Reinigung (katharsis, purgatio) von der Gebundenheit an Begierden und materielle Dinge.

2. Es geht um Erleuchtung / Durchlichtung (photismos / illuminatio), durch die der Mensch das ursprüngliche Sein seiner selbst und der Welt in Gott erkennt. Diese Erleuchtung führt weiter:

3. zur Erfahrung der «Einung» (henosis / unio), die alle Vorstellungen von Gott übersteigt und eine unmittelbare Erfahrung ist, die den Menschen im tiefsten Grunde seines Seins verwandelt.

Hier wird deutlich, dass die Theologie des Dionysius sich wandelt zu einem spirituellen Weg. Oder anders gesagt: Aus der Theologie im Sinne eines gläubigen Reflektierens über Gott und die Welt wird ein spiritueller Weg, der methodisch ausgebaut und eingeübt werden kann. Hier sehe ich den eigentlichen Ursprung christlicher Kontemplation im Sinne eines spirituellen Weges, eines Versenkungsweges.

2.1.5 Kataphatisch und apophatisch

Im Konzept des Dionysius spielt die negative oder apophatische Theologie eine zentrale Rolle. Wir haben sie bei Plotin begründet gesehen. Während die kataphatische («bejahende») oder positive Theologie nach Dionysius dem allgemeinen Glauben entspricht und sagt, Gott sei erkennbar, er sei gut usw., ist sie für Dionysius «nur» der Ausgangspunkt, von dem aus er zur Ekstasis weiterführen will. Seine negative (apophatische) Theologie ist also ein wichtiger Schritt auf dem Weg zur henosis, zur Einung.

Eine grundlegende Frage nicht nur christlicher, sondern jeder Mystik ist die Frage nach einer angemessenen Sprache für mystische Erfahrungen. Spätestens seit Dionysius wird das Wort Mystik verwendet für unaussprechliche Erfahrungen der göttlichen Wirklichkeit, zumeist im Zusammenhang mit dem Motiv der Wolke. Er stellt sich dabei in eine lange Tradition einer Mose-Exegese, die das «mystische Dunkel der

---

[12] Loyola, Ignatius von: *Briefe und Unterweisungen*. Würzburg 1993, S. 1854.
[13] Chardin, Teilhard de: *Der göttliche Bereich*. Olten et al. 1962, S. 155.

Wolke des Nichtwissens» herausgearbeitet hat.[14] Die viel spätere englische Schrift «Wolke des Nichtwissens» aus dem 14. Jh. greift dieses Motiv auf und beschreibt mit diesem Bild sehr detailliert den Weg der Kontemplation als Weg zu einer «bildlosen Schau Gottes», also einer apophatischen Erfahrung.[15]

Das Konzept der negativen / apophatischen Theologie ist also ein ganz wesentlicher Aspekt der Kontemplation und man kann Kontemplation auch als eine «Praxis negativer Theologie» beschreiben. Schon lange vor Dionysius Areaopagites finden wir wunderbare Texte einer negativen, sprachkritischen Theologie. In einem Hymnus des Gregor von Nazianz (329–389) heisst es etwa:

> Mit welchem Namen soll ich Dich anrufen, der Du über allen Namen bist?
> Du, der Über-Alles, welchen Namen soll ich Dir geben?
> Welcher Hymnus kann Dein Lob singen, welches Wort von Dir sprechen?
> Kein Geist kann in Dein Geheimnis eindringen, kein Verstand Dich verstehen.
> Von Dir geht alles Sprechen aus, aber Du bist über alle Sprache. Von Dir stammt alles Denken, aber Du bist über alle Gedanken … Du bist beides – alles und nichts, nicht ein Teil, auch nicht das Ganze. Alle Namen werden Dir gegeben und doch kann keiner Dich fassen.[16]

Und bei Johannes von Damaskus (ca. 645–750) lesen wir:

> Es ist unmöglich von Gott zu sagen, was er dem Wesen nach ist. Viel leichter ist es (darüber) zu reden durch Leugnung aller Eigenschaften. Er ist nämlich keins von den Seienden. Nicht als ob er nicht wäre, sondern er ist über alle seienden Dinge und über das Sein selbst.[17]

2.1.6 Protestantische Skepsis gegenüber der Mystik

Für den Einfluss Platons und des Neuplatonismus auf die christliche Mystik insgesamt gilt das Wort von André-Jean Festugière: «Wenn die Väter ihre Mystik denken, dann platonisieren sie.»[18] Diese Einsicht bzw. Tatsache ist der wohl entscheidende Grund, warum manche protestantische Theologen ein sehr kritisches Verhältnis zur Mystik hatten und

---

[14] Vgl. Art. «Mystik». In: Schütz, Christian (Hrsg.): Praktisches Lexikon der Spiritualität, Freiburg et al. 1988, S. 905.
[15] Vgl. Massa, Willi (Hrsg.): Kontemplative Meditation. Die Wolke des Nichtwissens. Geleitwort von P. Dr. Enomiya-Lassalle, Mainz 1974.
[16] Jäger o.J.: S. 54.
[17] De fide orthodoxa I,4 PG 94, 800B.
[18] Vgl. McGinn 1994: S. 48; Festugière, André-Jean, Contemplation et vie contemplative selon Platon. 5. Aufl., Paris 1936.

vielleicht auch heute noch haben. In der Tradition von Albrecht Ritschel (1822–1889), Adolf von Harnack (1851–1930), Karl Barth (1886–1968) und Emil Brunner (1889–1966) wird die Mystik als eine Verfremdung des christlichen Glaubens durch eine hellenistische Religiosität verstanden.[19]

2.2 Religiöse und biblische Wurzeln der Kontemplation

Natürlich hat die Kontemplation auch religiöse Wurzeln in der jüdischen Tradition, im Alten/Ersten Testament, im Neuen/Zweiten Testament und in der frühchristlichen Tradition.

2.2.1 Erstes Testament und Spätjudentum

Die Ausgangsfrage der Mystik «Wie und wo kann der Mensch Gott begegnen?» durchzieht das gesamte Erste Testament und findet vielerlei Antworten: Von den Patriarchen, die Gott direkt begegnen (z.B. im Dornbusch, im Jakobskampf oder im Besuch der drei geheimnisvollen Gestalten bei Sarah und Abraham), über den Tempel in Jerusalem als Wohnung Gottes bis hin zu den nachexilischen prophetischen Vorstellungen, dass Gott auch ausserhalb des Tempels zugänglich ist usw. Im 4. Jh. v. Chr. aber lässt sich eine Krise feststellen. Gott scheint nicht mehr länger über die traditionellen Möglichkeiten zugänglich zu sein und es müssen neue Wege gesucht werden. In der ältesten uns bekannten Apokalypse, dem so genannten «Wächterbuch» aus dem 3. Jh. v. Chr. (in den Qumranrollen) steigt Henoch, der nach Gen. 5,24 «seinen Weg mit Gott gegangen war» und dann entschwand, zum Himmel auf und erlebt eine Theophanie. Es ist der erste Bericht einer Himmelfahrt in der jüdischen Literatur.[20] Für das jüdische Denken bedeutet das einen Kategorienwechsel. Der Mensch findet Zugang zu Gottes Gegenwart («shekhinah») nicht mehr nur in Jerusalem bzw. im Tempel, sondern es gibt die Möglichkeit des Aufstieges in den Himmel. Die «Himmelfahrt des Elia» (2. Kön. 2,2–15) ist eine Ausnahme, die diese Vorstellung schon vorwegnimmt.

Die schon erwähnte Krise im 4. Jh. v. Chr. ist im gesamten hellenistischen Raum festzustellen und dementsprechend findet sich eine Fülle von griechischen, römischen und nahöstlichen Schriften, die vom Aufstieg in die himmlische Welt handeln. Manche Forscher sehen in der Himmelsreise der Seele und der damit verbundenen Verheissung von Unsterblichkeit sogar die vorherrschende mythische Bewusstseinslage der Spätantike. Wir können festhalten, dass sich Platons «Befreiungs-

---

[19] Vgl. McGinn 1994: S. 385ff.
[20] Vgl. ebd.: S. 34f.

philosophie» sehr gut mit diesen Aufstiegsvisionen verbinden lässt, geht es doch in beiden Konzepten um ein Heraustreten (Ekstase) aus der alltäglichen Erfahrung hin zu einer direkten Begegnung und Schau mit dem Höchsten, dem Göttlichen.

2.2.2 Zweites Testament und frühes Christentum

Im Zweiten Testament und der frühchristlichen Theologie wird Jesus Christus als die Gegenwart Gottes unter den Menschen begriffen und so stellt sich die Grundfrage der Mystik «Wie und wo kann ich Gott begegnen?» neu: «Wie ist eine Begegnung/Beziehung mit Christus möglich?» Wir finden auf diese Frage drei Antworten:
Christus ist gegenwärtig in der Gemeinschaft der Gläubigen («Leib Christi», Kirche), Christus ist gegenwärtig in der Heiligen Schrift und Christus ist gegenwärtig in den Sakramenten (besonders in Taufe und Abendmahl). Wir finden darüber hinaus aber einige Schlüsseltexte, auf die in der späteren Mystik immer wieder Bezug genommen wird. Sie werden sehr früh schon – etwa ab dem 2. Jh. – neuplatonisch gedeutet. Einige Beispiele seien hier genannt:
Mt. 5,8: «Selig, die ein reines Herz haben, denn sie werden Gott schauen.» Das «reine Herz» und das «Schauen» lässt sich sehr gut mit dem (neu)platonischen Schema «Reinigung – Erleuchtung – Schau» in Verbindung bringen.
2. Kor. 12,1–4: Paulus berichtet von (s)einer Entrückung in den dritten Himmel «ob im Leibe oder ausser dem Leibe weiss ich nicht» und hört «unaussprechliche Worte, die ein Mensch nicht sagen darf». Da taucht das Motiv der Himmelsreise wieder auf und es klingt wie ein Hinweis auf eine negative, apophatische Theologie.
Gal. 2,20: «Nicht mehr ich lebe, sondern Christus lebt in mir.» Hier wird die traditionelle Vorstellung von einem Gott, der uns gegenüber bzw. über uns ist, überwunden bzw. ergänzt durch einen «Gott in mir», der mein Wesen vollständig durchdringt. Auch das ist ein wesentlicher Aspekt der Mystik. (Ein Zen-Meister hat zu diesem Pauluswort einmal die Frage gestellt: «Wer spricht hier …?»).
1. Kor. 6,16f: «Wer sich an eine Dirne bindet, ist ein Leib mit ihr … Wer sich dagegen an den Herrn bindet, ist ein Geist mit ihm.» Das kann im Sinne einer mystischen Theologie als Beschreibung der henosis / Einung oder der «unio mystica» verstanden werden.

2.3 Asketische Wurzeln

Askese heisst Übung. Es geht also um Lebensformen, die durch meist strenge Übungen den Weg zum Heil weisen sollen. Praktiken wie sexuelle Enthaltsamkeit, Fasten, materielle Armut usw. wurden schon in verschiedenen griechischen Philosophenschulen geübt (vgl. oben). Dem frühen Judentum war Askese eher fremd, aber mit den Essenern finden wir ab dem 2. Jh. v. Chr. auch im Judentum eine asketische Bewegung, die offenbar auch auf die Jesusbewegung eingewirkt hat. Die drei «evangelischen Räte» – materielle Armut, Ehelosigkeit / sexuelle Enthaltsamkeit, Gehorsam – wurden zur Grundlage der ersten christlichen Klostergemeinschaften. Von Anfang an stand die asketische Bewegung im Christentum unter dem Einfluss der Gnostik. Mit ihrem dualistischen und leibfeindlichen Weltbild war die Gnostik dem biblischen Menschenbild eigentlich direkt entgegengesetzt, hat aber dennoch starken Einfluss auf das frühe Mönchtum ausgeübt und mitunter zu sehr leibfeindlichen Praktiken geführt. Im Gegensatz zur Gnostik, der es letztlich um die Befreiung der Seele aus dem Gefängnis des Körpers ging, zielte die asketische Praxis der Wüstenväter und -mütter aber auf eine innere Transformation, die zur «Reinheit des Herzens» führt (vgl. oben bzw. Mt. 5,8). Die «Reinheit des Herzens» («puritas cordis») entspricht dem stoischen Ideal der «apatheia», der Überwindung der Leidenschaften.[21]

2.3.1 Wüstenväter und Wüstenmütter

Ab 250 n. Chr. etwa haben sich zahlreiche Männer und etliche Frauen in die Einsamkeit der Wüsten Ägyptens und des Sinai zurückgezogen, um ganz allein oder in kleinen Gemeinschaften als «Anachoreten» (von «weggehen, sich zurückziehen») ein geistliches Leben zu führen. Antonios der Grosse (ca. 250–350) war die herausragende Gestalt und galt als besonders geisterfüllt (pneumatikos). Und wenig später schon entstanden nach der Regel des Pachomius (ca. 290–347) riesige Klöster, ja ganze Mönchsstädte. Aus diesen Ursprüngen haben sich dann weitere klösterliche Gemeinschaften gebildet, die in der Westkirche nach der Regel des Johannes Cassian (ca. 360–435) und dann des Hl. Benedikt (ca. 480–560) gelebt haben, in der Ostkirche nach der Regel des Basilius von Cäsarea (ca. 330–379). Diese frühen Klostergemeinschaften und späteren Mönchs- und Nonnenorden wurden die Hauptträger der kontemplativen Bewegung.

2.3.2 Hesychia und Ruminatio

Die frühen Anachoreten waren keine Philosophen oder Theologen, sondern ihr Anliegen war es, einen spirituellen Weg zu gehen bzw. zu entwickeln, der zur henosis / unio, zur Vereinigung mit Gott führt. Ihr Ideal bestand in der hesychia, meistens mit «Herzensruhe» übersetzt. Die spätere hesychastische Bewegung der Ostkirche hat hier ihren Ursprung.

---

[21] Vgl. Art. «*Apatheia*» in: Schütz 1988, S. 49f.

Die Anachoreten haben einen praktischen Weg entwickelt, der den philosophischen und theologischen Konzepten der Neuplatoniker bzw. ihrer christlichen Erben entsprach. Neben der Übung der Enthaltsamkeit standen Praktiken des Gebetes und Meditierens im Zentrum ihres spirituellen Lebens. Besonders das wiederholende Gebet, die ruminatio, wurde zu einer zentralen Übung. Mehrfach wird diese Praxis mit dem Wiederkauen des Kamels in Beziehung gesetzt. Die Heilige Schrift, ein Psalmwort oder schliesslich einfach der Name Jesu bzw. das «Herr erbarme dich» wurden stundenlang laut oder innerlich wiederholt. Das Sitzen und Schweigen spielte bei dieser Art mantrischer Meditation eine wesentliche Rolle wie Franz Dodel eindrücklich gezeigt hat,[22] insbesondere, dass das Sitzen in der Stille des Kellions (Zelle) eine zentrale Bedeutung hatte: «Gehe in deine Zelle und setze dich nieder und die Zelle wird dich alles lehren»[23] lautet die Anweisung des Altvaters Moses. Die berühmten Apophtegmata Patrum, die «Weisungen der Väter» geben ein reiches Zeugnis dieser asketischen Spiritualität. Zu ergänzen sind die Mütter, von denen drei ausdrücklich und völlig gleichberechtigt in den Apophtegmata Patrum genannt sind: Theodora, Sarrha und Synkelektika.

3. Kontemplation als Übungsweg

Das platonische Grundmodell eines Dreischrittes zur Befreiung findet sich wie schon erwähnt immer wieder in der späteren Geschichte der Mystik. Für die scholastische Theologie des Mittelalters wurde die Frage wichtig, in welchem Verhältnis Meditation und Kontemplation zum reflektierenden Denken stehen.

3.1 Das «3. Auge» der Kontemplation

Im 12. Jh. haben Hugo und Richard von St. Victor ein Schema entwickelt, das sinnliches Wahrnehmen, systematisches Denken und kontemplative Erfahrung zusammenbringt. Ihre Lehre der «Drei Augen der Erkenntnis»[24] unterscheidet:
- Das sinnliche Auge, das die raum-zeitliche, materielle Welt wahrnimmt;
- Das Auge des Verstandes, das sinnlich Wahrgenommenes reflektiert und so die Welt rational begreift;

---

[22] Vgl. Dodel, Franz: *Weisung aus der Stille. Sitzen und Schweigen mit den Wüstenvätern*. Zürich et al. 1999.
[23] Apophtegmata 500.
[24] Vgl. Wolz-Gottwald, Eckard: *Yoga-Philosophie-Atlas*. Petersberg o.J., S. 192–195.

- Das Auge der Kontemplation («3. Auge»), das noch einmal eine ganz andere Art der Erkenntnis ermöglicht, nämlich die «Schau Gottes» jenseits aller theologischen Begriffe und Konzepte – ganz im Sinne der apophatischen Theologie.

Die grosse Bedeutung dieses Konzeptes liegt darin, dass es eine Verbindung von äusserer und innerer Welt herstellt, sodass eine mögliche «Weltflucht nach innen» damit keinen Platz hat.

Dieses Schema zeigt sich auch in der wohl am meisten verbreiteten Gebets- und Meditationsweise des Mittelalters, der lectio divina. Im geistlichen Leben der Ordensgemeinschaften nahm sie den zentralen Platz ein:

Der erste Schritt ist die lectio / Lesung zumeist biblischer Texte, später auch von Heiligenviten oder Väterliteratur und entspricht dem äusseren Wahrnehmen. Der zweite Schritt ist die ruminatio oder meditatio (die praktisch gleichgesetzt werden), also das innere Wiederholen und Wiederkauen des Textes, um ihn ganz auszukosten und ihn sich einzuverleiben wie eine gute Nahrung. Das Wort Gottes sollte nicht (nur) in den Kopf rutschen, sondern ins Herz. Das entspricht dem Auge des Verstandes. Der dritte Schritt und das Ziel der meditatio / ruminatio nun ist die contemplatio, in der es um den unmittelbaren Kontakt mit Gott geht.[25] Das entspricht dem Auge der Kontemplation.

Dieses Schema gibt es in verschiedenen Varianten, u.a. so, dass etwa bei Teresa von Avila die Abfolge lectio – meditatio – oratio – contemplatio lautet. Das Schema kann aber auch auf bis zu 7 Schritte ausgeweitet werden.

3.2 oratio – meditatio – contemplatio

Bleiben wir bei dem einfachen Schema oratio – meditatio – contemplatio, das bis heute – zumindest im katholischen Bereich – beibehalten wurde (z.B. im Katechismus der Kath. Kirche, 1992, 4. Teil). Ich möchte dieses Schema noch einmal als einen Weg zeigen, der vom Beten mit Worten zum Gebet des Schweigens führt. Damit wird deutlich, dass die Kontemplation fest in der kirchlichen Tradition verankert ist und im Zusammenhang mit anderen Formen des Gebetes gesehen werden muss. Dieses alte christliche Schema gliedert den Gebetsweg in drei aufbauende Stufen, die fliessend ineinander übergehen:

Oratio meint das Beten mit Worten – laut oder innerlich gesprochen, alleine oder mit anderen zusammen, in einer vorgegebenen Form oder frei formuliert.

---

[25] Vgl. McGinn, Bernard: *Die Mystik im Abendland. Band 2: Entfaltung.* Aus dem Englischen von Clemens Maass, Freiburg et al. 1996, S. 219.

Meditatio ist der zentrale Begriff zwischen oratio und contemplatio. Der christliche Begriff meditatio meint eine Praxis, die vom Gebet mit Worten herkommt und in das Beten ohne Worte hineinführt, indem sie bei Wenigem verweilt, es wiederholt und betrachtet. Das kann ein Bibelwort sein, ein Bild oder auch die Natur als Schöpfung.
Contemplatio ist das Beten ohne Worte, auch Schweigegebet genannt oder Gebet der Ruhe. Da heute das Wort Meditation für sehr unterschiedliche Praktiken in verschiedenen Religionen verwendet wird, ist es sinnvoll zwischen «gegenständlicher Meditation», die der «meditatio» entspricht und einer «gegenstandslosen Meditation» zu unterscheiden, die die «contemplatio» meint.

3.3 Das Sitzen in der Stille – eine Haltung und Übung des Los-Lassens

Schon für die Anachoreten war das Sitzen in der Stille ihrer Zelle eine zentrale Übung, auch wenn wir nicht genau wissen, wie sie gesessen sind, weil es nur spärliche Hinweise gibt.[26] Die Meditations- bzw. Kontemplationsbewegung in der 2. Hälfte des 20. Jh. hat durch ihre Pioniere wie Hugo Enomiya Lassalle (1898–1990), Graf Dürckheim (1896–1988), Willigis Jäger und andere von der Praxis des Zazen gelernt und sie als optimalen äusseren Rahmen mit der inneren Übung der Kontemplation verbunden. Die aufrechte und zugleich entspannte körperliche Haltung lässt den Leib zur Ruhe kommen und ist eine Haltung des Los-Lassens. Das ruhige Fliessen des Atems lässt mich ankommen bei mir, im Hier und Jetzt, und führt mich weiter zur Wahrnehmung nach innen. Und worin die Übung dieser inneren Einkehr besteht, das haben wir zu Beginn dieses Beitrages schon von Johannes Tauler gehört: «Der Mensch lasse die Bilder der Dinge ganz und gar fahren und mache und halte seinen Tempel leer ...»[27] Was geschieht nun aber genau in dieser Übung? Was hält den Tempel unseres Herzens besetzt? Hören wir wieder Johannes Tauler:

> *Wenn der Mensch in der Übung der inneren Einkehr steht, hat das menschliche Ich für sich selbst nichts. Das Ich hätte gerne etwas und es wüsste gerne etwas und es wollte gerne etwas. Bis dieses dreifache etwas in ihm stirbt, kommt es den Menschen gar sauer an. Das geht nicht an einem Tag und auch nicht in kurzer Zeit. Man muss dabei aushalten, dann wird es zuletzt leicht und lustvoll.*[28]

---

[26] Vgl. Dodel 1999.
[27] Vgl. Anm. 1.
[28] In: Jäger o.J.: S. 46.

Es geht also um das dreifache «Sterben» des Haben-Wollens, des Wissen-Wollens, und des Wollens überhaupt. Damit sind die wesentlichen Funktionen unseres Alltags-Ich angesprochen. Tauler und mit ihm viel grosse Mystiker – nicht nur im Christentum – gehen davon aus, dass dieses Alltags-Ich nicht den innersten Kern unseres Wesens ausmacht, sondern dass wir jenseits von Haben, Wissen und Wollen unser eigentliches Wesen finden können im Herzensgrund. Und dort ist auch die innerste Begegnung mit Gott möglich (vgl. oben Augustinus). Der Weg der Kontemplation will uns dorthin führen. Auf ihm können wir drei Aspekte unterscheiden, die auf Dionysius Areopagites zurückgehen:

3.4 Via Purgativa – via illuminativa – via unitiva:
Reinigung – Erleuchtung / Durchlichtung – Einung

Der Weg beginnt mit der «Reinigung» (katharsis, purgatio / purgatorium). Das ist nichts anderes als das Los-Lassen von all dem, was uns besetzt hält. Es führt weiter zur «Erleuchtung» (illuminatio / photismos) oder «Durchlichtung» und soll bereit machen für die «Einung» (henosis etc.), die immer Geschenk bleibt und daher auch als «eingegossene Gnade der Kontemplation» bezeichnet wird. In der schon genannten «Wolke des Nichtwissens», einer englischen mystischen Schrift aus dem 14. Jh., wird dies so beschrieben: Der Meditierende soll allen Ballast unter die «Wolke des Vergessens» bringen, Wahrnehmungen, Gedanken, Probleme etc., also alles, was unseren Geist unruhig bleiben lässt. Das Herz mit seinem reinen Sehnen und seiner liebenden Hingabe lässt den Meditierenden in die «Wolke des Nichtwissens» eintreten. Die Kontemplation besteht also in einem Zweifachen: «dem Ablösen und Abtun alles Peripheren und dem Hinstreben zur letzten Wirklichkeit aus der Mitte der Person, aus ganzem Herzen.»[29]

Erleichtert wird diese Übung dadurch, dass dieses Sehnen des Herzens in ein Wort oder einen kurzen Satz eingeschlossen und wie ein Mantra innerlich wiederholt und gebetet wird in Verbindung mit dem Atemfluss. Das ist die ruminatio, die wir schon bei den Wüstenvätern gefunden haben. Die klassische Form ist in der Ostkirche bis heute das Jesus- oder Herzensgebet, das heute aber auch von vielen Menschen im Westen praktiziert wird.

3.5 Das Herzensgebet als kontemplativer Weg: Hesychasmus

Ich habe weiter oben schon auf den Ursprung dieser Tradition bei den Wüstenvätern und -müttern verwiesen und möchte hier nur mehr ganz kurz darauf eingehen. Aus diesen Wurzeln entstand in der Ostkirche

---

[29] Art. «Mystik» in: Schütz 1988: S. 11.

die Bewegung des Hesychasmus, der vom 12.–16. Jh. insbesondere auf dem Berg Athos entwickelt wurde. Der Hesychasmus weist einen Weg zur Ruhe des Herzens (hesychia).

Im Zentrum dieser spirituellen Tradition steht das «Jesus-Gebet» – in der Ostkirche als «Herzensgebet» bezeichnet. In der klassischen Form lautet es: «Herr Jesus Christus, (Sohn Gottes), erbarme dich meiner (unser)» (griechisch: Kyrie eleison). Dieses mantrische Gebet wird ganz im Sinne der ruminatio innerlich in Verbindung mit dem Atemfluss ständig wiederholt. In den «Aufrichtigen Erzählungen eines russischen Pilgers»[30] gibt es genaue Anweisungen, wie diese Übung systematisch auszubauen ist, so dass es schliesslich dazu kommt, dass «es in mir betet» als Erfüllung der Aufforderung des Paulus: «Betet ohne Unterlass» (1. Thess. 5,17). Man kann das Jesusgebet auch als Kurzform der lectio divina verstehen, weil es im Hintergrund immer schon das Lesen der Bibel, besonders des Ersten Testamentes, voraussetzt und seine Botschaft umsetzt in die Anrufung des Namens Jesus (Christus). Es steht damit an der Schwelle von der meditatio / ruminatio hin zur contemplatio, weil das innere Sprechen in der Übung des Herzensgebetes letztlich zurücktritt in der hesychia, dem Verweilen in der Herzensruhe.

Zur Praxis des Herzensgebetes gibt es interessante Parallelen auch in den anderen grossen Religionen: in Indien das nama japa, im Amida-Buddhismus die Anrufung Buddhas und im Islam der Dhikr.

3.6. Einflüsse aus dem fernen Osten?

Im Vergleich von westlicher Mystik und kontemplativer Praxis auf der einen Seite und indischer oder von Indien ausgehender Mystik und spiritueller Praktiken auf der anderen Seite (verschiedene Praktiken des Yoga, Versenkungswege und auch manche Praktiken des Buddhismus) zeigen sich überraschende Übereinstimmungen und Parallelen, die die Frage aufwerfen, ob hier in der einen oder anderen Richtung oder auch wechselseitig eine Beeinflussung stattgefunden hat. Der Feldzug Alexander des Grossen im 4. Jh. v. Chr. bis an die Grenzen Indiens hat einen reichen Waren- und Kulturaustausch angebahnt, der vielfältige wechselseitige Beeinflussungen hervorgebracht hat. Durch die Entdeckung der Monsunpassage von Ägypten nach Indien im 2. Jh. v. Chr. wurde dieser Kulturaustausch noch wesentlich verstärkt.[31] Karl Baier hat detailliert herausgearbeitet, dass in der Praxis des He-

---

[30] Jungclaussen, Emmanuel (Hrsg. und Einleitung): *Aufrichtige Erzählungen eines russischen Pilgers*. 16. Aufl., Freiburg 1987.
[31] Wolz-Gottwald o.J.: S. 173.

sychasmus im 14. Jh. Gebetsanleitungen auftauchen, die mit grosser Wahrscheinlichkeit aus dem Yoga stammen.[32]

Vermittelt wurden solche Praktiken aus Indien höchstwahrscheinlich von Sufis, die von Indien bis zur Sinai-Region und später im gesamten osmanischen Reich unterwegs waren. Die Sinai-Region lag am Rande des byzantinischen Reiches und war von da her wohl besonders offen für neue Einflüsse, die in die eigene spirituelle Praxis integriert werden konnten. Jedenfalls waren es sinaitische Mönche, die im 14. Jh. eine neue Gebetspraxis auf den Berg Athos brachten. «Die Ähnlichkeit zwischen den neuen Elementen des hesychastischen Gebets und dem Yoga beruht vor allem auf der Art und Weise wie der Leib durch Haltung, Atmung und ein Hinlenken der Aufmerksamkeit auf bestimmte Leibbereiche in den Vollzug des Betens einbezogen wird.»[33]

In der ältesten überlieferten Quelle des Hesychasmus auf dem Berg Athos, dem «Methodos»,[34] der auf Johannes Klimakos (7. Jh.) und seine Schüler zurückgeht, sind diese Methoden beschrieben. Darin werden Übungen wie Verzögern und Anhalten des Atems, Sammlung in der Nabelgegend und das Entdecken des Herzens als Ort mittels der Atmung etc. beschrieben, wie sie aus Praktiken des Hatha-Yoga bekannt sind. Diese Übungen dienen im Hesychasmus der Sammlung im Herzen und werden mit dem Jesusgebet / Herzensgebet verbunden. Auch das hat seine Entsprechung in bestimmten Visualisierungsübungen der Gottheit im Yoga und im «nama japa», dem Anrufen des Gottesnamens im Hinduismus, aber auch im islamischen Dhikr, besonders bei den Sufis.

Als äusseres Zeichen der Verbundenheit verschiedener religiöser Traditionen durch ähnliche Praktiken kann der Rosenkranz bzw. die Gebetsschnur gelten. Indische Gläubige verwenden ihre Mala zum nama japa, Muslime ihre Gebetschnur zum Dhikr, ostchristliche Mönche zum Herzensgebet und katholische Christen beten den Rosenkranz.

3.7 Kontemplation und Alltag

Im (katholischen) «Praktischen Lexikon der Spiritualität»[35] findet man unter dem Stichwort Kontemplation erstaunlicherweise gar keinen eigenen Eintrag, sondern den Hinweis auf das Begriffspaar Aktion / Kontemplation. Das zeigt einerseits ein Defizit, dass auch im Bereich

---

[32] Baier, Karl: *Yoga auf dem Weg nach Westen. Beiträge zur Rezeptionsgeschichte.* Würzburg 1998, S. 32–72.
[33] Ebd.: S. 35.
[34] Vgl. ebd.: S. 36.
[35] Schütz 1988: S. 9.

einer praktischen Theologie die Kontemplation immer noch nur am Rande wahrgenommen wird und wenn, dann im Zusammenhang mit Aktion. Andererseits verweist aber die Verbindung von Aktion und Kontemplation[36] auf einen ganz wesentlichen Aspekt der Kontemplation. Sie darf nicht gelöst werden von unserem ganz normalen alltäglichen Leben. Ein spiritueller Weg, also auch derjenige der Kontemplation, muss mitten in den Alltag hinein führen, wie immer dieser Alltag auch aussehen mag. Hier muss sich der Übungsweg der Kontemplation bewähren. Umgekehrt gilt, dass jeder spirituelle Weg, der nicht im alltäglichen Leben wirksam wird und von diesem abgehoben ist, fragwürdig erscheint. Das schliesst natürlich ein, dass sich der Alltag auch ändern kann und soll, soweit er gestaltbar ist. Jedenfalls geht es nicht um eine Flucht aus dem alltäglichen Leben, sondern um die Durchdringung dieses ganz gewöhnlichen Lebens durch eine gesammelte Achtsamkeit, die eine Frucht der Kontemplation ist.

Das benediktinische Ideal «ora et labora» wird mitunter missverstanden als Tagesablauf von Gebetszeiten und Arbeitszeiten wie es der Tagesplan der Benediktiner und Benediktinerinnen eben vorsieht. Das «et» zwischen ora und labora entspricht nur dann dem Geist der benediktinischen Regel, wenn es nicht rein additiv, sondern verbindend im Sinne einer Gleichzeitigkeit verstanden wird. Der äussere Tagesablauf gliedert zwar den Tag, aber es geht darum, das Beten zu einer Haltung zu machen, die den gesamten Alltag durchdringt. Sehr deutlich wird diese Haltung an Benedikt selber, dessen Biograf Gregor der Grosse (um 540–604) schreibt, Benedikt habe «in sich selber geruht» («habitare secum»).

Genau darum geht es: ganz bei sich selber sein – zentriert und achtsam – um aus dieser Gesammeltheit heraus den Alltag zu gestalten. Das Motto «Aktion und Kontemplation» muss daher verstanden werden als «actio in contemplatione».

Hören wir zum Schluss, was Meister Eckhart dazu sagt:

Dass der Mensch ein ruhiges Leben in Gott hat, das ist gut.
Dass ein Mensch ein mühevolles Leben mit Geduld erträgt, das ist besser.
Dass man aber Ruhe hat im mühevollen Leben, das ist das Beste.
Abgeschiedene Lauterkeit kann nicht beten,
denn wer betet, begehrt etwas von Gott, das ihm zuteil werden solle,

---

[36] Vgl. Schalück, Hermann 1988: *Aktion / Kontemplation*. In: Ebd., S 14–19. Vgl. dazu auch: Panikkar, Raimon: *Kontemplation – Herausforderung an das moderne Leben*. In: Kontemplation und Mystik, 5. Jg. 2004, Nr. 1, S. 14–34.

oder aber begehrt, dass Gott ihm etwas abnehme.
Nun begehrt das abgeschiedene Herz gar nichts,
es hat auch gar nichts, dessen es gerne ledig wäre.
Deshalb steht es ledig allen Gebetes und sein Gebet ist nichts anderes,
als einförmig zu sein mit Gott.
Das macht sein ganzes Gebet aus.[37]

---

[37] In: Jäger o.J.: S. 28.

Weg ohne Weg – zur Aktualität von Meister Eckharts spirituellem Weg
Jürg Welter

1. Vorbemerkung

Seit Jahren beschäftige ich mich mit dem Werk Meister Eckharts. Ich habe ihn in einer gewissen Naivität als anregenden und aufregenden theologischen Denker und faszinierenden Prediger gelesen. In der Zwischenzeit ist «Spiritualität» ein Modewort geworden und ich werde oft nach Eckharts «spirituellem Weg» gefragt.

Ein alter Meister jedoch unterliegt nicht den Moden. Sie verleihen seinem Werk vielleicht ein bisschen mehr Beachtung, aber dies hat er von dieser Seite nicht nötig. Im Gegenteil, was im Schwange ist, bildet immer auch so etwas wie eine Verdunkelung. Dessen ungeachtet versuche ich im Folgenden, die Frage nach der Aktualität von Meister Eckharts «spirituellem Weg» kritisch zu beleuchten.

Eine Vorfrage gilt zunächst dem Begriff «Aktualität». Laut Duden bedeutet «aktuell»: «zeitgemäss» mit der Klammerbemerkung «vorübergehend» und «Aktualität» meint: augenblickliche «Wirksamkeit». Diese Bedeutung lässt darauf schliessen: Etwas ist aktuell, wenn es (wieder) dem Zeitgeist entspricht. Dies ist die fragwürdige Seite von Eckharts Aktualität. Dass Eckharts Denken dem Zeitgeist entspräche, möchte ich nicht behaupten und nicht hoffen. Eckharts Spiritualität ist heute nur *ein* Weg im Dschungel der Spiritualitäten. Allerdings gehört er heute zu den meist zitierten spirituellen Meistern des christlichen Mittelalters. Sein Werk wird allerdings als Steinbruch benutzt. Einzelne Sätze werden aus dem Zusammenhang gerissen und die sprachliche, philosophische und kulturelle Distanz wird vernachlässigt. Wenn für einen Kurs zum Thema «Spiritualität des Weines» mit einem Zitat Eckharts geworben wird, macht mich das misstrauisch.

Eine eingehende Auseinandersetzung mit den Gedanken Eckharts lässt erkennen, dass sein Werk gerade dem Zeitgeist gegenüber so viel kritisches Potential enthält, dass es sowohl Orientierung als auch eine Wertung und Einordnung gegenwärtiger Angebote ermöglicht. Seine Gedanken vermitteln eine gewisse kritische Distanz und bieten zugleich eine Alternative. Dieser Umstand begründet für mich die eigentliche Aktualität von Meister Eckharts spirituellem Weg.

Vier Motive möglicher Aktualität möchte ich hervorheben.
1. Meister Eckharts Weg ist kein Weg sondern «ein Weg ohne Weg», «eine Weise ohne Weise», wie er selber immer wieder betont. Auch kennt er keine eigentliche Stufenlehre. Damit relativiert und befragt

sein Ansatz unser Bedürfnis nach «spirituellen Wegen» und unsere menschlichen Weg-Konstruktionen.

2. Seine Gedankenführung ist streng. Er fordert ein differenziertes Denken und eine gewisse intellektuelle Anstrengung, die heute im Bereich der Spiritualität nicht schaden kann. Erfahrung und Vernunft, Leben und Denken gehören zusammen.

3. Er beschreibt Selbstfindung als eine Selbstrelativierung und leistet so einen Beitrag zur gegenwärtigen Diskussion über Individualität und Ich-Kult.

4. Die Nähe seiner Gedanken zu östlichen Spiritualitäten macht ihn seit Jahrzehnten zu einem wichtigen Gesprächspartner im interreligiösen Dialog.

2. Eckharts Position

Die zeitgenössische Frage nach einem angemessenen spirituellen Weg ist eine alte Frage. Eckhart selber lebte in einem Umfeld reicher spiritueller Praktiken. Eine Vielzahl spiritueller Wege wurden begangen und standen auch in gewisser Konkurrenz zueinander.

Die christliche Spiritualität des Mittelalters war geprägt von der Tradition der drei Wege. Wir finden diese Konzeption eines geistlichen Stufenweges schon bei Dionysius (5./6.Jh.) oder noch früher bei Origenes (185–254 n. Chr.). Dionysius unterscheidet: via purgativa (= Reinigung), via illuminativa (= Erleuchtung), via unitiva (= Einigung). Origenes spricht von incipientes (= Anfangende) proficientes (= Fortschreitende), perfecti (= Vollkommene).

In diesen Konzepten werden verschiedene Grade der Einweihung, der Begnadung und des Fortschritts unterschieden.

Eckhart dagegen relativiert die Metaphorik (Bildwort) des Weges. Mehr noch: Wenn wir nach Eckharts Weg gefragt werden, muss die verwirrende und bedenkenswerte Antwort lauten: Da ist ein Weg ohne Weg – eine spirituelle «wîse ane wîse».

Es gibt für Eckhart keine allgemeinverbindliche Weise. Schärfer noch: Er postuliert die Weiselosigkeit der Einigung mit Gott. Diese Weiselosigkeit ist geprägt und bestimmt durch das Kernwort «lâzen» (daraus leiten sich die Gelassenheit und die Abgeschiedenheit ab).

Diese Verweigerung einer Wegbeschreibung hat immer wieder zur Diskussion darüber geführt, ob Meister Eckhart überhaupt so etwas wie «mystische Erfahrungen» gemacht, oder ob er sich nicht doch viel eher auf der Ebene denkerischer Spekulationen bewegt habe. Im kleinen, handlichen «Wörterbuch der Mystik» heisst es kurz und bündig:

> *E. war kein praktischer Mystiker (nichts spricht dafür, und seine abfälligen Äusserungen über die myst. Erfahrung sprechen dagegen), kein Mystologe (er reflektiert nirgends über diese Erfahrung), kein Mystagoge im Sinne einer praktischen Hinführung zu mystischer Erfahrung. Am ehesten trifft auf ihn die Bezeichnung myst. Theologe oder spekulativer Mystiker zu. Er bietet nämlich theol. Denkkonstrukte an, die zum Bereich der myst. Thematik gehören und als Impulse für die Innerlichkeit spirituell Fortgeschrittener dienen können.[1]*

Meines Erachtens verkennt dieses Urteil den «spirituellen Weg» Eckharts und ist einem Denken verhaftet, das der Meister gerade zu überwinden und zu überbieten suchte.

In Eckharts berühmter und ergreifender Predigt zu Lk. 10,38–40 (Jesus bei Maria und Martha) heisst es scheinbar im Widerspruch zu meinem Hinweis auf die Weglosigkeit anfänglich überraschend:

> *Die Seele hat drei Wege zu Gott. Der eine ist dies: mit mannigfaltigem Wirken und mit brennender Liebe in allen Kreaturen Gott zu suchen. Den meint der König Salomon, als er sprach: «In allen Dingen habe ich Ruhe gesucht» (Jes Sirach 24,11).*
>
> *Der zweite Weg ist ein wegloser Weg (wec âne wec), frei und doch gebunden, wo man willen- und bildlos über sich und alle Dinge weithin erhaben und entrückt ist, wiewohl es doch keinen wesenhaften Bestand hat. Den (Weg) meinte Christus, als er sprach: «Selig bist du, Petrus! Fleisch und Blut erleuchten dich nicht», sondern ein «Erhobensein-in-die-Vernunft», wenn du «Gott» zu mir sagst: «mein himmlischer Vater (vielmehr) hat es dir geoffenbart» (Mt 16,17). (Auch) Sankt Peter hat Gott nicht unverhüllt geschaut; wohl war er über alle geschaffene Fassungskraft hinaus durch des himmlischen Vaters Kraft bis an den «Umkreis der Ewigkeit» entrückt ...*
>
> *Der dritte Weg heisst (zwar) «Weg» und ist doch ein «Zuhause-Sein», das ist: Gott zu schauen, unvermittelt in seinem eigenen Sein. Nun spricht der liebe Christus: «Ich bin der Weg und die Wahrheit und das Leben» (Joh 14,6), das heisst: ein Christus eine Person, ein Christus ein Vater, ein Christus ein Geist, drei «Eine», drei «Weg, Wahrheit und Leben», ein lieber Christus, in dem dies alles ist. Ausserhalb dieses Weges bilden alle Kreaturen Umringung und (trennendes) «Mittel». Auf diesem Wege in Gott hineingeleitet vom Licht seines «Wortes» und umfangen von der Liebe des Geistes» ihrer beider: das geht über alles, was man mit Worten fassen kann.*

---

[1] Dinzelbacher, Peter: *Wörterbuch der Mystik*. Stuttgart 1998, S. 125.

> *Lausche nun auf das Wunder! Welch wunderbares Stehen draussen wie drinnen, begreifen und umgriffen werden, schauen und (zugleich) das Geschaute selbst sein, halten und (zugleich) gehalten werden: das ist das Ziel, wo der Geist in Ruhe verharrt, der lieben Ewigkeit vereint.[2]*

Die beiden ersten Wege sind Wege des ekstatischen Heraustretens ins geschöpfliche und ins göttliche Sein. Bereits der zweite Weg ist jedoch ein Weg ohne Weg. Da ist kein Wollen. Unsere Bilder dürfen wir ablegen. Der Mensch ist über alle Dinge erhaben. Es gibt solche Erfahrungen; sie sind aber nicht unser Werk sondern ein Geschenk – eine Offenbarung Gottes. Aber es hat keinen Bestand. Darum ein dritter Weg: auf diesem dritten «Weg» erfahre ich in meinem eigenen Sein das Göttliche.

Dem Bild vom pilgernden Menschen, dem vom Weg und Wegen Besessenen steht ein «Zuhausesein» entgegen. Gerade hier verspüren wir im Gedankengang Eckharts etwas sehr Aktuelles. In allem Weg- und Fortschrittskult, in all den bewegenden Appellen zur Beweglichkeit und Veränderung, in unserer realen und geistigen Mobilitätseuphorie gibt es die unterdrückte Sehnsucht nach diesem Zuhausesein. Wenn wir in unserem Leben auch spirituell nur unterwegs sein dürfen, kann dies etwas Beklemmendes haben. Für Eckhart ereignet sich «Zuhausesein» in diesem Gott-Schauen, in einer Einheit mit Gott. Dies ist kaum zu beschreiben – deshalb sagt er:

> *Ausserhalb dieses Weges bilden alle Kreaturen Umringung und (trennendes) «Mittel». Auf diesem Wege in Gott hineingeleitet vom Licht seines «Wortes» und umfangen von der Liebe des Geistes» ihrer beider: das geht über alles, was man mit Worten fassen kann.*

Dennoch versucht Eckhart einige beschreibende Worte. Er braucht dazu paradoxe Formulierungen:

> *Lausche nun auf das Wunder! Welch wunderbares Stehen draussen wie drinnen, begreifen und umgriffen werden, schauen und (zugleich) das Geschaute selbst sein, halten und (zugleich) gehalten werden: das ist das Ziel, wo der Geist in Ruhe verharrt, der lieben Ewigkeit vereint.*

Es ist rasch gelesen, aber wir sollen lauschen: Ich stehe draussen und drinnen.

---

[2] Largier, Niklaus (Hrsg.): *Meister Eckhart.* Kommentierte zweisprachige Ausgabe in 2 Bd., Frankfurt a.M. 1993 (im Folgenden zitiert als WI / WII), WII, S. 117ff.

Mein Draussen ist ein Drinnen und mein Drinnen ein Draussen. Ich begreife und werde umgriffen. Das Begreifen ist ein Umgriffensein. Aktiv und passiv sind eins. Begreifen – greifen – ergreifen: Das geht nicht, ohne dass mich etwas umgreift und ergreift. Ich schaue, aber das Geschaute schaut mich an. Mehr noch: Ich bin es selbst. Das Geschaute sagt: Das bist du. Schauend werde ich zum Geschauten. Die Distanz fällt. Gott ist kein zu begreifendes oder zu schauendes Objekt. «Das ist das Ziel, wo der Geist in Ruhe verharrt, der lieben Ewigkeit vereint.» Darum ist der dritte Weg, der kein Weg ist, ein Zuhausesein. Von da aus schafft Eckhart einen Bezug zum tätigen, alltäglichen Leben. Es geht um das klassische Gegenüber von vita activa und vita contemplativa in den Gestalten von Martha und Maria in Lk. 10. Gegen den Text stellt Eckhart Martha über Maria. Für ihn gibt es einen grossen Unterschied zwischen *in* der Sorge oder *bei* der Sorge stehen. In diesem Bei-der-Sorge-Stehen ist für Eckhart die Überlegenheit von Martha über Maria angelegt. Es ist die vita activa, die das kontemplative Leben mit einbezieht und überschreitet. Der Mensch soll in der Zeit wirken: Martha steht *bei* der Sorge aber nicht *in* der Sorge. Eckhart führt aus:

> *Und dabei ist Wirken in der Zeit ebenso adelig wie irgendwelches Sich-in-Gott-Versenken; denn es bringt uns ebenso nahe (an Gott) heran, wie das Höchste, das uns zuteil werden kann, ausgenommen einzig das Schauen Gottes in (seiner) reinen Natur.*

Im Folgenden skizziert Eckhart so etwas wie eine «Mystik des Alltags».

> *Drei Dinge sind in unseren Werken unerlässlich: dass man wirke ordentlich und einsichtsvoll und besonnen (ordenlîche, redelîche, wizzentlîche). Das nenne ich «ordentlich», was in allen Punkten dem Höchsten entspricht. Das aber nenne ich «einsichtsvoll», über das hinaus man zur Zeit nichts Besseres kennt. Und «besonnen» schliesslich nenne ich es, wenn man in guten Werken die lebensvolle Wahrheit mit (ihrer) beglückenden Gegenwart verspürt. Wo diese drei Dinge (gegeben) sind, da bringen sie ebenso nahe (zu Gott) und sind ebenso förderlich wie alle Wonne Maria Magdalenas in der Wüste.*

Eckharts Auslegung des Gesprächs zwischen Martha und Jesus stellt alle bisherigen Auslegungen auf den Kopf. Im Gegensatz zu Martha

> *sass Maria im Wohlgefühl und in süsser Empfindung und war erst in die Schule genommen und lernte leben. Martha aber stand ganz wesenhaft*

> *da, daher sprach sie: «Herr, heiss sie aufstehen», als hätte sie sagen wollen: «Herr, ich möchte gern, dass sie nicht da sässe um des Wohlgefühls willen; ich wünschte, dass sie leben lernte, auf dass sie es wesenhaft zu eigen hätte.»*

Der Mensch kann sich nicht sinnlichen Einflüssen verschliessen und er darf und soll nicht auf Werke verzichten. Es geht um ein Zusammengehen von Sein und Tun.

Zusammenfassend möchte ich vertiefend auf drei Aspekte aufmerksam machen:

1. Die Weise als «Bild»
Alle Weise ist immer Bild und Form, d.h. in bestimmter Weise erkannte Verwirklichung menschlichen Lebens. Dadurch wird die Vermittlung des Heils ans Kreaturhafte gebunden. Gott wird so der Intention der Kreatur unterworfen. Göttliche Freiheit wird aufgehoben. Aber auch der Mensch wird unfrei, er nimmt nicht Gott wahr sondern eine bestimmte Weise des Lebens, an die er sich bindet.
Eckharts Ziel ist es, sich von der Bildhaftigkeit des Heils zu lösen. Er steht so in der Tradition einer «negativen Theologie». Niklaus Largier formuliert in seinem Kommentar zur Werkausgabe Eckharts: «Soll der Mensch sich Gott zu einen vermögen, muss er seinen Selbstbezug und die darin konstituierten Bilder des Selbst, der Welt und des Heils überwinden um ganz vom bildlosen Gott überformt zu werden.»[3]

2. Die Gottesgeburt
Die Einigung mit Gott, die Gottesgeburt in der Seele ist für Eckhart absolut zeitlos. Im Gegensatz dazu geschehen alle andern Weisen der Selbstverwirklichung in Raum und Zeit.
Eine bestimme Weise und eine Vorstellung des Weges an sich beziehen sich immer auf einen Prozess in Raum und Zeit, auf ein Ziel hin. Solche Weisen und Wege sind jedoch immer nur Vorbereitung der Gottesgeburt und nie die Gottesgeburt selbst. Gottesgeburt und der Mensch müssen weiselos sein.

3. Weiselosigkeit / Masslosigkeit
Es geht Eckhart um ein Überschreiten aller Masse in der Weiselosigkeit des Verhältnisses Gottes zum Menschen. Gottes Wirken ist masslos. Soll die Seele für Gottes Selbstmitteilung offen werden, muss sie selbst

---
[3] W I, S. 780.

all ihr Mass verlieren und bestimmungslos werden. Erst wenn die Seele «die wîse der engel und aller geschaffener vernunft»[4] überschreitet, vermag sie Gott und in Gott alle Dinge masslos zu lieben.

Die Konsequenz aus diesen Gedanken lautet: Es gibt keinen Zugang, keinen Weg zu Gott.[5]

Gott ist jenseits aller Vorstellung und Intention, über dem kreaturhaften Werden, über allem Mass.

Eingehen in Gott oder Offenbarung und Selbstmitteilung Gottes, sind nur möglich, wenn der Mensch seine kreaturhaften Bestimmungen ablegt und in die ursprüngliche Bildhaftigkeit Gottes findet. Eckhart formuliert: «Solange wir Menschen sind und solange irgend etwas Menschliches an uns lebt und wir uns in einem Zugang befinden, so sehen wir Gott nicht; wir müssen emporgehoben und in lautere Ruhe versetzt werden und *so* Gott sehen»[6] – d.h.: Gott erkennen, wie er sich erkennt.

Offenbarung Gottes bedeutet so eine Überformung durch das göttliche Licht, plötzlich und unvermittelt. Darin werden alle Weisen durch die Gegenwart Gottes überschritten. Dies kann im Seelengrund geschehen; dort ist Gott gnadenhaft und unmittelbar präsent.

3. Konsequenzen

Aus dem Geschilderten ergeben sich für die Frage nach einem spirituellen Weg einschneidende Konsequenzen.

3.1 Gleich-Gültigkeit und Pluralität von Weise und Weg

Die Idee der Weise- und Weglosigkeit führt nicht einfach zu einer harschen Kritik und Ablehnung aller möglichen Wege sondern die Pluralität der Weisen wird bejaht. Im 17. Kapitel der «Reden der Unterweisung»[7] wird Eckhart offenbar von seinen Mönchen nach der rechten Weise, nach dem rechten Weg der Christus Nachfolge gefragt. Er antwortet:

«Du musst erkennen und darauf gemerkt haben, wozu du von Gott am stärksten gemahnt seist; denn mitnichten sind die Menschen alle auf *einen* Weg zu Gott gerufen.»

Wenn wir dieses 17. Kapitel genauer betrachten, so lässt sich so etwas wie ein hoch aktuelles Programm spiritueller Toleranz herauslesen. Ein Wort, das Eckhart um 1300 selbstverständlich nicht braucht. Aber die Haltung ist eindeutig.

---

[4] W I, S. 16,30f.
[5] Vgl. W II, S. 52,1ff (Predigt 69).
[6] W II, S. 62,2–19 (Predigt 70).
[7] W II, S. 384–388.

Ich reduziere den Text im Folgenden auf sechs Grundsätze und akzentuiere sie.

1. «Gott hat der Menschen Heil nicht an eine besondere Weise gebunden.»

Menschen binden ihr Heil und das Heil der anderen an besondere Weisen. Von Gott kommt das nicht. Unsere Weise, dem Heil näher zu kommen, sei sie reformiert, katholisch, sufistisch, buddhistisch ... – wie auch immer, kommt nicht von Gott.

2. «Niemandes Weise verachten.»

Mit Respekt sehe ich die unterschiedlichen Formen der Spiritualität. Da darf keine Verachtung sein, wenn es mir noch so absurd, oberflächlich, verquer erscheint.

3. «Nicht kann ein jeglicher nur eine Weise haben, und nicht können alle Menschen nur eine Weise haben, noch kann ein Mensch alle Weisen noch eines jeden Weise haben.»

Ich verstehe dies als ein Wort für die Pluralität und Multispiritualität. Der Einzelne ist nicht festgelegt auf eine Weise, noch gibt es eine Weise für alle. Ein Mensch kann nicht alle haben. Er muss auch nicht alles ausprobieren. Nicht jede Weise ist für mich angemessen. Das tönt selbstverständlich, fällt uns aber schwer. Es lässt sich beobachten: Je näher uns die Weise ist, desto intoleranter sind wir. Je mehr wir vom Eigenen begriffen und schätzen gelernt haben, desto schwieriger fällt uns «Ergriffenen» Toleranz. Am «tolerantesten» sind die Ignoranten.

4. «Ein jeder behalte seine gute Weise und beziehe alle anderen Weisen darin ein und ergreife in seiner Weise alles Gute.»

Es geht um die Stetigkeit und das Festhalten auf einem spirituellen Weg. Wir dürfen das Verbindende, nicht das Trennende sehen. Die Weise ist kein Selbstzweck. Alles Gute und alle Weisen sind da mit einbezogen.

5. «Wechsel macht unstet Geist und Weise.»

Es gilt Geist und Weise zusammenzuhalten. Vom Wechsel ist auch der Geist betroffen. Es braucht dazu Wege über lange Zeit; eigentlich sind es fast immer Lebenswege. Ich erinnere mich an einen Gedanken Simone Weils:

> *Jede Religion ist die einzig wahre; das heisst, in dem Augenblick, da man sie denkt, muss man ihr soviel Aufmerksamkeit entgegenbringen, als gäbe es nichts anderes, ebenso ist jede Landschaft, jedes Bild, jedes Gedicht usw. einzig schön. Zur Synthese der Religion bedarf es nur einer geringwertigeren Aufmerksamkeit.*[8]

---

[8] Weil, Simone: *Zeugnis für das Gute*. Olten 1976, S.181.

6. Nimmt Grundsatz 3 auf: «Nicht alle Menschen können einem Weg folgen.»
Bereits um 1300 nimmt Eckhart Abschied von einem Einheitswahn innerhalb der Spiritualität. Hintergrund dieser Toleranz ist das tiefe Bewusstsein um die Weise- und Weglosigkeit. Eckhart verweist in einer Predigt auf Bernard von Clairvaux:

> Sankt Bernhard (De diligendo Deo) sagt: Die Weise Gott zu lieben das ist Weise ohne Weise ... Wie lieb wir Gott haben sollen, dafür gibt es keine bestimmte Weise: so lieb, wie wir nur immer vermögen, das ist ohne Weise.[9]

3.2 Menschenbild und Spiritualität

Eine zweite Konsequenz aus Eckharts Gedankenwelt betrifft das Menschenbild. Das Wesen des Menschen wird als ein Werden begriffen. Daraus ergibt sich ein kritischer Blick auf meine Frömmigkeit / Spiritualität.

In seiner Predigt «Von dem edlen Menschen» (dem Anhang zum «Buch der göttlichen Tröstung»)[10], in der das Wesen des Menschen bedacht wird, unterscheidet Eckhart zwischen «innerem» und «äusserem» Menschen.

> Vom Adel des inneren Menschen, des Geistes, und vom Unwert des äusseren Menschen, des Fleisches, sagen auch die heidnischen Meister Tullius und Seneca: Keine vernunftbegabte Seele ist ohne Gott; der Same Gottes ist in uns. Hätte er einen guten, weisen und fleissigen Ackerer, so würde er um so besser gedeihen und wüchse auf zu Gott, dessen Same er ist, und die Frucht würde gleich der Natur Gottes. Birnbaums Same erwächst zum Birnbaum, Nussbaums Same zum Nussbaum, Same Gottes zu Gott. (vgl 1. Joh. 3,9)

Für einmal zeigt Eckhart einen Stufenweg, eine Stufenleiter auf. Aber da ist kein eigentlicher Wegbeschrieb sondern eine Art Selbstbefragungs-Anleitung und eine Kritik unserer Frömmigkeit:

> Die erste Stufe des inneren und des neuen Menschen, spricht Sankt Augustin, ist es, wenn der Mensch nach dem Vorbilde guter und heiliger Leute lebt, dabei aber noch an den Stühlen geht und sich nahe bei den Wänden hält, sich noch mit Milch labt.

---
[9] W I, S. 107,9ff.
[10] W II, S. 315–333.

Auf der ersten und niedersten Stufe ist es eine Frömmigkeit der Vorbilder. Dies ist nicht zu verachten. Woran, an wem orientieren wir uns? Die Frage ist nicht so sehr, wen wir bewundern, sondern ob wir danach leben. Es ist erst ein Anfang. Es ist eine Kinderfrömmigkeit, die an Stühlen geht, unsicher den Wänden, dem Laufgitter entlang tappt, wankt, manchmal in die Knie geht und sich dann wieder hochzieht. Religion ist eine Milchflasche, nach der wir ab und zu schreien.

> *Die zweite Stufe ist es, wenn er jetzt nicht nur auf die äusseren Vorbilder, darunter auch auf gute Menschen, schaut, sondern läuft und eilt zur Ehre und zum Rate Gottes und göttlicher Weisheit, kehrt den Rücken der Menschheit und das Antlitz Gott zu, kriecht der Mutter aus dem Schoss und lacht den himmlischen Vater an.*

Die Hinwendung zu Gott ist eine Emanzipation – ein Freiheitsakt – ein Erwachsenwerden- eine Unabhängigkeitserklärung. Haben wir eine Frömmigkeit, die der Mutter vom Schoss kriecht? Eckhart spielt mit einem Bild. Der Mutter Kirche vom Schoss fallen und dann aufstehen. Wir sollen nicht der Mutter gefallen, sondern den Vater anlachen.

> *Die dritte Stufe ist es, wenn der Mensch mehr und mehr sich der Mutter entzieht und er ihrem Schoss ferner und ferner kommt, der Sorge entflieht, die Furcht abwirft, so dass, wenn er gleich, ohne Ärgernis aller Leute zu erregen, übel und unrecht tun könnte, es ihn doch nicht danach gelüsten würde; denn er ist in Liebe so mit Gott verbunden in eifriger Beflissenheit, bis der ihn setzt und führt in Freude und in Süssigkeit und Seligkeit, wo ihm alles zuwider ist, was ihm (Gott) ungleich und fremd ist.*

Autoritätsgläubigkeit wird abgelöst von Liebe. Ein Glaube, der mich in Abhängigkeit, in Sorge und Besorgung und Beseelsorgung belässt, der – wie auch immer – mit Furcht operiert, eben Angst macht und droht, soll überwunden werden. Es geht um ein Liebesverhältnis nicht um Moral.

> *Die vierte Stufe ist es, wenn er mehr und mehr zunimmt und verwurzelt wird in der Liebe und in Gott, so dass er bereit ist, auf sich zu nehmen alle Anfechtung, Versuchung, Widerwärtigkeit und Leid-Erduldung willig und gern, begierig und freudig.*

Eckhart glaubt: In der Liebe verwandelt sich die Widerwärtigkeit, das Leid, die Anfechtung in etwas, das zwar da ist, aber nicht als Anlass und Grund verzweifelt nach Tröstung zu suchen, sondern als etwas, das der Mensch annimmt: gern – begierig – freudig.

> *Die fünfte Stufe ist es, wenn er allenthalben in sich selbst befriedet lebt, still ruhend im Reichtum und Überfluss der höchsten unaussprechlichen Weisheit.*

Da ist das Bild einer Seelenschale. Gefüllt bis zum Rand mit klarem Wasser – kaum merklich überfliessend: ein Ruhen und ein Fliessen zugleich. Eigentlich gibt es dafür keine Worte. Frömmigkeit / Weisheit ist unaussprechlich: ohne Lehre, ohne Dogmatik, ohne Gesang und Gebet.

> *Die sechste Stufe ist es, wenn der Mensch entbildet ist und überbildet von Gottes Ewigkeit und gelangt ist zu gänzlich vollkommenem Vergessen vergänglichen und zeitlichen Lebens und gezogen und hinüberverwandelt ist in ein göttliches Bild, wenn er Gottes Kind geworden ist.*

Die sechste Stufe ist das, was wir gewöhnlich Mystik nennen, etwas, das an uns geschieht, nicht etwas, das wir tun: entbildet – überbildet werden – vergessen – gezogen – hinüberverwandelt in ein göttliches Bild. Dann keine Stufen mehr – nur ein Leben:

> *Darüber hinaus noch höher gibt es keine Stufe, und dort ist ewige Ruhe und Seligkeit, denn das Endziel des inneren Menschen und des neuen Menschen ist: ewiges Leben.*

3.3 Das «Ich» bei Eckhart

Alle Ich-Aussagen Eckharts sind im Licht der Theozentrik zu sehen. Gott allein kommt Sein zu. Für Eckhart ist der ganze Spannungsbereich des menschlichen Ichs zwischen Subjektivität, Personhaftigkeit und Individualität eine Art Entfremdung vom Eigentlichen. Das Ich soll sich in mystischer Zurücknahme auflösen. Dieser «Durchbruch» ist ein unablässig sich ereignender Vorgang. Eckharts Mystik stellt die Einheit gegen das Viele der irdischen Befindlichkeit. Der innere Mensch ist dem göttlichen Leben ergeben. Einzig der innere Mensch, der dank seiner Intellektualität offen fürs Allgemeine, Eine ist, kann sich der göttlichen Gnade gegenüber angemessen verhalten. Der äussere, irdische Mensch kann der Gnade mit Hilfe der Sinne begegnen – aber nur in teilhafter Weise. Die individuelle Person ist an die Kategorien von Raum und Zeit gebunden. Gnade aber soll der ganzen menschlichen Natur zukommen nicht nur ihren individuellen Partikeln.

Daraus ergibt sich auch Eckharts Christus-Verständnis. Die Menschwerdung des Wortes meint nicht eine menschliche Person (mensche) sondern die menschliche Natur (menscheit).

> *Die Meister sagen, die menschliche Natur habe mit der Zeit nichts zu tun, und sie sei völlig unberührbar und dem Menschen viel inniger und näher, als er sich selbst. Und deshalb nahm Gott die menschl. Natur an und vereinte sie mit seiner Person. Da ward die menschl. Natur Gott, denn er nahm die reine menschl. Natur und nicht einen Menschen an. Darum: Willst du derselbe Christus sein und Gott sein, so entäussere dich alles dessen, was das ewige Wort nicht annahm. Das ewige Wort nahm keinen Menschen an; darum entäussere dich dessen, was von einem Menschen an dir sei und was du seist, und nimm dich rein nach der menschl. Natur, so bist du dasselbe im ewigen Wort, was die menschl. Natur in ihm ist. Denn deine menschl. Natur und die seine haben keinen Unterschied: es ist eine; denn, was sie in Christo ist, das ist sie in dir.*[11]

Daraus folgt der Auftrag: «ganc abe dîn selbes und aller dinge und alles, daz dû an dir selber bist, und nim dich nâch dem, daz dû in gote bist.»[12]

Selbstvernichtung und Selbstdistanzierung (sich in Gott nehmen) zielen nicht auf eine Askesepraxis sondern auf eine absolut gedachte geistige Selbstreduktion. Eckhart nennt es: Abgeschiedenheit, Bereitschaft, «blôzheit, laere sin, gelâzenheitt, ledic, vrî, lûtrer, reine sîn, grundtôt sîn, swîgen, ûzgân, vergezzen, versmâen, verzîhen sîn selbes, ze nihte werden ... mit nihte niht gemeine enhân», damit Gott alles in allem ist. Die Destruktion der personal-individuellen Existenz meint ein Sichsammeln, Gelîch- und Einswerden mit Gott.

3.4 Das Verhältnis von Spiritualität und Erkenntnis / Wissen

Erst die Leere bewirkt im Menschen die Gegenwart Gottes: Seiner selbst leer sein heisst, Gottes voll sein. Zum Lassen und zur Abgeschiedenheit des Menschen gehört, dass er sich auch seines Wissens entleert. Es geht um eine Befreiung vom Wissen. Eckhart mutet uns in seiner berühmten Armutspredigt zu Mt. 5,3 «Selig sind die Armen im Geiste» den schwierigen Gedanken zu, dass sich die Armutsforderung radikal und unbedingt auch auf das Wissen erstrecke:

---

[11] Quint, Josef (Hrsg.): *Meister Eckhart. Kritische Gesamtausgabe*, Stuttgart 1936ff (zitiert als DW), DW I, S. 420,1–11.
[12] DW I, S. 419,6–8.

> *Wir haben gelegentlich gesagt, dass der Mensch so leben sollte, dass er weder sich selber noch der Wahrheit noch Gott lebe. Jetzt aber sagen wir's anders und wollen weitergehend sagen: Der Mensch, der diese Armut haben soll, der muss so leben, dass er nicht weiss, dass er weder sich selber noch der Wahrheit noch Gott lebe. Er muss vielmehr so ledig sein alles Wissens, dass er nicht wisse noch erkenne noch empfinde, dass Gott in ihm lebt, – mehr noch: er soll ledig sein alles Erkennens, das in ihm lebt.[13]*

Eckhart nimmt eine alte Streitfrage seiner Zeit auf: Was ist das dem Menschen zugemessene Wirken: Erkennen oder Lieben? Jenseits von Lieben und Erkennen postuliert der Meister eine unmittelbare Einheit mit Gott. Aus dem Seelengrund fliesst etwas, das erst Erkennen und Lieben bewirkt. Nur daraus kommt Seligkeit. Aber dieses Wirken Gottes kann gar nicht gewusst werden. «So quitt und ledig also, sage ich, soll der Mensch stehen, dass er nicht wisse noch erkenne, dass Gott in ihm wirke, und so kann der Mensch Armut besitzen.»[14]

Diese Gedanken haben weitreichende Konsequenzen für den Gottesbegriff: «Gott ist weder Sein noch vernünftig, noch erkennt er dies oder das. Darum ist Gott ledig aller Dinge, und eben darum *ist* er alle Dinge.»[15] Aber von dem allem ist nichts zu wissen!

Das geforderte Nichtwissen bezieht sich nicht nur auf die Rede von Gott sondern hat auch Konsequenzen für das Leben des Menschen. Gott ist nur im Nichts aller ihn einengenden Bestimmungen zu sehen. Eckhart beschreibt dies in Predigt 71 zu Apg. 9,8: «Paulus stand auf von der Erde, und mit offenen Augen sah er nichts.»

> *(...) Es deuchte einen Menschen wie in einem Traume – es war ein Wachtraum –, er würde schwanger vom Nichts wie eine Frau mit einem Kinde, und in diesem Nichts ward Gott geboren; der war die Frucht des Nichts. Gott ward geboren in dem Nichts.[16]*

Zu diesem Lassen des Wissens gehört es, dass ich mich der Anschauungen Gottes entledige: Man muss Gottes «quitt sein». Der Mensch muss als Nichts «in diesem grundlosen mere der gotheit» sich ertränken. Die Seele gibt sich und «Gott» auf. Sie begreift weder sich noch das Reich Gottes:

---

[13] W I, S. 555f.
[14] W I, S. 557.
[15] Ebd.
[16] W II, S. 73.

> *... so enphint di sele ir selbs und get ir eygen weg und ensuocht got nimmer; und allhie so stirbet si iren hohsten tot. In disem tot verleuset die sele alle begerung und alle bild und alle verstentnuezz und alle form und wirt beraubt aller wesen ... dieser geist ist tot und ist begraben in der gotheit, wann die gotheit enlebt nieman anders dann ir selbs:*[17]

Was das Geheimnis der Gottesgeburt im Grunde der Seele angeht, kommt das Wissen an eine nicht zu überschreitende Grenze. Eckhart formuliert:

> *Bei aller Wahrheit, die alle Meister mit ihrer eigenen Vernunft und Erkenntnis je lehrten oder jemals lehren werden bis zum Jüngsten Tage, haben sie doch nie das Allermindeste in diesem Wissen und in diesem Grunde verstanden. Wenngleich es ein Unwissen heissen mag und ein Nicht-Erkennen, so enthält es doch mehr als alles Wissen und Erkennen ausserhalb seiner; denn dieses Unwissen lockt und zieht dich fort von allen Wissensdingen und überdies von dir selbst.*[18]

Das Unwissen zieht die Seelenkräfte in ein Wunder. Aus dieser Einsicht folgt nun Eckhart allerdings nicht, dass das Wissen einfach unnütz sei. Unwissen ist für ihn zwar «gebreste und itelkeit», aber das von ihm geforderte Unwissen kommt nicht aus Unwissen sondern aus Wissen. Wenn Gott und Seele eins werden, hat sich alles Wissen zu verabschieden.
Die Namen Gottes und die Namen für die Seele verschwinden. Dieses Nichtwissen ist nun aber nicht auf einem bestimmten Weg zu erlangen.
Gerade in dieser Dialektik von Wissen und Nichtwissen bleibt Eckharts Position eine durchaus aktuelle Anfrage an die Theologie als Wissenschaft. Theologie und Kirche müssen sich an dieser Position immer wieder messen lassen. Vor diesem Hintergrund haben die Streitigkeiten zwischen theologischen Positionen und Schulen etwas Zweifelhaftes und Lächerliches.
Aktuell bleibt Eckharts Verhältnis zu Wissen und Erkenntnis in einem religiösen Umfeld, das dem Markt und vermeintlicher Aktualität folgt. Es ist eine Position gegen die Banalisierung und Instrumentalisierung des Religiösen. Im Bereich des Marktes der Spiritualitäten stellt Eckhart eine vorschnelle antiintellektuelle Strömung in Frage. Bei ihm gibt

---

[17] Haas, Alois: *Mystik als Aussage*. Frankfurt a.M. 1996, S. 403. Vgl. auch: Ders., *Meister Eckhart als normative Gestalt*. Einsiedeln 1979.
[18] Franz Pfeiffer (Hrsg.): *Meister Eckhart*. Leipzig 1857, S. 10,1.

es keinen Gegensatz zwischen Denken und unmittelbarer Erfahrung, zwischen Denken und Gefühl. Mystik ist bei Eckhart – wie jede echte Mystik – spirituell und nicht antiintellektuell.

4. Schlussbetrachtung

In der Geschichte des Christentums entstanden neue Formen von Spiritualität in Auseinandersetzung, Kritik und Korrektur von Lehre und Theologie. Ihrerseits formierten sie sich wieder zu spirituellen Traditionen und begründeten so ein Lehrer-Schüler-Verhältnis. Das heisst:
1. Es gibt den tradierten, durch einen Lehrer, eine Schule vermittelten spirituellen Weg. Man könnte dies als eine *heteronome Spiritualität* bezeichnen.
2. Theoretisch kann ich auch einen eigenen spirituellen Weg beschreiten, den ich selber entdecke. Dies wäre ein *autonomer* Weg.
Aber auch im ersten Fall gilt: Soll ein spiritueller Weg gelebte Spiritualität werden, so muss der tradierte Weg immer in den eigenen verwandelt werden. Geschieht das nicht, bleibt die Spiritualität geistlose Form. Ohne eine solche Transformation gibt es keine eigenständige religiöse Erfahrung. Angeblich völlig autonome Wege («wertfreie» Spiritualitätsformen) laufen dagegen Gefahr, inhaltslos und leer zu werden. Sie bleiben von Traditionen, von Geschichte und Gemeinschaft abgeschnitten. Für eine lebendige Spiritualität ist ein Wechselspiel zwischen Heteronomie und Autonomie befruchtend. Die eigene Spiritualität entzündet sich so an tradierten Wegen und tendiert zu deren Kritik und Überschreitung.
Die Position Eckharts ermöglicht Distanz und Kritikfähigkeit. Sie verhindert letztlich auch eine Abhängigkeit von einem bestimmten Weg und einem Seelenführer, einem Guru. Sie bejaht und macht die Pluralität der möglichen Wege bewusst, geht aber darüber hinaus, indem der eigene Weg als «eigener» in Frage gestellt wird, insofern er eben vom Ich, vom Ego geprägt ist. Eckhart postuliert einen Weg ohne Weg, der vom Ich, das erfährt, geniesst und beseligt ist, wegführt. Der Ansatz Eckharts nimmt ernst, dass Spiritualität – so legt es ja das Wort nahe, eine Bestimmung durch den Geist meint, durch einen «Spiritus» – immer auch das ganz Andere, das Fremde und Unverfügbare markiert. «Das bevinden ist nicht in dîner gewalt.»[19]
Noch einmal wird der Ansatz Meister Eckharts höchst aktuell und kann neben seiner wohltuenden Toleranz auch zu einem Instrument der Kritik werden, wenn wir uns vergegenwärtigen, dass Spiritualität heu-

---
[19] DW IV, S. 1, Pr. 103.

te ihre Attraktivität gerade daher bekommt, dass sie uns als eigener Vollzug, als eine persönliche Aktivität lockt. Jede Spiritualität muss sich befragen lassen, wohin und worauf sie eigentlich zielt. Wie allem Religiösen droht auch der Spiritualität eine gewisse Instrumentalisierung, wenn sie lediglich dazu da ist, dass ich als «Ich» mein Leben in den Griff bekomme und dadurch besser oder überhaupt wieder funktioniere. Sie wird instrumentalisiert, wenn sie dazu dient, die Selbsterfahrungen auszudehnen, und wenn sie dem konsumistischen Ich einen Mehrwert verschaffen soll. Es ist legitim, dass mein spiritueller Weg mein Selbst im Auge hat, aber er muss zugleich so etwas wie eine Transzendierung leisten. In seinem aufschlussreichen und bewegenden Buch «Egozentrizität und Mystik» beschreibt Ernst Tugendhat Mystik als den Versuch, Egozentrik zu transzendieren und zu relativieren.[20]

Eckhart redet indirekt in eine neuere Diskussion hinein, die sich in den letzten Jahren mit der Entwicklung des modernen Subjekts beschäftigt. Vgl. dazu die Studie von Peter Bürger: «Das Verschwinden des Subjekts – eine Geschichte der Subjektivität von Montaigne bis Barthes»[21], oder der Essay des St. Galler Soziologen Peter Gross mit dem Titel «Ich-Jagd»[22].

Die dominante Stellung des modernen Ichs wird von Meister Eckharts Gedanken kritisch befragt, gerade darum, weil er es so natürlich im Mittelalter nicht kannte. In der Beschäftigung mit und im Vollzug von spirituellen Wegen ist heute unser Verhältnis zu unserem Ich neu in Frage gestellt. Eckhart formuliert dies provokant: «Got ist mir naeher, dan ich mir selber bin; mîn wesen hanget dar ane, daz mir got nâhe und gegenwertic sî».[23]

---

[20] Tugendhat, Ernst: *Egozentrizität und Mystik*. München 2003, S. 7.
[21] Bürger, Peter: *Das Verschwinden des Subjekts*. Frankfurt a.M. 1998.
[22] Gross, Peter: *Ich-Jagd*. Frankfurt a.M. 1999.
[23] DW III, S. 142,2f. – Weiterführende Lit. zu Meister Eckhart: Mieth, Dietmar: *Meister Eckhart – Mystik und Lebenskunst*. Düsseldorf 2004; Welte, Bernhard: *Meister Eckhart*. Freiburg 1992.

Spirituelle Aufbrüche – Anzeichen gesellschaftlicher Umwälzungen?
RUDOLF DELLSPERGER

«Spirituelle Aufbrüche als Seismograph für gesellschaftliche Umwälzungen»: So lautete ursprünglich mein Thema. Der Seismograph zeichnet die unterirdischen Erschütterungen der Erde auf. Er registriert, was an der Erdoberfläche als Beben wahrgenommen wird, er zeichnet nach. Verhält es sich mit spirituellen Aufbrüchen ebenso? Vermögen sie ein Beben, eine gesellschaftliche Umwälzung gar im Voraus wahrzunehmen? Diese Frage nach der Interdependenz zwischen spirituellen Aufbrüchen und gesellschaftlichen Umwälzungen hat mich bewogen, das Wort «Seismograph» im Titel durch «Anzeichen» zu ersetzen. Eine andere Frage ist die, ob bzw. in welchem Sinn von einem ursächlichen Zusammenhang zwischen spirituellen Aufbrüchen und gesellschaftlichen Umwälzungen gesprochen werden kann. Spirituelle Aufbrüche wie die Armutsbewegung oder die Reformation waren zweifellos tief im jeweiligen gesellschaftlichen Leben verwurzelt und hochgradig gesellschaftsrelevant. Aber darf man daraus schliessen, dass es sich immer so verhält? Diese zweite Frage nach der Gesellschaftsrelevanz spiritueller Aufbrüche hat mich bewogen, den Titel mit einem Fragezeichen zu versehen.

Diesen Fragen gehe ich hier anhand von Beispielen aus der (1) Wirkungsgeschichte der Devotio moderna in Reformation und katholischer Reform des 16. und 17. Jh., (2) aus der Erneuerungsbewegung des Pietismus des 17. und 18. Jh. und (3) aus der Erweckungsbewegung des 19. Jh. nach. Die gewählten Beispiele haben, von wenigen Ausnahmen abgesehen, einen Bezug zur schweizerischen Kirchengeschichte, gehören aber durchweg in einen europäischen, wenn nicht noch weiteren Horizont. Unter spirituellen Aufbrüchen verstehe ich neue Frömmigkeitsrichtungen innerhalb vorgegebener religiös-kirchlicher Strukturen oder neue, auch sozial fassbare religiöse Bewegungen, die den jeweiligen Rahmen strukturell und ideell sprengen. Dabei sind auch Einzelpersonen von Interesse, wenn sie für diese Strömungen bzw. Bewegungen repräsentativ sind.[1]

---

[1] Einen nützlichen, allgemeinverständlichen Überblick bietet Mursell, Gordon (Hrsg.): *Die Geschichte der christlichen Spiritualität. Zweitausend Jahre in Ost und West*. Aus dem Englischen übersetzt von Bernardin Schellenberger, Stuttgart et al. 2002.

1. Die Devotio moderna in Reformation und katholischer Reform

Im ausgehenden 14. und beginnenden 15. Jh. brach in den Niederlanden eine innerkirchliche Frömmigkeitsbewegung auf. Sie breitete sich bis nach Lothringen, ins Elsass, nach Süddeutschland und in die Schweiz aus. Ihr Klassiker ist das Thomas von Kempen (um 1380–1471) zugeschriebene «Buch von der Nachfolge Christi». Sie erhielt den Namen Devotio moderna. Die Bewegung war nicht spekulativ, nicht elitär. Sie lebte aus der meditativen Vergegenwärtigung des Leidens Christi. Sie war schlicht, volksnah, kommunitär. Ihre Anhänger sahen im Streben nach der «Gleichförmigkeit mit Christus» den Schlüssel zum Evangelium. «Wer die Lehre Christi in ihrer Fülle kennenlernen und daran Geschmack finden will, der muss mit allem Ernst darauf dringen, dass sein ganzes Leben gleichsam ein zweites Leben Jesu werde», heisst es in der «Nachfolge Christi»[2], und weiter:

> *Dein Gedanke sei bei dem Allerhöchsten, und dein Gebet höre nicht auf, bei Christus anzuklopfen. Kannst du deinen Geist nicht zu hohen, himmlischen Betrachtungen erheben, so suche deine Ruhestätte im Leiden Christi und wohne gern in seinen heiligen Wunden.*[3]

Gelebte Frömmigkeit, praxis pietatis, bedeutete den Devoten mehr als Gelehrsamkeit. Weitere Kennzeichen ihrer Spiritualität sind Individualität und Innerlichkeit. Der Gesellschaftsbezug hingegen ist, wenn vorhanden, nur von marginaler Bedeutung. Dennoch ist die Devotio moderna, vermittelt durch Humanismus, Reformation und katholische Reform, höchst gesellschaftsrelevant geworden. Für die Reformation und für die katholische Reform sei dies anhand zweier Beispiele illustriert.

1.1 Wolfgang Capito (1478–1541) und die Berner Synode von 1532

In der zweiten Januarwoche des Jahres 1532 fand in Bern eine grosse Kirchensynode statt. Nach glaubwürdigen Berichten soll die Versammlung von gegen 300 Synodalen – drei Viertel waren Pfarrer, ein Viertel Politiker – an deren Ende unisono geweint haben. Die Herren vergossen Tränen der Beschämung, der Freude und der Dankbarkeit.[4] Der

---

[2] Thomas von Kempen: *Das Buch von der Nachfolge Christi.* Übersetzt von Johann Michael Sailer, völlig neu bearbeitet von Hubert Schiel, Freiburg et al. 1999, S. 59.
[3] Ebd., S. 126.
[4] Lavater, Hans Rudolf: *Die «Verbesserung der Reformation» zu Bern.* In: Der Berner Synodus von 1532. Edition und Abhandlungen zum Jubiläumsjahr 1982, hrsg. v. Forschungsseminar für Reformationstheologie unter Leitung von Gottfried W. Locher, Bd. 2: Studien und Abhandlungen, Neukirchen-Vluyn 1988, S. 110.

Strassburger Reformator Wolfgang Capito hatte in einer schwierigen Situation die richtigen Worte gefunden, Worte von reinigender Einfachheit und Klarheit. Zwei Monate waren es her, seit der Zweite Kappeler Krieg für die Reformierten mit einer Katastrophe geendet hatte. Viele sahen darin ein Gottesurteil. Zwingli war tot. Die Pfarrer galten als Kriegstreiber. Der Ruf ihres Standes hatte darunter gelitten. Die Reformation war stecken geblieben, gab kaum mehr zu Hoffnungen Anlass. Umso attraktiver wirkten die schlichten, konsequenten Täufer.[5]

Das, was Capito damals sagte, was die Gemüter bewegte, lässt sich auf wenige Sätze reduzieren: «Noch heute redet der Vater zu uns durch seinen Sohn, der im Heiligen Geist unsern Herzen innewohnt, durch den Gott der Herr uns mit sich versöhnt und in dem wir die Werke Gottes und seine herzliche Väterlichkeit uns gegenüber erkennen.»[6] Man hatte gedacht, man sei abgeschrieben, beim Volk und beim Magistrat, und erfährt, dass dem an höchster Stelle nicht so ist. Man staunt, dass Gott «noch heute» spricht. Die Reformation mag stecken geblieben sein; aber die Gnade ergiesst sich weiterhin von Gott dem Vater durch den Sohn im Heiligen Geist bis in die Herzen der Gläubigen hinein.[7]

Der Berner Synodus – so heisst das Dokument der Synode von 1532 – ist durchdrungen von lebendiger Christusfrömmigkeit. In ihm lebt in reformatorischem Gewand die Tradition der Devotio moderna weiter. Er ist ein Zeugnis spiritueller Erfahrung mitten in einer schweren geistlichen Krise. Da blieb kaum mehr Platz für konfessionelle Polemik, weder den Täufern, noch den Lutheranern noch Rom gegenüber.

Die Berner Kirche ist nicht auf dieser Linie geblieben. Auch sie geriet in den Sog der Konfessionalisierung. Aber ein Grundtext ist der Synodus für sie bis heute, und dies nicht nur für sie. Kirchliche und spirituelle Erneuerungsbewegungen haben sich immer wieder auf ihn berufen.[8]

---

[5] Locher, Gottfried W.: *Der Berner Synodus als reformierte Bekenntnisschrift*. In: Ebd., S. 16f.

[6] *Berner Synodus mit den Schlussreden der Berner Disputation und dem Reformationsmandat* (in der Übersetzung von Markus Bieler). Bern 1978, S. 48.

[7] Berg, Hans-Georg vom: *Der Gang der Gnade. Lehre und Leben nach dem Berner Synodus*. In: Der Berner Synodus (vgl. Fussnote 4), S. 121f.

[8] In der Herrnhuter Brüder-Unität zum Beispiel gehört er zur Bekenntnisgrundlage. Vgl. Lavater, Hans Rudolf: *Der «Synodus» in der Berner Kirche bis zum Anfang des 18. Jahrhunderts*. In: Ebd., S. 304–329. Locher, Gottfried W.: *Die Editionen vom 18. Jahrhundert bis zur Gegenwart*. In: Ebd., S. 330–353. Ith, Johann Samuel: *Über das helvetische Kirchenrecht, zur Erörterung der Frage: Was liegt der helvetischen Centralregierung in Ansehung des Religions- und Kirchenwesens ob?*, Bern 1802, S. 17.

1.2 Friedrich von Spee (1591–1635) oder: Devotio moderna und katholische Reform

> 1. *O Heiland, reiss die Himmel auf; / herab, herab vom Himmel lauf. / Reiss ab vom Himmel Tor und Tür, / reiss ab, wo Schloss und Riegel für.*
> 2. *O Gott, ein' Tau vom Himmel giess; / im Tau herab, o Heiland, fliess. / Ihr Wolken, brecht und regnet aus / den König über Jakobs Haus.*
> 3. *O Erd, schlag aus, schlag aus, o Erd, / dass Berg und Tal grün alles werd. / O Erd, herfür dies Blümlein bring, / O Heiland, aus der Erden spring.*[9]

Der Autor dieses bekannten Gedichtes, der Jesuit Friedrich von Spee[10], war ein engagierter Gegenreformator, der im Interesse des wahren Glaubens auch den *salubris terror*, die Methode heilsamer Einschüchterung, guthiess. Aber die Tatsache, dass mehrere seiner Gedichte seit langem auch in evangelischen Kirchengesangbüchern stehen, ist ein Hinweis darauf, dass dies nicht alles sein dürfte, was über ihn zu sagen ist. 1631, fast hundert Jahre nach dem Berner Synodus, veröffentlichte Spee anonym und ohne kirchliche Druckerlaubnis unter dem Titel *Cautio Criminalis* ein «Rechtliches Bedenken wegen der Hexenprozesse». Er wusste, worüber er schrieb, hatte er doch als Seelsorger viele unschuldige Opfer im Kerker besucht und auf dem Weg zum Scheiterhaufen begleitet. Er bestreitet die Existenz von Hexen nicht. Wenn er aber die Tätigkeit der Gerichte unter die Lupe nehme, schreibt er, sehe er sich «nach und nach dahin gebracht, zu zweifeln, ob es überhaupt welche [Hexen] gibt»[11]. Spee entlarvt die Hexenprozesse mit ihrer Folterpraxis und den auf erpressten Denunziationen basierenden Urteilen als widerrechtlich und reklamiert für die Angeklagten das Prinzip der Unschuldsvermutung und das Recht auf Verteidigung. Er verspricht sich davon einen massiven Rückgang der Prozesse und damit (!) eine Schwächung der Macht des Teufels in der Welt.

---

[9] Zitiert nach dem *Gesangbuch der Evangelisch-reformierten Kirchen der deutschsprachigen Schweiz*. Basel et al. 1998, Nr. 361. Der inhaltlich identische Originalwortlaut bei Friedrich Spee, *Die anonymen geistlichen Lieder vor 1623*. Hrsg. v. Michael Härting unter Mitarbeit von Theo G.M. van Oorschot, Berlin 1979, [Nr. 33], S. 161f.

[10] Knappe und präzise Angaben über ihn bieten Zschoch, Hellmut: Art. «*Spee von Langenfeld, Friedrich*». In: Theologische Realenzyklopädie, Bd. 31, Berlin et al. 2000, S. 635–641 und Rusterholz, Sibylle: *Barockmystik*. In: Grundriss der Geschichte der Philosophie. Die Philosophie des 17. Jahrhunderts, Bd. 4: Das Heilige römische Reich deutscher Nation, Nord- und Ostmitteleuropa. Hrsg. v. Helmut Holzhey und Wilhelm Schmidt-Biggemann, Basel 2001, S. 103, 108–111, 138–140.

[11] Friedrich von Spee: *Cautio Criminalis oder Rechtliches Bedenken wegen der Hexenprozesse*. Aus dem Lateinischen übertragen und eingeleitet von Joachim-Friedrich Ritter, Weimar 1939, Nachdruck München, 3. Auflage 1985.

In einem Andachtsbuch führt Spee seine Leserinnen und Leser in Gedanken in die Folterkammern, wo auch die der Hexerei Beschuldigten schmachten:

1. Bilde dir für, wie durch die gantze welt ... vnzahlbare viel arme gefangene sünder vnd sünderinnen, schüldige vnd vnschüldige ... in schweren banden vnd kercker liegen. Gar viel, ia vnzahlbar viel, werden vnschuldig gefoltert, gepeiniget, gereckt, gegeisselet, geschraubet, vnd mitt newer grausamen vnmenschlichen marter vbernommen, müssen für vnleydlicher grösse der pein auff sich vnd andere bekennen, das sie nie gedacht haben: vnd wan sie schon tausendmahl vor Gott vnschuldig seind, will mans ihnen doch nitt glauben. Man schickt zu ihnen vnbarmhertzige vnwissende Beichtvätter, ... die sie mitt ihrer vngestümmigkeit vberfallen vnd peinigen, mehr als die Schärgen selbsten: was die arme menschen sagen oder klagen, ist alles nichts, so lange sie nicht schüldig geben, sie müssen mitt gewalt vnd zwang, mitt recht vnd vnrecht schüldig sein, es gehe wie es wölle, sonst will man sie nicht hören. Es hilfft ja da kein heulen, noch weinen, kein entschuldigen noch aussreden, weder dis weder das, sie müssen schuldig sein. Da peiniget man sie dreymahl, viermahl, fünffmahl, biss sie endlich entweder sterben, oder bekennen, oder wan sie noch ia im leben bleiben, so spricht man der Teuffel stärcke sie, ... vnd müssen alssdan ia schüldig sein, vnd als vnbussfertige vnd verstockte noch grewlicher als sonsten hingerichtet werden. O Gott was ist dieses für ein grewel? was ist dieses für ein gerechtigkeit? da ist niemand der so betrübte vnd betrangte hertzen tröste, der sie anmuntere vnd ermahne, ia der solches thun wölle oder könne, wird nicht zugelassen, sondern müssen die arme elende creaturen, für die Christus am creutz gestorben ist, in ihrem kott vnd gestanck voller schmerzen leibs vnd der seelen, gantz verlassen liegen, vnd verschmachten. Dahero nicht wunder, dass ihrer viel endlich verzwifflen, sich selbst vmbringen, oder dem leydigen Sathan vbergeben.
2. Nach dieser fürbildung frage dich also. Was dunckt dich nun meine Seel, wann es in deiner gewalt stünde, allen vnschüldigen gefangenen trost, hülff vnd beystand zuerzeigen, wöltestu es nicht von hertzen thun, vnd noch diese stund sie auss so grossen schmertzen, angst vnd noth erledigen, damit so trostlose creaturen deines Gottes nicht länger also gequellet würden?
Antwortt. Ja freylich, freylich, weiss Gott wie es mir so leyd ist, dass ich nicht helffen könne. Mich dunckt ich wolte gern alssbald niederknien, vnd mir den kopff herunter hawen lassen, wan ich nun damit sie alle erledigen [befreien] könte.[12]

---

[12] Friedrich von Spee: *Güldenes Tugend-Buch*. Hrsg. v. Theo G.M. van Oorschot. In: Friedrich Spee, Sämtliche Schriften, hrsg. v. Emmy Rosenfeld, Bd. 2, München 1968, S. 354f.

Spee fordert seine andächtigen Leserinnen und Leser auf, sich die Qualen der Opfer «fürzubilden». Er appelliert an ihre Vorstellungskraft, ihre Imagination, weil er überzeugt ist, dass sich daraus die Bereitschaft zu tätiger, mutiger Nächstenliebe ergeben wird. Den Begriff und die Praxis der Imagination kennt Spee aus der ignatianischen Frömmigkeit. Ignatius von Loyola selber schöpfte in dieser Hinsicht nicht zuletzt aus der Tradition der Devotio moderna. Die «Imitatio Christi» war sein wichtigstes Erbauungsbuch.[13] Der Rat, sich anstelle von geistigen und geistlichen Höhenflügen mit der Kontemplation des Leidens Christi zu bescheiden, hat bei Spee eine heilige Unruhe hervorgebracht[14] – ein schönes Beispiel dafür, dass Spiritualität und Kampf Geschwister sind. Solch heilige Unruhe angesichts menschlichen Leids, wenn auch noch nicht existentielle Betroffenheit durch den Hexenwahn, spricht auch aus den drei letzten Strophen des zitierten, um 1722 entstandenen Gedichts:

4. Wo bleibst du, Trost der ganzen Welt, / darauf die Welt all Hoffnung stellt? / O komm, ach komm vom höchsten Saal, / komm, tröst uns hier im Jammertal.
5. O klare Sonn, du schöner Stern, / dich wollten wir anschauen gern; / o Sonn, geh auf, ohn deinen Schein / in Finsternis wir alle sein.
6. Hier leiden wir die grösste Not, / vor Augen steht der ewig Tod. / Ach komm, führ uns mit starker Hand / vom Elend zu dem Vaterland.[15]

---

[13] Maron, Gottfried: *Ignatius von Loyola. Mystik – Theologie – Kirche*. Göttingen 2001, S. 25–28, 109, 238–240.

[14] Spee steht in dieser Hinsicht nicht ausschliesslich, aber auch in der durch die ignatianische Mystik vermittelten Tradition der Devotio moderna. Vgl. Eicheldinger, Martina: *Friedrich Spee – Seelsorger und poeta doctus. Die Tradition des Hohenliedes und Einflüsse der ignatianischen Andacht in seinem Werk*. Tübingen 1991, S. 128: «Spees soziales Engagement, sein Mitleid mit den Geschöpfen Gottes, gibt sich ... als Produkt des in der mittelalterlichen Frömmigkeit wurzelnden Konzepts der imitatio Christi bzw. der compassio zu erkennen. Die ursprünglich kontemplative Haltung der compassio wird in die alltägliche Praxis des frommen Laien integriert und verbindet sich mit der ignatianischen Maxime vom ‹Gott Suchen in allen Dingen›.» Vgl. Kemper, Hans Georg: *Deutsche Lyrik der frühen Neuzeit, Bd. 2: Konfessionalismus*. Tübingen 1987, S. 82–88. Dieter Breuer hat darauf hingewiesen, dass im Sortiment von Spees Kölner Verleger Werke der Devotio moderna figurierten: Breuer, Dieter: «Meinem vielgeliebten Patronen im Himmel». Spees Kölner Verleger Wilhelm Friessem und sein Verlagsprogramm. In: Italo M. Battafarano (Hrsg.): *Friedrich von Spee. Dichter, Theologe und Bekämpfer der Hexenprozesse*. Gardolo di Trento 1988, S. 297–319, hier 309, 317.

[15] Zitiert nach dem *Gesangbuch der Evangelisch-reformierten Kirchen der deutschsprachigen Schweiz* (Anm. 9). In der vierten Strophe entscheide ich mich anstelle von «... darauf sie all ihr Hoffnung stellt ...» mit Härting (Anm. 9) für «... darauf die Welt all Hoffnung stellt ...».

Man hat der Devotio moderna mit Recht den fehlenden Gesellschaftsbezug vorgehalten. In Reformation und katholischer Reform – vom hier übergangenen Humanismus ganz zu schweigen – ist sie dennoch gesellschaftswirksam geworden. Spee hat das Hexendrama nicht zu stoppen vermocht. Zwischen 1530 und 1758 sind allein in der Eidgenossenschaft etwa 5500 Menschen Opfer des Hexenwahns geworden. Es bedurfte noch anderer Kräfte und Anläufe, um diesem Wahnsinn ein Ende zu bereiten. Aber Spee ist aus der Reihe derjenigen, die dagegen ankämpften, nicht wegzudenken.

2. Der Pietismus

Die vielfältige Erscheinung des Pietismus war die bedeutendste religiöse Erneuerungsbewegung im kontinentaleuropäischen Protestantismus zwischen Reformation und Aufklärung. Er war nicht nur eine kirchliche Bewegung, sondern hat auch separatistische Formen angenommen, wobei die Grenzen zwischen kirchlichen und radikalen Ausprägungen oft fliessend waren. Für den Pietismus zentral sind die ursprüngliche, individuelle religiöse Erfahrung, die persönliche «Wiedergeburt» des Sünders, und der daraus entspringende Wille, nicht nur das kirchliche, sondern auch das soziale Leben nach biblischen, evangelischen Prinzipien zu gestalten. «Reformation» lautete auch die pietistische Losung, aber *zweite* Reformation, *Vollendung* der Reformation. Kirche sollte vielmehr Gemeinschaft mündiger Christen denn Amts-, Konfessions- und Staatskirche sein. Der Pietismus hat nicht nur einen neuen Frömmigkeits-, sondern einen neuen Lebensstil entwickelt. Er war eine Bewegung, in der zum Teil neue Normen galten, neue Formen religiösen und sozialen Zusammenlebens erprobt wurden.[16]
Der Pietismus ist in Bern am Ende des 17. Jahrhunderts sowohl aus politischen als auch aus religiösen Gründen marginalisiert worden.[17] Dennoch bzw. nicht zuletzt deswegen hat sich der vornehme Patrizier Beat Ludwig von Muralt (1665–1749) mit dieser Bewegung solidarisiert.

2.1 Beat Ludwig von Muralts Exodus aus der Kirche

Der Umstand, dass die christliche Freiheit ausgerechnet im Namen des Christentums mit Füssen getreten wurde, war für Muralt derart unerträglich, dass er sich mit Gleichgesinnten zum Auszug aus der Staats-

---

[16] Gekürzte Fassung aus meinem Beitrag in: Vischer, Lukas, Schenker, Lukas, Dellsperger, Rudolf (Hrsg.): *Ökumenische Kirchengeschichte der Schweiz*. Freiburg CH et al., 2. Aufl. 1998, S. 184.

[17] Dellsperger, Rudolf: *Die Anfänge des Pietismus in Bern. Quellenstudien*. Göttingen 1984 (AGP 22).

kirche entschloss. In einer Parabel vom Jahr 1700 schildert er diesen Exodus als spirituellen Aufbruch. Sie lautet zusammengefasst:[18]

Ein grosser König baute eine prächtige Stadt mit vielen Toren. Dorthin lud er alle Bürger seines Reiches ein und versprach ihnen Glück und Reichtum. Er ernannte Führer, die ihre Mitbürger zur Stadt leiten sollten und rüstete sie mit einer Karte aus, damit sie sich auf dem weiten und beschwerlichen Weg zurechtfänden. – Diese Proklamation erregte grosses Aufsehen, und alle wollten sich auf den Weg machen. Einige taten es auch und gelangten glücklich ans Ziel. Andere konnten sich doch nicht sogleich zum Aufbruch entschliessen. Aber auch sie trafen Reisevorbereitungen und wählten kartenkundige Führer. – So verstrich viel Zeit und mit der Zeit ging auch das eigentliche Ziel vergessen. Man bekundete zwar weiterhin seine Bereitschaft zum Aufbruch. Man baute Häuser, in denen man sich dann besammeln wollte, und man benannte die Häuser nach dem grossen König. Dort kam man auch regelmässig zusammen, sang Reiselieder und hörte sich Reden über die Reise an – aber man ging nicht. Später traten die Versammlungen an die Stelle der Reise. – Einige wenige aber konnten sich dabei nicht beruhigen. Sie zogen auf eigene Faust los und entdeckten, dass die Karte, wenn man sie nur benützte, auch wirklich stimmte. Wohl machten die Führer aus Furcht um ihre Position gegen die Ausziehenden Stimmung. Diese aber liessen sich nicht einschüchtern, sondern zogen weiter und forderten ihre ehemaligen Führer auf, sich ihnen anzuschliessen. «Erkennt», sagten sie, «die Zeichen der Zeit; der grosse König schickt sich an, seine Völker zu besuchen!»[19]

Muralt hatte sich in den neunziger Jahren des 17. Jahrhunderts längere Zeit in Paris und London aufgehalten und seine subtilen kulturphilosophischen Beobachtungen und Reflexionen in den berühmten *Lettres sur les Anglois et les François* festgehalten. Er kam zum Schluss, *bon sens* sei die Quintessenz des englischen, *bel esprit* diejenige des französischen Lebensstils. Mit dieser Aufwertung der englischen gegenüber der dominanten französischen Kultur trug er wesentlich dazu bei, dass England stärker ins europäische Bewusstsein rückte.[20]

---

[18] Sie wird in meinem Beitrag zum Ersten Europäischen Pietismuskongress, Halle (Saale) 2001, unter dem Titel: *Bruch oder Kontinuität? Zeitgenössische Stimmen und neue Quellen zu Beat Ludwig von Muralts Entwicklung* erstmals im deutschen Originalwortlaut erscheinen.

[19] Ich übernehme diese Nacherzählung aus einem meiner Beiträge zur Ökumenischen Kirchengeschichte der Schweiz (Anm. 16), S. 189.

[20] Dellsperger, Rudolf: *Treffpunkt Natur. Jean-Jaques Rousseau und Beat Ludwig von Muralt*. In: Ders., Kirchengemeinschaft und Gewissensfreiheit. Studien zur Kirchen- und Theologiegeschichte der reformierten Schweiz: Ereignisse, Gestalten, Wirkungen, Bern et al. 2001, S. 85–95, hier 87–89 (BSHST 71).

Nach seiner Heimkehr zog sich Muralt auf ein Landgut in der Nähe Berns zurück. Er machte Ernst mit dem in der Geschichte der Philosophie und der Spiritualität auf Schritt und Tritt anzutreffenden Ideal der *retraite*. Nur dort, führt er in seiner *Lettre sur les Voiages* von 1798 aus, komme der Mensch mit sich ins Reine, nur so werde er gesellschaftsfähig.[21] Der Mensch sei dank Gottes Offenbarung in Natur und Bibel und dank des *Instinct divin*, der in der *conscience* vernehmbaren göttlichen Stimme, fähig *d'executer la Volonté de celui qui l'a fait & qui prend plaisir à la lui faire connoitre, à se faire connoitre à lui*.[22] Die verbreitete Art des Reisens stehe dazu im Widerspruch. Was gemeinhin als Bildungsreise gelte, entspringe oft blossem Renommiergehabe und ziehe zu Hause die Nachahmung des französischen Lebensstils nach sich, womit der verbreiteten Korruption in allen Ständen Vorschub geleistet werde. Muralts *Lettre sur les Voiages* ist ein leidenschaftliches Plädoyer für die altschweizerische *simplicité* gegen den im Patriziat verbreiteten ruinösen Luxus[23] und seine *Lettres sur les Anglois et les François* sind ein einzigartiges Dokument aufmerksamer Beobachtung und eigenständiger Reflexion. Jean-Jaques Rousseau hat ihm später darin begeistert zugestimmt. Nur hinsichtlich der religiösen Wendung, die sein Leben genommen hatte, konnte er ihm nicht folgen. Muralt, der ursprünglich stark von der antiken Philosophie, insbesondere von der Stoa, geprägt war, hat für seine Überzeugung unfreiwillig das auf sich genommen, was er in seiner Parabel als freiwilligen Aufbruch schildert: den Gang ins Exil.[24] Er stimmte den Pietisten punkto Kirchen- und Gesellschaftskritik zu. Zwei Beispiele mögen dies illustrieren.

2.2 Samuel Königs (1671–1750) und Samuel Güldins (1664–1745) Kirchen- und Gesellschaftskritik

Im selben Jahr 1700, als Muralts Parabel entstand, wurde in Bern eine anonyme Schrift mit dem Titel «Der Weg des Friedens» verbreitet. Sie enthält eine ebenso umfassende wie schonungslose Kritik am Lebens-

---

[21] B[éat-] L[ouis] de Muralt, *Lettres sur les Anglois et les François et sur les Voiages*. Hrsg. v. Charles Gould und Charles Oldham, Paris 1933, S. 283f. Ich übernehme in diesem Abschnitt Formulierungen aus meinem Aufsatz: *Le christianisme n'exige pas moins de nous que la vie entiere. Zu drei Briefen Beat Ludwig von Muralts aus dem Jahr 1702*. In: Wolfgang Breul-Kunkel und Lothar Vogel (Hrsg.): Rezeption und Reform. Festschrift für Hans Schneider zu seinem 60.Geburtstag, Darmstadt/Kassel 2001, 239–250, hier 249f. (Quellen und Studien zur hessischen Kirchengeschichte 5)

[22] B[éat-] L[ouis] de Muralt, ebd., S. 297.

[23] Ebd., S. 306f.

[24] Dellsperger, Rudolf: *Beat Ludwig von Muralts Emigration aus der Kirche. Hinweise zu seinem Weg zwischen Pietismus und Aufklärung*. In: Ders., Kirchengemeinschaft (Anm. 20), S. 66–84.

stil, der, von Paris und Versailles inspiriert, auch in Bern Einzug gehalten hatte. «Fress- und Sauff-Lust», heisst es da, «Geschwätz und Gelächter», «Welt-Sorg und Gut-Geitz», «Hochmuth und Pracht», «Menschen-Dienst» und «Menschen-Furcht» seien für diesen Lebensstil charakteristisch. Aber nicht Höflichkeit, sondern Freundlichkeit sei bei Gott gefragt, nicht die Mode sei der wahre Massstab, sondern die Gleichförmigkeit mit Christus. Flanieren möge Spass machen, letztlich gehe es aber um die Nachfolge Christi. Heiligung und Geschwisterlichkeit sollten an die Stelle von Konkurrenzkampf und Reputationssucht treten, Gottesdienst und Gottesfurcht sollten Menschendienst und Menschenfurcht ablösen. Der Autor, der Theologe Samuel König, hatte sich als Pietist profiliert. Auch er hatte deswegen das Land verlassen müssen.[25] Samuel Güldin, einem anderen Berner Pietisten, war es nicht anders ergangen. Er zog nach Deutschland und von da, zusammen mit vertrieben Berner Täufern, 1710 nach Pennsylvania, in jenen Staat der Neuen Welt, den der Quäker William Penn (1644–1718) auf der Grundlage von Glaubens- und Gewissensfreiheit und demokratischer Partizipation als «heiliges Experiment» gegründet hatte. Von Philadelphia aus nahm er 1718 in einem Traktat zur bernischen Religionspolitik Stellung. Das Vorwort ist ein leidenschaftliches Plädoyer für einen Staat, in dem, weil er als christlich gelten soll, Glaubens- und Gewissensfreiheit garantiert sind, in dem Täufer und Pietisten und Menschen, die über den Krieg anders denken als die Mehrheit, toleriert und weder mit Eides- noch mit Bekenntnisformeln bedrängt werden. Da

> *wird niemand nichts zu* glauben aufgedrungen / *sondern alles eines jeden* Prüfung und Freyheit *völlig überlassen: gleichwie man hingegen auf der andern Seiten solche auch niemand nemmen noch wehren soll. Wer die Liebe der Wahrheit hat / wird solche ohne das selbst freywillig annemmen / so er derselben in seinem Gewissen überzeugt sein wird. Wer aber die Liebe der Wahrheit nit hat / dem hilfft auch alles Auffdringen noch Überzeugung nichts / sondern der muss denn seiner selbst eigenen Verantwortung und Gericht überlassen werden. [...] lasse man einem jeden seine Freyheit / wers fassen kann der fasse es / und mache darüber weder* Formeln noch Schlüsse / *solche jemand aufzudringen / oder jemand daran zu binden / sondern trage einer den andern in Liebe / und lasse einem jeden die* Freyheit seines Gewissens / *nit nur mit Worten / ... sondern auch in der That.*[26]

---

[25] Dellsperger, Rudolf: *Samuel Königs «Weg des Friedens». Ein Beitrag zur Geschichte des radikalen Pietismus in Deutschland.* In: Ebd., S. 96–132.
[26] Dellsperger, Rudolf: *Kirchengemeinschaft und Gewissensfreiheit. Samuel Güldins Einspruch gegen Zinzendorfs Unionstätigkeit in Pennsylvania 1742.* In: Ebd., S. 182–205, hier 203.

Im Weg und Werk von Beat Ludwig von Muralt, Samuel König und Samuel Güldin werden wichtige Aspekte des tiefgehenden gesellschaftlichen Transformationsprozesses sichtbar, der in der pietistischen Erneuerungsbewegung Gestalt gewann. Dazu gehört in Güldins Fall auch die Sensibilität für einen Aspekt verantwortlicher Lebensgestaltung, der heute unter dem Stichwort «Bewahrung der Schöpfung» eine zentrale ökumenische Aufgabe ist. Dass Pennsylvania das gelobte Land, das er sich darunter vorgestellt haben mochte, nicht oder doch nicht mehr war, hatte man Güldin schon bei seiner Ankunft klargemacht und diesen Umstand mit der Einwanderungsbewegung in Zusammenhang gebracht. Früher, wurde ihm gesagt, sei das Land noch viel fruchtbarer und an Tieren reicher gewesen; «doch», schrieb er nach Hause,

> *soll das alles schon sehr abgenommen haben, weilen die bösen Christen, so hier angekommen, diese Creaturen mehr verdorben als gebraucht, und Hirsche nur um der Häuten willen geschossen haben, das Fleisch aber umkommen lassen. Also hat der ungerechte Mammon und Geiz auch schon dieses bisher unschuldige Land sehr vil verdorben, dass auch die armen Einwohner und Indianer darüber zu klagen wüssen, und sagen auch, welches sehr nachdenklich, und sonderlich an diesem Land, dass seit die bösen Christen hier gekommen, vilmehr Kälte und Unfruchtbarkeit als zuvor seie. Also dass, wo der böse Mensch hinkommt, er an alle Ort den Fluch mitbringt; und wo lauter Fromme hier kämen, sich auch wohl das Land und die Witterung wieder bessern würden.* [27]

Güldin kritisiert die rücksichtslose Ausbeutung der Natur durch die «bösen Christen». «Fromme» leben nach ihm – offenbar gemeinsam mit den Indianern – im Einklang mit der Schöpfung. Sie vertreten eine ökologische Spiritualität.

3. Die Erweckungsbewegung

Die Erweckungsbewegung war eine religiöse Erneuerungsbewegung, die in England und Nordamerika bereits im 18. Jh. und im nachrevolutionären Europa zu Beginn des 19. Jh. weite Kreise erfasst hat. Ihr Kontext war die von Liberalismus und Säkularisierung, Agrarmodernisierung und Industrialisierung, Migration und Urbanisation, Pauperismus und Massenarmut gekennzeichnete Moderne. Zentren der Bewegung waren in der Schweiz Basel und Genf, von wo sie auch nach Bern ausstrahlte. Ihre Botschaft war, im Gewand der Zeit, die

---
[27] Ebd., S. 200.

reformatorische von der Rechtfertigung des Menschen allein aus Gnade, ohne Werke. Dennoch spielten gerade die «Werke» im Sinne karitativer und sozialer Initiativen in der Erweckungsbewegung eine zentrale Rolle. Während das liberale Bürgertum seine historische Aufgabe im Aufbau eines freiheitlich-demokratischen Staates sah und vorerst ganz darin aufging, nützte die Erweckungsbewegung den neuen politischen Freiraum nicht nur zur Schaffung freikirchlicher und vereinsartiger Strukturen, sondern auch, um im Gemeinwesen soziale Aufgaben wahrzunehmen, welche dieses erst mit der Zeit in eigene Regie zu nehmen in der Lage war. Insofern hat die Erweckungsbewegung in ihren «Werken» dem modernen Sozialstaat den Weg bereitet.[28]

Ich versuche dies anhand von drei Beispielen kurz zu illustrieren. Dass in den beiden ersten Beispielen Frauen und dass durchweg Laien die Hauptrolle spielen, ist alles andere als ein Zufall.

3.1 Sophie von Wurstemberger (1809–1878) und die Diakonie an den Kranken

In den dreissiger Jahren des 19. Jh. begann die Patrizierin Sophie von Wurstemberger, die sich der Berner Erweckungsbewegung[29] angeschlossen hatte, in der Stadt Bern mit Krankenbesuchen. Sie tat dies, einer inneren Berufung folgend, selbständig, freiwillig und gegen den Willen ihrer standesbewussten Eltern. Auf ihre Anregung hin schloss sich ein Kreis von gleichgesinnten Frauen 1836 zu einem Krankenverein zusammen. Die Mitglieder verpflichteten sich zu regelmässigen Besuchen in dem ihnen zugeteilten Stadtquartier. Dabei sollte für Leib und Seele gleichermassen gesorgt und tatkräftig Hilfe geleistet werden. Das Asyl, welches der Verein 1844 an der Aarbergergasse einrichtete, war zwar äusserlich unscheinbar, dessen Eröffnung aber ein Meilenstein: Neben die gelegentliche trat nun die ständige Präsenz am Krankenbett, neben den Hausbesuch die unentgeltliche Aufnahme von Schwerkranken in eigenen Räumlichkeiten. Dass dies einem grossen Bedürfnis entsprach, lässt sich daran ablesen, dass innerhalb von drei Jahren wegen Raumnot zwei Umzüge nötig waren. Bald übernahmen eigens dafür ausgebildete Diakonissen die Pflege der Kranken. 1853 wurde mit der Kinderstube im Inselspital die erste auswärtige Station eröffnet. Dass ledige Frauen in der Krankenpflege ihrer Berufung leb-

---

[28] Zur Tätigkeit der Evangelischen Gesellschaft des Kantons Bern vgl. Ramser, Hansueli: *Die Evangelische Gesellschaft des Kantons Bern im Dienst der Ausbreitung des Reiches Gottes*. In: Dellsperger, Rudolf; Nägeli, Markus; Ramser, Hansueli: Auf dein Wort. Beiträge zur Geschichte und Theologie der Evangelischen Gesellschaft des Kantons Bern im 19. Jh., Bern 1981, S. 15–151.

[29] Stuber, Christine: *«Eine fröhliche Zeit der Erweckung für viele». Quellenstudien zur Erweckungsbewegung in Bern 1818–1831*. 2. Aufl. 2002 (BSHST 69).

ten, war, denkt man an katholische Spitalschwesternschaften, nicht neu. Aber im Kontext des Protestantismus und in der gesellschaftlichen Umbruchssituation des 19. Jh. war es als Ausdruck und Frucht erwecklicher Spiritualität ein Novum.[30]

3.2. Elisabeth Fry (1780–1845) und die Diakonie an den Gefangenen

Im Sommer 1839 gelangte Elisabeth Fry auf einer Europareise nach Bern. Sie war durch ihr mutiges und innovatives Wirken unter den Frauen und Kindern bekannt geworden, die in der berüchtigten Londoner Strafanstalt Newgate unter menschenunwürdigen Bedingungen ihr Dasein fristeten. Sie versorgte die Gefangenen mit Hilfe eines eigens dafür gegründeten Frauenvereins mit Nahrung für Leib und Seele. Dazu gehörte das regelmässige Vorlesen aus der Bibel. Sie kümmerte sich um Ordnung und Hygiene, um Bildungs- und Arbeitsmöglichkeiten. Die Resozialisierung sollte schon im Gefängnis beginnen. Die Zustände in Newgate änderten sich gründlich und die Zahl der rückfälligen Strafentlassenen sank erheblich. Elisabeth Fry behandelte die Ausgestossenen als Menschen mit Rechten und Pflichten, sie achtete ihre Würde, verlieh ihnen eine Stimme und eröffnete ihnen neue Perspektiven:

> *Remember, that there is still left hope open before you, hope, that you may obtain a blessed state in future, hope through the mercy of God, in Christ Jesus our Lord, a hope like that of people who are in a more prosperous station of life, if you sincerely repent and seek the mercy of the Lord Jesus.*[31]

Diese Worte hat Elisabeth Fry nach den Notizen ihrer Übersetzerin Sophie von Wurstemberger an die weiblichen Gefangenen der Kantonalen bernischen Strafanstalt gerichtet. Sie war eine überzeugte Quäkerin von erwecklicher Frömmigkeit. Wie bei Johann Hinrich Wichern (1808–1881), der sich zur selben Zeit im deutschen Sprachraum für das Anliegen der Gefängnisreform einsetzte, wurzelte ihr sozialdiakoni-

---

[30] Ebd., S. 59–66. Stüssi, Sabine: «*Das Band der Vollkommenheit ist die Liebe*» (Kol. 3.14). Diakonie: Weg zur Emanzipation? In: Zwischen Macht und Dienst. Beiträge zur Geschichte und Gegenwart von Frauen im kirchlichen Leben der Schweiz, hrsg. v. Sophia Bietenhard, Rudolf Dellsperger, Hermann Kocher et al., Bern 1991, S. 153–182. Dellsperger, Rudolf: *Die Gründungszeit. Umfeld, Wurzeln, Ausstrahlung*. In: Festschrift 150 Jahre Diakonissenhaus Bern 1844–1994, Bern 1994, S. 21–27.

[31] Sophie von Wurstemberger, Tagebuch-Eintrag vom 5. August 1839 (Archiv des Diakonissenhauses Bern), mit Berichtigung von Versehen zitiert nach der Edition in Jakob-Kummer, Hans: *Elisabeth Fry. Spuren einer Schweizer-Reise*. Akzessarbeit ev.-theol. Bern 1992, Beilage Nr. 1, S. 32. Die Ansprache ist 1840 unter dem Titel «Elisabeth Fry an alle armen Gefangenen in der Christenheit» in Bern erschienen.

sches Handeln in ihrer weitherzigen Spiritualität. Wie mit Sophie von Wurstemberger, so hat sie sich anlässlich ihres Besuches in Hofwyl auch mit dem Philanthropen Philipp Emanuel von Fellenberg (1771–1844) gut verstanden. Die gleichmässige Förderung von Geist und Körper der Schüler und deren Sensibilisierung für die Schöpfung und den Schöpfer imponierten ihr. Hinsichtlich der religiösen Erziehung erlaubte sie sich den Hinweis auf den Wert täglicher Bibellektüre mit anschliessender «meditation and devotion» als Variante zum gesprochenen, oft nur äusserlichen Gebet.[32]

3.3 Henry Dunant (1828–1910) und die Diakonie an den Kriegsverwundeten

Dass die Gründung des Roten Kreuzes im Jahr 1863 auf die erschütternden Erfahrungen zurückgeht, die Henry Dunant 1859 auf dem Schlachtfeld von Solferino gemacht und in seinem Buch *Un souvenir de Solférino* von 1862 festgehalten hatte, ist allgemein bekannt. Weniger bekannt ist wohl, dass Dunant von der Erweckungsbewegung, dem *Réveil*, geprägt war. Er war auf lokaler und internationaler Ebene ein initiatives Mitglied des Christlichen Vereins junger Männer. Dass es ihm ursprünglich um das leibliche wie um das geistliche Wohl der Kriegsverwundeten ging, kann seinem Bericht entnommen werden, den er aus Solferino an Madame la Comtesse de Gasparin sandte und der am 9. Juli 1859 im *Journal de Genève* erschien:

> … Je ne puis m'étendre sur ce que j'ai vu, mais encouragé par les bénédictions de centaines de pauvres malheureux mourants ou blessés, auxquels j'ai eu le bonheur de murmurer quelques paroles de paix, je m'adresse à vous pour vous supplier d'organiser une souscription ou tout au moins de recueillir quelques dons à Genève pour cette œuvre chrétienne. Depuis trois jours chaque quart d'heure je vois une âme d'homme quitter ce monde au milieu de souffrances inouïes. Et cependant pour beaucoup un peu d'eau, un sourire amical, une parole qui fixe leurs pensées sur le Sauveur, et vous avez des hommes transformés qui attendent courageusement et en paix l'instant du délogement …[33]

---

[32] Elisabeth Fry an Philipp Emanuel von Fellenberg, Bönigen, 12. August 1839 (Burgerbibliothek Bern), ebd. Nr. 2. Im selben Sinn äusserte sie sich am selben Tag anlässlich eines Ausfluges nach Lauterbrunnen gegenüber Sophie von Wurstemberger, ebd. Nr. 1, S. 48f. Zu Fellenberg und seiner Familie vgl. jetzt Wittwer Hesse, Denise: *Die Familie von Fellenberg und die Schulen von Hofwyl. Erziehungsideale, «häusliches Glück» und Unternehmertum einer bernischen Patrizierfamilie in der ersten Hälfte des 19. Jahrhunderts*. Bern 2002 (AHVB 82).

[33] Zitiert nach Winkler, Jochen: *Der Kirchenhistoriker Jean Henri Merle d'Aubigné. Eine Studie zum Genfer Réveil*. Zürich 1968, S. 149 (BSHST 12).

Dunants Initiative zugunsten der Kriegsopfer war ursprünglich spirituell motiviert. Sein Vorstoss hat in den Kreisen des Genfer Réveil ein starkes Echo gefunden. Hinzu kommt, dass der CVJM und Institutionen des Genfer Réveil wie die *Société évangélique*, die *Eglise de l'Oratoire* und die *Alliance évangélique* dank ihrer Ökumenizität und Universalität dem Roten Kreuz strukturell selbst dann noch Pate gestanden haben, als dieses, wollte es die europäische Öffentlichkeit erreichen, aus rein christlichen in allgemein philanthropische Bahnen gelenkt werden musste.[34]

4. Bilanz

Ich breche ab, obwohl ich dem Thema gern bis ins 20. Jh. nachgegangen wäre. Vom Religiösen Sozialismus etwa und seiner Reich Gottes-Hoffnung wäre zu sprechen[35], von der Ökumenischen Bewegung, für die Umkehr und Gebet konstitutiv waren und sind[36], von der Pfingstbewegung, der Charismatischen und der Neocharismatischen Bewegung[37], aber auch von der ökologischen Spiritualität, die, obwohl früh schon traktandiert[38], sich erst gegen Ende des Jh. zu einer Bewegung formierte[39].

Wir fragten nach der Interdependenz zwischen spirituellen Aufbrüchen und gesellschaftlichen Umwälzungen und nach der Gesellschaftsrelevanz von spirituellen Aufbrüchen. Was lässt sich rückblickend dazu sagen?

1. In allen Fällen geschah der Aufbruch in religiösen, sozialen und politischen Krisensituationen. Das war in Bern 1532 und an der Wende vom 17. zum 18. Jh. so. Es trifft auf die Reformation wie auf die katho-

---

[34] Dies hat Jochen Winkler, ebd. S. 144–152, überzeugend gezeigt.
[35] Vgl. Blaser, Klauspeter: *Le Christianisme social. Une approche théologique et historique*. Paris 2003.
[36] Zu denken wäre nicht nur, aber auch, an den Œcuménisme spirituel des Abbé Paul Couturier (vgl. Otto E. Strasser-Bertrand: *Aus den Anfängen der ökumenischen Bewegung im Bernbiet*. In: Gottesreich und Menschenreich. Ernst Staehelin zum 80. Geburtstag, Basel 1969, S. 429–451.) und evangelische Ordensgemeinschaften (vgl. jetzt *Evangelische Ordensgemeinschaften in der Schweiz*. Hrsg. v. Br. Thomas Dürr, Sr. Doris Kellerhals, Pierre Vonaesch, Zürich 2003).
[37] Vgl. Hollenweger, Walter J: *Charismatisch-pfingstliches Christentum. Herkunft, Situation, ökumenische Chancen*. Göttingen 1997.
[38] Hier wäre an Rudolf Steiner (1861–1924), Albert Schweitzer (1875–1965) und seine Ethik der Ehrfurcht vor dem Leben und an Pierre Teilhard de Chardin (1881–1955) zu erinnern. (Zu den Anthroposophen als Pionieren einer spirituell begründeten Ökologie vgl. Markus Nägeli, Kirche und Anthroposophen – Konflikt oder Dialog, Bern et al. 2003, S. 290 u. 461.)
[39] 1986 ist in der Schweiz die Ökumenische Arbeitsgemeinschaft Kirche und Umwelt (OeKU) gegründet worden.

lische Reform, auf den Pietismus wie auf die Erweckungsbewegung zu, und es liesse sich zeigen, dass dem auch bei den zuletzt nur noch genannten Aufbruchbewegungen so war.

2. Spirituelle Aufbrüche sind Sensoren wie Motoren gesellschaftlichen Wandels. Sie sind Teil gesellschaftlicher Umwälzungen und stehen zugleich an deren Wurzel. Demgegenüber ist die Frage, ob sie diese wie Seismographen hinterher registrieren oder ob sie diese gar im Voraus wahrzunehmen vermögen, von zweitrangiger Bedeutung.

3. Die Gesellschaftsrelevanz spiritueller Aufbrüche steht selbst dann ausser Frage, wenn man einräumt, dass sie, zumal unter den Bedingungen der Neuzeit, sozialen Wandel selten allein hervorbringen. Ihre Fernwirkung, vermittelt über spätere spirituelle und andere geistige und politische Bewegungen, ist oft beträchtlich. Wenn die Erweckungsbewegung mit ihren diakonischen Werken Vorläuferin des modernen Sozialstaates war, so hat sie den Wandel, der damit gemeint ist, nicht allein hervorgebracht, aber dieser ist ohne sie ebenso wenig denkbar wie die Überwindung des Hexenwahns ohne Friedrich von Spee. Es tut dem Pietismus keinen Abbruch, wenn man feststellt, dass die von ihm geltend gemachten Freiheitsrechte des Individuums erst in den Zeiten der Aufklärung und des Liberalismus verwirklicht worden sind. Der Aufbruch von 1532 schliesslich mochte anfänglich einem Strohfeuer gleichen, als Text aber hat der «Berner Synodus» nachhaltig innovativ gewirkt und tut es noch.

Spiritualität im Kontext. Eine zeitgeschichtliche und religionswissenschaftliche Verortung
CHRISTIAN M. RUTISHAUSER

Die neunziger Jahre des 20. Jh. haben die Vorstellung einer linearen und kontinuierlichen Auflösung der Religion im so genannten Säkularisierungsprozess der modernen Gesellschaften endgültig Lügen gestraft. Die religiösen Monopole der Konfessionen sind zwar gebrochen, die Religiosität ist weitgehend in den Privatbereich abgedrängt worden und die institutionalisierte Sozialform des Christentums in bürokratisch und zivilgesellschaftlich organisierte Volkskirchen ist dabei unterzugehen, das stimmt.[1] Doch zugleich ist eine Revitalisierung des Religiösen zu beobachten, die gerne als «Rückkehr der Religionen» bezeichnet wird. Dabei sind zwei Formen zu unterscheiden: Einerseits lässt sich in und ausserhalb Europas ein eher konservativ geprägter, religiöser Fundamentalismus feststellen, der neu fähig ist, soziale Identität zu stiften und eine politische Kraft freizusetzen.[2] Andrerseits wenden sich gerade in den westlichen Industriestaaten viele Menschen einer Spiritualität zu und suchen darin einen neuen Zugang zur Religion. Spiritualität als bewusst gepflegtes geistliches Leben, das traditionell in den Kirchen beheimatet war, daselbst in den vergangenen Jahrzehnten jedoch z.T. ein Mauerblümchen-Dasein geführt hatte, kommt dabei nicht nur innerhalb des Christentums neu zur Blüte, sondern entfaltet sich in neuen Bewegungen und Institutionen und tritt in den unterschiedlichsten Gesellschaftsbereichen, in Kunst, Psychologie, Wirtschaft etc. als Aspekt auf. Zunächst wollen wir diesen Boom der Spiritualität mit einem religionssoziologischen Blick zu orten versuchen. Daraus wird sich die Frage ergeben, was unter Spiritualität zu verstehen sei. Ein Blick in die Geschichte der christlichen Spiritualität wird bewusst machen, wie sich der Horizont in den vergangenen Jahren verändert hat. Im globalen Kontext einer multireligiösen Welt ist sie heute zu situieren.

1. Die Rückkehr des Religiösen

Der inflationäre Gebrauch des Wortes *Spiritualität*, der stets verschwommener wird, und das existentielle Gestikulieren, das das Spre-

---

[1] Exemplarisch mag dafür die Entstehung und der Zerfall des Milieukatholizismus stehen, beschrieben in: Gabriel, Karl / Kaufmann, Franz-Xaver (Hrsg.): *Zur Soziologie des Katholizismus*. Mainz 1980. Zulehner, Paul Michael: *Aufbrechen oder untergehen. So geht Kirchenentwicklung*. Ostfildern 2003.
[2] Riesebrodt, Martin: *Die Rückkehr der Religionen. Fundamentalismus und der «Kampf der Kulturen»*. München 2000.

chen über Spiritualität heute zuweilen begleitet, lässt vermuten, dass sich das gegenwärtige Suchen nach Spiritualität zunächst als Krisenphänomen darstellt. Hatte Sigmund Freud vor hundert Jahren die Religion als kollektive Zwangsneurose diagnostiziert und könnte man sagen, die Gesellschaft sei damals an einer Überdosis von moralisierender Religion erkrankt gewesen, so leidet der heutige Mensch am Verlust der Religion. Der Zusammenbruch der grossen religiösen und auch pseudoreligiösen Erzähltraditionen – zu letzteren sind der Marxismus und der Nationalismus zu rechnen – haben ein Sinnvakuum hinterlassen. Die für die jetzige Epoche spezifische Form der Angst vor Leere und Sinnlosigkeit ist geboren. Nicht mehr angesichts von Schicksal und Tod wie in der Antike oder angesichts von Schuld und Verdammung wie im Mittelalter erschrickt der Mensch, sondern angesichts von radikalem Sinnverlust.[3] Die immer detailreicheren Erkenntnisse der in ihren Einzelgebieten analytisch vorgehenden Wissenschaften lassen vor lauter Bäumen den Wald nicht mehr sehen, führen zur Zersetzung von Gesamtzusammenhängen und erzeugen somit eine bedrohende Leere. Daher gilt es, die ausdifferenzierten Teilgebiete interdisziplinär zu vernetzen. Ein neuer Sinn für das Ganze muss wieder geweckt werden, um fürs erste die Atomisierung zu überwinden. Doch dabei werden die entscheidenden Fragen nur noch bewusster: die spezifische Auseinandersetzung mit den letzten Fragen nach dem Woher und Wohin von Mensch und Welt, nach den letzten Werten und vor allem nach dem Sinn des Ganzen des Lebens. Diese religiösen Fragen werden in der Spiritualität in ihrer existentiellen Bedeutung für das Individuum neu gesucht, um einem drohenden Nihilismus zu entgehen.

Als Krisenphänomen einer Moderne, die die konstitutive Transzendenzverwiesenheit des Menschen leugnete, hat die Spiritualität damit eine ähnliche Funktion wie der oben genannte Fundamentalismus: beide Male wird nach den letzten Fundamenten des Lebens gesucht. Ist jedoch die fundamentalistische Gangart stärker politisch, patriarchal und legalistisch geprägt, so ist die spirituelle Bewegung eher individuell, feministisch und charismatisch. Ist der Fundamentalismus mit seinem autoritären und vernunftwidrigen Charakterzug eindeutig ein Gegner der Moderne, so zeigt die Spiritualität ein facettenreicheres Gesicht: In ihren pubertären und undifferenzierten Formen mag sie die Augen vor der Komplexität und Unübersichtlichkeit der Wirklichkeit

---

[3] Tillich, Paul: *Sein und Sinn. Schriften zur Ontologie.* Gesammelte Werke XI, Stuttgart 1969, S. 33–54. Frankl, Viktor: *Sinn als anthropologische Kategorie.* Heidelberg 1996. Ders.: *Der Wille zum Sinn. Ausgewählte Vorträge zur Logo-therapie.* Zürich 2/1994.

verschliessen und sich allein ins Irrationale und Gefühlsvolle ergiessen. Abgesehen von diesen regressiven Entgleisungen wendet sie sich jedoch zurecht gegen die immer grössere Technisierung und Funktionalisierung des Lebens und setzt der zweckrationalen Vernunft und dem modernen Machbarkeitswahn eine Grenze. Dem Personalen und dem Mystischen wird jenseits der positivistisch feststellbaren Tatsachen ein lebensnotwendiger Wert zugemessen. Dem kollektiv Psychischen oder der spirituellen Dimension der Wirklichkeit wird heute auch von Physikern, die zum harten Kern der modernen Naturwissenschaftler gehören, wieder ein eigener Wert zugesprochen, wenn z.B. wieder von einer Weltseele gesprochen wird oder die Welt auf einmal als «geronnener Geist» oder als «Kruste des Geistes» bezeichnet wird, wie dies Friedrich von Weizsäcker getan hat.[4] Die Religiosität oder sogar eine transzendentale Offenheit wird dabei als konstitutives Existential des Menschen rehabilitiert.

Da sich die gegenwärtig aufblühende Spiritualität zwar nicht in Innerlichkeit erschöpft, aber sich zunächst im privaten und persönlichen Bereich entfaltet, ordnet sie sich auch relativ leicht in die moderne, ausdifferenzierte Gesellschaft hinein und stabilisiert sie gerade auch in ihrer technischen und ökonomischen Verfallenheit. Dies vor allem durch ihren Schulterschluss mit der Psychologie und Therapie. Hatten sich Seelsorger und Theologen schon seit den 80er Jahren den psychologischen Errungenschaften zu öffnen begonnen, weil sie deren Nutzen für die religiöse Persönlichkeitsentwicklung erkannt hatten, so wird sich heutzutage auch die Psychologie immer mehr der Grenzen der eigenen Methode bewusst und greift gerade in ihrer transpersonalen Form immer stärker auf das Spirituelle zurück. Kategorien wie Schuld, Heiligkeit, Berufung etc. werden einbezogen, um die von der Moderne fragmentierten, metaphysisch entwurzelten Psychen zu heilen und mehr oder weniger funktionsfähig in die Gesellschaft zurückzuschicken. Doch hat Spiritualität keine andere Funktion als die Wunden und Fehler der aktuellen Gesellschaft zu heilen und zu lösen? Ein Blick in die Geschichte kann uns helfen, zu einem umfassenderen Begriff von Spiritualität zu kommen.

---

[4] Vgl. Thiede, Werner: «*Komm, uns zu durchdringen!*». *Der Begriff der Weltseele zwischen Kosmologie und Theologie.* In: Neue Zürcher Zeitung 29./30. Mai 2004, Nr.123, S. 64.

2. Zur jüngsten Geschichte der Spiritualität[5]

Das Wort *Spiritualität* hat sich im Deutschen erst in den letzten Jahrzehnten durchgesetzt.[6] Es ist die Übersetzung des französischen *spiritualité*, das seine etymologischen Wurzeln im Lateinischen *spiritus*, Geist, hat, womit der Heilige Geist gemeint ist. Spiritualität ist also das neue Wort für das, was man früher geistliches Leben bzw. ein Leben aus dem Geist Gottes genannt hat. So verweist das *Lexikon für Theologie und Kirche* von 1960 unter Spiritualität auf den Ausdruck *Frömmigkeit*. Sie bezeichnet im ursprünglichen Sinne nicht nur religiöse Innerlichkeit und subjektiv vollzogene Religion, sondern die in einer Begegnung mit Gott gewonnene Lebenstüchtigkeit.[7] Was mit dem Wort *Spiritualität* in der christlichen und abendländischen Tradition bezeichnet wird, ist also zunächst eine Lebensform, die sich vom Wirken des Heiligen Geistes bestimmen lässt. Darunter werden je nach Epoche stärker das religiöse Innenleben und die persönlichen Erfahrungen der Anwesenheit Gottes, geistliche Praktiken wie Gebete und Rituale, eine religiös motivierte Ethik, gemeinschaftliche Strukturen, wie ein Ordensleben etc. verstanden.[8] Die Spiritualität steht in der Nähe der Mystik und Aszetik. Auch diese Worte stehen ja nicht nur für ein besonderes Bewusstsein der paradoxen Anwesenheit / Abwesenheit des Transzendenten bzw. der *cognitio Dei experimentalis*, der Gotteserfahrung, sondern umfassen alles, was darauf hinführt oder sich daraus ergibt – auf individueller und gemeinschaftlicher Ebene.[9] Spiritualität darf meines Erachtens nicht auf ausserordentliche, religiöse Erfahrungen begrenzt werden. Es geht vielmehr stets um den persönlichen und konkreten, historisch und sozial mitgeformten Ausdruck eines geistlichen Lebens. Daher muss man, genauer hingeschaut, von Spiritualitäten im Plural sprechen. Klassisch wird daher von biblischer, monastischer, feministischer Spiritualität etc. gesprochen, die sich je nach psychologischen und soziologischen Faktoren neu herausbil-

---

[5] Eine umfassende Geschichte der christlichen Spiritualität bietet: McGinn, Bernhard/ Meyendorff, John/ Leclercq, Jean (Hrsg.): *Geschichte der christlichen Spiritualität*. 3 Bd., Würzburg 1993–1997.

[6] 1947 benutzt Hans Urs von Balthasar das Wort zum ersten Mal, worauf es in die röm.-kath. Theologie Eingang findet. Über die Weltversammlung des Ökumenischen Rates der Kirchen 1975 in Nairobi kommt es aus dem Englisch sprachigen Bereich dann auch in die reformatorischen Kirchen. (Vgl. dazu auch: Nägeli i.d.Bd. Anm. 5.)

[7] Auer, Alfons: Artikel *Frömmigkeit*. In: Lexikon für Theologie und Kirche, Freiburg i.B. 1960, Sp. 400–405.

[8] Eine ausführliche Wortgeschichte bietet: Solignac, Aimé: Artikel *Spiritualité*. In: Dictionnaire de la Spiritualité, Faszikel XCIVf, Paris 1989/90, Sp. 1142–1160.

[9] Vgl. McGinn, Bernhard: *Die Mystik im Abendland*. Bd. 1, Freiburg et al. 1994, S. 16.

den. Die Geschichtsschreibung der röm.-kath. Spiritualität teilt die jüngste Zeit denn auch in vier Phasen ein: Auf die «existentielle Welle» nach dem Zweiten Weltkrieg folgte eine «soziale Bewegung», die den Sinn für christliche Weltverantwortung betont hatte. Sie wurde von einem Bemühen um die Integration von therapeutischen Methoden in die spirituelle Praxis abgelöst («psychologische Welle») und wird augenblicklich gerade von einer «pluralistischen Phase» überlagert, ausgelöst durch das multireligiöse Bewusstsein in einer globalisierten Welt.[10] Daher wird nun von einer buddhistischen, islamischen, hinduistischen Spiritualität gesprochen.

Die Auffassung von Spiritualität, die ich hier aus der jüngsten Geschichte des Christentums gewinnen möchte, ist im weiteren Sinn von den grossen französischen Spiritualitäts- und Mystikforschern wie Joseph Maréchal (1878–1944), Jacques Maritain (1882–1973) und Michel de Certeau (1925–1986) beeinflusst. Im deutschsprechenden Raum ist sie von Karl Rahner (1904–1984) geprägt worden. Er entwickelt ein Spiritualitätsmodell, das sich von einer Beschreibung eines traditionellen, spirituellen Stufenwegs abhebt und sich auch gegen die Aufstiegslogik von grösserer Vergeistigung und höherer Erkenntnis wendet. Beide Vorstellungen sind in der Art von Spiritualität, wie sie auch gegenwärtig aufbricht, allgegenwärtig und werden oft unbewusst vorausgesetzt. Spiritualität besteht hingegen für Rahner in der existentiellen Vertiefung der personalen Akte des Menschen – des ganzheitlichen Wahrnehmens, des Handelns aus innerer Freiheit, des Vertrauens auf die Kraft der Transzendenz.[11] Von Lebenssituation zu Lebenssituation wird dabei die Dynamik, Entwicklung und Reifung des Individuums ernst genommen. Zudem richtet er den spirituellen Weg nicht auf Erkenntnis aus, sondern sieht die Liebe als Wesen und Ziel aller Mystik. Auch Hans Urs von Balthasar (1905–1988) ist zu nennen. Spiritualität ist für ihn eine existentielle und praktische Grundhaltung, die der Mensch aus seinen religiösen Intuitionen und letztgültigen Anschauungen schöpft.[12] Auf drei Dimensionen des menschlichen Geistes baut er sein Spiritualitätsverständnis auf: 1. Auf dem geistlichen Streben in Form des Eros zum Andern hin, als Innerlichkeit zu sich selbst hin und als Vertiefung in die Zeit hinein (durch Erinnerung zum Ursprung und durch Hoffnung zur Vollendung). Hier ist der Mensch auf einen le-

---

[10] Vgl. Schönfeld, Andreas (Hrsg.): *Spiritualität im Wandel. Leben aus Gottes Geist*. Würzburg 2002, S. 17.
[11] Rahner, Karl: *Über das Problem des Stufenweges zur christlichen Vollendung*. In: Ders.: Schriften zur Theologie, Bd. 3, Einsiedeln et al. 1956, S. 11–34.
[12] Balthasar, Hans Urs von: *Spiritus Creator. Skizzen zur Theologie III*. Einsiedeln 1967, S. 247–267.

benslangen Weg der Selbst-Transzendierung gerufen. 2. Auf den Geist, der sich verwirklichen, und sich daher im Leben und in der Welt erfahren will. Innerlichkeit muss sich notwendig im Sozialen entfalten und bewähren. Der Geist will sich konkretisieren. 3. Auf der Offenheit für den absoluten Geist, den Logos oder die letzte Norm, woher erst Vollendung für den endlichen, individuellen Geist möglich ist. In Gelassenheit und aufmerksamer Passivität, die einer höheren Aktivität entspricht, eröffnet sich der Mensch diesem Geist. In der Spiritualität lernt der Mensch, den absoluten Geist an sich handeln und wirken zu lassen, ohne seine Freiheit zu verlieren.

Die geschilderte theologisch-philosophische Auffassung von Spiritualität baut auf einer humanistischen Anthropologie auf und lässt ihren christlichen Hintergrund erkennen. Sie geht vom Geist aus, kraft dessen der Mensch einmalige Person ist und sich über sich selbst hinaus transzendieren kann. Ich bringe diese in der französisch-deutschen Geschichte gewachsene Auffassung von Spiritualität in den aktuellen deutsch-angelsächsisch geprägten Diskurs ein, der heute stark naturwissenschaftlich, psychologisch und von der vergleichenden Religionswissenschaft geprägt ist. Auch wenn gewisse weltanschauliche Implikationen nicht geteilt werden, lassen sich daran doch ausgereifte Überlegungen zur Spiritualität ablesen und einige Kategorien für die gegenwärtige Debatte gewinnen. Folgende drei Punkte möchte ich festhalten:

1. Auch wenn Spiritualität in der Zukunft zu Recht weniger konfessionell sein wird, so muss sie an Religion oder zu mindest an metaphysische Traditionen zurückgebunden bleiben. Nur so stellt sie sich den letzten sinngebenden Fragen des Woher und Wohin, wird sie sich ihrer Wertvorstellungen bewusst und hat die Kraft, Leben im Individuellen und Gesellschaftlichen zu gestalten. Ohne in konkreten Erzähltraditionen und Ritualen der Religionen vermittelt zu sein, bleibt Spiritualität Spielball von Wirtschaft, Politik oder Kunst. Sie würde nichts anderes sein als wie z.B. der Geist der Romantik, des Deutschtums, des Liberalismus etc.

2. Spiritualität darf nicht auf das Unerklärliche, Gefühlsmässige und Irrationale reduziert werden. Baut sie wirklich auf dem Geist des Menschen und dem absoluten Geist auf, so gehört das Erkennen und Verstehen dazu, auch wenn die Ratio weniger analytisch als vielmehr von ihrem intuitiven Ursprung her zum Zuge kommt. Es geht um lebenspraktische Weisheit, wie sie z.B. im antiken Judentum[13] oder in der modernen Sophiologie[14] anzutreffen ist. Ein kohärentes Weltbild, das

---

[13] Vgl. das *Buch der Weisheit* und das *Buch der Sprüche* in der Bibel.
[14] Frensch, Michael: *Das Dilemma der Philosophie und die Perspektive der Sophiologie*. Schaffhausen 2000.

mit den übrigen wissenschaftlichen Erkenntnissen kompatibel ist, gehört zu einer Spiritualität, die nicht sektiererisch und esoterisch im schlechten Sinne werden will.[15]

3. Spiritualität kommt nicht ohne Ethik aus. Wenn geistige Kräfte geweckt werden, ist es entscheidend, sie auf das Streben nach dem schöpferischen, konstruktiven und lebensfördernden Handeln auszurichten. Da die Freiheit das Markenzeichen des menschlichen Geistes ist, ist eine Spiritualität gerade daran zu messen, wie weit sie in innere und äussere Freiheit führt und Übernahme auch von sozialer Verantwortung fördert.

Es lässt sich zusammenfassend zweierlei sagen:
1. In Anlehnung an den alten spirituellen Grundsatz *lex orandi, lex credendi* (Die Gesetzmässigkeit des Betens entspricht der Gesetzmässigkeit des Glaubens) hat die Art des spirituellen Vollzugs in einer Kohärenz zu stehen mit der religiösen Weltanschauung und dem religiös motivierten Handeln. Der Mensch, so viele Seelen er in seiner Brust haben mag, ist auf eine gewisse Einheit der Person hin angelegt bzw. findet gerade in dieser Einheit Erlösung.
2. Spiritualität ist nicht als ein eigenständiger Wirklichkeitsbereich anzusehen, wie Recht, Politik, Wirtschaft, Kunst etc. die je auf einer Grundunterscheidung wie recht / unrecht, wahr / falsch, gut / schlecht, frei geschaffen / vorgegeben etc. beruhen. Vielmehr gehört Spiritualität zur Religion, die auf der Unterscheidung von profan / heilig aufbaut, wobei das Profane das menschlich Erkenn- und Machbare und das Heilige das ihm konstitutiv entzogene Andere bedeutet.[16] Wie die Religion kann die Spiritualität daher einerseits als Teilsystem der Kultur aufgefasst werden,[17] andrerseits hat sie jedoch den umfassenden

---

[15] Das Auseinanderbrechen von Theologie und Spiritualität seit dem 13. Jh. kann ich nicht beklagen, wie es oft getan wird, da ich diese Entwicklung im Rahmen der umfassenderen Ausdifferenzierung der Wissensdisziplinen sehe. Allein die Abwertung der Spiritualität gegenüber der Theologie ist zu überwinden. Die Spiritualität als theologische Disziplin neu zu begründen, nachdem das Fach «Mystik und Aszetik» in der Mitte des 20. Jh. untergegangen ist, versucht Anton Rotzetter in vier Bänden: Ders.: *Geist wird Leib. Theologische und anthropologische Voraussetzungen des geistlichen Lebens; Geist und Geistesgaben. Die Erscheinungsformen des geistlichen Lebens in ihrer Einheit und Vielfal; Geist und Welt. Politische Aspekte des geistlichen Lebens; Geist und Kommunikation. Versuch einer Didaktik des geistlichen Lebens*. Zürich et al. 1979–1982.

[16] Vgl. Eliade, Mircea: *Das Heilige und das Profane. Vom Wesen des Religiösen*. Hamburg 1957.

[17] Die Religion nur noch als Teilsystem zu erfassen, das der menschlichen Kontingenzbewältigung und Sinnsuche dient, ist unter dem Blick der Religionssoziologie und Religionswissenschaft weit verbreitet worden. Vgl. dazu: Lübbe, Hermann: *Religion nach der Aufklärung*. In: Höhn, Hans-Joachim (Hrsg.): Krise der Immanenz. Religion an den Grenzen der Moderne, Frankfurt a.M. 1996, S. 93–111.

und absoluten Anspruch, alle Teilbereiche zu durchdringen bzw. den Horizont für die übrigen Wirklichkeitsbereiche zu bilden. Deswegen ist sie auch notwendigerweise auf alle Felder des Denkens und Handelns hin offen.

3. Im Horizont des interreligiösen Dialogs

Das Phänomen Spiritualität wird, wie bereits angesagt, angesichts einer entstehenden Weltkultur heutzutage im pluralistischen, interreligiösen Kontext diskutiert. Da die monotheistischen Religionen unter den Verdacht geraten sind, mit ihrem Absolutheitsanspruch inhärent zu Aggression und Gewalt zu neigen,[18] wird dabei in den mystischen Religionen Asiens ein neuer Religionstyp erhofft, der paradigmatisch für das friedliche Zusammenleben in einer globalisierten Welt sein könnte. Spiritualität wird dabei auf Mystik zurückgeführt und zuweilen behauptet, die mystische Erfahrung, wie sie klassisch von William James zu Beginn des 20. Jh. untersucht worden ist,[19] wäre der Grund und Zielpunkt aller Religionen. Die Religionen deuteten und ritualisierten die eine mystische Erfahrung in kulturell bedingten Sprachspielen. Die pluralistische Religionsphilosophie, die aus erkenntnistheoretischen Überlegungen zum Schluss kommt, dass alle Religionen um das unaussagbare Geheimnis der Transzendenz kreisen und letztlich das gleiche Ziel verfolgten, nämlich den Menschen von der Selbstbezogenheit zur Transzendenzbezogenheit zu führen,[20] unterstützt auf ihre Art und Weise diese Mystik-These: Die Religionen sind unterschiedliche, letztlich jedoch kompatible und überführbare Symbolsysteme im Dienst der Transzendenzverwiesenheit des Menschen. Die Spiritualität als Entfaltung der Transzendenzerfahrung in die unterschiedlichen Wirklichkeitsbereiche hinein, wird dabei zum transreligiösen und universalen Bewusstsein.

Diese populär gewordene Vorstellung von Spiritualität im pluralistischen Umfeld scheint mir problematisch.

1. Sie vereinnahmt die Religionen und nimmt ihr Selbstverständnis nicht ernst, weder was ihre Weltdeutung betrifft, noch die sehr unterschiedliche Stellung der Mystik in ihnen. Religionen geht es nicht nur

---

[18] Marquard, Odo: *Lob des Polytheismus*. In: Höhn, Hans-Joachim (Hrsg.) 1996, a.a.O., S. 154–173.
[19] James, William: *Die Vielfalt religiöser Erfahrung. Eine Studie über die menschliche Natur*. Zürich 1982. – Zum angelsächsischen Mystikdiskurs ist eine gute Einführung erschienen von: Widmer, Peter: *Mystikforschung zwischen Materialismus und Metaphysik. Eine Einführung*. Freiburg i.B. et al. 2004.
[20] Hick, John: *Religion. Die menschliche Antwort auf die Frage nach Leben und Tod*. München 1996.

um Mystik, sondern auch um Ethik, Weltdeutung etc. Die monotheistischen Offenbarungsreligionen Judentum, Christentum und Islam sehen sich zudem zuerst «geschichtlichen» Ereignissen verpflichtet – Exoduserfahrung; Leben, Tod und Auferstehung Jesu; Offenbarungen Mohammeds – und nicht mystischen Erfahrungen von Individuen. Da sie letztlich im Zwischenmenschlichen wurzeln, wird die letzte Wirklichkeit von ihnen auch in relationalen Begriffen, wie z.B. Liebe oder Gerechtigkeit gefasst, und die Ethik, die sich gerade den Schwachen, Armen, Behinderten und Zukurzgekommenen zuwendet, ist ein der Mystik ebenbürtiges, wenn nicht sogar grundlegenderes religiöses Entfaltungsgebiet. Religionen als Symbolisierung und Entfaltung mystischer Erfahrung von Einzelpersonen ist eine zu monokausale Sichtweise. Die mystische Erfahrung in den Offenbarungsreligionen selber wird darüber hinaus von breiten Kreisen nicht jenseits von Raum und Zeit als eine einheitliche gesehen, deren Interpretation nur eine sekundäre Fassung darstellt. Vielmehr gehört jede Versprachlichung und damit vernunftmässige Erschliessung konstitutiv zur Erfahrung selbst, sonst würde sie sich nicht einmal im Innern einer Person bewusst werden können.[21] Die wirklichkeitsbegründende Funktion des «Wortes» wird in diesen Religionen vor allem durch die theologischen Konzeptionen von Offenbarung, sei es im Koran, der Tora oder in Christus, zum Ausdruck gebracht.

2. Oft schwingt die Voraussetzung mit, Mystik und Spiritualität führten inhärent zu einer friedlichen Welterschliessung. Wie sich Menschen mit mystischer Erfahrung jedem Dialog entziehen und, transzendent autorisiert, zu «charismatischen Diktatoren» aufspielen können, oder Zen-Autoritäten auch Krieg unterstützten, wird dabei übersehen.[22] Das prophetische Friedenspathos, das vom ethischen Monotheismus ausgeht, wird dann nur in der Zerrform wahrgenommen, in der die Offenbarungswahrheit gänzlich in eine geschichtliche Form hinein aufgelöst wird. Die Entfeindungskraft, wie sie z.B. die dramatische Theologie für das Christentum mit sozial-psychologischem Instrumentarium neu zu erschliessen suchte,[23] wird dabei vollständig ignoriert.

---

[21] Haeffner, Gerd: *Erfahrung – Lebenserfahrung – religiöse Erfahrung. Versuch einer Begriffsklärung*. ThPh Jg. 78, 2/2003, S. 161–192. Ders.: *Können Präsenzerlebnisse als religiös bedeutsame Erfahrungen gelten?* In: Eisenhofer-Halim (Hrsg.): Wandel zwischen den Welten. Festschrift für Johannes Laube, Frankfurt a.M. et al. 2003, S. 251–269.

[22] Victoria, Brian (Daizen) A.: *Zen, Nationalsozialismus und Krieg. Eine unheimliche Allianz*. Berlin 1999.

[23] Schwager, Raimund et al. (Hrsg.): *Religion erzeugt Gewalt – Einspruch!, Beiträge zur mimetischen Theorie*. Bd. 15, Thaur 2003; Niewiadomski, Józef et al. (Hrsg.): *Dramatische Theologie im Gespräch, Beiträge zur mimetischen Theorie*. Bd. 14, Thaur 2003.

3. Eine transreligiöse Spiritualität zielt einseitig auf eine Vereinheitlichung des religiösen Lebens ab. Sie tendiert, wie der falsch verstandene Monotheismus der Formel «ein Gott – ein Volk», totalitär zu werden, obwohl eine universale Spiritualität gerade religiös motivierte Kriege und Imperialismus verhindert will und sich als Weg zu einem friedlichen Zusammenleben anbietet. Dem Umgang mit der Vielheit und vor allem mit dem Andern, dem der Mensch so leicht mit Gewalt begegnet – und mag diese noch so subtil sein –, müssen sich alle Spiritualitätsformen positiv stellen, wollen sie nicht regressiv oder weltflüchtig sein. Nur so kann die partikulare Verwurzelung, die jedes spirituelle Leben braucht, um sich in der Lebenswirklichkeit entfalten zu können, gewährleistet werden.

Bezüglich der Diskussion um Spiritualität im Kontext multireligiöser Gesellschaften will ich nicht eine umfassende Theorie anbieten, die die Gemeinsamkeiten und Unterschiede der verschiedenen geistlichen Wege in den Religionen erklärt. Vielmehr möchte ich die aktuelle Dialogsituation darstellen, in der sich das Suchen von Spiritualität entfaltet. Historisch haben sich aus einer mythischen Wirklichkeitsauffassung drei grosse Religionstypen und eine mehr philosophische Weltanschauung herausgebildet. Die Philosophie als reflektierende und lebensgestaltende Kraft hat daher in der Begegnung der Religionen und Spiritualitäten immer mit von der Partie zu sein. Zudem haben sich in der multireligiösen Weltkultur unterschiedliche Formen von Spiritualitäten ausdifferenziert und sich von anderen Aspekten der Religion unterschieden. Sie sind als konkrete, von der transzendenten Wirklichkeit her geprägte Lebensvollzüge (Pietas) unterschieden, aber stets verknüpft mit den andern Aspekten einer Religion, nämlich einer Welterklärung (Mythos), einem liturgischen Vollzug (Ritus), einem normativen Handeln (Ethik)

Mythologische Wirklichkeitsauffassung		
Mystische Religionen	**Monotheistische Religionen**	**Hellenistische Philosophie/ Aufklärung der Moderne**
Hinduismus Buddhismus (Mythos; Ritus; Ethos; Societas)	Judentum/ Christentum/Islam (Mythos; Ritus; Ethos; Societas)	Humanismus Zivilreligion (Mythos; Ritus; Ethos; Societas)
Einheitsspiritualität (Pietas)	Spiritualität der Begegnung (Pietas)	metaphysikoffene Lebensweisheit (Pietas)

und sozialen Institutionalisierungen (Societas).[24] Daher kann die gegenwärtige interreligiöse und spirituelle Dialogsituation in etwa wie folgt schematisiert werden:[25]

Spiritualitäten sind also einerseits diachron bzw. historisch der Herkunftstradition gegenüber und andrerseits synchron bzw. zeitgenössisch gegenüber andern Religionen und ihren Lebensentwürfen zu verorten. Dieser doppelte Kontext führt zu einer zweifachen Aufgabenstellung.

Zum einen geht es in einer bestimmten Spiritualität darum, das ursprüngliche, tiefere und genuine Verständnis der religiösen Tradition, aus der sie selbst stammt, in ihrer fünffachen Dimension von Mythos, Ritus, Ethos, Societas und Pietas zu erschliessen. Die dargebotene Lebensordnung und Erlösungsperspektive sollen von ihrem Wesen her so erarbeitet werden, dass sie existentiell vom Menschen erfasst werden können. Der Blick darf nicht durch historische Zerrformen der religiösen und spirituellen Tradition verstellt sein, auch wenn diese unerlässliche Erkenntnisquellen sind, um auf implizite Schlagseiten und auf in bestimmten Situationen entfesselbare Möglichkeiten aufmerksam zu machen. Es geht um ein spirituelles Leben mit seinen Partikularitäten und Vorbedingungen, das sich gleichsam aus der Vertikalen des Geistigen nährt. Ungehindert eines Vergleichs mit anderen Religionen erneuert sich eine Spiritualität aus dem unmittelbaren Traditionszusammenhang heraus immer wieder neu. Eine Spiritualität ist in einer Religion ja selbst stets auf einen kritischen, transzendenten Grund hin verwiesen.

Zum andern ist die Identität einer spirituellen Lebensform – wie jede individuelle und wie jede kollektive Identität – nie monolithisch, sondern in ihrer historischen Form stets kontingent. Sie definiert sich im Wechselspiel von Eingehen auf und Sich-Abgrenzen von der Umwelt, die als das Andere angesehen wird.[26] Identität steht in einem dialogischen Prozess mit dem Fremden in sich und dem Andern der Umwelt, wobei Fremdes in Eigenes und umgekehrt verwandelt wird. Bei aller

---

[24] Diese Verwiesenheit bestreitet nicht, dass sich gerade spirituelle Strömungen häufig gegen etablierte Traditionen und religiöse Institutionen wenden, sei es als sich formierende Bewegungen inferiorer, liminaler oder marginaler Natur oder aber als Volksfrömmigkeit. Vgl. Waaijman Kees: *Handbuch der Spiritualität. Formen – Grundlagen – Methoden*. Bd. 1, Mainz 2004, S. 219–222.

[25] Die weisheitlichen Religionen Chinas, die nahe der philosophischen Tradition stehen, bleiben im Schema nur deshalb unberücksichtigt, um es an dieser Stelle nicht unnotwendig zu verkomplizieren. Dasselbe gilt für Religionen und Weltanschauung der so genannten «Stammesreligionen».

[26] Zum Konzept der dialogischen Identität, siehe: Bar-On, Dan: *Die «Anderen» in uns. Dialog als Modell der interkulturellen Konfliktbewältigung. Sozialpsychologische Analysen zur kollektiven israelischen Identität*. Hamburg 2001.

Kontinuität in Weltanschauung, Ritus und Ethik z.B. ist die Identität einer Spiritualität doch im Wandel und im steten Neuwerden durch den Prozess der Geschichte. Im multireligiösen Kontext ist dieser Vorgang im Dialog mit anderen Religionen und ihren spirituellen Lebensvollzügen zu gestalten. Im Spiegel des Andern kann Eigenes dann besser erkannt, Fremdes in seiner Wahrheit anerkannt und eventuell bei sich selbst integriert werden. Der Dialog ist dabei die qualifizierte Form einer alle Lebensvollzüge umfassenden Kommunikation.[27] Sie ist per definitionem eine Alternative zur Gewalt angesichts des Fremden. So sind die verschiedenen spirituellen Wege aus den unterschiedlichen Religionen miteinander ins Gespräch zu bringen, z.B. die Zen-Meditation mit dem kontemplativen Herzensgebet des christlichen Hesychasmus. Interessant ist auch der Versuch einer Synthese eines spirituellen Lebensvollzugs mit einer religiösen Weltanschauung, einem symbolischen Zeichensystem, das historisch in einer andern Situation entstanden ist. So hat sich der christliche Trappist Thomas Merton z.B. intensiv mit dem Buddhismus als Weltanschauung auseinandergesetzt. Oder es stellt sich die Frage, wie sich eine religiöse Identität entwickelt, die islamische Sufi-Spiritualität mit einem hinduistischen Weltbild verbindet.

Bei all diesen Vergleichen, Abgrenzungs- und Integrationsversuchen ist es wichtig, sich der unterschiedlichen Aspekte von Religion bewusst zu sein, sie auseinanderzuhalten und richtig in Korrelation zu bringen, will man nicht in einen unerquicklichen Synkretismus verfallen. Spiritualitäten sind dabei besonders auf die Integrationskraft und Kohärenz von religiösen Weltdeutungen verwiesen. Nur in diesen Dialogen wird es gelingen, die einzelnen Traditionen neu zu verorten, für die historischen Umstände der Zeit fruchtbar zu machen und ihren Reichtum als Teil einer multikulturellen Welt zu verstehen. «Heute religiös zu sein bedeutet, interreligiös zu sein, in dem Sinne, dass in einer von religiösem Pluralismus geprägten Welt eine positive Beziehung mit Gläubigen anderer Religionen unumgänglich ist.»[28] Gewandelt und gereift werden die einzelnen Menschen und auch die religiösen Traditionen einst aus dem Dialog und der Begegnung hervortreten – das ist die Hoffnung.

---

[27] Das Konzept des Dialogs ist selber wieder christlichen und humanistischen Ursprungs, da von einer Schöpfung durch das Wort, griechisch *dia logos*, ausgegangen wird und das Dialogische bis in das christliche Gottesbild der Trinität hinein durchgehalten wird. Vgl. Schütz, Christian: Artikel *Spiritualität*. In: Ders.: *Praktisches Lexikon der Spiritualität*. Freiburg i.B. et al. 1988, Sp. 1178f.

[28] *Dekrete der 31. bis 34. Generalkongregation der Gesellschaft Jesu.* Hrsg. von der Provinzialkonferenz der Zentraleuropäischen Assistenz, München 1997, S. 433.

**Praxis und Reflexion spiritueller Wege,
Spiritualität in Beruf und Alltag**

Konfessionslose Religiosität
WILLIGIS JÄGER

> «Wessen Gedanke nur einmal
> die Brücke zur Mystik überschritten hat,
> kommt nicht davon,
> ohne ein Stigma auf allen seinen Gedanken.»
> (Friedrich Nietzsche)

Wir leben in einem Zeitalter, in dem konfessionelle Gebundenheit in der Gesellschaft sehr nachlässt. Gleichzeitig wird aber eine tiefe Sehnsucht nach der religiösen Dimension deutlich spürbar. Zahlreiche Menschen, unabhängig von Alter, Geschlecht und sozialer Zugehörigkeit, sehnen sich nach dieser religiösen Dimension in ihrem Leben, wissen aber gleichzeitig, dass die Hinführung in diese Dimension von den bestehenden Kirchen und Konfessionen nicht geleistet wird, ja offensichtlich nicht gewollt ist. Viele suchen daher in östlichen Religionen eine neue geistige Heimat. Dort wird ihnen aber häufig mit dem spirituellen Weg auch wieder, ob es ihnen nun bewusst wird oder nicht, eine Konfession mit Ritualen und Vorstellungen vermittelt, die sie im Grunde nicht suchen. Die Essenz der Religionen ist weniger das Lehrgebäude, als vielmehr die Erfahrung der Wirklichkeit, auf die in den Konfessionen verwiesen wird.

1. Zeugnisse mystischer Erfahrungen bei Nichtchristen

Nietzsche: Er hatte am Felsen von Surlei eine tiefe spirituelle Erfahrung. Danach schrieb er: «Was machen wir mit dem Rest unseres Lebens – wir, die wir den grössten Teil desselben in der wesentlichsten Unwissenheit verbracht haben?»

Ich erzähle nunmehr die Geschichte des «Zarathustra». Die Grundkonzeption des Werkes, der Ewige-Wiederkunfts-Gedanke, diese höchste Formel der Bejahung, die überhaupt erreicht werden kann, gehört in den August des Jahres 1881; er ist auf ein Blatt hingeworfen, mit der Unterschrift: 6000 Fuss jenseits von Mensch und Zeit:

> *Ich ging an jenem Tage am See von Silvaplana durch die Wälder; bei einem mächtigen pyramidal aufgetürmten Block unweit Surlei machte ich Halt. – Rechne ich von diesem Tage ein paar Monate zurück, so finde ich als Vorzeichen eine plötzliche und im Tiefsten entscheidende Veränderung meines Geschmacks, vor allem in der Musik.*[1]

---
[1] Nietzsche, Friedrich: *Ecce homo*. Frankfurt a.M. 2000, S. 107 ff.

Nietzsche erlebt hier die tiefe Erschütterung vieler Mystiker, die zunächst einmal das Erlebte nicht einordnen können. Es schüttelt sie durch. Sie gehen durch Himmel und Hölle. Das gewöhnliche Leben und das Geschaute lassen sich am Anfang nur schwer zusammenbringen. Die praktische Anwendbarkeit im Leben scheint unmöglich. Das Individuum als Träger biederer Vernünftigkeit macht keinen Sinn mehr. Das alles widerfährt einem Menschen, der es nicht gesucht hat. – In seiner Schrift *Ecce homo* schreibt er weiter:

> *Mit dem geringsten Rest von Aberglauben in sich würde man in der Tat die Vorstellung, bloss Inkarnation, bloss Mundstück, bloss Medium übermächtiger Gewalten zu sein, kaum abzuweisen wissen. Der Begriff Offenbarung, in dem Sinn, dass plötzlich, mit unsäglicher Sicherheit und Feinheit, etwas sichtbar, hörbar wird ..., beschreibt einfach den Tatbestand. Man hört, man sucht nicht; man nimmt, fragt nicht, wer da gibt; wie ein Blitz leuchtet ein Gedanke auf, mit Notwendigkeit, in der Form ohne Zögern – ich habe nie eine Wahl gehabt.*[2]

Schopenhauer: So unwahrscheinlich es manchen klingen mag, auch Schopenhauer hatte eine Einheitserfahrung. Dies schien mir bei Schopenhauer und seiner pessimistischen Weltsicht so unwahrscheinlich, dass es mich überraschte, als ich sie zum ersten Mal las. Er schreibt in seinem Philosophischen Tagebuch in einem Eintrag von 1813:

> *Ich aber sage in dieser zeitlichen, sinnlichen, verständlichen Welt giebt es wohl Persönlichkeit und Kausalität, ja sie sind sogar nothwendig. – Aber das bessre Bewusstseyn in mir erhebt mich in eine Welt, wo es weder Persönlichkeit noch Kausalität noch Subjekt und Objekt mehr giebt.*

Schopenhauer versucht die Welt so zu beschreiben, wie sie sich dem «Besseren Bewusstsein» des Menschen zeigt:

> *Er blickt nun ruhig und lächelnd zurück auf die Gaukelbilder dieser Welt, die einst auch sein Gemüt zu bewegen und zu peinigen vermochten, die aber jetzt so gleichgültig vor ihm stehen wie die Schachfiguren nach geendigtem Spiel oder wie am Morgen die abgeworfenen Maskenkleider, deren Gestalt uns in der Faschingsnacht neckte und beunruhigte. Das Leben und seine Gestalten schweben noch vor ihm wie eine flüchtige Erscheinung, wie dem Halberwachten ein leichter Morgentraum, durch den schon die Wirklichkeit durchschimmert und der nicht mehr täuschen kann.*[3]

---

[2] Ebd.
[3] Zit. in: Neue Zürcher Zeitung, 31. Dezember 1999, S. 49.

Heidegger: Der Feldweg ist eine kleine Schrift Heideggers. In dieser schreibt er: «Wenn die Rätsel einander drängen und kein Ausweg sich bot, half der Feldweg.»[4] Feldweg, das ist bei Heidegger die Zurücknahme des aktiven Denkens zu Gunsten einer Seinserfahrung. Darum fährt er fort:

> *Aber der Zuspruch des Feldweges spricht nur so lange, als Menschen sind, die, in seiner Luft geboren, ihn hören können. Sie sind Hörige ihrer Herkunft, aber nicht Knechte von Machenschaften. Der Mensch versucht vergeblich, durch sein Planen den Erdball in eine Ordnung zu bringen, wenn er nicht dem Zuspruch des Feldweges eingeordnet ist. Die Gefahr droht, dass die Heutigen schwerhörig für seine Sprache bleiben. Ihnen fällt nur noch der Lärm der Apparate, die sie fast für die Stimme Gottes halten, ins Ohr.[5]*
> *(...) Der Verzicht nimmt nicht. Der Verzicht gibt. Er gibt die unerschöpfliche Kraft des Einfachen.[6]*

Andernorts schreibt Heidegger:

> *Wie aber, wenn die Verweigerung selbst die höchste und härteste Offenbarung des Seins werden müsste? Von der Metaphysik her begriffen (d.h. von der Seinsfrage aus in der Gestalt: Was ist das Seiende?) enthüllt sich zunächst das verborgene Wesen des Seins, die Verweigerung, als das schlechthin Nicht-Seiende, als das Nichts. Aber das Nichts ist als das Nichthafte des Seienden der schärfste Widerpart des bloss Nichtigen. Das Nichts ist niemals nichts, es ist ebenso wenig ein Etwas im Sinne eines Gegenstandes; es ist das Sein selbst, dessen Wahrheit der Mensch dann übersteigen wird, wenn er sich als Subjekt überwunden hat und d.h., wenn er sich das Seiende nicht mehr als Objekt vorstellt.[7]*

2. Was ist eine mystische Erfahrung?

Das Wort Mystik und mystisch wird verschieden gebraucht. Ich verwende es im engen Sinn als eine Erfahrung, die ich mit «leere Einheit» bezeichne. Die Grunderfahrung der Mystik ist Leerheit, Nichts, «Gottheit» (Eckhart), «Ursprung allen Seins» (Nikolaus von Kues), «Erste Ursache» (Dionysius). – Die östlichen Religionen nennen sie einfach «Realisation der Wirklichkeit».

---

[4] Heidegger, Martin: *Der Feldweg*. 10. Aufl., Frankfurt a.M. 1998, S. 1.
[5] Ebd., S. 4.
[6] Ebd., S. 7.
[7] Heidegger, Martin: Gesamtausgabe, Bd. 5: *Holzwege*. Hrsg. v. Friedrich-Wilhelm v. Herrmann, 2. Aufl., Frankfurt a.M. 2003.

Leerheit ist gleichzeitig der verbindende Hintergrund, der zur Erfahrung der Einheit allen Seins führt. Alle anderen Worte sind nur Metaphern, die versuchen, Leerheit und Einheit auszudeuten. Leerheit ist keine Substanz. Sie ist die nicht mitteilbare Erfahrung in einer transrationalen Bewusstseinsebene. Diese Bewusstseinebene ist eine Form des Begreifens und Erkennens, die das Personale und Rationale übersteigt. Daher ist diese Erfahrung nur schwer ins Personale und Rationale zu übersetzen. Marguerite Porete, die den *Spiegel der Vollkommenheit* schrieb, meinte zu ihren Erfahrungen: «Es ist ein wunderbares Werk, von dem man nichts auszusagen vermag, man lügte denn darüber etwas vor.»[8]

Ethik. Solche Texte können nur aus einer tiefen Erfahrung heraus entstehen. Es wurde mir klar, dass in dieser Erfahrung auch die wirkliche Ethik gründet. Es ist die Ethik der Liebe, die kein Du und kein Zweites kennt. Was ich dem Anderen antue, tue ich mir an. Ich bin krank in meinem Nachbarn und bettle im Bettler auf der Strasse. Auch der Terrorist ist nicht ausgeschlossen. Auch durch ihn fliesst dieser leuchtende Strom göttlichen Lebens. Sein Handeln ist Mangel an Erkenntnis, Mangel an dieser Einheitserfahrung, die bedingungslose Liebe ist.

3. Beispiele aus der christlichen Mystik

Nikolaus v. Kues bezeichnet diese Erfahrung mit «Nichtwissen»:

> *Denn beinahe alle, die sich dem Studium der Theologie widmen, beschäftigen sich mit gewissen festgelegten Traditionen und deren Formen, und wenn sie so reden können wie die anderen, die sie sich als Vorbilder aufgestellt haben, halten sie sich für Theologen. Sie wissen nichts vom Nichtwissen jenes unerreichbaren Lichtes, in dem keine Dunkelheiten sind. Die aber, die durch das wissende Nichtwissen vom Hören zur Schau des Geistes gebracht werden, freuen sich darüber, das Wissen des Nichtwissens durch sichere Erfahrung erlangt zu haben.*
>
> *Auch wenn ich der Unwissendste von allen sein sollte, würde es mir vollkommen genügen, dass ich um diese meine Unwissenheit weiss und der Gegner um seine nicht, wenn er auch unsinnig handelt. Man liest, dass der heilige Ambrosius der Litanei hinzugefügt habe: «Von den Dialektikern erlöse uns, o Herr.» Denn eine geschwätzige Logik schadet der heiligen Theologie mehr als sie nützt.*[9]

---

[8] Zit. in: Leicht, Irene: *Marguerite Porete – eine fromme Intellektuelle und die Inquisition.* Freiburg i.Br. et al. 1999, S. 300.
[9] Von Kues, Nikolaus: *Aller Dinge Einheit ist Gott.* Zürich 1984, S. 38/39.

Daher die Problematik, das Erfahrene mitzuteilen:

Religiöse Erfahrung ist absolut. Man kann darüber nicht diskutieren. Man kann nur sagen, dass man niemals eine solche Erfahrung gehabt habe, und der Gegner wird sagen: «Ich bedauere, aber ich hatte sie.» Und damit wird die Diskussion zu Ende sein. Es ist gleichgültig, was die Welt über die religiöse Erfahrung denkt; derjenige, der sie hat, besitzt den grossen Schatz einer Sache, die ihm zu einer Quelle von Leben, Sinn und Schönheit wurde, und die der Welt und der Menschheit einen neuen Glanz gegeben hat. (C.G. Jung)[10]

Theresa von Avila beschreibt die leere Einheit in ihrem Buch *Die Innere Burg* wie folgt:

Bei dieser Gnade des Herrn aber, von der wir jetzt sprechen, gibt es keine Trennung mehr, denn immer bleibt die Seele mit ihrem Gott in jener Mitte. Wir wollen sagen: Die Vereinigung gleicht zwei Wachskerzen, die man so dicht aneinander hält, dass beider Flamme ein einziges Licht bildet; und sie ist jener Einheit ähnlich, zu der der Docht, das Licht und das Wachs verschmelzen. Danach aber kann man leicht eine Kerze von der anderen trennen, so dass es wieder zwei Kerzen sind.

Die wirkliche Einheit beschreibt sie mit folgenden Worten:

Hier jedoch ist es, wie wenn Wasser vom Himmel in einen Fluss oder eine Quelle fällt, wo alles nichts als Wasser ist, so dass man weder teilen noch sondern kann, was nun das Wasser des Flusses ist und was das Wasser, das vom Himmel gefallen; oder es ist, wie wenn ein kleines Rinnsal ins Meer fliesst, von dem es durch kein Mittel mehr zu scheiden ist; oder aber wie in einem Zimmer mit zwei Fenstern, durch die ein starkes Licht einfällt: dringt es auch getrennt ein, so wird doch alles zu einem Licht.[11]

Zeitgenössische Berichte:

Im Nichts angekommen wird alles zu nichts. Es gibt hier kein Gesetz, kein gut und böse, kein Leben und keinen Tod. Keinen Gott, keine Erlösung, keine Sünden, kein Karma. Keine guten und keine bösen Absichten, keine Vorstellungen mehr, keine Werte mehr. Kein Morgen und kein Gestern. Nur dieser eine wunderbare Augenblick. Ich bin absolut frei. Es ist

---

[10] Jung, C.G.: *Zur Psychologie westlicher und östlicher Religion.* Band II, Olten 1971, S. 116.
[11] Von Avila, Theresa: *Die Innere Burg.* Zürich 1979.

mein Zuhause, es ist unser aller Zuhause. Es gibt nichts, keinen Menschen, kein Ding, kein Tier, kein Staubkorn das nicht aus ihm entspringt. Es ist wunderbar. In mir ist absoluter Frieden und Liebe. – In mir ist Leid und Schmerz. Mein Körper schmerzt, ich gehe gekrümmt hin und her, doch sind es keine physischen Schmerzen. Das Leid und der Schmerz der ganzen Welt ist hier, hier in mir. Doch bin ich absolut bereit, bereit alles aufzunehmen, noch mehr, ich sehne mich danach, ich bitte darum. (Brigitte)

Dieses Tor ist Wahrheit. Ausserhalb dieser Erfahrung ist alles andere Täuschung ... Über diese Erfahrung gibt es keine Spekulationen oder ein Drumherum-Gerede. Letztendlich gibt es keine Täuschung, keine Illusion, sondern nur Wahrheit, Wahrheit, Wahrheit. – Es gibt keine Krankheiten, keine Gesundheit, kein Leben, kein Sterben, kein Wiedergeborenwerden, keine Menschen, keine Tiere, keine Lebewesen, ja nicht einmal ein Weltall, keine Psychologie und keine Spiritualität. Es gibt nicht einmal den Zen-Weg (geschweige denn Koans). Es gibt nur Wahrheit, Wahrheit, Wahrheit. Es gibt nicht einmal Gedanken, Konzepte und keine Devas. Es gibt Wahrheit, lautere Wahrheit, blosse Wahrheit. – Ein unglaublicher Trost. (Norbert)

Karl Rahner: «Der Fromme von morgen wird ein Mystiker sein, einer, der etwas ‹erfahren› hat, oder er wird nicht mehr sein.» Rahner fügte eine ganz entscheidende Begründung hinzu:

Weil die Frömmigkeit von morgen nicht mehr durch die im voraus zu einer personalen Erfahrung und Entscheidung einstimmige, selbstverständliche öffentliche Überzeugung und religiöse Sitte aller mitgetragen wird, die bisher übliche religiöse Erfahrung also nur noch eine sehr sekundäre Dressur für das religiös Institutionelle sein kann. Die Mystagogie muss von der angenommenen Erfahrung der Verwiesenheit des Menschen auf Gott hin das richtige «Gottesbild» vermitteln, die Erfahrung, dass des Menschen Abgrund der Abgrund Gottes ist.[12]

Im Kreise seiner Mitbrüder fügte er noch etwas sehr Ernüchterndes hinzu. Dort betonte er, dass die Christenheit, sofern sie nicht mystisch geprägt ist, keine Überlebenschancen hat und ausstirbt.[13]

---

[12] Rahner, Karl: *Sämtliche Werke*. VII, 22, Freiburg i.Br. et al. 2002, 22/23.
[13] Rahner, zit in: *Mystical Experience and mystical theology*. In: Theological investigations, Vol 17, NY Crossroad, 1981, pp 90–99. (Zitiert nach einem Manuskript von Prof. Dr. Paul F. Nitter auf dem Ökum. Kirchentag Berlin 2003).

4. Gestaltwerdung – Menschwerdung

Unser Hiersein, in diesem Leib sein, gleicht einem grossen Rätsel. Wir nehmen es so selbstverständlich hin, dass in diesem gewaltigen Universum plötzlich durch die Empfängnis so etwas wie ein geistbegabtes Wesen entsteht. Das ist überwältigend. Eigentlich müssten wir darüber staunen. Wir werden nie begreifen, wie und warum das geschieht. Der Schritt vom Sein ins Nichtsein und der Schritt vom Nichtsein ins Sein lassen sich rational nicht ausloten. Wir sind gestaltgewordenes Bewusstsein. Zurückschauend können wir die Welt nur in dieser unserer Gestaltwerdung begreifen. Wesen in einer anderen Gestalt begreifen eine Welt, wie sie ihrer Gestaltwerdung entspricht. Delphine z.B., die hoch entwickelte Lebewesen sind, begreifen Wirklichkeit sicher anders als wir Menschen. Was wir rational erkennen können ist nur ein Weltausschnitt aus der Fülle des Universums. Es ist nicht mehr als ein Blick durch ein Schilfrohr, in dem wir den Himmel betrachten, sagt eine Weisheit des Ostens.

Unser «Normalbewusstsein» deutet uns nicht die Hintergründe unserer Existenz. Wir haben ein Koordinatensystem aus Genen, Familie, Schule, Religion und Gesellschaft aufgebaut, das wir für wirklich halten, in dem wir jetzt recht und schlecht leben, in dem wir auch unsere Existenz zu deuten versuchen. Aber dieses Koordinatensystem kreieren wir, damit wir nicht in Irrsinn und Verzweiflung fallen. Es gibt uns ein angebliches Zuhause, obwohl es nur ein Modell ist, das wir geschaffen haben, um uns in diesem ungeheuren Weltraum einen Platz zu geben.

Auch die Religion gehört zu diesem Koordinatensystem. Sie ist ein Deutungsversuch unserer Existenz. Sie ist ein Modell, das uns in diesem ungeheuren Universum einen Platz zu geben versucht. Ein solches Modell darf man nicht verabsolutieren. Modelle sind Deutungsversuche des unfassbaren kosmischen Geschehens. Sie neigen leider zur Idolatrie, wie wir das in Rom momentan wieder erleben.

Die Mystik versucht nichts anderes als die Empfänglichkeitsanlage zu erweitern. Sie stösst ins reine Bewusstsein vor. Sie erfährt Wirklichkeit als leere Einheit aus der alle Formen kommen. Darum erscheint immer wieder das Wort «Nichts» in den Beschreibungen dieser Erfahrung. Aber Mystik bleibt nicht bei diesem Nichts stehen. Sie erfährt Bewusstsein und Formen die daraus entstehen als eine Einheit. Mystische Erfahrung ist nichts anderes als ein Erfassen dieser Wirklichkeit von Leerheit und Form, von Gottheit und Welt, von Gott und Mensch.

Persona:
Unser Selbstbild ist gleichsam eine Maske. Im Theater der Griechen spielte sie eine wichtige Rolle. Aus der Maske, hinter der sich der Schau-

spieler verbarg, tönte das Eigentliche, das Wahre hervor. – Manche unterscheiden Person und Ich. Sie sagen: Person ist Beziehung. Sie ist mehr als Ich. Wenn Person Beziehung ist, kann es nur Beziehung im Einen Sein. Es ist die Beziehung der Welle mit dem Ozean, und im Ozean die Beziehung einer Welle mit der anderen im gleichen Wasser. Diese Beziehung ist «Nicht-Zwei». «Gott ist Beziehung» wäre dann zu deuten als innergöttliche Beziehung. Gott ist wie ein Fächer, der sich entfaltet. Die Beziehung der einzelnen Falten ist eine Beziehung innerhalb des Fächers.

Es ist wichtig, unsere Persönlichkeit zu entwickeln, unseren Verstand, unsere Gefühle, einen Beruf zu ergreifen, zu heiraten und Geld zu verdienen. Dazu brauchen wir ein stabiles Ich. Aber es ist falsch, wenn wir glauben, dass wir unser Körper, unsere Gefühle, unser Verstand sind. Wir identifizieren uns mit unserer Person und sagen: Ich bin Arzt, ich bin Mutter; wir sagen: ich bin schön, gescheit, reich. Aber das ist nur eine Rolle, eine Persona, eine Maske, durch die unser wahres Wesen hindurchtönt. Aus dieser falschen Identifikation herauszutreten bedeutet ein ständiges Verlassen des Ich-Bildes. Das Ich-Bild, das ein Mensch von sich hat, grenzt ihn ein. Ein grosser Anteil unserer Persönlichkeit wird von Glaubenssätzen und Vorstellungen ausgefüllt, die uns in der Kindheit und Jugend eingeprägt wurden und die uns am Leben hindern.

Dieses Ich-Bild bestimmt unser religiöses Leben, unsere mitmenschlichen Beziehungen, unsere Emotionen, unser Verhalten im Beruf und in der Gesellschaft. Wer diese Eingrenzungen durchleuchten und ablegen kann, erfährt die eigentliche Natur des Geistes, die keinerlei Formen enthält, sich aber in alle Formen ergiesst. Wenn das Alte bestehen bleibt, gibt es keine wirkliche Veränderung. Nur wer die Identifikation mit seinem Ich-Bild, das bis in die feinsten Nuancen unserer Psyche hineinreicht, immer wieder verlassen kann, gelangt in die Erfahrung der Leere und Einheit. In der theistischen Mystik stirbt das Ich in der Unio mystica. In der östlichen Mystik gibt es kein Ich, das Permanenz hat.

Wer dahin durchbricht, benützt die religiöse Terminologie mit grosser Vorsicht, denn die Begriffinhalte entsprechen nicht mehr der Erfahrung. Und darum finden sich in der eigentlichen mystischen Erfahrung des Ostens und auch des Westens Worte wie Gott, Sakramente, Rituale nicht. Der Vollzug des Lebens selber ist die wirkliche Religion. Was der Mensch mit seinem Verstand, sprich Theologie, noch dazu sagen kann, ist der Versuch, die Erfahrung von einer anderen Dimension in die rational-personale Dimension herüberzuholen.

Der Vollzug unseres Lebens ist die wahre Religion. Gott will gelebt werden.

Das leugnet nicht die Religionen und ihre Bedeutung. Religion ist die Möglichkeit, das Unfassbare für den menschlichen Verstand fassbar zu machen und zu feiern. Aber die eigentliche Feier ist die Feier des Lebens selber. Liturgie, Rituale sind die Nahtstellen, wo beide Aspekte zusammentreffen. – Wenn Mystiker frei sprechen durften, drückten sie sich in einer Sprache aus, die alle Dogmatik übersteigt.

5. Religion und Mystik

Die kulturelle und anthropologische Bedeutung der Religion hat sich unter der säkularisierenden Entwicklung unserer Zeit drastisch verändert. Der Einfluss der institutionalisierten Religionen nimmt immer mehr ab. Es erwacht aber eine ganz neue religiöse Sensibilität. Nur wenn die Religionen ihre Starre überwinden, werden sie den Menschen Antwort auf die ganz neu gestellten alten Menschheitsfragen geben können. Die Sehnsucht nach Erfahrung der verkündeten Wahrheiten und eine starke Öffnung für neue Ausdrucksformen kommen nicht zuletzt aus der Mystik des Ostens. Aufgebrochen auch durch die verschiedenen Formen psychedelischer Selbsterfahrung sehnen sich die Menschen wieder nach einer Deutung ihres Daseins aus der Religion. Religion ist also «in», wenn man will. Zwar gibt es immer noch Wissenschaftler, für die Religion ein biologischer Unfall ist oder ein Produkt des Gehirns, doch gleichzeitig wächst der Hunger nach einer transpersonalen Interpretation des Seins. Was ich ausführe, ist also nicht eine plumpe Kritik an Kirche und Religion. Es spricht daraus der Wunsch, den Religionen zu helfen, den Sprung in die Postmoderne zu wagen.

Mystik wird immer dann lebendig, wenn die Erfahrungen der «Stifter» in objektiven, rechtlichen, dogmatischen Formen erstarren. Wenn das Recht über das Leben und das Dogma über die persönliche Erfahrung zu dominieren beginnen, dann entstehen mystische Bewegungen, die einen direkten Kontakt mit Gott suchen. Die Mystik sucht Gewissheit aus der eigenen religiösen Erfahrung und fühlt sich im Gewissen verpflichtet, dazu zu stehen und auch darüber zu sprechen. Darum haben die theistischen Religionen sich mit der Mystik immer schwer getan. Für die Mystik sind die exoterischen Formen des religiösen Lebens, die sich in der Lehre, in Kulten, Riten, Mythen oder Dogmen manifestieren kein Hindernis, aber sie übersteigt sie. Sie ist eine Reaktion auf die Erstarrung, der Religionen leicht anheim fallen.

Kernpunkte der Problematik
Für die theistischen Religionen kommt Religion einseitig von aussen auf den Menschen zu. Darin liegt das eigentliche Problem. Die Botschaft wird interpretiert als direkt von Gott geoffenbart und nimmt daher auch göttliche Autorität in Anspruch. Sie erscheint als von Gott legitimiert, als einmalige, geoffenbarte Wahrheit und fordert daher auch absoluten Gehorsam. Von *Gott direkt geoffenbart* ist die entscheidende Aussage. Diese Religionen halten sich daher für unvergleichbar mit den anderen. Das Christentum stammt danach nicht aus dem Menschen, sondern aus direkter göttlicher Quelle. Es ist eine von Gott selbst geoffenbarte Nachricht. Gott kann sich nicht noch einmal offenbaren.

Offenbarung durch Jesus Christus wird als Wissen über Gott hingestellt, als eine Erkenntnis, die sonst nicht möglich ist. Glaube ist ein Für-Wahr-Halten von Aussagen, die der Mensch aus sich nicht gewinnen kann. Daher rührt auch der Absolutheitsanspruch. Was Gott geoffenbart hat, kann nicht falsch sein, auch wenn der Mensch das nicht versteht. Das Geoffenbarte bleibt wahr, auch wenn der Einzelne es nicht einsieht. Das Christentum verteidigt mit dieser Lehre seine historische Einmaligkeit. Andere Religionen halten das für ein nicht beweisbares Postulat. Es ist eigene Selbsteinschätzung und wird zum Fundamentalismus, den heute viele Gebildete auch im Christentum nicht mehr akzeptieren. Denn der Aussenstehende erkennt, dass sich dieses Postulat nicht beweisen lässt. Aber jeder Einwand prallt an diesem Offenbarungsverständnis ab und lässt keine Diskussion zu. Es ist letztlich ein System, gegen das jede Argumentation auf Unverständnis stossen muss. Wer im System bleibt – und das tun offensichtlich die meisten Theologen – kann darin nach Herzenslust theologisieren und die einzelnen Dogmen wie Möbel auf dem gleichen Stockwerk herumschieben. Es darf jedoch keine eigene Erfahrung hinzukommen. Wer in diesem System bleibt, ist rechtgläubig. Wer zweifelt, wird zum Schweigen verurteilt oder ausgeschlossen.

In unserer neuen kosmischen Weltsicht erscheint es vielen Menschen naiv, ein Dogma für eine vom Himmel gefallene göttliche Wahrheit anzusehen. Ein Dogma ist die Form, in der damals die Menschen ihre Glaubenserfahrung formulierten. Manche Formulierungen wurden allgemein akzeptiert. Sie müssen heute so interpretiert werden dürfen, dass die Erfahrung, die sich in ihnen niedergeschlagen hat, auch dem heutigen Menschen nachvollziehbar wird. Religionen sind gleichsam die Landkarten, die in die Wirklichkeit der Natur führen sollen. Sie sind Wegweiser zu neuen Glaubenserfahrungen. 14 Milliarden Jahre kam dieses Universum ohne den Menschen aus und wird eines Tages wieder ohne ihn auskommen. Wer, was war Gott in den vergangenen 14 Milliarden Jahren? Wo lag die Bedeutung von Jesus Christus in der Vergangenheit, als es den Menschen nicht gab und wo liegt sie, wenn er nicht mehr da ist, das Universum aber weitergeht? Was bedeutet die Präexistenz Christi? Dogmatik und Fundamentaltheologie haben bewundernswerte theologische Gebäude auf diesem Postulat errichtet. Aber wer den Grundstein der Einmaligkeit und Einzigartigkeit herausnimmt, sieht das Gebäude zusammenfallen wie ein Kartenhaus.

Hier und jetzt
Die erste Aufgabe der Religion sollte es sein, der ganzen Welt, dem ganzen Kosmos, dem ganzen Universum die Teilhabe am Göttlichen aufzuzeigen. Auferstehung hat nichts mit Zeit zu tun. Das ewige Leben ist nicht deine verlängerte und ungebrochene, niemals endende Biographie. Es ist das gleiche Leben, das wir jetzt erleben. Wenn wir aus unserer engen Egoeingrenzung, unserer personalen Individualität befreit sind, entdecken wir das Leben, das Gott selbst ist. Wir sind für eine kurze Zeit in dieser Gestalt zum Bankett Gottes eingeladen: ein paar Monate, ein paar Jahre, letzten Endes ist es egal. Gott rechnet nicht in Jahren. Der Weg ist schon die Heimat. Wir brauchen unser Leben auch nicht künstlich zu verlängern. Der Preis, den wir zu zahlen haben, ist die Befreiung von unserem Ich. – Für die Mystik spielt daher der Augenblick die entscheidende Rolle.

Natur und Übernatur – der Dualismus des Mittelmeerkulturraumes
Der abendländische Dualismus spaltet die Wirklichkeit in Natur und Übernatur auf. Es gibt damit eine natürliche und eine übernatürliche Ordnung. In diesem übernatürlichen Bereich hat Erfahrung kein Recht. Der Dualismus, der sich durch den ganzen Mittelmeerkulturraum hinzieht, dient als Fundierung dieser Ansicht. Die Wirklichkeit wird aufgeteilt: Gott – Welt, Natur – Übernatur, menschliches und göttliches Wirken.
Die Mystik überwindet diesen Dualismus. Sie erfährt, in Gott leben wir, bewegen wir uns und sind wir. Gott ist das Innerste des Menschen, der Seelenfunke, sein Wesen. Der Mensch ist demnach eine Wirklichkeit, in der sich Gott manifestiert. Es bedarf nicht der Vermittlung der Kirche. Gott erfährt sich selber im Menschen, er geht als Mensch durch diese Zeit. Es gibt nichts, worin Gott nicht wirksam wäre. Gott ist im Menschen unmittelbar gegenwärtig. Die ganze Welt ist durchdrungen von ihm. Sie ist eine Inkarnation Gottes.

Zwischen Mystik und Konfession darf eine gesunde Spannung herrschen. Beide brauchen aber einander. Mystik allein ist keine tragende Form der Religion. Aber schlimm wird es, wenn die Kirche Mystik zum Schweigen bringen will. Die heutige Kirche ist nicht konfliktfähig. Sie verurteilt zum Schweigen, wenn es um wesentliche religiöse Themen geht. Eine starre Theologie und eine sich als absolut setzende Institution reichen für eine Religion nicht aus. Die mystische Tradition findet zu wenig Beachtung im Christentum. Das geht nicht ohne Konflikte ab.

Ich möchte heute noch einmal nach der Bedeutung von Jesus Christus fragen dürfen: nach Galilei, nach Darwin, nach den Erkenntnissen der Astrophysik, nach den Forschungen in der Gentechnik, Molekularbiologie, Nano-Forschung und nach den Erfahrungen, die weise Menschen anderer Religionen gemacht haben. Was bedeutet Jesus Christus für das 21. Jahrhundert? Unser Glaubensbekenntnis war im Wesentlichen mit Nikea und Chalcedon abgeschlossen. Wir wissen heute auf Grund der Jesusforschung über Jesus besser Bescheid als unsere Väter, die das Glaubensbekenntnis formulierten. Ich wünsche mir eine Gruppe von mutigen Theologen, die zu einem neuen Nikea und Chalcedon aufrufen. Diesmal sollte der Kaiser von Konstantinopel keine Einigung erzwingen – und auch nicht der Kaiser von Rom.

6. Theologie und Mystik – Gott das Eine – Gott als Person

Die Wirklichkeit hat zwei Aspekte: Gott und Welt, Geist und Materie, Leerheit und Form (Zen). Sie sind nicht getrennt. Wenn der Aspekt der Leere allein erscheint, wird er zum Horror. Aber Gott ist nicht nur *ein* Aspekt, er ist immer auch der Aspekt der Form. «Sobald Gott ward, ward auch die Welt»[14], sagt Eckhart. Leerheit allein gibt es nicht, so wenig wie es einen Stab mit nur einem Ende geben kann. Die Wirklichkeit erscheint als leere Einheit. Die «Leere» ist das Konstituierende für die Wirklichkeit. Die Leere ist nicht leer. «Nichts» bezeichnet weder Sein noch Nicht-Sein. Es ist das, was die Einheit garantiert. Im Nichts liegt der Sinn des Lebens. Aber dieser Sinn kann nicht erklärt werden. Der Sinn ist kein rationaler Sinn. Diese Welt ist nicht rational, sondern trans-rational oder a-rational organisiert. Dieses Nichts ist das Geheimnis, das Ganz-Andere, dem wir Abendländer den Namen Gott gegeben haben. Aber das Wort Gott ist irreführend, besser würden wir hier mit Eckhart sagen Gottheit, denn es ist nichts Personales.

---

[14] Quint, Josef (Hrsg): *Meister Eckhart. Deutsche Predigten und Traktate*. München 1977, S. 450.

Solange der Mensch auf der Ebene des Ich steht, wird er Gott als Gegenüber ansprechen. Das haben alle Mystiker getan. Aber sie wussten immer, und sie haben das auch ausgesprochen, dass es in der Einheitserfahrung kein Du mehr gibt. Auf personaler Ebene kann man sagen: Gott ist ein Gegenüber. Aber die Wirklichkeit ist non-dual. Das Eine ist jenseits jeder Begrifflichkeit. Gottheit hat keine Substanz, entzieht sich daher jeder Begrifflichkeit.
Die Erfahrung zu vermitteln stellt sowohl für die Mystik des Ostens als auch für die des Westens das Problem dar. Wie kann man einem Farbenblinden klar machen, was Farben sind. Wem die mystische Ebene der Erfahrung fehlt, kommt der Zweifel, ob es eine solche Erfahrung gibt. Mystik ist nicht eine Sache des Glaubens, sondern der Erfahrung. Die Mystik wendet sich nicht gegen eine Objektivierung des religiösen Lebens in Kulten, Riten, Mythen oder Dogmen. Religion ruht auf diesen beiden Säulen. Religionen sind Modelle, an denen wir unseren Standort im Universum zu definieren versuchen, um nicht in der Unendlichkeit verloren zu gehen. Sie sind wie Landkarten, die uns im Leben führen und begleiten sollen. Aber sie sind nicht die Landschaft selber. Wir brauchen als Menschen Bilder und Konzepte, um miteinander zu kommunizieren und die Erfahrung zu verbalisieren. Sie sind mit unserer Gestaltwerdung entstanden. Darin leben wir und verständigen uns. Da liegt auch die Bedeutung der Religionen für uns Menschen. Sie sollten uns aber in die Erfahrung hinter allen Bildern und Konzepten führen.

Die Theologie erhält aus der Erfahrung eine ganz neue Ausdeutung. Die Aussagen der grossen Weisen der Menschheit beginnen zu leuchten. Jeder Absolutheitsanspruch erscheint lächerlich. So sagt Eckhart: «Wenn ich in den Grund, in den Boden, in den Strom und in die Quelle der Gottheit komme, so fragt mich niemand, woher ich komme oder wo ich gewesen sei. Dort hat mich niemand vermisst, dort entwird Gott.»[15] Rumi drückt das Gleiche mit anderen Worten aus: «Bevor es Garten, Weinstock oder Traube gab in dieser Welt, war unsere Seele bereits trunken vom Wein der Unsterblichkeit.» Im Zen rezitieren wir: «In einem einzigen Bewusstseinsmoment schauen wir sämtliche Kalpas. – Nichts anderes sind sie als das nackte Jetzt. Durchschaust du im Jetzt diesen einzigen Bewusstseinsmoment, durchschaust du im selben Moment den Schauenden selbst.» Und Eckhart fordert: «Der Mensch soll sich nicht genügen lassen an einen gedachten Gott; denn wenn der Gedanke vergeht, so vergeht auch der Gott. Man soll vielmehr einen

---
[15] Ebd., Pred. 26.

wesenhaften Gott haben, der weit erhaben ist über die Gedanken des Menschen und aller Kreatur.»[16]

Der eine Gipfel. Mein sechsjähriger Aufenthalt in Japan, im Zen-Zentrum von Yamada Koun Roshi hat mich klar erkennen lassen, dass alle wirklich spirituellen Wege auf den gleichen Gipfel führen. Wir haben als Menschen alle die gleiche Grundveranlagung. Es gibt nur einen Gipfel, auf den verschiedene Wege führen. Aber alle Wege haben die gleiche Grundstruktur. Es geht letztlich immer um die Zurücknahme des Ich, damit Erfahrungsebenen auftauchen können, die durch die Ichaktivität verdeckt sind. Denn das Ich, diese gewaltige Errungenschaft der Evolution ist gleichzeitig eine Eingrenzung. Es ist der Schleier, der unsere wahre Identität verdeckt. Wer diese Tatsache nicht akzeptieren kann, wird mystische Erfahrungen immer ablehnen. Die Religionen kommen aus der Erfahrung ihrer so genannten Stifter. Wenn man diese Erfahrung mit Wasser vergleicht, dann sind Religionen so etwas wie Eisberge, gefrorenes Wasser. Oder, um ein anderes Bild zu gebrauchen, Religionen gleichen einer Kathedrale mit Glasfenstern. Alle Farben und Strukturen werden von einem Licht erleuchtet. Wer das Licht erfährt, erfährt das eine Licht, das sie alle erleuchtet.

Gott ist wie eine Symphonie. Er hat sie nicht komponiert und spielt sie sich jetzt vor, bestraft vielleicht die Misstöne und korrigiert den falschen Rhythmus. Nein, er erklingt als diese Symphonie. Er ist die Musik. Und alle Formen sind nur individuelle Noten: einmalige, unverwechselbare Noten. Und ihre Aufgabe ist es zu klingen. Ich und alle Formen sind der Klang Gottes in diesen ganz individuellen Noten. Darum bin ich Mensch geworden, um als diese ganz individuelle Note in dieser Symphonie zu klingen. Als diese Note kann ich auch die Symphonie Gott ansprechen, wie es alle Mystiker getan haben. Wohl wissend, dass es dabei um «Nicht-Zwei» geht, dass ich das gleichzeitig auch bin. Der Baum, das Tier und der Mensch können nicht sagen: Ich bin Gott. Gott offenbart sich als Baum, als Tier und als Mensch. Er ist es und ist es gleichzeitig auch nicht. Und wenn ein Mystiker sagt, ich bin Gott, dann spricht das Eine aus ihm und nicht sein Ich. Dieses Eine artikuliert sich immer wieder in dem, was wir Schöpfung nennen. «Leerheit ist Form, Form ist Leerheit.» Beides lässt sich nicht trennen.

---

[16] Ebd., Pred. 6.

Der Alltag ist das Ziel! Selbst wenn jemand eine tiefere Erfahrung hatte, muss er zurück in den Alltag, ins Hier und Jetzt. Ins Hier und Jetzt zu kommen, das ist der Übungsweg. Ins Hier und Jetzt zu kommen, ist das Ziel nach einer tiefen Erfahrung. Erleuchtung bedeutet nichts anderes als Realisation der Wirklichkeit. Achtsamkeit für den Augenblick, das ist der Weg. Denn der Weg ist das Ziel. – Koans sagen das sehr drastisch. Einer fragte den Meister in allem Ernst: «Was ist Buddha?» (Was ist das Wesen, was ist die eine Wirklichkeit?) Der Meister antwortete: «Kotspachtel» (Damit putzte man sich den Hintern ab). Wir können uns den spirituellen Weg nicht erdgebunden genug vorstellen. Da putzt der Meister mit seinem Schüler Toiletten. Der Schüler fragt, wo ist die Wirklichkeit denn jetzt beim Toilettenputzen? Unser Leben ist die wahre Religion. Was wir Gott nennen, will gelebt und nicht verehrt werden. Präsenz im Augenblick ist der Weg und das Ziel. Achtsamkeit auf diesen Augenblick führt in die Erfahrung und führt aus der Erfahrung zurück in den Alltag. Das Sakrament des Augenblicks nennt es Causade, ein christlicher Mystiker. «Spaltet ein Stück Holz, und ich bin da. Hebt einen Stein, und ihr findet mich dort», sagt Jesus im Thomasevangelium.[17] – Der mystische Weg führt in die Aktion. Er führt ins Handeln. Er führt zu den Armen und denen, die zu kurz gekommen sind in dieser Welt.

Kontemplation und Aktion gehören zusammen. Der Mensch soll «mitten im Wirken ungebunden» sein. (Eckhart)[18] Wie Johannes vom Kreuz verweist Eckhart auf die eigentliche Seinsweise der Dinge, die göttlich ist: «Jedoch die äusseren Erscheinungsformen sind dem geübten innerlichen Menschen eine inwendige göttliche Seinsweise.»[19] Johannes vom Kreuz nennt das, «die Dinge in Gott erkennen». Eckhart schreibt:

> *Wer Gott so (d.h. im Sein) hat, der nimmt Gott göttlich, und dem leuchtet er in allen Dingen; denn alle Dinge schmecken ihm nach Gott, und Gottes Bild wird ihm aus allen Dingen sichtbar.[20]*
> *Gott schmeckt sich selbst. In dem Schmecken, in dem Gott sich schmeckt, darin schmeckt er alle Kreaturen. Mit dem Schmecken, mit dem Gott sich schmeckt, damit schmeckt er alle Kreaturen nicht als Kreaturen, sondern die Kreaturen als Gott. In dem Schmecken, in dem Gott sich schmeckt, in dem schmeckt er alle Dinge.[21]*

---

[17] Thomasevangelium 77.
[18] Eckhart, DW, V, 275,10.
[19] Eckhart, DW, V, 277,1ff.
[20] Pred. 69.
[21] Pred. 26.

Gott will gelebt werden. Ein Sprichwort sagt: «Ich fragte den Mandelbaum, mir von Gott zu erzählen, da fing er an zu blühen.» Ich fragte einen Menschen, mir von Gott zu erzählen, da fing er an, ganz Mensch zu sein.

Wir sind inkarniertes, Gestalt gewordenes Bewusstsein. Zurückschauend können wir die Welt nur in dieser Gestaltwerdung begreifen. Wesen in einer anderen Gestalt begreifen eine Welt, wie sie ihrer Gestaltwerdung entspricht. Über diese unsere menschliche Gestalt hinauszuschauen, hilft uns die Mystik. Sie ist die Grundstruktur aller spirituellen Wege. Sie ist wie oben bereits gesagt, ein wichtiger Ausgangspunkt der Religionen. Sie sollte auch das Ziel der Religionen sein.
Wir müssen den Glauben aufgeben, dass die Welt aus etwas Festem besteht. Am Ende steht nicht einmal Energie, sondern etwas Immaterielles, das wir mit unseren Konzepten und Vorstellungen nicht erreichen. Diese Erfahrung geht über das rationale Begreifen hinaus. Sie führt in eine Erkenntnis hinter der Ratio, die Eckhart Dunkelheit nennt:

> *Was aber ist diese Finsternis, wie heisst sie, oder wie ist ihr Name? – Ihr Name besagt nichts anderes als eine Empfänglichkeitsanlage, die (indessen) durchaus nicht des Seins ermangelt oder entbehrt, sondern eine vermögende Empfänglichkeit, worin du vollendet werden sollst.*[22]

Manche werden sagen, dass eine solche Deutung der spirituellen Wege einem Synkretismus gleichkommt. Genau das trifft nicht zu. Nur das Ziel ist das Gleiche, der Gipfel. Die Wege zum Ziel werden trotz ihrer gemeinsamen Grundstruktur verschieden gelehrt. Andere werden es Monismus nennen, richtig verstanden mag das stimmen, aber Worte wie «alles ist Gott» gehen am Wesentlichen vorbei. Es sind Konzepte aus dem rationalen Bereich, wohingegen die mystische Erfahrung aus dem transrationalen Bewusstseinsraum kommt, in dem alle Begriffe zerfliessen. Manche werden sagen, vieles sei theologisch falsch gedeutet, man sei heute doch schon viel weiter. Hinter den Ausführungen steht keine absolute Aussage. Es ist die Aussage der Mystik. Jeder kann sie selbst in sein religiöses Selbstverständnis einordnen.

7. Sophia perennis – Ordnungsprinzip für die Gesellschaft der Zukunft?
1. Es gibt keine Materie. Bewusstsein ist der Ausgangspunkt aller Formen, es ist der Normalfall im Universum. Dieses Universum ist Bewusst-

---
[22] Pred. 59.

sein. Nur ein sehr, sehr geringer Teil ist geronnener Geist, den wir Materie nennen. Der Mensch ist inkarniertes Bewusstsein – Gestalt gewordenes Bewusstsein.

2. Es gibt keine Transzendenz. Die Sophia perennis sagt uns: «Es gibt nur das Eine, dass sich so vielgestaltig offenbart.» Das gibt uns ein ganz anderes menschliches Selbstverständnis, eine ganz neue Anthropologie. Obwohl wir es schon oft gehört haben, allerdings mit anderen Worten: «Ihr seid Kinder Gottes, Leben Gottes. Das Reich Gottes ist in euch. Ihr seid eine Inkarnation Gottes, wie Jesus Christus.»

Sophia perennis hat im Westen den Geschmack des Ausserordentlichen und Besonderen, etwas, das nur wenigen begnadeten und heiligen Personen zuteil werden kann. Aber Mystiker sagen uns, dass wir alle dazu berufen sind.

3. Es ist die nächste Stufe in der Evolution des menschlichen Bewusstseins. Dieses entwickelte sich aus einer archaischen – magischen – mythischen – zu einer intellektuellen Stufe. Warum sollte es da stehen bleiben? Es geht also um eine Weiterentwicklung. Es geht um ein Mehr an Bewusstsein und ein Mehr an Leben und Menschsein.

4. Aus dem transpersonalen Bewusstseinsraum erhalten wir die Sinndeutung unseres Lebens. Hier liegen die verwandelnden Kräfte. Es ist sehr schwer, einen Wandlungsprozess auf der gleichen Ebene zu erreichen, z.B. über gute Vorsätze: «Das tue ich nicht mehr» oder «Ich tue das und das in Zukunft». Moralische Appelle helfen uns offensichtlich nicht weiter, denn unser rationales Bewusstsein gibt uns nur eine unbefriedigende Sinndeutung unserer Existenz.

5. In der Sophia perennis liegen auch die heilenden Prinzipien für unsere politischen, gesellschaftlichen und wirtschaftlichen Auseinandersetzungen. Unser spirituelles Erbe kann uns so weit befreien, dass wir nicht mehr mit Gewalt reagieren müssen. Die Wiederentdeckung der Sophia perennis fördert auf der individuellen Ebene einen Bewusstseinswandel, der gesellschaftliche Relevanz besitzt. – Sie bringt Anerkennung und Unterstützung gesellschaftlicher Werte als entscheidendes Kriterium für unser Zusammenleben. Sie mündet in ein ökumenisches Selbstverständnis auch unter den Religionen und Weltanschauungen.

6. Die Wiederentdeckung der Mystik (Sophia perennis) hilft das Gleichgewicht zwischen den Bedürfnissen des Individuums und der Allgemeinheit zu finden und normative Grundlagen als gemeinsame Basis des Zusammenlebens anzuerkennen. Sie bringt eine wertbegründete Verankerung des Menschen im Absoluten. Der Wandlungsprozess beginnt beim Individuum. Es geht zunächst nicht um eine Veränderung von aussen, sondern darum, die Egozentrik zu erkennen und zu überwinden, in die wir uns als Spezies hineinentwickelt haben.

8. Zusammenfassung

1. Die Mystik wird zur Rettung der Theologie. Dieses Jahrhundert wird ein Jahrhundert der Metaphysik werden. Vorreiter wird nicht die Theologie sein, sondern die Physik und die transpersonale Psychologie. Sie wird den Theologen sagen, dass das, was sie Gott nennen, über alles hinausgeht, was sie von ihm wissen wollen. – Die Kirchen werden sich erneuern, nicht von oben nach unten, sondern von unten nach oben.

2. Es ist ein neues Paradigma in der Religion am Entstehen. Ich bin nicht Materie, die eine spirituelle Erfahrung macht, sondern ich bin dieses göttliche Bewusstsein, das diese menschliche Erfahrung macht. Ich bin eine individuelle Ausdrucksform einer universalen Wirklichkeit. – Die Frage ist nicht: Braucht der Mensch noch Religion? Der Mensch ist Religion. Was wir Gott nennen, grenzt sich ein als Mensch, vollzieht sich als Mensch. Gott will nicht verehrt werden, Gott will gelebt werden. Der Spieler des Universums sitzt nicht draussen. Er ist das Spiel.

3. Der mystische Weg ist nicht Regression, er ist Erfüllung unseres Menschseins. Es geht um ein Mehr an Menschsein. Menschsein mit allen Potenzen, die uns möglich sind. Es geschieht durch die Integration des Personalen ins Sein.

4. Die Sophia perennis ist daher ihrem Wesen nach revolutionär. Sie gibt sich mit dem Status quo nicht zufrieden. Sie bleibt der ständige Jungbrunnen der Religion. Sie steht positiv zur Glaubensgemeinde (Kirche), weil sie aus der Einheitserfahrung lebt.

Die «Zähmung des Menschen» geschieht nicht über Moral, Gebote und Verbote. Wir brauchen nicht nur Regeln, um unser Zusammenleben zu regulieren. Die moralische Unreife des Menschen wird leider nicht durch Erziehung zum Besseren verändert, sondern durch die Erfahrung unseres wahren Wesens. Einen wirklichen Humanismus werden wir nicht durch Verbote erreichen, sondern durch Erkenntnis.

5. Die Sophia perennis ist nicht konfessionsgebunden. Sie übersteigt in der Erfahrung den konfessionellen Rahmen. Es gibt eine transkonfessionelle Spiritualität, eine «säkulare Mystik». Ja – es gibt eine Spiritualität ohne personalen Gott.

6. Die Religion braucht nicht eine Reformation, sie braucht eine Transformation. Reformation gleicht Ken Wilber zufolge dem Herumschieben von Möbeln im gleichen Stockwerk. Transformation bedeutet hingegen den Umzug in ein höheres Stockwerk, um von dort aus die bestehende Religion von innen her neu zu deuten. – Die christliche Religion geriet in die Krise, weil die Menschen aus dem tradierten Welt- und Menschenbild herausgewachsen sind.

7. Der Kosmos ist zu vergleichen mit einem Netz. Der Einzelne ist nur eine Masche und doch, ganz gleich an welcher Masche man zieht, das

ganze Netz gerät in Bewegung. So ist die Änderung des Einzelnen nie ohne Einfluss auf das Ganze. Die eigentliche Konsequenz ist also die Bildung der Psyche, indem man Potenzen im Menschen entfaltet, die allein eine neue Ordnung konstituieren können. Es sind zu viele Grundwerte einem modernen Credo des Individualismus geopfert worden, der sich mit dem Schlagwort «Selbstverwirklichung» tarnt. Noch sind Menschen, die die Sophia perennis leben, in unserer Gesellschaft die Minderheit. Von dieser Minderheit aber hängt es ab, tiefere Schichten des Bewusstseins zu aktivieren und in die Gesellschaft einfliessen zu lassen. Was so hoffnungslos aussieht, scheint aber in einer gewissen Akzeleration viel schneller zu kommen als wir meinen.

8. Ein Wort von Eckhart zum Schluss: «Wer diese Rede nicht versteht, der bekümmere sein Herz nicht damit. Denn solange der Mensch dieser Wahrheit nicht gleicht, solange wird er diese Rede nicht verstehen.»[23]

---

[23] Pred. 32.

Chancen und Gefahren auf dem spirituellen Weg
CHRISTIAN SCHARFETTER

1. Was ich unter Spiritualität verstehe

Spiritualität bedeutet in meinem Verständnis Leben aus dem und in der Ausrichtung auf das All-Eine.

Das All-Eine ist ein Name für das erkenntnismässig nicht erfassbare, nur als Geahntes, Zielorientierung gebendes Eine Sein, Ursprung und Heimat und letztes Ziel der Heimkehr zugleich.

Dieses All-Eine kann personal, apersonal, eigenschaftstragend oder jenseits aller Zuschreibungen vorgestellt werden.

In der einzelnen Person (Individuum) ist der überpersönliche Kern (transpersonaler Bereich) des Selbst wesensidentisch mit dem All-Einen. (Non-Dualität, Atman-Brahman-Identität, Buddhanatur aller Wesen, der göttliche Funke im Selbst).

Diese Lebensorientierung bedeutet: Verbundenheit des Einzelnen mit dem umgreifenden Ganzen, Bewusstsein der Teilhabe des Individuums am allgemeinsamen Einen und bedeutet ethisch universale Verantwortung.

Die Bewusstseinsentfaltung zum allumgreifenden Bewusstsein des Einen (holistisches Bewusstsein) ist gemeint im Gleichnis des spirituellen Weges.

Spirituelle Grundhaltung und -einstellung kann sich in vielen Formen lebenspraktisch auswirken: in werktätigem Guttun (Karma-Yoga), in gütig-karitativem Wirken (wie z.B. bei Mutter Theresa), in affektiv-emotionaler Bewegtheit bis zur Ekstase in der Gottesliebe (wie bei vielen abendländischen Mystikerinnen des Mittelalters, im Bhakti-Yoga, im Sufitum) oder auch vorwiegend denkend-reflexiv (religio-philosophische Austragungsformen, z.B. Upanishaden, Lao Tse, Tschuang Tse, Philosophia perennis). Dazu kommt die konfessionell-kirchliche Einkleidung spiritueller Lebensformen.

Das Verhältnis von Spiritualität und konfessionell ausgeformter Religion kann in zwei Perspektiven betrachtet werden: Spiritualität als vorausgehend allen dogmatisch-konfessionellen Religionssystemen und als diese Systeme als nur relativ-gültige kulturelle Hervorbringungen überschreitende (transkonfessionelle) Bewusstseinsausrichtung.

Die Bewährungsstätte von Spiritualität ist der Alltag. Die Wertorientierung, die Selbstpositionierung, das Ernstnehmen des Leibes, das bescheidene Sicheinordnen des individuellen Ich in den übergreifenden Zusammenhang eines ideellen Ganzen, universale Verantwortlichkeit und die Kultur von Wohlwollen, Güte, Toleranz, Mitleiden, Mitfreude und Gelassenheit des Annehmens der Gegebenheiten des Lebens haben sich in den unausweichlichen Rauhigkeiten, Konflikten, Krisen des Alltagslebens und des Weges zur Reifung zu bewähren.

2. Das Gleichnis des Weges

Die Bewusstseinsausrichtung auf das All-Eine geschieht in einer Entwicklung. Dieser Prozess darf nicht als gleichförmiger, gebahnter Weg, gar Stufenanstieg, Leiter vorgestellt werden. Sondern es ist ein Weg, der sich dem Einzelnen erst im Suchen, Tasten, Versuchen, im Sich-Aussetzen erschliesst. Da gehört das Auf und Ab, oft wie Wellen im Ozean des Lebensgeschehens, dazu. Da gehören Dickicht, gar Urwald, Berge, Übergänge, Täler, Schluchten, reissende Ströme, aber auch Wüstenstrecken dazu – Bilder für die zu bestehenden Klippen und Gefahren. Da ist Durchhalten, Ausdauer, zähes Überleben in ausgesetzten Lebenslagen und Orientierungssuche gefordert.
Werden die Kräfte reichen? Wird der Mut durchhalten? Wird die Suche zielgerichtet verlaufen?

3. Gefahren auf dem Wege

Die Möglichkeiten, sich auf dem Wege zu verlieren, in gefährliche Situationen zu geraten, in Krisen geschüttelt zu werden, sind zahlreich. Man kann sie (etwas schematisch) einteilen in Gefahren, die sich auf die Methode (die Techniken des Wegsuchens) beziehen, die das Setting betreffen und in «innere», das heisst im eigenen Bewusstsein aufbrechende Gefahren.
Hinsichtlich der Methode ist z.B. die Meditationstechnik, Art und Ausmass meditativer Übungen in Anpassung an die Persönlichkeit und ihren Entwicklungsstand zu beachten.
Übermässige, forcierte, überlange, erzwungene Meditationsübungen (overmeditation) können zu Krisen führen: Erschöpfung, Verzagtheit und Selbstzweifel wegen ausbleibender Erfolgserlebnisse, Verlassenheitsgefühle, Resignation, schuldhafte Selbstbefragung.
Hyperventilationstechniken können Bewusstseinsveränderungen auslösen mit Entrückungserlebnissen («Abspacen»), Körpersensationen, Ängsten, auch Halluzinationen und Stimmungsveränderungen in positive (ekstatisches Glück), aber auch negative Richtung (Untergangsängste).
Übermässiges, besonders nicht vorbereitetes Fasten kann auch dünnhäutig, verletzlich, labil stimmen.

Im Setting gelegene Gefahren:
Der Alleingang braucht ein recht stabiles Ich zum Durchhalten, besonders in Zeiten der Unsicherheit, Verzagtheit. Die Gruppe kann Halt geben, stützen, stärken. Aber in der Gruppe kann sich auch eine «giftige» Atmosphäre von einzelnen Teilnehmern ausbreiten: Auch der Gruppendruck, die Erwartungen, Erfolge zu präsentieren, Konkurrenzsituation untereinander oder mit oder gegen den Gruppenleiter sind Störmomente.

Die Abhängigkeit der Gruppe vom Leiter ist gross. Die Gefährdung durch Guruismus, Besitzanspruch, Haften, überstarke Gefühlsübertragung, suchtartige Abhängigkeit, «spirituelle» Manipulation, ökonomische, libidinöse, sexuelle Ausbeutung ist zu beachten.

Ein wichtiger Gefahrenbereich betrifft den spontanen oder suggestiv-induzierten Einbruch besonderer Bewusstseinszustände mit den zugehörigen Erlebnissen: Visionen, Auditionen, Erlebnisse der Schwerelosigkeit, der Vibration, der Energieflüsse, ekstatische oder enstatische Ausnahmezustände, Verlust der Erdung, des Realitätskontaktes, Bodenlosigkeit, Entfremdung aus dem Alltagsleben mit seinen Verpflichtungen und Aufgaben sind da zu nennen. Dünne Grenzen können übermässig anfällig machen für ein Überschwemmtwerden von Mitleid in empathischer Partizipation, u.U. Überidentifikation. Emotionale Wogen, in positiver Richtung (Glücksgefühle) oder in negativer (Ausgesetztheit, Angst, Trauer, Schmerz, Leiden), können den Wegsucher zu überschwemmen und fortzureissen drohen. Die Position des Selbst kann unsicher werden, Ratlosigkeit, Bangigkeit, Selbsterniedrigung und -erhöhung kann zum «Verlust» der Mitte, des Selbstseins im Eigenen, zu Isolation und Alienation (Entfremdung) führen. Die schwersten Formen von Bewusstseinsveränderungen betreffen das Ich-Bewusstsein: Desintegrationsängste, Selbstauflösung, Verlorengehen in Raum und Zeit.

4. Gefährdungen

Damit sind vorausgehende Dispositionen gemeint, die ein Individuum für Gefahren und / oder Krisen anfällig machen.

Das sind labile, dysharmonische, unausgeglichene Persönlichkeiten, Menschen mit einem unechten Selbst (false self anstelle von true self i.S. von Winnicott), einer Leihidentität, unrealistischer Selbsteinschätzung (zu hoch oder zu tief) und im Verhältnis zu ihrer Persönlichkeit inadäquater Zielsetzung (zu hoch hinaus).

Menschen, die in ungeklärten, unaufgeräumten Lebenssituationen stecken, in Konflikten, emotionalen und anderen Abhängigkeiten (von

Partnern oder von Gruppenmitgliedern oder dem Gruppenleiter), sind krisenanfällig. Aber gerade solche Menschen suchen oft Spiritualität oder spirituelle, meditative Übungen und dergleichen als Rettungsanker.

Solche Menschen sind gefährdet für defensiven Missbrauch der Spiritualität (Abwehr eigener Unaufgeräumtheiten und Defizite), manche, vor allem überhebliche, selbstüberschätzende für offensiven Missbrauch scheinbarer spiritueller («transpersonaler») Erfahrungen: andere abzuwerten, zu verspotten, beleidigen, auszugliedern (Missbrauch der Entwertung).

Vom Leiter, Lehrer ausgehende Gefahren sind vielfach bekannt geworden: ideologische, ökonomische, libidinöse (i.S. der Selbstbeweihräucherung), sexuelle Ausbeutung von Adepten durch den Lehrer, Induktion besonderer Abhängigkeiten (bis zur Übertragungspsychose). Schon die Vermittlung des in so genannten spirituellen Workshops zu Erwartenden kann suggestiv unfrei halten, manipulativ sein.

5. Krisen

Krisen sind notvolle Zeiten der Unsicherheit über den eigenen Bestand (das Bestehen des Lebens, des Ich, des Selbst), die Fundierung (Erdung, Realitätsbezug) und Orientierung (Woher? Wohin? Wie weiter? Welche Werte haben Gültigkeit? Was ist der Sinn des Lebens, der eigenen Existenz, der Erfahrungen, des Leidens?).

Die Art, wie sich Krisen zeigen, was dabei erlebt wird, ist sehr vielfältig und nicht spezifisch für Spirituelles oder Ausser-Spirituelles. Die Intensität von Krisen kann von leichterer Problembeladenheit bis zu psychopathologischen Zuständen gehen.

Jede Krise enthält Möglichkeiten der Wandlung zum Positiven im Sinne der Betreiung von alten Mustern des Erlebens und Verhaltens, zum Negativen im Sinne des Rückschreitens (Regression), Steckenbleibens in Ohnmacht, Ratlosigkeit, Bedrückung oder gar in dem Verfallen an Wahngeschehnisse (auch da i.S. der Erhöhung oder Erniedrigung, Bedrohung).

Mir hat sich praktisch in Beratung und Therapie und auch didaktisch eine Dreiteilung der Krisen bewährt: profane, existentielle und religiös-spirituelle Krisen.

Profan meint (nicht despektierlich) Belastungen in den Bereichen: Beziehung, Selbstwert, Selbstbild, Autonomie, Triebwelt, Ängste (z.B. betreffend der Gesundheit, dem Beruf, die ökonomische Situation).

Existentiell betrifft: Sinn, Erfüllung, Vereinzelung, Leid, Alter, Krankheit, Endlichkeit, Tod.

Religiös-spirituell meint hier: Themen des Glaubens, der Befreiung, Erlösung, der Bewusstseinsentwicklung, mystisches Einheits- oder Dualitätserlebnis.

Danach erfolgt eine Differenzierung der Krisen nach den hauptsächlichen Inhalten, Themen. Hinsichtlich der zur Krise führenden Auslöser bewährt sich ebenfalls diese Dreiteilung.

Nach dem Ausmass der Störung, des Infirmwerdens, der Dysfunktionalität sind alle Übergänge vom noch normalpsychologischen Bereich hin zum psychotischen möglich.

Das Erleben in der Krise ist sehr mannigfaltig, wird aber meist von negativen Gefühlen und Stimmungen der Unsicherheit, Ratlosigkeit, Angst, Verzagtheit beherrscht, auch von Ambivalenz in bezug auf sich selbst und andere(s).

Die Ursprungsbereiche von Krisen sind im körperlichen (Konstitution, Labilität, Fasten, Schlaf-Wach-Rhythmus), im Persönlichkeits- und Beziehungsbereich und im so genannt transpersonalen Bereich zu suchen. Danach ist auch Beratung und Therapie auszurichten.

Assagioli hat die Krisen eingeteilt in solche, (1) die dem Erwachen von Spiritualität vorausgehen, (2) die durch spirituelles Erwachen ausgelöst werden, (3) die als Reaktionen dem spirituellen Erwachen unmittelbar oder später folgen.

Die ausserordentlich vielfältigen Erscheinungsformen von Krisen können in Bewusstseinsphänomene (Reisen nach Art schamanischer Reisen, parapsychologische Phänomene), vegetativ-energetische psychosomatische Phänomene (Kundalini, Chakra, Aktivierungen mit Körpersensationen, Fliessen, Vibrieren), affektdominante (Depression, Manie), mnestische (Reinkarnationserinnerungen), Possessionszustände (Besessenheit, Mediumismus), und – als schwerste Form – Ich-desintegrative Krisen (schizophrenieartige Pathologie des Ich) eingeteilt werden, wobei Kombinationen häufig sind. Die Einzelheiten sind dargestellt in Scharfetter 2004, S. 116–127. Die Differentialdiagnose erfordert ausser psychiatrisch-psychopathologischem Wissen auch Erfahrungen mit Menschen auf dem Weg spiritueller Suche (a.a.O. 123–127). Das gilt auch für die Betreuung, für psychotherapeutisch-psychiatrische Hilfen (a.a.O. 127–132). Es sind immer die Grundelemente zu beachten: (1) Klärung der gegenwärtigen Probleme nach Inhalt, Anlass, Ausmass. (2) Einordnen in die Lebensgeschichte und gegenwärtige Situation, (3) Aufklärung, Vermittlung von Verstehen und (4) gemeinsame Suche nach dem Sinn der Krise: Worauf verweist sie? Was ist nicht geklärt? Was muss anders werden?

Wer den Weg durch all die Gefährdungen, Gefahren, Krisen besteht, reift im besten Fall zu einem selbstbescheidenen Sicheinordnen seiner Individualität in einen individuumsüberschreitenden Zusammenhang («das Ganze»), wird echt, schlicht, klar sein Selbst verwirklichen, in der Mitte, im Gleichgewicht, in der Geisteskultur der Güte, Toleranz, Mitleid, Mitfreude und Gelassenheit.

Literatur
Scharfetter, Christian: *Das Ich auf dem spirituellen Weg*. Sternenfels 2004.

Spirituelles Denken und Handeln in der Wirtschaft[1]

Hans Jecklin

Sehr geehrte Damen und Herren, ich habe nicht im Sinn, Ihnen heute einen wirtschaftstheoretischen Vortrag zu halten. Dafür werde ich Ihnen in einem ersten Teil erzählen, was für mich spirituelles Denken und Handeln bedeutet, und aus welcher Quelle ich dazu schöpfe. Danach erst werde ich den Blick auf die Wirtschaft lenken, denn spirituelles Denken und Handeln in der Wirtschaft sind nicht anders als spirituelles Denken und Handeln in allen anderen Lebensbereichen.

1. Vom Vielen zum Einen

Ich stehe hier vor Ihnen: einmal als Körper, den Sie wahrnehmen können: etwa einsfünfundsiebzig gross, neunundsiebzig Kilo schwer, etwas mehr als 65 Jahre alt, und wir könnten in Bezug auf meine materielle Zusammensetzung noch weiter ins Detail gehen. Aber gleichzeitig ist da noch ein Wunder: Ein lebendiger Organismus, ein Zusammenspiel von einer Billion Zellen – eine Eins mit zwölf Nullen –, die in jeder Sekunde Millionen von chemischen Reaktionen und Interaktionen auslösen und so meine Lebensfunktionen aufrecht erhalten. Allein schon, um dieses nicht bewusst erlebte Geschehen zu wissen, lässt mich staunen.

Diese Lebensfunktionen melden sich bei meinem vitalen Bewusstsein, wenn ich durch mein Verhalten etwas zur Erhaltung dieses Lebens beitragen soll: als Überlebensimpulse zum Essen und Trinken, zu Ruhe und Schlaf, als Schutzbedürfnis vor Witterung und anderen Gefährdungen – und auch zur sozialen Verbindung: Nähe, Berührung, Fortpflanzung. Über die Sinne verbindet sich das vitale Bewusstsein mit der Aussenwelt. Erst kürzlich bin ich während zwei Wochen auf dem Jakobsweg gewandert. Wie wunderbar ist es doch, die Luft des frischen Morgens an der Haut zu spüren – und später am Tag die wärmenden Strahlen der aufsteigenden Sonne – oder im Ausschreiten die Lebensfülle des Körpers zu erleben. Doch die Reaktion der Sinne kann auch überwältigen: Äussere Bedrohungen vermögen unsere Überlebensimpulse zu alarmieren und dadurch panische Fantasien und Handlungsweisen auszulösen, welche die Bedeutung der Situation bei weitem übersteigen.

---

[1] Redigierte Niederschrift des frei gehaltenen Vortrags vom 17. Juni 2004.

In mir ist die gesamte Evolutionsgeschichte aus der Materie ins Lebendige und Bewusste ständig am Wirken, und so ist es natürlich, dass ich die Befriedigung dieser Impulse und Sinne – meine Bedürftigkeit oder Sattheit – erst einmal ganz der Aussenwelt zuschreibe. Je nachdem, wie diese auf meine Bedürfnisse antwortet oder nicht, fühle ich mich gut oder schlecht, glücklich oder traurig. Die Weite dieses Gefühlserlebens ist etwas Wunderbares; sie wirkt als Spannweite in beiden Richtungen: ich kann nicht nur die eine, glückliche Hälfte wollen und die andere wegschieben. Es gibt in gleichem Mass die Gegenwart von Wohlbefinden und Kraft – bis hin zum Bäume ausreissenden und den Drachen tötenden Helden – wie auch die andere Seite: wenn ich mich ausgesetzt, nähebedürftig, unbefriedigt, wütend oder angstvoll erlebe, je nachdem als Macher oder Opfer.

Schmerzvolle wie glückliche Erfahrungen können sich als energetische Muster tief in unser emotionales und körperliches Gedächtnis einprägen. Darüber hinaus tragen wir in uns auch kollektive Prägungen aus der Menschheitsentwicklung bis in unsere Familiengeschichte hinein. Werden diese Prägungen durch äussere Geschehnisse in Schwingung versetzt, können die aufwallenden Emotionen – ähnlich wie die Sinnes- und Lebensimpulse – unsere Sicht auf die äussere Wirklichkeit verschleiern. Dass diese getrübte Wahrnehmung situationsgerechtes Handeln nicht fördert, liegt auf der Hand.

In der Menschheitsgeschichte wie auch in unserem Heranwachsen rief die elementare Kraft der Überlebensimpulse und Emotionen nach Regeln und Konventionen, die sich ebenfalls tief in unser Bewusstsein senkten: Von den 10 Geboten bis hin zur mütterlichen Ermahnung «was denken die Andern von Dir, wenn Du Dich so oder so verhältst?» So habe ich mich in meiner Unternehmerlaufbahn immer wieder gefragt, was mich an einem möglichen Scheitern mehr ängstigen würde: der materielle Verlust oder die Blossstellung vor den Blicken der Andern. An dieser Frage wird erneut klar, wie Vitalität, Emotionalität und Konventionen Zustände in uns schaffen können, die gerade in Krisensituationen zu falschem Verhalten führen: in mir selbst, in Institutionen und Unternehmen und global: in Wirtschaft und Politik.

Aber ich bin noch mehr als Materie, Vitales, Emotionen und Konventionen: Ich kann denken, sachbezogen und logisch analysieren, ableiten, projizieren, strukturieren, planen und umsetzen. Wie faszinierend war das, als ich jung ins Unternehmen eintrat und mit diesem Werkzeug, angetrieben von unhinterfragter kreativer Energie, meinen Platz eroberte. Auf die 68er Bewegung reagierte ich mit Verspätung – da war ich noch ganz damit beschäftigt, die Erwartungen meiner Vorfahren und Mentoren an einen tüchtigen Geschäftsmann zu erfüllen.

Erst einige Jahre später, mit dem Erwachen meiner weiblichen Seite, begann ich die destruktiven Folgen des eindimensional logischen Denkens wahrzunehmen. Vorerst einmal bekämpfte ich den Mangel an Sensibilität und Rücksicht in den Andern, nicht ohne gleichzeitig den Konventionen ins Gesicht zu schlagen, die ich für die Armut an Gefühlen generell verantwortlich machte. Im Rückblick ist mir erst aufgegangen, wie auch dieses pluralistisch und sensitiv bereicherte Denken noch immer dazu neigt, aus einem von Bedürftigkeit und Mangel geprägten Bewusstsein heraus zu handeln. So geschieht es, dass wir trotz aller Sensitivität, mit der wir die gerechte Sache vertreten, das Augenmass verlieren und uns unversehens in emotionaler Gegnerschaft oder destruktiven Streitigkeiten wieder finden.

Während ich Ihnen dies jetzt so erzähle, bin ich daran, mich aus den Gegensätzen zu lösen. Indem ich das Spiel der Bewusstseinskräfte in mir wahrnehme – im Fördernden wie auch im Begrenzenden – verlieren sie ihre Macht über mein Empfinden und Verhalten: Ich gewinne eine umfassendere, sie alle einschliessende Sicht und entscheide in zunehmender Freiheit, wohin und wie weit ich mit Ihnen gehe. Diese Sicht des Beobachters haben Denker wie Pierre Teilhard de Chardin, Jean Gebser oder Ken Wilber als Diaphanie, Schau-Logik oder Integrales Bewusstsein bezeichnet.

Integral wird dieses Bewusstsein genannt, weil es ihm nicht mehr um die Abspaltung eines allfällig Störenden geht, sondern um die heile Integration dieser Ebenen in meine bewusste Wahrnehmung. Ich komme damit nicht auf der höheren Sprosse einer Leiter an, sondern in einem erweiterten Raum, der materielles, vitales, emotionales, konventionelles, rationales und sensitives Erleben mit einschliesst und gleichzeitig überschreitet: Indem ich sie wahr- und annehme, verbinde ich mich mit den mir innewohnenden Lebens- und Sinnesimpulsen, mit der Spannweite der Gefühle und der Fähigkeit differenziert zu denken, statt mich von den Schattenseiten dieser Kräfte überrumpeln und verwirren zu lassen.

In dieser Betrachtungsweise werde ich mir auch bewusst, wie wir unsere Sicherheit und unser Aufgehobensein immer wieder an äusseren Zuständen festmachen. Geraten diese vermeintlichen Verankerungen ins Wanken – und das werden sie, wie alles dem Wandel Unterworfene, immer wieder von neuem –, schalten die Überlebensimpulse auf Panik, die Emotionen wallen auf und das Denken gerät in Verwirrung. Ein Freund von mir – Peter Koenig – lässt den Leser zu Beginn seines Buches «30 Lies about Money» aufschreiben, was ihm Geld bedeutet: Sicherheit, Ansehen, Entwicklungschancen beispielsweise. Am Ende des Buches angekommen, wird der Leser aufgefordert, die eingangs formulierten Sätze so zu verändern, dass er die dem Geld zugeschriebenen Attribute in sich selbst findet: «Sicherheit, Ansehen, Entwicklungschancen sind in mir.»[2]

Solange wir die Sicherheiten nach aussen projizieren sind wir manipulierbar. Jedes Rütteln an den (illusionären) Verankerungen löst elementarste Angst aus: um unser Überleben, um unser Ansehen und um das Geliebtsein durch die Andern wie auch – mit oft noch fatalerer Wirkung – um die Wertschätzung für uns selbst. Natürlich spürt die Umwelt die in der Angst wurzelnde Manipulierbarkeit und nützt sie aus: wie jener CEO, der die Wertschätzung für seine Mitarbeiter mit der Überzeugung verbindet, dass ein wenig Angst um den Verlust der Arbeitsstelle der Motivation nur förderlich sein könne – und zugleich gesteht, dass auch er nachts mit der Angst aufwache, seine Ziele nicht zu erreichen und damit sein Gesicht wie den Job zu verlieren. Im Kleinen wie im Grossen sind wir ständig diesem Spiel mit der Angst ausgesetzt und spielen es, wenn wir gerade in der Position des Stärkeren sind, auch gerne mit.

Die integrale Wahrnehmung des Beobachters bewirkt Abstand zum inneren Geschehen und öffnet die Sicht auf die Verstrickung der inneren Kräfte in die äusseren Verhältnisse. Wenn wir nun gegenwärtig und absichtslos wahr- und annehmen, was und wie es in uns ist, mag sich dieser reinen Betrachtung unwillkürlich eine Schwingung liebevollen, ja zärtlichen Mitfühlens zumischen, die sich – lassen wir ihr Raum – zu einer tiefen Annahme des gegenwärtigen Zustandes erweitert. Meist eröffnet sich gleichzeitig eine neue Sicht auf die irritierende äussere Situation, verbunden mit einer überraschenden Klarheit darüber, was sie von uns an Handeln braucht oder nicht braucht.

Dieses Da-Sein mit dem gegenwärtigen Augenblick hat sich für mich mehr und mehr als wesentlicher Schlüssel zum Glück erwiesen; denn Glück kann immer nur jetzt sein, weder in der Vergangenheit noch in der Zukunft. So bildet die integrale Sicht des Beobachters nicht nur die Voraussetzung für einen überlegenen Umgang mit konflikthaften Herausforderungen vielfältiger Art, sondern auch die Brücke zum Ursprung jenes überraschenden zärtlichen Mitgefühls: ein weiterer, die bisherigen sowohl umschliessender wie überschreitender Bewusstseinsraum. Es fällt mir noch immer schwer, ihn mit angemessenen, unserer Zeit entsprechenden Worte zu fassen. So zitiere ich vorerst Meister Eckhart, wie er vor rund siebenhundert Jahren die Erfahrung von Übergang und Ankunft ausdrückte:

---

[2] Koenig, Peter: *30 Lies about Money*. Lincoln NE 2003.

> *Wir hören viel, aber wir hören erst eigentlich, wenn wir die wirren Stimmen haben sterben lassen und nur noch eine spricht. Wir sehen viel, doch sehen wir erst eigentlich, wenn wir die wirren Lichter alle ausgeblasen haben, und nur das eine klare, grosse in der Schale leuchtet, das fern ist aller Geschaffenheit aller Gespaltenheit. Hier ist Gottes Grund mein Grund und mein Grund Gottes Grund. Hier lebe ich aus meinem Eigenen, wie Gott aus seinem Eigenen lebt.[3]*
>
> *Dieser Grund ist eine einfaltige Stille, die in sich selbst unbeweglich ist; von dieser Unbeweglichkeit aber werden alle Dinge bewegt und werden alle diejenigen Leben empfangen, die vernunfterhellt in sich selbst leben.[4]*

Viele innere Wege der verschiedensten Religionen und Traditionen wie auch die der freien Spiritualität führen in die Erfahrung dieses wesentlichsten Seins. Auch wenn sie sich äusserlich unterscheiden, sehe ich sie eher als verschiedene Blumen, die in unterschiedlichen Bedingungen aus einem gemeinsamen Grund wachsen. Die inneren Erfahrungen und Phänomene, denen man auf diesen Wegen begegnen kann, sind jenen vertraut, die sie gegangen sind. Sie unterscheiden sich in ihrer Essenz weniger voneinander, als dies manche Hüter der Wege betonen. Ich bin auf verschiedenen dieser Wege während je mehrer Jahre gegangen, um schliesslich jenen zu finden, der mich an die Wirklichkeit meines Herzens führte. Es scheint mir unserer Zeit zu entsprechen, wenn jeder Mensch eigenverantwortlich den Weg und seine (oftmals temporären) Begleiter sucht, die ihn die Erfahrung seines wahren Wesens finden lassen: das wesentliche Sein hinter seiner Person.

Und hier mein Versuch, der eigenen Wesenserfahrung Sprache zu geben: reines Sein – einfach so; in seiner Vollkommenheit braucht es nichts anderes. Tief liebende Gegenwärtigkeit, die nichts will, die nur ist. Unendliche Weisheit, in der ich mich geführt und getragen fühle. – Ich bin in Wirklichkeit zeitlicher Ausdruck dieses reinen Seins. Wenn ich dies zulasse – mich ihm anvertraue –, verändern sich meine Wahrnehmung, meine Denk- und Handlungsweisen, meine Sprache, auch meine Stimme.

2. Vom Einen zum Vielen

Um diesen Zustand im Alltag zu leben – erst immer wieder und dann immer durchgängiger –, ist die feine Wahrnehmung des Kipppunktes zwischen Angst und Liebe entscheidend. Denn, wo Liebe ist, gibt es

---

[3] In: Reiter, Peter: *Der Seele Grund – Meister Eckhart und die Tradition der Seelenlehre.* Würzburg 1993, S. 324.

[4] Ebd., S. 426.

keine Angst, und wo Angst ist, gibt es keine Liebe. Nicht jene Liebe meine ich, die gibt, um dafür zu bekommen; sondern jene, die einfach ist, und die mit dem ist, was und wie es ist.

«Liebe statt Angst» heisst das neue Programm der inneren Motivation. Es bedingt die stete, achtsame Unterscheidung der Geister: die Frage nach dem Ursprung der inneren Stimme, bevor wir sie in sprechen oder handeln umsetzen. Ist sie von Freude und Liebe getragen, folge ich ihr. Führt sie mich in die Emotionalität, bin ich gut beraten, zuerst diese an- und an mein Herz zu nehmen und dann neu hinzuhören, wozu es mich ruft.

Es braucht wenig – wir sind keine Heiligen –, um uns aus dieser Aufgehobenheit im Wesen heraus zu holen: Wenn meine Frau mir vor dem Frühstück sagt, dass ich nun schon wieder ein zweites Milchsieb anbrauche, wo doch das erste noch neben der Pfanne liegt, ist es schon geschehen. Der Hans, der um sein Geliebtsein fürchtet, der Angst hat vor dem Nicht-in-Ordnung-Sein, schreit auf. – Ja, es gibt ihn noch immer – und es gibt keinen anderen Weg, als den Dialog aufzunehmen mit diesem Hans und seiner Angst; nur so kann der ängstliche Hans langsam zur Ruhe kommen.

Ich glaube nicht an eine Spiritualität, die ausschliesslich zum Makellosen strebt, die direkt zum Heiligen will. Wenn wir nicht unsere elementarsten Impulse mit einbeziehen – das Bild der Arche Noah mit den Vertretern des ganzen Tierreichs leuchtet eben in mir auf –, wenn wir auf dem Weg nicht den ganzen Reichtum des Menschseins mit umschliessen, werden wir nur scheinheilig: «Gott vor Auge und de Tüüfel im Ranze» hiess es schon in meiner Jugend für diese Art von Gutmenschen. Die Spaltung ist gemeingefährlich, denn aus dem abgedrängten Bösen entspringen Eifer und Hass auf die Andersdenkenden. Wenn ich hingegen um meine eigenen Beschränktheiten nicht nur weiss, sondern sie auch mit Mitgefühl umgeben kann, komme ich wie von selbst dahin, fairerweise auch dem Andern sein Mass an Unvollendetheit zuzugestehen.

3. Spirituelles Denken

Spirituelles Denken heisst für mich zuallererst Hingabe, mich dem reinen Sein anzuvertrauen. Dieses wahre Wesen, dem ich mich dabei hingebe, ist mehr als der zeitliche Hans, der jetzt hier steht und spricht: es überschreitet und umfasst die Person. Solange ich im Vertrauen bin, haben meine Worte ihren tieferen Ursprung im Sein, und sie tragen der Gegenwart in diesem Raum Rechnung. Unsere Sensibilität, unsere Intelligenz und unser Ausdrucksvermögen sind wunderbare Instrumente, die wir formen und derer wir uns bedienen können, aber die Essenz entspringt immer unserem innersten Wesen.

Wenn mich äussere Herausforderungen in ihren Bann ziehen, ist Achtsamkeit nach innen angezeigt: Was geschieht jetzt in mir? Seien es sich aufbäumende Lebensimpulse oder Wellen der Angst um den Verlust von Anerkennung und Liebe: ihnen wende ich mich zu. Erst wenn ich ihnen Raum in mir gegeben habe – soviel, wie sie im Augenblick beanspruchen –, kann es in mir ruhig werden. Wenn ich dann den Konflikt ans Herz nehme, tauchen aus einer Art «Leere des Nichtwissens» Antworten einer ganz neuen Qualität auf; sie tragen den Bedürfnissen der Situation Rechnung, in dem sie die in ihr wirkenden Kräfte wahrnehmen, sie integrieren und auf eine umfassendere Ebene des Verstehens führen. Blind in die Abwehr von Mangel gebundene Energien werden frei und werden neu auf die Gestaltung gemeinschaftlicher Fülle ausgerichtet. Dies bedeutet ein Ent-Scheiden des Fragmentierten, im echten Sinne des Wortes.

In der geistigen Tradition Indiens habe ich die subtilen psychischen Organe kennen gelernt, die dort Chakren genannt werden; wir können sie uns als Mittler zwischen dem wahren Wesen und unserem persönlichen Fühlen, Denken und Handeln vorstellen. Viele kennen aus eigenem Erleben jenen Ort erhöhter Sensibilität in ihrem Brustraum – das Herzchakra –, wo Mitgefühl und Zärtlichkeit eine oft fein wahrnehmbare Schwingung auslösen. Führe ich ein an mir nagendes Problem da ganz nahe heran, wandelt sich dessen Qualität. Wenn ich nachts mit Angst aufwache und diese Angst an- und zum Herzen nehme, wird es ruhig in mir. Bedrängende Angst kann sich so in die Gegenwärtigkeit tiefen Glücks wandeln. Das Herz wirkt in dieser gegenwärtigen Wahrnehmung als Brücke zum wahren Wesen, jenseits der Bedingtheit durch die unbewussten vitalen, emotionalen und mentalen Kräfte.

Aus der konsequenten Arbeit mit der Wirkkraft des Herzens hat sich im Laufe der Zeit ein immer tieferes Vertrauen in die Weisheit der inneren Führung ergeben. Zu Anfang war ich oft unsicher: Bin ich wirklich geführt oder folge ich vorgefassten Meinungen, Wünschen oder noch so raffinierten Leidvermeidungs-Strategien? In einer derart unsicheren Situation wandte ich mich an einen erfahreneren Freund. «Folge doch einfach der Stimme, die du jetzt als innere Führung wahrnimmst», riet er mir. Nur so würde ich lernen, ihren Klang herauszuhören und sie vom bedürftigen Denken zu unterscheiden; schliesslich würde ich an den Resultaten erkennen, ob ich der unbedingten Liebe oder meinen persönlichen Vorlieben gefolgt sei. Ein Blick auf die Welt und die Wahrnehmung dessen, was derzeit im Namen Gottes und sei-

ner Religionen an grauenerregender Lieblosigkeit geschieht, zeigt, wie absolut unerlässlich diese achtsame Unterscheidung der Geister ist.[5]
Im Zuge der Kultivierung des Herzens, wird sich früher oder später ein anderes psychisches Organ melden: Manche nennen es «drittes Auge» oder «Auge des Geistes», weil es nicht die sichtbaren Phänomene wahrnimmt, sondern deren innere – seelischen und geistigen – Strukturen. Dieses gegenwärtige «Sehen» ist mit ruhiger und vorurteilsloser Zugewandtheit verbunden; schwergewichtig mental ausgerichteten Menschen vermag dieser Zustand eine leichter zu begehende Brücke zum Wesen zu bieten, als das für sie weniger vertraute Herz.

4. Spirituelles Handeln

Auf die Frage, wie denn ein Handeln aus dem innersten Wesen wirkungsvoll in die Praxis umzusetzen sei, fand ich meine Antwort in der Bhagavad-Gita, dem Mittelpunkt des indischen Epos «Mahabharata». Ihre zentrale Aussage lautet: «Lass im Augenblick des Handelns die begehrten Früchte los.» – Das heisst, unser Handeln nach besten Kräften, sinnvoll und zweckmässig, auf das von uns als richtig erkannte Ziel auszurichten, um dieses Ziel und seine Früchte im Augenblick des Handelns loszulassen. Die so gewonnene Freiheit der Sicht erlaubt uns, gegenwärtig wahrzunehmen, wo uns das Handeln hingeführt hat, und diesen Ort als Antwort der inneren Weisheit auf die gegenwärtige Situation anzunehmen.
Die Vorteile dieser Handlungsweise sind einleuchtend. Statt einem verpassten Ziel nachzuhängen und uns über den vermeintlichen Misserfolg zu grämen, nehmen wir die Qualität des neuen Ortes und seine Chancen wahr. Gibt es doch keinen anderen Ort, von dem aus wir den nächsten Schritt tun können: aus einer anderen Richtung aufs ursprüngliche Ziel hin, sofern es uns aus der neuen Perspektive noch immer erstrebenswert erscheint – oder in eine neue Richtung, deren Potenzial wir erst von hier aus wahrnehmen, wo uns das Handeln hingeführt hat. Dieses Wechselspiel von zielbezogenem Handeln und flexiblen Konzepten ist ebenso spirituell wie vernünftig.
Wenn sich unsere Entscheidungen aus der Verwurzelung im wahren Wesen gestalten, wird unser Handeln nicht mehr von Mangel und Bedürftigkeit – von Abneigungen und Vorlieben – geprägt sein. Indem

---

[5] Die Erkenntnis der Neurobiologie, wonach unsere «bewussten Entscheidungen» jeweils bereits rund eine halbe Sekunde vorher im Gehirn fallen, unterstreicht die Bedeutung der achtsamen Unterscheidung der Geister, die unser Fühlen, Denken und Handeln bestimmen.

wir dieser inneren Weisheit durch unsere persönlichen Begabungen und Fertigkeiten Ausdruck geben, gestalten wir Fülle aus einer unerschöpflichen Quelle und teilen sie mit der Welt, wo immer im Alltag unser Platz ist.

5. Globale Sicht

Wenn wir den Blick aus diesem Vertrautsein auf die Erde richten, kann uns das Phänomen der Globalisierung als grosses Geschenk der Evolution erscheinen, als eine Erweiterung des Bewusstseins, die uns ermöglicht, ein breiteres Spektrum der Schöpfung zu verstehen und ans Herz zu nehmen. Sind unser Herz und unser Auge des Geistes klar, können wir diese Erde in ihrer wunderbaren Vielfalt wie auch in ihrer Zerrissenheit wahrnehmen, ohne über ihren Schattenseiten in Schmerz und Verzweiflung zu verharren. Je stiller es in uns geworden ist, umso klarer sind auch die Sicht und das Mitgefühl für das blinde Wirken der elementaren Bewusstseinkräfte in der Welt. Wir nehmen wahr, in welchem Mass das globale Geschehen durch Vorstellungen von Mangel bestimmt ist – durch einseitiges Denken in Geldwerten – und wie die Angst ums Überleben und ums Geliebtsein auch die kollektive Wahrnehmung fesselt, während die Gegenwart der Fülle aus dem Blickfeld entschwindet. Dabei wissen wir doch ganz genau, dass, beispielsweise, Wachstum von Wirtschaft und Bruttosozialprodukt in unserer westlichen Gesellschaft nicht auch Zuwachs an Wohlbehaltensein und Glück bedeutet. Im Gegenteil: Wer wünscht sich denn im Ernst ein höheres Bruttosozialprodukt dank noch mehr Katastrophen, Unfällen, Krankheiten, Verwaltungstätigkeit, Verkehrsaufkommen und unnützem Konsum? Wovon brauchen wir wirklich mehr? Und weshalb gewinnt immer wieder Angst die Oberhand über die Liebe und über unser besseres Wissen?

6. Wirtschaft wozu?

Diese Art der globalen Sicht hat mich zur Frage geführt, wozu denn Wirtschaft da sei. Die Antwort ist kurz und unspektakulär: zur Versorgung der Gesellschaft mit Gütern und Dienstleistungen. Dies ist ein wichtiger Dienst, unter anderen, neben Gesundheits- und Bildungswesen, neben Wissenschaft und Forschung, neben der Bereitstellung einer Infrastruktur, die uns das Leben erleichtert – innerhalb eines Rahmens, der für die Gestaltung und das Teilen der Fülle auf eine nachhaltig lebens- und friedensfördernde Weise sorgt.

In diesem lebensdienlichen Verständnis von Wirtschaft kann auch das einzelne Unternehmen seine einzigartige Rolle finden. Ich weiss aus meiner unternehmerischen Erfahrung, dass sich Entscheidendes ändert, wenn wir die Orientierung vom bestmöglichen Umgang mit dem Mangel auf das Bewusstmachen und Teilen unseres Potenzials an Lebensfülle umstellen. Der Energiefluss wechselt seine Richtung: von Druck auf Sog. Die Einmaligkeit des Unternehmens – seine Ausstrahlung von Freude, Gestaltungskraft und Kompetenz – bildet den anziehungskräftigen Kern. Darum herum sammeln sich die zu ihm in Resonanz befindlichen Mitarbeitenden und Kunden. Sind die unternehmerische Fülle und seine Sinnorientierung optimal aufeinander abgestimmt, ist es keine Hexerei, auch die materielle Ebene so zu gestalten, dass am Schluss auch die Rechnung aufgeht. Eben: Verdienen kommt vom Dienen.

Was Sinnorientierung für die Förderung und Motivation der Mitarbeiterschaft bedeuten kann, ist mir im Rahmen eines unserer Visionstage aufgegangen: Spontan, nicht im voraus beabsichtigt, teilte ich mit den Anwesenden den persönlichen Wunsch, das Leben so zu gestalten, dass ich mich daran aus der Sicht meiner letzten Lebensstunde freuen kann. «Und» – fuhr es aus mir fort – «konsequenterweise müsste ich dies auch Ihnen allen zugestehen: dass Sie in Ihrer beruflichen Arbeit nichts glauben tun zu müssen, was Sie aus dieser Sicht bereuen. Dazu bekennen wir uns: Wenn immer wir Entscheide oder Massnahmen treffen, die diesem Grundsatz zuwiderlaufen, sind wir bereit, uns darauf behaften zu lassen und ein offenes Gespräch zu führen.» Das Echo war unmissverständlich. Es gibt keine wirksamere Motivationskraft, als eine gesellschaftsdienliche Sinngebung des Unternehmens, in der jede und jeder Einzelne sich mit seinem persönlichen Lebenssinn wieder finden kann. Wonach sehnen wir uns mehr, als nach dem eigenen Ja zu unserem Sein? Jedoch ist auch klar: Das unternehmerische Bekenntnis muss gelebt werden und jederzeit nachprüfbar sein; sonst steht mit dem Untergang der schönen Worte auch die Glaubwürdigkeit des Unternehmens auf dem Spiel.

Da eine klar kommunizierte Sinnorientierung auch die entsprechende Mitarbeiterschaft anzieht, gingen wir im Zuge der Entwicklung der Unternehmenskultur davon aus, dass im gesammelten inneren Wissen der rund hundertfünfzig Mitarbeiterinnen und Mitarbeiter ein reichhaltigeres Bild eines gesellschaftsdienlichen Musikhauses vorhanden sein müsse, als allein bei uns Inhabern oder innerhalb des Kaders. Dementsprechend wagten wir es – erstmals im Jahr 1994 – unsere eigenen Vorstellungen loszulassen und die gesamte Mitarbeiterschaft – von den Lehrlingen bis zu den leitenden Mitarbeitern – zur gemeinsamen Entdeckung der Vision des idealen Musikhauses für die Zukunft einzuladen. Während zweimal zwei Tagen tagte je eine Hälfte der Belegschaft, während die andere den Betrieb aufrecht erhielt, und am fünften Tag, einem Sonntag, führte das Plenum die Bilder zur gemeinsam gestalteten Vision zusammen. «Sie ist uns Vorbild und Orientierungshilfe im Alltag. In der Spannung zwischen Vision und der derzeitigen Wirklichkeit liegt die Kraft zur Veränderung», lautete die Präambel, und sie versprach nicht zuviel. Unter Mitwirkung der gesamten Belegschaft wurde eine Art Grundstrom unserer unternehmerischen Tätigkeit tief verankert; er wirkte als Anziehungskraft und vermittelte dem Unternehmensalltag eine Richtung, die viele Regelungen und Rückfragen überflüssig machte.

Diese Art von Visionsentdeckung und -umsetzung folgt zuerst dem Weg, den ich zu Anfang mit Blick auf den einzelnen Menschen beschrieben habe. Auch im Unternehmen sind diese Ebenen oder Kräfte ständig am Wirken: Materie und Vitalität, Emotionalität und Formalität, Rationalität und Sensitivität. Es ist hilfreich, sie erst einmal in ihren förderlichen und hinderlichen Aspekten gegenwärtig wahr- und ernst zu nehmen, als integrale Sicht auf die Innenseite des Unternehmens sowie als Vorbereitung für die (spirituelle) Hinwendung zum wahren Wesen: der inneren Weisheit einer durch ihre Sinngebung verbundenen Gruppe von Menschen. Die verschiedenartigen Persönlichkeiten wirken dabei wie eine Vielzahl von Prismen, die das kollektive Bild in einen unerhörten Reichtum an Facetten ausfächern.

Auch die Umsetzung der Vision in die äussere Wirklichkeit folgt dieser inneren Ordnung, jedoch in umgekehrter Reihenfolge: als Verdichtung vom geistigen Wesen zur festen Materie. Zuerst geht es um den Austausch der inneren Bilder und Worte unter den Teilnehmenden, um ihr Zusammentragen und Verdichten in ein gemeinsam gestaltetes Dokument, das wir «Vision» nennen. Auf dem Weg der Vision in ihre «Inkarnation» geben wir uns mit Hilfe unserer Sensitivität zuerst Rechenschaft über ihre potenziellen Einflüsse auf Umwelt und Gesellschaft; daraus entsteht ein lebensdienlicher Rahmen für die zukünftigen Denk- und Handlungsweisen. Innerhalb dieser Leitplanken strukturieren wir auf rationale Weise die Planung unserer Ziele und Strategien; dafür setzen wir das notwendige Minimum an formalen Regeln. Unsere emotionalen Kräften be-geistern die Planung, unsere Freude verleiht ihr Lebens- und Anziehungskraft. Der daraus entstehende Kunden- oder Nachfragefluss sowie die unternehmerische Antwort darauf machen das vitale Leben des Unternehmens aus, den eigentlichen Marktplatz. Nach einem letzten Schritt der Verdichtung manifestieren sich Ertrag und Kosten in der Bilanz als Soll und Haben,

Besitz und Schulden; wenn die Mischung stimmt, mit einem positiven Saldo.

Es ist faszinierend, nicht nur ein Unternehmen, sondern das Leben überhaupt aus dieser Haltung heraus zu gestalten: als Manifestation des innersten Wesens in der Materie. Mich immer wieder von neuem auf die Gegenwart einzulassen, bedeutet für mich Glück, und ich bin dankbar dafür, dass ich das darf – auch gerade jetzt, in diesem Augenblick!

Spiritualität im therapeutischen Geschehen.
Erfahrungen aus der Arzt-Praxis

Kaspar H. Jaggi

Wollte man Erscheinung und Bedeutung von Spiritualität in der ärztlichen Praxis im Allgemeinen darstellen, müsste man zuerst zusammenfassen, wie sich historisch der Umgang mit Gesundheit und Krankheit entwickelt hat – vor allem auch, wie unterschiedlich in verschiedenen Religionen –, und damit darauf eingehen, wie sich die engen Zusammenhänge zwischen pastoralen Heils-Wegen und ärztlichen Heilungs-Wegen ergeben haben, aber auch, wie sich diese voneinander unterscheiden.

Das Thema Heilen zieht sich insbesondere durch die ganze christliche Tradition. Krankenpflegeorden waren – und sind zum Teil noch – wichtigste Träger des Gesundheitswesens; die Suche nach Heil(ung)s-Kräften in Religion und Medizin lagen einander immer sehr nah (Heilige, Nothelfer oder Patrone, die bei Krankheit allgemein oder bei bestimmten Krankheiten angerufen werden, Pflege von Heilkunde und Hintergrunds-Wissen [Abt Mendel, Hildegard von Bingen], Schutz- und Gesundungs-Rituale, Purgatorium, Fürbitte, Heils- und Heilungs-Meditationen und -Gebete etc.). Nach meinem Empfinden sind die Darstellungen der Heilungen Christi in der Bibel und seine Worte dazu den Lehrverkündigungen in ihrer Bedeutung mindestens ebenbürtig. Dies soll aber hier nicht weiter ausgeführt werden. Vielmehr berichte ich aus meinem ärztlichen Tun in der Praxis: in der Heilpädagogik mit Behinderten, im Spital mit Kranken, Schockierten, Angstgequälten und mit Neugeborenen, in Klinik, Alters- und Pflegeheimen mit Sterbenden, im Notfall- und OP-Bereich mit Verunglückten, Verletzten, Bewusstlosen, hilflos eingelieferten und narkotisiert-operierten, in der Psychosomatik mit an primär «nichts Verständlichem» leidenden Patientinnen und Patienten, also häufig Menschen in Grenzsituationen, in Übergangsbereichen. Sie haben mir geholfen, den Menschen nach leiblichen, seelischen und geistigen Gegebenheiten *wahr* zu nehmen. Daraus möchte ich einige Kernsätze zu «Spiritualität und Medizin» in meiner Praxis ableiten.

1. Suche nach Hintergrundskräften

In Krisen und gesundheitlichen Herausforderungen (z.B. Mongolismus, Krebs) helfen naturwissenschaftlich-materialistische Erklärungen (Trisomie 21, Onkogene) den Patienten kaum; selbstverständlich müssen solche Forschungsbeobachtungen trotzdem als substantieller Teil der Erkrankung der betroffenen Menschen auch wahrgenommen und berücksichtigt werden. Bei Patienten stehen meist andere Fragen im Vordergrund. Spiritualität hat hier zuerst mit der persönlichen Suche nach Hintergrundskräften, nach «dem, was dahinter steckt», zu tun. Die dann folgenden Fragen nach dem «warum», auch dem «warum gerade ich», machen fragend-suchend, offen, durchlässig, wahrnehmend, strebend, machen «spirituell». Patienten brauchen in diesen Hintergrundsfragen genau so Begleitung wie in Fragen, welche körperliche Untersuchungs- und Messwerte betreffen.

2. Krankheit als Zu-Fall

Patienten erleben Krankheit zunehmend als Zufall im hintergründigen Sinn: «Zu-Fall», woher fällt mir dies zu. Der Wunsch nach Blick in diejenige Welt, woher solches zufällt, führt zur Suche nach Spirituellem. Hiesige und neuzeitliche Spiritualität ist geprägt von betroffenen, und damit fragenden Menschen, von suchenden Individuen, von persönlichen Erlebnissen, nicht von Theorien, Moralkonzepten oder Meistern.

Spiritualität erscheint als Suche von Menschen nach dem Sinn des Lebens, der Krankheit, des Schicksals-Ereignisses. «Allgemeingültige» Konzepte, Therapie-Schemen und Anleitungen für den Umgang mit Kranken und Krankheiten decken höchstens den substanziell-materiellen Bereich ab (und können, obwohl notwendig, auch hier gefährlich sein ...); sie können im Umgang mit suchenden Menschen nur als Krücke für den Anfang ärztlichen Tuns dienlich sein. An ihre Stelle muss dann rasch zunehmend individuelle Begleitung treten, die gleichzeitig Hintergründiges ernst und wahrnimmt. Mechanistische Krankheitstheorien wie auch allgemeine Moralvorstellungen zu Krankheiten, aber auch Anleitungen von Meistern haben für Patienten nicht mehr die gleiche Bedeutung wie für Gesunde; sie werden von Patienten im Umgang mit ihren Herausforderungen oft mehr einengend-hinderlich als vertrauenswürdig-hilfreich erlebt (dies gilt – zuerst erstaunlicherweise – nicht weniger für Patienten, welche Stapel von Seiten aus dem Internet zu ihrer Krankheit mitbringen: sie finden hier «das Wesentliche» nicht und suchen weiter).

Zunehmend zeigt sich übrigens in der Praxis diese Sehn*sucht* nicht nur bei Kranken, sondern wird vor allem bei *suchen*den Jugendlichen spürbar, wo unbefriedigter Drang nach Spiritualität verunsichert und zu *Sucht* und/oder zu Aggression und Gewalt führen kann.

3. Krankheit als Herausforderung – für Patient und Arzt

Die Frage «es muss doch noch einen anderen Weg geben für mich» steht für Patienten therapeutisch oft im Vordergrund – und dem wissenschaftlichen Plan des Arztes mit z.B. chemischen Medikamenten oder Bestrahlung oft in der Quere ... (schlechte Compliance = Therapie-Treue, «konkurrenzierender» Gang zu Heilern und Kurpfuschern). Haben Patienten einen individuellen Weg (und damit sich selbst) entwickelt, suchen sie oft Prüfung und Bestätigung. Wollen solche Fragen vom Arzt aufgenommen werden können, muss er sich selber mit Gedanken, Empfindungen und Erfahrungen zum Bild, zum Wesen des Patienten wie auch zu Bild und Wesen der Krankheit beschäftigt haben, um nach einem passenden individuellen Lösungsweg suchen helfen zu können. Dann kann er den Patienten begleiten vom «wo finde und wie erkenne ich den *richtigen* Weg» zum «wie gehe, *wie übe* ich *meinen* Weg» im Umgang mit dieser Aufgabe. Dies eröffnet Wahrnehmungen für den «Sinn» einer Krankheit und ebnet den dankbaren Weg, zusammen mit Patienten – freilassend – Beziehungen zu *individuellen* spirituell-geistigen Hintergründen von Krankheiten als Herausforderung, als Aufgabe zu entwickeln. Dies kann Grundlage einer tiefer hintergründigen, einer spirituellen Krankheitslehre sein.

4. Krankheit als Entwicklungsschritt

Fragen der Spiritualität wurden lange – und werden noch – im medizinisch-therapeutischen Bereich, insbesondere in der Ausbildung und in der Literatur, vernachlässigt; hier besteht Handlungsbedarf – wie z.B. dieses Symposium.

Patienten suchen oft mehr nach Zusammenhängen, als wir Ärzte es gelernt haben. Von Patienten werden – freilassende – Gespräche und Literatur zum Themenkreis Sinn des Lebens, zu Gesetzmässigkeiten in der menschlichen Biografie, zum «Typus» einer Krankheit oder einer ähnlichen Herausforderung sowie Hinweise zu Überwindungs-Möglichkeiten hilfreich erlebt und, je schwerer eine Krankheit, desto zwingender gesucht. Der Blick in die Vergangenheit («wäg was?») wendet sich in die Zukunft («für was?»). Bisher unbekannte eigene Möglichkeiten können so mobilisiert werden. Dazu, wie dabei seelische Ressourcen einbezogen werden können, ist zunehmend Literatur zu finden; zur sehr wichtigen Frage aber, wie vorhandene geistig-göttlich-spirituelle, eingeschlossen religiöse, Ressourcen der Patienten zu berücksichtigen sind, dagegen kaum.

5. Individuelle Begleitung

Auch für den therapeutisch tätigen Arzt haben sich die Fragen verändert: die frühere Frage «was tut der Chef in dieser Situation?» (man vertrat eine «Schule») ist vorerst der Frage «was tut *man* in dieser Situation?» gewichen («state of the art», Konsens-Konferenzen, Ethik-Kommissionen, Normierungen, «evidence based medicine»). Dies befriedigt aber in Zukunft weder Patienten noch mich. Die Frage lautet zunehmend: Was kann, was darf, was muss *ich* als Arzt in *dieser* Situation aus der *individuellen* Wahrnehmung für Begleitung und Therapie *dieses* Menschen als Patienten tun; wie verändert, wie entwickelt sich der Patient dabei, wie ich mich («cognition based medicine»).

6. Anstoss zum Aufbruch

In oder nach einer schwereren Krankheit ist es für Patienten nie mehr wie zuvor: die alte «restitutio ad integrum» befriedigt kaum, «Leben wie zuvor» ist kein erstrebenswertes Ziel mehr. Spiritualität hat mit Leben, mit Aufbruch, mit Entwicklung, mit Veränderung zu tun; «status quo ante», «restitutio ad integrum» und «Spiritualität» werden zu Widersprüchen in sich.

Veränderung durch Krankheit, dass es nicht mehr ist wie vorher, verunsichert zuerst; Verunsicherung destabilisiert, macht aber auch beweglich; so können dann oft neue Fragen gestellt werden, die neue Dimensionen eröffnen und neue Fähigkeiten entwickeln helfen. Krankheiten, die erst nur einzuschränken, zu verunmöglichen scheinen, können so Neues, Unerwartetes erschliessen helfen.

7. Begleitung in Betroffenheit

Beratung und Betreuung, die persönliche, spirituelle Hintergründe von Kranken berücksichtigt, kann für Arzt und Therapeut nur aus «Betroffenheit» heraus wirklich hilfreich und nutzbringend eingesetzt werden: der Patienten muss in seinem persönlichen Schicksal wahrgenommen werden können.

Betroffenheit kann ich pflegen, auch ohne selbst direkt (von der Krankheit) betroffen zu sein, aber nur, wenn ich mich intensiv mit dem Wesen einer Erkrankung und dem Wesen eines Patienten auseinandergesetzt habe. Begleitung in Betroffenheit, ohne der Gefahr der Abhängigkeit des Patienten zu erliegen, bedingt allerdings klar bewusste Abgrenzung meiner eigenen seelischen Person; dabei ist Wandlung von Sympathie und Antipathie in Empathie nur der erste Schritt. Bei den gemeinsam erahnbaren Zusammenhängen zwischen Patient und seiner Krankheit stosse ich persönlich immer wieder auf Fragen um Reinkarnation und Karma (Schicksal; Konfrontation mit dem, was man nicht bewusst gesucht hat) und staune dabei oft, wie mir Patientinnen und Patienten in der Selbstverständlichkeit des Einbezugs solcher Themen zum Teil weit voraus sind. Der Einbezug der geistigen Dimension des Menschen nimmt zu, eine Entwicklung, die spürbar von Patienten und nicht von Meistern und Lehrern ausgeht.

8. Krankheit als Auslöser spiritueller Erfahrung

Oft erwähnen Patienten (vor allem Patientinnen) dankbar, welche Erfahrungen, welche Erkenntnisse, welche Offenbarungen, welche Entwicklungsschritte sie dank Krankheit haben machen dürfen. Krankheit bringt wohl zuerst oft Angst; beide zusammen bergen aber auch die Möglichkeit in sich, grössere Wachheit, offenere Wahrnehmung, intensiveres Bewusstsein und damit sich selbst zu entwickeln; die spirituelle Dimension dieser Entwicklung wird von den Patienten unterschiedlich bewusst formuliert.

Dass spirituelle Erfahrungen essentiell sind, insbesondere für die psychische Gesundheit, hat sich in der Salutogenese, wo das Erhalten hygiogenetischer Fähigkeiten für die Gesundheit des Menschen vor das Studieren pathogenetischer Krankheitsmechanismen gestellt wird, durchgesetzt. (z.B. Abraham H. Maslow, um 1960 Mitbegründer der «Humanistischen Psychologie» und der «Transpersonalen Psychologie»). Dabei sind nicht spirituelle Höhepunkts-Erlebnisse in Ausnahmesituationen (Maslow: peak-experiences) oder Erlebnisse in anderen Seins-Zuständen notwendig; zunehmend viele Patienten erleben die spirituelle Dimension im Alltag, im Schlaf oder im Übergang. Um mit solchen Erfahrungen umgehen zu können, bräuchten Patienten Hilfe und Begleitung. Soll diese vom Arzt kommen, benötigt dieser unbedingt Wissen (und / oder eigene Erfahrungen) und Übung (und / oder Schulung), um Kraft, Gesetzmässigkeiten, aber auch Gefahren zu kennen. Zwar finden nach der Theorie auch in der Praxis psychisch orientierte Zusammenhänge zwischen Krankheit und Spiritualität zunehmend – wenn auch zögerlich – bei seelischen Erkrankungen Anwendung (Roberto Assagioli: Psychosynthese; Viktor Frankl: Sinnzentrierte Psychotherapie; Ken Wilber: Transpersonale Psychologie, etc.), doch warten nicht wenige Patienten darauf, dass dieses Wissen um solche Erfahrungen ausser bei seelischen Problemen auch bei leiblichen Störungen therapeutisch zur praktischen Verfügung stehen, also auch die körperlichen Aspekte der spirituellen Dimension von Gesundheit und Krankheit erweitert einbezogen werden.

9. Die umfassende Sprache der Spiritualität

Wir müssen der Spiritualität die umfassende Sprache zurückgeben: Spiritualität ist nicht nur ein Thema der Religion, sondern es muss dabei das ganze Mensch-Sein – körperlich, seelisch und geistig – berücksichtigt werden. Spiritualität ist ebenso im Zusammenhang mit Wissenschaft und Kunst zu betrachten.

Spiritualität in der Religion (religio, lateinisch, u.a. Sorgfalt, Gewissen, Verbundenheit, Bedenken, nicht nur Frömmigkeit, [Aber-] Glaube, Heiligkeit) wird heute breit diskutiert. Ein (natur- und geistes-) wissenschaftlicher Ansatz zur Spiritualität erscheint aber vielen Universitätslehrern immer noch suspekt; noch wird eher gemessen als wahrgenommen. Ein erster Schritt im Überwinden dieser materialistischen Wissenschaft wäre schon, wenn z.B. ein menschliches Element wie der Placebo-Effekt nicht als Störfaktor eliminiert, sondern als anthropologischer Faktor integriert würde.

Im Zusammenhang mit Kunst ergibt sich in der Praxis ein überaus ergiebiges und effizientes therapeutisches Tätigkeitsfeld in den spirituell, für mich spirituell-anthroposophisch, erweiterten Kunst-Therapien. Dort zeigt sich, welch grosse Bedeutung und Kraft die geistig-hintergründigen Gesetzmässigkeiten der jeweiligen Kunst für die Entwicklung des Patienten aus seiner Krise oder Krankheit haben. Bestimmte Rhythmen, Farben, Formen, Bewegungen, Gestaltungs- und Entwicklungswege werden hier gezielt in fachlich geführter aktiver künstlerisch-therapeutischer Tätigkeit eingesetzt; eine solche Kunsttherapie geht weit über das blosse Ablenken, Entspannen oder Stimulieren hinaus. Dies ist auch zu berücksichtigen, wenn es um die politische Ausgestaltung der Therapiefreiheit geht.

10. Heilung als spiritueller Vorgang

Heilung ist ein an sich spiritueller Vorgang. Um den Patienten unterstützen zu können, wieder *heil*, wieder «*whole*», ganz zu werden, brauchen beide Seiten – Arzt (wie auch weitere Therapeuten) *und* Patient – einen Entwicklungsweg, der beide als irdisch-physisches *und* als geistig-göttlich-kosmisch-spirituelles Wesen, also quasi als verbundene Doppelnatur, wahrnimmt.

Dieser Einbezug der geistig-spirituellen Dimension hat schon die Psychologie erfasst (z.B. bei Maslow's «vierter Psychologie», die überpersönlich, «transpersonal», «transhuman» sein soll und ihren Mittelpunkt im All hat, nicht in menschlichen Bedürfnissen und Interessen, und die über Menschlichkeit, Identität, Selbstverwirklichung und ähnliches hinausgeht). Allerdings braucht dieser Einbezug des Geistig-

Spirituellen im Heilungs-Weg erweitertes Wissen (psychiatrisches *und* allgemein medizinisches!) und Schulung. So müssen Grundlagen und Forschung nach körperlicher, funktionell-lebendiger, seelischer und geistiger Dimension in die Ausbildung einbezogen, vermittelt und geübt werden (z.B. Rudolf Steiner, Ita Wegman: *Krankmachende Wirkung von Geist und Seele auf den lebendigen Leib und Anforderungen an die Selbstheilungsregulation* [1925]; Gunther Hildebrandt: *Primär zeitgestaltliche Störungen, die zu Störungen der raumgestaltlichen Organisation führen können* [1967]; Arnold Mindell: *Traumkörper* [1987]; Norman Cousins: *Healing power of the human spirit* [1989]; Bernie Siegel: *Path to self-healing* [1999]; Peter Selg: *Logos menschlicher Physis* [2000]; Johannes W. Rohen: *Ich-Zentrum im mittleren System, von dem ausgleichende Rhythmik ausgeht* [2002]; etc., etc.).

Dann braucht es Praxis und Übung, und zwar bereits in der Ausbildung. Lernen führt höchstens zu Wissen; Erfahrungen, insbesondere spirituelle, können nur *gemacht* werden. Hier können Patienten und Schüler zu Lehrern werden.

Der Schritt von der kausalen Pathogenese (Krankheitsentstehung) zur spirituellen Salutogenese (Gesundheitswissenschaft) ist nur ein erster Schritt auf dem Weg zu einer spirituell erweiterten Medizin, die allein eine wahrhaft menschliche Heilkunst entwickeln lässt.

Literatur

Cousins, Norman: *Der Arzt in uns selbst.* Reinbek 1984; und weitere.

Glöckler, Michaela (Hrsg.): *Spirituelle Ethik – Situationsgerechtes, selbstverantwortetes Handeln.* Dornach 2002.

Heusser, Peter (Hrsg.): *Akademische Forschung in der anthroposophischen Medizin: Beispiel Hygiogenese: Natur- und geisteswissenschaftliche Zugänge zur Selbstheilungskraft des Menschen.* Bern 1999.

Maslow, Abraham H.: *Religions, Values and Peak-Experiences.* New York 1976; und weitere.

Rohen, Johannes W.: *Morphologie des menschlichen Organismus.* Stuttgart 2002; und weitere.

Selg, Peter (Hrsg.): *Es war einer krank – Die Heilungen in den Evangelien.* Stuttgart 2003; und weitere.

Steiner, Rudolf: *Die Rätsel der Philosophie in ihrer Geschichte.* Dornach 1985.

Steiner, Rudolf: *Physiologisch-Therapeutisches auf Grundlage der Geisteswissenschaft.* Dornach 1989; und weitere.

Spiritualität innerhalb und ausserhalb der Kirche: Verantwortung und Schulungskompetenz
Peter Wild

1. Einleitung: Zur Abgrenzung des Themas

Der Titel «Spiritualität innerhalb und ausserhalb der Kirche», den ich als Auftrag erhalten habe, lässt sich sehr weit fassen und berührt sich mit bereits vorgetragenen Themen. Ich möchte deshalb mein Thema etwas spezifizieren und die Aufmerksamkeit auf einen Aspekt des «In- und ausserhalb der Kirche» lenken, der möglicherweise nicht sofort einsichtig ist. Ich verzichte also darauf, spirituelle Strömungen aufzulisten, die sich heute dezidiert innerhalb oder ebenso dezidiert ausserhalb der Kirche bewegen. Ich entziehe mich dadurch auch der Schwierigkeit, genau festlegen zu wollen, wer zur Kirche gehört und wer nicht. Menschen, die spirituell unterwegs sind, betrachten es oft nicht mehr als vorrangig, über ihre Kirchenzugehörigkeit oder gar über Abgrenzungen nachzudenken. Sie erfahren, was ihnen spirituell Leben schenkt, und dem gehört ihre Zugehörigkeit. Falls die Kirche dies vermittelt, umso besser, wenn sie es nicht tut, finden sie, was sie leben lässt, auch ausserhalb der Kirche, und die Kirche dient dann zur Befriedigung anderer Bedürfnisse.

Eine solche Haltung lässt sich z.B. auch an meiner eigenen Biographie ablesen: Ich besuchte von 1958 bis 1966 das Gymnasium in Einsiedeln. In diesen acht Jahren Internatszeit, Seite an Seite mit dem Benediktinerkloster, nahm ich in aller Selbstverständlichkeit und Alltäglichkeit eine ganze Menge an Spiritualität auf: klösterliche Tagesrhythmen, Gebete, Gottesdienste, Schweigezeiten, kirchliche Feste, Exerzitien usw. Im Alter von siebzehn Jahren wurde ich, während einer Woche Kloster auf Zeit in der Kartause La Valsainte, durch den damaligen Gastpater in die Kontemplation eingeführt. Nach der Matura wagte ich selber den Schritt vom Internat ins Kloster, und die Prägung ging, nun auf der anderen Seite der Klosteranlage, weiter.

Ich erlebte somit viel Kirche, und Spiritualität bedeutete vor allem: Gestaltung des Tagesablaufs, Liturgie, Treue bei der Arbeit, Einfachheit im Lebensstil und Gemeinschaft mit den andern Mönchen. In Sachen Meditation – seit dem Besuch der Kartause hatte mich die Kontemplation nicht mehr losgelassen – erlebte ich mich eher allein.

Ebenso selbstverständlich wurde für mich aber auch das «ausserhalb der Kirche»: Es begann mit der Klosterbibliothek, die eine Unmenge an Fachliteratur über die hinduistische und buddhistische Spiritualität besass. Es folgten: die Ausbildung als Yogalehrer, das regelmässige Training bei einem japanischen Zen-Meister, Besuche im tibetischen Kloster Rikon, Reisen nach Indien, Japan, Thailand ... Das alles schenkte mir spirituell Leben, genauso intensiv, genauso authentisch wie die kirchliche Prägung – wenn nicht sogar noch stärker!

Ich bin heute im Rahmen der Erwachsenenbildung der Evangelisch-Reformierten Landeskirche Zürich tätig, als Spezialist für Spiritualität und Meditation. Wenn ich zu Vorträgen oder Veranstaltungen in Kirchgemeinden eingeladen werde, erlebe ich sehr oft zwei Reaktionsmuster:

Das eine Muster: Im Vorfeld der Veranstaltung bittet mich der Pfarrer oder die Pfarrerin, mit meinen Äusserungen und Ausführungen doch vorsichtig zu sein, es könnten einzelne Teilnehmer überfordert sein und heftig reagieren ... Im Normalfall kommen zu solchen Veranstaltungen bedeutend mehr Leute als erwartet, zudem Leute, die nicht zum Stammpublikum der Kirchgemeinde gehören. Etwa drei Viertel von ihnen kennen sich in dem, was ich vermittle, bestens aus, sie haben sich die Kenntnisse irgendwo in der Stadt geholt und finden es gut, dass Meditation und Spiritualität nun auch Themen der Kirche sind, etwa ein Viertel von ihnen erfährt etwas Neues, hat aber Lust auf dieses Neue.

Das andere Muster: Im Vorfeld der Veranstaltung eröffnet mir der Pfarrer oder die Pfarrerin, dass er oder sie sich mit diesem Anlass in der Kirchgemeinde nun selber spirituell mehr engagieren möchte, dass er oder sie bereits einen längeren spirituellen Schulungsweg hinter sich hat, aber bisher noch nicht den Mut oder die Gelegenheit fand, die oft ausserhalb der Kirche angeeignete Erfahrung im Leben der Kirchgemeinde einzubringen ...

Diese persönlichen Beispiele zeigen Folgendes: Es gibt nicht nur spirituelle Bewegungen innerhalb oder ausserhalb der Kirche, es gibt heute in aller Selbstverständlichkeit mitten in der Kirche spirituelle Bewegungen, die keinerlei Bezug zum traditionellen Kirchgemeindeleben besitzen; sie sind aber insofern integriert, als kirchenzugehörige Menschen sie praktizieren. Es gibt heute spirituelle Bewegungen, die kirchliche Abgrenzungen bewusst ausser Acht lassen. Und es wird zunehmend spirituelle Bewegungen geben, die Elemente der traditionellen kirchlichen Spiritualität in einem ausserkirchlichen Rahmen einsetzen. So wird z.B. in den Büchern der amerikanischen Heilerin Caroline Myss erzählt, dass in ihren Seminaren getauft, gebeichtet, Abendmahl gefeiert, geheiratet, die Krankensalbung gespendet wird: Denn der Vollzug der Sakramente hat einen heilenden Charakter, wie sie selber kommentierend schreibt ...

2. Exoterik – Esoterik

«Innerhalb und ausserhalb der Kirche»: Mit dieser Beschreibung bin ich auch schon bei derjenigen Frage angelangt, die mir ein Anliegen ist: Wer in all diesen unterschiedlichen Bewegungen trägt Verantwortung für die einzelnen Menschen, die spirituell auf dem Weg sind?
Ich meine folgendes: Als die Kirche früher noch funktionierte – oder wo sie heute noch funktioniert –, hätte man mit gutem Grund ein Begriffspaar auf sie anwenden können, das sie selber in ihrem Wortschatz nicht kannte, aber praktizierte: «Exoterik» und «Esoterik». Es gab in der Kirche eine grundsätzliche Lehre, in die alle Glaubenden eingeführt wurden: durch die Katechese, die Predigt, den Vollzug der Gottesdienste und durch spezielle Veranstaltungen, etwa im Rahmen der so genannten Volksmission, der Glaubenserneuerung usw. Diese grundsätzliche Lehre setzte sich aus theologisch fundierten Glaubenssätzen, aus einer Gebetspraxis und aus klaren ethischen Grundsätzen zusammen. Dies können wir als Exoterik bezeichnen, denn sie war allen zugänglich und bildete die Voraussetzung dafür, dass jemand früher oder später, wenn er sich im Rahmen dieser grundsätzlichen Lehre bewährt hatte, mit inneren Erfahrungen, mit der Mystik, vertraut gemacht wurde.
Die Einführung in die Mystik – angefangen von einer allegorischen oder spirituellen Deutung der Bibeltexte, über die Vermittlung der mystischen Erfahrungen von Heiligen bis hin zur Beschäftigung mit den inneren Erfahrungen, die jemand selber gemacht hatte, deren Deutung bzw. kirchliche Anerkennung ihm selber aber noch ungewiss war – geschah in unterschiedlichen Formen, z.B. im Rahmen von Exerzitien und Besinnungstagen, im Kontakt mit Männern und Frauen, die in Klöstern ein kontemplatives Leben führten, bei der Zusammenkunft von Hauskreisen und Gebetsgruppen und in einem Bereich, der für die spirituelle Schulung nicht unterschätzt werden darf: im kontinuierlich durchgeführten persönlichen Beichtgespräch.
Der spirituelle Weg besitzt auch seine Gefahren, der spirituell Suchende kann mit Erfahrungen konfrontiert werden, auf die er nicht vorbereitet ist und die ihn überfordern, und Elemente der grundsätzlichen Lehre können auf dem spirituellen Weg in Frage oder auf den Kopf gestellt werden – das will ich nicht weiter ausführen, denn damit befassen sich andere Beiträge in diesem Band. Ich will hier nur deutlich machen, dass durch die frühere, selbstverständliche Gliederung innerhalb der kirchlichen Unterweisung und durch den mündlichen Charakter der spirituellen Begleitung Menschen in dem Mass auf den inneren Weg vorbereitet und in ihn eingeführt werden konnten, als es ihrer Reife und ihrem persönlichen Erfahrungsstand entsprach.

Das war und ist nicht nur die Praxis der Kirche. Bei manchen Zen-Meistern findet sich die Tendenz, dass sie Menschen aus dem Westen, die über eine starke religiöse Prägung verfügen, sofort in die Meditationspraxis des Zen einführen, dass sie aber Menschen, die eine solche Prägung nicht mehr mitbringen, zuerst oder gleichzeitig in der buddhistischen Lehre unterweisen. Ich ziehe daraus die Folgerung: Wer sich auf die radikale Verunsicherung einlassen will, die die Zen-Praxis bedeuten kann, braucht vorerst eine tragfähige Basis. Ebenfalls geht Peter Hüseyn Cunz, Scheich der tanzenden Derwische, davon aus, dass die Spiritualität des Sufismus nur von jemandem authentisch erfasst und gelebt werden kann, der auch Moslem ist.

3. Der notwendige Schutz

Ich möchte mein Thema noch einmal präzisieren. Es geht mir nicht darum zu behaupten, dass spirituell Suchende heute im Rahmen der Schweizer Kirchen immer noch oder schon wieder die notwendige Vorbereitung und die notwendige Begleitung auf dem spirituellen Weg erhalten. Es gibt zwar einzelne Männer und Frauen, es gibt Orte in den Kirchen, die sich in ausgezeichneter Art und Weise dieser Aufgabe widmen. Aber es ist nach wie vor nicht das grosse Anliegen der Kirchen, Menschen im Durchgang durch eine exoterische Praxis in die spirituelle, ja mystische Erfahrungswelt einzuführen, im Gegenteil. Oft wirkt es nach aussen eher so, als ob die Kirchen ihre Mitglieder am liebsten mit einer möglichst einfachen exoterischen Lehre still legen möchten. Das heisst nichts anderes, als dass sowohl innerhalb wie ausserhalb der Kirchen viele Suchende auf sich selber gestellt sind und den notwendigen Schutz nicht erhalten.

Dass Menschen in ihrer eigenen Suche, angezogen durch ein vielfältiges esoterisches Angebot, erhältlich in Büchern, Seminaren und Kongressen, möglicherweise eine kunterbunte Theologie oder Spiritualität entwickeln, stört mich persönlich nicht. Ich nehme an, dass wir alle, ob wir nun kirchlich bzw. religiös gebunden sind oder nicht, eine buntere Herzensmischung leben, als wir in den öffentlichen Diskussionen vertreten. Nein, was mir zu schaffen macht, ist vielmehr, dass die Menschen, die ihr Leben für die spirituelle Suche investieren, durch Sackgassen entkräftet und durch Irrgänge entmutigt werden.

Es gibt nicht einfach *die* spirituelle, *die* mystische Erfahrung, eine Erfahrung, die sich von alleine einstellt. Sie braucht eine Vorbereitung. Sie braucht eine Erwartung. Nur eingebettet in einen Rahmen von Erwartungen und Deutungen, können innere Erfahrungen ertragen und ausgehalten werden.

Dies zeigen z.B. die vielfältigen Deutungsmodelle mystischer Erfahrungen, die sich aus dem Hohenlied, dieser Sammlung von Liebes- und Hochzeitsliedern der hebräischen Bibel, hergeleitet haben. Seit Origenes (3. Jh.) bis hin zu Theologinnen und Theologen des 20. Jh. haben diese Lieder voller Zärtlichkeit und Sinnlichkeit, voller Freude über die Gegenwart des Geliebten und voller Trauer über dessen Abwesenheit, den Mystikerinnen und Mystikern die Sicherheit gegeben, dass ihre Sehnsucht und ihre Verlassenheit, ihre Ängste und ihr Liebesglück mit Gott zu tun haben. Aus den Liebesnuancen der Lieder wurde im Laufe der Jahrhunderte mystischer Theologie eine nuancierte spirituelle Psychologie.

Das meine ich mit Schutz: Spirituelle Erfahrungen brauchen einen deutenden Rahmen, allerdings einen deutenden Rahmen, der selber wiederum als vorläufig in Frage gestellt wird, da kein Rahmen die Erfahrungen mit Gott fixieren, endgültig benennen kann.

Die Religionen haben, meine ich, zutiefst den Auftrag, diesen Deutungsrahmen und natürlich das spirituelle, mystische Leben, das nach diesem Rahmen verlangt, zu pflegen. Tun sie es zur Genüge?

4. Nur noch gottbezogen

In meiner Beschäftigung mit den spirituellen Lehrern und Lehrerinnen unserer Zeit bin ich auf einen Mann gestossen, dessen Leben ich abschliessend umreissen möchte: Henri Le Saux / Swami Abhishiktananda (1910–1973). Henri Le Saux wächst in der Bretagne auf, besucht das Kleine, dann das Grosse Seminar und wird 1929, im Alter von 19 Jahren, Benediktinermönch des Klosters Kergonan. Er interessiert sich für die Theologie der Kirchenväter – damals eine spirituelle Möglichkeit der trockenen scholastischen Theologie zu entkommen – und für die Mystik. Nach dem Zweiten Weltkrieg wird in ihm der Wunsch immer deutlicher, in Indien missionarisch zu wirken, aber nicht durch Verkündigung und sozialen Einsatz, sondern durch ein zurückgezogenes, kontemplatives, der spirituellen Suche gewidmetes Leben. 1948 erhält er die Erlaubnis, nach Indien zu fahren. Er schliesst sich dem Experiment von Jules Monchanin an: Gemeinsam gründen sie in Südindien einen christlichen Ashram. Sie werden diesen Ashram nicht zum Leben bringen, erst Jahre später, als Bede Griffiths die Leitung des Ashrams übernimmt, erlangt er auf der Ebene der Kirche und des interreligiösen Dialogs in Indien Bedeutung.

1949 ist das für Henri Le Saux entscheidende Jahr: Er begegnet dem Advaita-Mystiker Ramana Maharshi in dessen Ashram in Tiruvannamalai. Diese Begegnung lässt Henri Le Saux ahnen, dass er in seiner mystischen Suche von einem engen kirchlichen Deutungsrahmen festgehalten wird, dass er diesen Rahmen zu sprengen und erneut auf die Suche zu gehen hat. Für Henri Le Saux beginnt eine intensive spirituelle und theologische Auseinandersetzung. Über Jahre erlebt er sich mit seinen inneren Erfahrungen in einem beängstigenden Freiraum, kann sich weder der Kirche noch der hinduistischen Tradition einordnen. Alle Versuche, seine Erfahrungen mit der gängigen Theologie zu erfassen, schlagen fehl. Sein innerer Gott entzieht sich den Kategorisierungen.

In unserem Zusammenhang ist mir Henri Le Saux aus zwei Gründen wichtig:

Der erste Grund: 1973, im Jahr seines Todes, gründet er zusammen mit Swami Chidananda, dem Oberhaupt des Shivananda-Ashram in Rishikesh eine neue Ordenstradition. Die Novizen sollten im Rahmen der tradierten Religionen eine spirituelle Schulung erhalten. Mit der Initiation, mit der Entlassung zum vollen Mönchsleben, aber sollten alle Bindungen an die Religionen aufgehoben werden: die Erfahrung des Absoluten und die Weitergabe dieser Erfahrung waren mit der Bindung an eine kulturgeschichtlich festlegbare Religion nicht zu vereinbaren.

Der zweite Grund: Je mehr Henri Le Saux in den letzten Jahren seines Lebens zu dieser Lösung tendiert, desto mehr entdeckt er die Notwendigkeit der spirituellen Vaterschaft und Mutterschaft. Wer anderen diese absolut bindungslose innere Erfahrung zumuten will, muss selber bereit sein, wie ein Vater oder eine Mutter das eigene innere Leben mit Gott weiterzugeben, dieses Leben im andern zu wecken und zu schützen.

Ich schliesse meine Überlegungen zur «Spiritualität innerhalb und ausserhalb der Kirche» mit einem dreifachen Wunsch, der sich an Henri Le Saux orientiert:

1. dass mitten in den vielfältigen spirituellen Bewegungen und Strömungen Frauen und Männer um jene Deutungsmodelle wissen, die den Suchenden Schutz und Führung bieten,
2. dass immer wieder Frauen und Männer im Schutz dieser Deutungsmodelle bis zu jener Gotteserfahrung gelangen, die alle Deutungsmodelle sprengt,
3. dass gerade diese Frauen und Männer weltweit eine Vernetzung verantworten, die die Suchenden persönlich trägt, so wie nur Mütter und Väter dies können.

Zur weiteren Lektüre empfohlen:

Davy, Marie-Madeleine: *Die Wandlung des inneren Menschen. Der Weg zum wahren Selbst*. Salzburg 1986.

Le Saux, Henri / Swami Abhishiktananda: *La montée au fond du cœur*. Paris 1986.

Schellenberger, Bernardin: *Auf den Wegen der Sehnsucht. Zum spirituellen Leben heute*. Freiburg i. Br. 2004.

Wild, Peter: *Die äusseren Meister und der innere Meister. Führung auf dem spirituellen Weg*. Stuttgart 2001.

Meister, Guru, Seelenführer: Wie finde ich einen seriösen Lehrer?
ANNETTE KAISER / FRANZ-XAVER JANS

Dieser Beitrag wurde als Doppelvortrag mit anschliessendem Gespräch zwischen den Referierenden einerseits und der Beantwortung schriftlich gestellter Fragen aus dem Publikum anderseits gehalten.

1. Wie finde ich einen seriösen Lehrer?
ANNETTE KAISER

1.1 Seriöse spirituelle Lehrerschaft – einige Kriterien

Grundsätzlich gibt es keinen Unterschied zwischen Lehrer und Schüler In der Ebene der Einen Wirklichkeit sind sowohl der Schüler als auch der Lehrer *ein* dimensionsloses Zentrum, ein punktloser Punkt. Auf der relativen Ebene aber ist diese Fragestellung natürlich berechtigt: Was ist ein seriöser spiritueller Lehrer? Und um das zu klären, gibt es einige Kriterien:

Erst einmal gibt es ein weites Spektrum, was uns alles Lehrer sein kann. Manchmal ist es ein Mensch, der bewusstseinsmässig nur einen Schritt weiter ist, als derjenige, der auf dem Weg, auf der Suche ist. Im Weiteren ist das Leben selbst der grösste «Guru». Alle Ereignisse im Leben eines Menschen tragen dazu bei, reifer zu werden und sein Bewusstsein zu erweitern.

Trotzdem stellt sich die Frage, wie kann ich einen guten spirituellen Lehrer von einem nicht seriösen unterscheiden? Zum Beispiel kann man sagen, dass ein seriöser spiritueller Lehrer jemand ist, der die Dualität *und* die Einheit überwunden hat, der eine Dimension jenseits von Zeit und Raum kennt, und damit auch Körper und Verstand transzendiert hat.[1] Man kann das traditionell auch so ausdrücken: Ein Lehrer ist ein Niemand. Er oder sie ist präsent, ist im Gewahrsein. Aber da gibt es eine gewisse Schwierigkeit, weil man das eigentlich erst erkennen kann, wenn man die Fähigkeit hat, in das Herz eines Menschen zu sehen, das heisst, jenseits der Erscheinungsform zu schauen. Denn Erscheinungen sind trügerisch.

Für uns Menschen gibt es drei Bereiche, in denen wir leicht korrumpierbar sind: Macht über andere, Sexualität und Geld. Das sind drei grosse Tore für jeden Menschen, nicht nur für einen Lehrer, die es auszuloten gilt. Ein weiteres Kriterium für einen seriösen spirituellen Leh-

---
[1] Vgl. Maharaj, Nisargadatta: *Ich Bin.* Teil III, Bielefeld 2003.

rer ist die Frage, ob bei ihm oder in seinem Umfeld irgendwelche Abhängigkeiten entstehen – gleich welcher Art.

Aber auch wenn wir einem Menschen nicht in das Herz schauen können, gibt es eine Möglichkeit zu überprüfen, ob mir eine spirituelle Lehrerin oder ein spiritueller Lehrer zusagt – wenn sich in ihrer oder seiner Präsenz plötzlich ein Friede oder eine Stille einstellt, wenn etwas in mir ruhig und friedlich wird. Diese Erfahrung beruht auf einem ganz tiefen Resonanzprinzip, weil der Mensch in Essenz Stille, Friede ist. Etwas im Herzen des Menschen kann sich freuen, oder weiss plötzlich, ja, hier bin ich am richtigen Ort. Auch anhand des eigenen Wachstums, des eigenen Transformationsprozesses, kann man überprüfen, ob man am richtigen Ort ist.

1.2 Spirituelle Schülerschaft – wie wird sie gelebt?

Wie findet man einen guten Lehrer oder eine gute Meisterin? Sie kennen natürlich alle die klassische Antwort darauf: Der Lehrer findet uns. Man darf sich das jetzt allerdings nicht so wörtlich vorstellen, dass plötzlich jemand an der Haustüre klingelt und sagt, hier bin ich.

Ich kann ihnen vielleicht kurz sagen, wie das bei mir war. Ich praktizierte einige Zeit tibetischen Buddhismus, hatte zwei kleine Kinder, hatte eine unendliche Sehnsucht danach, mich selbst zu erkennen und nach Hause zu finden. Damals war der tibetische Buddhismus ein monastischer Weg, das heisst, wenn ich auf diesem spirituellen Weg wirklich hätte «vorwärts kommen» wollen, hätte ich ein dreijähriges Retreat machen müssen, und das war mir mit zwei kleinen Kindern unmöglich. Und ich war so verzweifelt, ich war absolut verzweifelt in meiner immensen Sehnsucht.

In dieser Zeit fand ich eines Tages in einer Buchhandlung das Buch «Wie Phönix aus der Asche» von Irina Tweedie[2], das eben heraus gekommen war. Ich verschlang es und dachte: Genau so möchte ich geschult werden. Also nahm ich Kontakt zu ihr auf.

Was ist eigentlich die Rolle einer Lehrerin, eines Lehrers? Sie können Unterweisung geben, sie sind Inspiration, Wegweisung, Spiegel, Katalysator. Aber der Schüler muss den Fluss selbst überqueren. Das zu begreifen ist ganz wichtig. Es ist nicht möglich, dass ein Lehrer den Schüler sozusagen über den Fluss hebt. Der Fluss muss selbst durchschwommen werden. Dies ist deshalb wichtig, weil das menschliche Potential sich durch die Prozesse, die der Mensch durchschreitet, entfaltet. Es geht also um Selbstverantwortung, um Eigenverantwortung. Die kann man nicht an den Lehrer abgeben. In diesem Sinne wird der Weg, den

---

[2] Tweedie, Irina: *Wie Phönix aus der Asche*. Reinbek 1981.

ich von Frau Tweedie lernen durfte, als ein Weg für Erwachsene beschrieben.

Frau Tweedie war eine starke Persönlichkeit mit einer wunderbaren Ausstrahlung. In ihrer Nähe war eine tiefe Stille spürbar. Am Anfang, als ich ihr das erste Mal begegnete, sah ich alles Heilige, Schöne, Grosse und Himmlische in ihr. Man projiziert unglaublich viel in den Lehrer, in die Lehrerin. Es ist, wie wenn man sich verliebt. Das ist vielleicht in einer ersten Phase noch gesund, weil man in der Lehrerin, im Meister, das sieht, was man in sich selbst noch nicht entdeckt hat. Nach einer bestimmten Zeit allerdings muss jede Projektion zurückgenommen werden. Ein äusserer Lehrer muss immer auf den inneren Lehrer verweisen, weil der Mensch alles in sich selbst trägt. Das, wonach er sucht, ist er selbst. Er benötigt nur, den einen Schritt weg von sich selbst zu tun und das ist ein Transformationsvorgang. «Weg von sich selbst» bedeutet, das Identifiziertsein zu lösen, die Transformation von «ich bin diese Form», «ich bin Annette» zum Ich-Bin – und jenseits davon – zu vollziehen. Dies führt zu einem erweiterten Bewusstsein, einem erweiterten Verständnis, das sich nicht mehr identifiziert mit dieser Form, das die individuelle Form aber in diesem grösseren Verständnis auf ganz natürliche Art und Weise selbstverständlich lebt und somit einen natürlichen Ausdruck findet.

Natürlich ging ich bei Frau Tweedie auch durch diese Prozesse hindurch: Meine Projektionen mussten zurückgenommen werden. Diese Transformation ist wie ein innerer alchemistischer Prozess, in dem der Mensch mehr und mehr versteht, dass er essentiell reines Bewusstsein, Liebe, das Leben selbst ist; ganz in der Tiefe Nichts – Alles. Mit diesem Erkennen lösen sich die Projektionen auf.

Wie sieht jetzt spirituelle Schülerschaft im Alltag aus? Zum einen gibt es traditionelle Anweisungen, wie ein Schüler-Lehrer Verhältnis sich im Alltäglichen gestaltet: Zum Beispiel habe ich sehr genau gelauscht, wenn Frau Tweedie mir etwas sagte. Die Schülerin wird nämlich aufgefordert, genau hinzuhören, sich so zu öffnen, dass sich nicht sofort eigene Konditionierungen, zum Beispiel alte Muster oder Bilder, vor ein Wort schieben, bevor dieses noch ganz ausgesprochen ist, sondern dass wirklich ein offener Raum entstehen kann.

Im zweiten Schritt geht es um ein erwachsenes Lehrer-Schüler-Verhältnis. Das heisst, das Gesagte wird im eigenen Herzen überprüft. Ich fühlte mich bei Frau Tweedie immer in der Eigenverantwortung gelassen, das war für mich sehr wohltuend. Und gleichzeitig war immer jemand da, wenn ich Rat suchte. Manchmal bekam ich ihn, manchmal nicht.

Es gibt noch ein Kriterium, nach dem man eine spirituelle Gruppierung beurteilen kann: gesunder Menschenverstand – gesunder Menschenverstand – gesunder Menschenverstand. Abstruse Dinge, die irgendwie unnatürlich oder anorganisch sind, können nicht stimmen. Frau Tweedie hat uns immer wieder gesagt, dass Spiritualität viel mit gesundem Menschenverstand zu tun hat. Es geht immer darum, das Oben und Unten einzumitten. Wir haben oft die Vorstellung, ein spiritueller Weg sei irgendwo weit weg vom Alltagsgeschehen im fernen Himalaja. Nein, einen spirituellen Weg gehen, bedeutet, das Oben und Unten zu verbinden. Vielleicht steht man so das erste Mal im Leben wirklich auf dem Boden und wird endlich normal, wie Teresa von Avila das genannt hat.

1.3 Lehrer-Schüler-Verhältnis im Wandel der Zeit

Das erwähnte Buch von Frau Tweedie ist ein Tagebuch, welches sie in den 70er-Jahren geschrieben hat, und das 1981 das erste Mal in einer gekürzten Fassung erschienen ist. Später wurde es dann vollständig unter dem Titel «Der Weg durchs Feuer» publiziert.[3] Sie beschreibt darin ihren Prozess der Wandlung, der damals auch in Indien eine harte Schule war. Dazu kam noch, dass die Schulung in einem anderen kulturellen Umfeld, dem asatischen Kontext, stattfand. Und so gibt es immer wieder Menschen, die auf dieses Buch mit Bemerkungen reagieren wie z.B.: «Nein, das ist ja fürchterlich, eine westliche Frau, die so behandelt wird, die einfach immer draussen sitzen muss ...». Ich denke, zu der Zeit, als Frau Tweedie dies erfahren hat, war das richtig, es war ja auch in Asien. In Asien herrscht ein anderes, viel distanzierteres Verständnis zum Lehrer als hier. Wir hier im Westen haben eine viel persönlichere Beziehung zur Lehrerin. In Asien sagt man zum Beispiel: Es ist gut, wenn der Lehrer drei Täler weit weg wohnt. Das bedeutet, dass ein Schüler drei Tage reisen muss, bis er den Lehrer sieht, dann vielleicht drei Tage dort ist und wieder geht. So sind einige Dinge gar nicht möglich, zum Beispiel Überprojektion. Hier im Westen sind wir anders konstelliert, wir haben eine andere Kultur, wir sind viel individueller und möchten gerne die Beziehung zu einem Lehrer, einer Lehrerin auch individuell gestalten. Bei Frau Tweedie und ihrem Lehrer Bhai Sahib – das bedeutet älterer Bruder – war es noch sehr traditionell: Zum Beispiel durfte der eigentliche Name von Bhai Sahib nicht ausgesprochen werden. Es war eine strenge, unglaublich tief greifende Schulung innerhalb kürzester Zeit. Frau Tweedie kam dann zurück und brachte diese Tradition der Naqshbandyya-Mujaddidyya in den Westen. Und wir, die wir bei Frau Tweedie waren, durften sie bei ih-

---

[3] Tweedie, Irina: *Der Weg durchs Feuer. Tagebuch einer spirituellen Schulung durch einen Sufi-Meister*. Interlaken 1988.

rem Namen nennen, wir sagten zu ihr «Frau Tweedie». Obwohl sich im Äusseren einiges verändert, bleibt die Essenz des Pfades allerdings davon völlig unberührt, sie sucht sich nur einen zeit- und kulturgemässen Ausdruck.

Das Bild des Lehrers war bei Frau Tweedie noch sehr gross. Auch wenn wir an die grossen Lehrer Meister Eckhart, Teresa von Avila und andere denken, so sind auch unsere Bilder von so genannten erwachten Menschen übergross. Das hat sich gewandelt: Frau Tweedie liess uns sehr nahe an sich heran, sie liess uns zum Beispiel auch ihre Schwächen sehen. Einmal, als sie wegen einer Augenoperation ins Spital musste, sagte sie, sie hätte Angst vor der Operation. Es ging darum, dass wir Schüler lernten zu differenzieren, was Grösse ist, wirkliche Grösse und wo der Mensch auch einfach Mensch ist. Das gehört zum erwachsenen Verhältnis von Lehrer und Schüler. Bei Frau Tweedie durften wir über alles sprechen, sie war sehr offen, weit wie der Himmel, und es gab kein Thema, das nicht ansprechbar war.

Ich bin eine der beiden, die diese Tradition weiterführen dürfen, und werde selber mit «Annette» angesprochen. Das ist wieder ein Schritt näher. Und ich bezeichne mich auch nicht als Lehrerin oder Meisterin oder so etwas, ich sehe mich schlicht als Wegweiserin, als Freund, als Freundin, als Schwester. Wenn man zum Beispiel ein Haus baut, braucht man einen Architekten, oder wenn man einen gefährlichen Berg hochsteigen will, braucht man einen Bergführer. Ebenso ist es sinnvoll, wenn man sich auf einen inneren Pfad begibt, jemanden zu haben, der diesen schon durchschritten hat und die einzelnen Wegstrecken kennt. In der heutigen Zeit hat sich in der Auffassung des spirituellen Weges vieles verändert. Es scheint, dass sich das Bewusstsein, das Gesamtbewusstsein der Menschen weiter entwickelt hat. So wird diese grosse Diskrepanz kleiner. Man spricht heute auch davon, dass der Weg des Kreuzes, der Weg des Leides gar nicht mehr so gebraucht wird wie in früheren Zeiten. Wir leben heute in einer energetisch beschleunigten Zeit. Und ich sehe an den Erfahrungen der Menschen, mit denen ich zusammen komme, dass sich innere Prozesse verkürzen und verändern. In der Psychotherapie spricht man heute davon, dass zum Beispiel ein Trauma nicht mehr in ganzer Tiefe durchlebt werden müsse. Nach einiger stabilisierender Vorarbeit würde es genügen, dieses am Saum zu berühren, um es aufzulösen. Etwas ganz ähnliches beobachte ich auch in den Prozessen, die die spirituelle Entwicklung betreffen – es ist auch da eine gewisse Beschleunigung sichtbar.

Mehr und mehr Menschen sind an ihr inneres essentielles Sein angeschlossen, und das hat eine Auswirkung auf alle. Jeder Bewusstseinsschritt jedes einzelnen Menschen hebt das gesamte Bewusstsein der

Menschheit an. In der Essenz bleibt aber immer der eine Schritt des einzelnen Menschen, sich in diesem Transformationsprozess von Blei zu Gold zu verwandeln, wenn ich es einmal alchemistisch ausdrücke. Es geht um den einen Schritt weg von sich selbst oder – man kann es auch genau umgekehrt formulieren – um den einen Schritt zu sich selbst.

2. Spirituelle Begleitung – LehrerIn, MeisterIn, Guru, Starez, Stariza
Franz-Xaver Jans

Nach den Ausführungen von Frau Kaiser fahre ich hier gerne weiter, bei diesem einen Schritt zu sich selbst, der sich gewöhnlich als ein Geschehen in mehreren Schritten erweist. – Ich kann Sie fragen: Weshalb sind Sie hier? Was hat Sie bewogen, jetzt in diese Stunde zu kommen und sich mit der Frage der spirituellen Begleitung auseinanderzusetzen? Was hat Sie innerlich bewegt, dass Sie diesen Raum aufgesucht haben? Vielleicht liegt es gerade darin, dass auch Sie etwas spüren von diesem sehnenden Suchen, Weisung zu bekommen, anzukommen in Ihrer Mitte.

2.1 Begegnung mit der personalen Kernmitte

Was ist diese Mitte? Jede spirituelle und religiöse Tradition spricht in Bildern und Mythen von dieser Mitte. Die Aufgabe eines spirituellen Lehrers oder einer spirituellen Lehrerin besteht primär darin, dass Sie mit dieser zentralen Mitte Ihres Menschseins in Kontakt kommen. So kann, wie Meister Eckhart sagt, das «Seelenfünkelin», der göttliche Funke, in Ihnen aufleuchten. Was ist dieser Lebensfunke, der letztlich so wichtig ist im inneren Erleben, der uns auf dem Weg hält? Und damit ist auch die Frage verbunden: Was heisst Spiritualität und warum braucht es Begleitung auf einem spirituellen Weg?

2.2 Spiritualität als Lebensqualität

Spiritualität können wir so umschreiben: Ein Mensch rechnet mit einer Wirklichkeit, die über Raum und Zeit hinausgeht, und er verspürt ein sehnendes Suchen in sich, mit dieser Wirklichkeit eins zu werden. Diese Wirklichkeit hat viele Namen. Meistens wird sie mit Gott umschrieben, als göttliches Mysterium bezeichnet. Aber: Wie kann ich zum Göttlichen in mir finden? In diesem Sinn ist die spirituelle Begleitung – ich spreche lieber von spiritueller Begleitung als von spirituellem Meister oder von spiritueller Meisterin – ein Weggeschehen. Wir sind zusammen auf dem Weg und derjenige, welcher jemanden begleitet, hat eine Erfahrung mit dem Kern des Menschseins, mit dem göttlichen Funken, mit dem göttlichen Hauch in sich gemacht oder, wenn Sie wollen, mit dem Urgrund des Lebens. Die Sehnsucht will ja mit diesem Urgrund in eine Beziehung treten. Die spirituelle Begleitung hat somit die Funktion eines Türhüters, der durch das Tor hindurchführt und darauf achtet, dass – um mit Teresa von Avila zu sprechen – der Weg durch die vielen Wohnungen der Seelenburg gefunden wird, um dann die innerste Kammer zu erreichen.

2.3 Spiritualität als ein Weg mit Gott

So versteht sich dieser Weg immer als ein Weg mit Gott und nicht einfach ein Weg zu Gott. Jeder und jede von uns spürt in sich den Urgrund des Lebens und ist immer auch schon in Kontakt damit. Ein spiritueller Lehrer, eine spirituelle Lehrerin ist wie der rote Faden zu und für diesen Weg, also Wegweiser. Ich kann den Faden sehen, auf den ich hingewiesen werde, kann ihm entlang gehen, oder ich kann mich auf den Faden setzen. Dann ruhe ich mich auf dem Wegweiser aus und sage: «Ich weiss jetzt, wohin der Weg geht», und bleibe offensichtlich auf dem Weg sitzen. Die Aufgabe des spirituellen Begleiters ist es dann zu sagen: «Komm herunter vom Wegweiser, geh weiter!» Genau gleich ist es mit Wegerfahrungen, die wir machen. Wenn uns das Mysterium, das göttliche Geheimnis berührt, sind wir immer in Gefahr, die Wegplatten zu umarmen und wir würden gerne immer wieder die gleiche Erfahrung machen. Die spirituelle Begleitung sagt: «Tue einen neuen Schritt auf deinem Weg, hebe deinen Fuss und gehe weiter!»

Am letzten Sonntag hat mich die Aussage eines 13-jährigen Knaben sehr berührt. In der Predigt sagte der Seelsorger: «Versucht doch einmal mit dem göttlichen Geheimnis in euch zu sprechen, wenn ihr nicht mehr weiterkommt, einfach ab und zu!» Nach dem Gottesdienst sagte der Junge zu seiner Mutter: «Du, hör einmal; ein Seelsorger wäre doch einer, der immer mit diesem göttlichen Geheimnis sprechen könnte! Warum sagt er nur ‹ab und zu›?» Das Kind ahnte, dass der Mensch in seiner Grundverfassung mit dem Urgrund des Lebens permanent verbunden ist. Deshalb könnte er doch mit diesem Urgrund immer wieder in Kontakt treten und nicht nur «ab und zu», wenn es ihm z.B. nicht gut geht.

2.4 Wegbegleitung als Herausforderung

Wegbegleitung kann manchmal als sehr hart erfahren werden. Es geht ja um die innere Wahrheit, um das sehnende Suchen nach der inneren Wahrheit. Ich denke in diesem Zusammenhang an eine Erzählung aus der Wüstenmütter- und Wüstenvätertradition, in der ein suchender Mensch zu Altvater Moses kam, nachdem er schon wochenlang durch die Wüste geirrt war, bis er Moses endlich gefunden hatte. Und wie es damals Tradition war und zum Teil heute noch ist, wird gesagt: «Er bat um ein Wort, ein Wort der Weisung.» (Ein spiritueller Begleiter sollte nicht einfach über die Köpfe hinweg seine Weisheit an die Menschen herantragen. Das, was einen Menschen in seinem Innern bewegt und von seinem Weg zurückhält, kann er als Frage formulieren. Auf dieses Fragen kommen wir später noch einmal zurück.) Stellen Sie sich also vor: Dieser Mensch war während eines Monats auf dem Weg gewesen, und der Altvater Moses lässt ihn noch drei Tage vor seiner Hütte in der Sonne warten; dann erst kommt er aus seiner Hütte. Der Suchende sagt zu ihm: «Kannst du mir nicht ein Wort schenken für meinen Weg?» Altvater Moses antwortet ihm: «Hau ab! und gehe zurück in deine Zelle, und deine Zelle wird dich alles lehren». Eine harte Unterweisung. Dennoch wurde dieser Altvater Moses der spirituelle Lehrer dieses suchenden Menschen.

Was bedeutet ein solch klares und oft hartes Verhalten? Es meint wohl: «Geh zurück in deinen Alltag und schau, wie dein Alltag für dich Lehrer ist! Wenn du dich dem Alltag in dem Zusammenhang, in den du hineingestellt bist, stellst, dann wirst du den Weg in die Begegnung mit dem göttlichen Mysterium finden.»

Betrachten wir diese Sichtweise der Wüstenväter und Wüstenmütter, so sehen wir, dass sie immer ganz konkret mit Anweisungen umgehen. Diese sind dem Alltag entnommen und sollen in wesentlichen Punkten des persönlichen Reinigungs- und Klärungsweges weiterhelfen. Zum Beispiel die Wüstenmutter Anna Synkletika: Da kam auch einer zu ihr und fragte: «Was muss ich denn tun, um das Taborlicht (also die Erleuchtung) zu finden?» Sie sagte: «Ahme den Zöllner nach, damit du nicht zugleich mit dem Pharisäer verurteilt wirst, aber auch des Moses Sanftmut erwähne dir, damit du dein Felsenherz zur Wasserquelle umwandelst!»

2.5 Begleitung im Kontext einer bestimmten religiösen Kultur

Bei der Wüstenmutter Anna Synkletika erkennen Sie, dass deren Anweisung aus der religiösen Tradition der Evangelien stammt. Sie greift zurück auf die spirituelle Kultur, in der dieser Fragende beheimatet ist. Dies ist heute auch immer wieder ein Diskussionspunkt, welche Bedeutung dem interreligiösen Dialog in der Begleitung beizumessen ist. Kann die Art und Weise, wie jemand im Osten unterweist, ungefragt auf Menschen im Westen übertragen werden? Kann z.B. in der Zen-Tradition der abendländische Roshi einfach den östlichen Roshi, den chinesischen oder japanischen oder koreanischen Zen-Meister, in seiner Art kopieren? Geht das? Oder ist in der Zwischenzeit, wie Frau Kaiser schon betont hat, etwas anderes herangewachsen, in der Art und Weise wie Abendländer den Weg gehen und schon während Jahrhunderten gegangen sind? Muss nicht auch hier eine Inkulturation für eine artfremde spirituelle Begleitung stattfinden, damit eine spirituelle Tradition authentisch wird in einer ganz anders gearteten kulturellen Umgebung? Sonst kann es auch geschehen, dass östliche LehrerInnen, die eine sehr tiefe Verehrung in ihren Heimatländern erfahren und in den Westen kommen, abstürzen, weil der kulturelle Hintergrund der Einbettung ganz anders ist in unseren Breitengraden als da, wo sie herkommen. Dasselbe gilt auch für abendländische LehrerInnen.

2.6 Die Kraft der Weggemeinschaft

Es ist ganz wichtig, dass immer auch gegenseitig Wegbegleitung geschieht zwischen SchülerIn und LehrerIn im Sinne einer spirituellen Weggemeinschaft, da ja beide unterwegs sind. Wie die so genannten SchülerInnen lernen auch die MeisterInnen von jenen, die sie begleiten; und die so genannten MeisterInnen haben etwas von ihren Gaben an ihre SchülerInnen weiterzugeben. Es geht also darum, dass das Charisma aller Beteiligten dem Weg dient. – Vielleicht zeigt sich darin viel deutlicher die neue Form der spirituellen Wegbegleitung und des spirituellen Weges: Es ist eine «Koinonia», eine Form von Gemeinschaft zwischen Begleiteten und BegleiterInnen. Dennoch hat jede Tradition jahrhundertelange Erfahrung in der Begleitung. Und das heisst nicht, dass jetzt die Erfahrung von Jahrhunderten einfach über Bord geworfen werden sollte. Ich meine, spirituelle BegleiterInnen sollten die Erfahrung, die auf einem bestimmten Weg gemacht wird, adaptieren können auf die Zeitsituation, in der ein Mensch um Begleitung sucht. Das heisst: Anweisungen, die vor 1000 Jahren gegeben worden sind, müssen neu und situativ überprüft werden: Was stimmt für den Menschen der heutigen Zeit, der in den vergangenen Jahrhunderten eine Weiterentwicklung gemacht hat? Was vor 1000 Jahren gelehrt worden ist, muss dem spirituellen Lebensgefühl von heute angepasst und dementsprechend modifiziert werden. Das erfordert Rückmeldungen und eine gemeinsame Überprüfung in der Weggemeinschaft. Es gibt sicher Grundhaltungen, die stimmen, die sich über Jahrhunderte durchziehen und sich bewährt haben.

2.7 Die «Via purgativa» als Klärungs- und Reinigungsweg durch «alle» Jahrhunderte

Nehmen Sie ein altes Beispiel aus der Wüstenväterzeit: «Urteile nicht und schweige!» Versuchen Sie eine solche Anweisung einmal nur eine

Woche lang zu leben! Jedes Mal, wenn sie etwas beurteilen wollen, schweigen Sie und entdecken dabei, was dies mit Ihnen macht. Die Übung im Sinn des Klärungsweges besteht dann darin, dass ich immer, wenn ich in die Versuchung komme zu urteilen, einen Schritt zurücktrete und die konkrete Situation noch von einer neuen Seite her betrachte. Das Nächste ist ein Entscheidungsschritt, nicht ein Urteilen über den anderen Menschen oder seine «Sache», sondern ich frage: Was ist für *mich* stimmig? Das Eigene lässt sich neben das Fremde setzen, das für mich so nicht stimmig ist. Ich folge der eigenen Spur und beurteile nicht, was den andern Menschen dazu veranlasst hat, so oder so zu handeln. – Dies ist eine kompromisslose Schulung, die auf allen Ebenen Wertschätzung und «Gleich-Gültigkeit» verlangt.

2.8 Die zentrale Frage des spirituellen Weges

Wenn ich die spirituellen Traditionen des Ostens und des Westens betrachte, so sind solche Anweisungen zur inneren Transformation starke Impulse zur Veränderung des persönlichen Lebens, und helfen der Erkenntnis: «Wer bin ich, wenn ich sage: Ich bin da?». Dies ist die zentrale Frage jedes kontemplativen Versenkungsweges, ob es sich um Yoga, Zen, Sufismus, Kabbala, Hesychasmus oder sonst einen Weg handelt. Dazu gibt nicht nur der / die LehrerIn ein Feedback, sondern auch die Konstellation des Alltags und alles, was mir aus der Schöpfung begegnet. Wie gehe ich damit um?

Der Zen-Meister Ikiu wurde von einem Schüler, der schon lange Zeit bei ihm war, gefragt: «Meister sage mir, was ist jetzt mein Weg?» Er antwortete: «Achtsamkeit!» Der Schüler war nicht zufrieden: «Ja, können Sie das nicht noch ein wenig ausfalten; das ist doch jetzt ein bisschen wenig!» Da sagte der Meister: ‹Achtsamkeit, Achtsamkeit›. Nun wurde der Schüler ungehalten und sagte: «Jetzt bin ich mit viel Mühe nach Japan gekommen, weilte während eines Monates in Ihrem Kloster und Sie sagen mir einfach ‹Achtsamkeit›. Können Sie mir nicht noch ein Wort aufschreiben, das jetzt wichtig ist für mich, wenn ich zurückgehe?» Der Roshi nahm einen Stift und schrieb: «Achtsamkeit, Achtsamkeit, Achtsamkeit!» – «Kommen Sie in einem Jahr wieder», sagte er mündlich, «und sagen Sie mir, was Sie dabei gelernt haben!» Jetzt können Sie ja selber spüren: Dieser Lehrer war immer gegenwärtig in diesem Wort: «Sei achtsam!» Bei allem, was er später tat, stellte er die Frage: Wie kann ich diese Achtsamkeit leben? Spirituelle BegleiterInnen und SchülerInnen bleiben in diesem gemeinsamen Bemühen um Sammlung in der Achtsamkeit auf dem gleichen Weg.

3. Gespräch

Franz-Xaver Jans: Was ich mit Ihnen noch betrachten wollte, ist das Thema der Übertragung und Gegenübertragung, die sich ja auch ereignen, wenn Menschen einen spirituellen Weg gehen. Meine Beobachtung ist: Ein gewisses Mass an Übertragung muss angenommen werden, damit die suchenden Menschen durch diese hindurchschreiten können, damit sie einen Boden haben, auch im Sinne eines Spiegels. – Welche Erfahrungen haben Sie dabei mit Ihrer Lehrerin gemacht, Frau Kaiser?

Annette Kaiser: Mit Frau Tweedie? Wie erwähnt fand in der ersten Begegnung manches an Übertragung statt: Ich sah in ihr alles, was ich als heilig und weiss nicht was ansah, alles was ich mir gewünscht hatte – zu erwachen oder mich selbst zu erkennen in mir selbst – dargestellt, gelebt, umgesetzt, transformiert. Ich konnte mir selbst natürlich nicht zugestehen, dass hier eine Übertragung vorlag und dass diese sogar vorübergehend notwendig war, dass sie dann aber auch wieder zurückgenommen werden musste. Wobei ich denke, dass wir heute in einer beschleunigten Zeit leben und dass dieser ganze Prozess sich auch ein Stück weit verkürzt oder verändert.

Franz-Xaver Jans: Ich mache die Erfahrung, dass suchende Menschen meistens von einer ganz persönlichen Erfahrung herkommen. Sie gehen gerade den umgekehrten Weg, als wie er in früheren Zeiten, z.B. innerhalb der christlichen Tradition, gelehrt worden ist. Damals sollten die folgenden Stufen durchschritten werden: Mündliches Gebet (oratio), betrachtendes Gebet (consideratio), verweilendes Gebet (meditatio), einendes Gebet (contemplatio). Heutzutage geht es vielen Menschen nicht in erster Linie um Dank-, Lobpreis-, Bittgebet, sondern um Gebet im mystischen Sinn als ein Sich-Einbetten in das göttliche Geheimnis. Menschen, die heute Begleitung suchen, haben oft schon eine Erfahrung gemacht, die sie nicht mehr loslässt. Sie wollen solche Erfahrungen einordnen.

Annette Kaiser: Das erfahre ich anders. Die meisten Menschen kommen zu mir, weil sie das Buch von Frau Tweedie gelesen haben oder mein Buch, und weil sie dabei eine bestimmte Art von Resonanz verspürt haben, die auf diese Art von Wegbegleitung hinzielt.
Jetzt habe ich auch noch eine Frage: Sie haben ganz lange Erfahrung in Bezug auf Weggemeinschaft – ich finde das übrigens ein sehr schönes Wort, spirituelle Weggemeinschaft – kennen Sie auch spirituelle

Weggemeinschaften, aus eigener Erfahrung oder Beobachtung, die schädlich sein können oder destruktiv?

Franz-Xaver Jans: Ja, ich kenne spirituelle Weggemeinschaften, die sich abschotten und ihre Sichtweise gegenüber anderen spirituellen Erfahrungen verabsolutieren. Dies ist ein Widerspruch zu einer spirituellen Lebenseinstellung. Wir sahen ja auch solche, die sich dann gegenseitig getötet haben, weil die AnhängerInnen derart ideologisiert waren, dass die Überzeugung herrschte: Wir müssen uns jetzt in die andere Ebene, in die transzendente Ebene «katapultieren», weil die Erfahrung in Raum und Zeit nicht mehr aushaltbar ist. Da steht eigentlich genau das Gegenteil von dem im Zentrum, was die spirituellen Wege betonen: Wie findest du zu *deiner* Beziehung zum Urgrund des Lebens, zum Mysterium des Lebens. Wenn einem Menschen diktiert wird: Nur so kannst du den Weg zum Mysterium finden, führt dies zu einer Ideologisierung, und, um sich zu schützen, müssen sich diese Gruppierungen abschotten. Es ist immer wieder eine Gefahr, dass die Begeisterung im gemeinsamen Unterwegssein auch zu Abschottungen führen kann. Eine gute Möglichkeit, dem entgegenzuwirken, ist z.B., dass eine Gruppe, die gemeinsam miteinander meditiert, Erfahrungen gegenseitig austauscht und – um die eigene Sichtweise auszuweiten – Menschen zu Gesprächen einlädt, von denen sie wissen, dass sie auch Suchende sind.

Annette Kaiser: Der interreligiöse Dialog ist sehr wichtig. Dies ist ja auch ein Anliegen, das wir beide teilen, dass wir über das eigene Stück Kuchen hinaussehen wollen, also die Verschiedenheit eines inneren Weges respektieren, aber das Eine, den Urgrund, gemeinsam feiern, über alle Grenzen hinweg.

Franz-Xaver Jans: Ja, genau um dieses Feiern geht es.

Annette Kaiser: Wir gehen ja von der Fragestellung aus, «wie finde ich einen seriösen spirituellen Lehrer?» Das ist eine Frage, die immer wieder gestellt wird. Aber ich glaube, es ist ebenso schwierig, einen seriösen Schüler zu finden ... Frau Tweedie sagte zu uns SchülerInnen – wir waren sicher 1000 Schülerinnen und Schüler: «Ich kann an einer Hand abzählen, wer wirklich ernsthaft Schüler oder Schülerin ist ...»

Franz-Xaver Jans: Dazu fällt mir eine Geschichte von Ramakrishna ein. Da kam ein Mensch zu ihm und sagte: «Ich möchte Schüler werden, aber ich bin ein ‹wilder Geselle› und kann dir nichts an Heiligkeit anbieten. – Ich bin ein Räuber und ein Vagant und du bist so heilig, wie kann ich so dein Schüler werden?» Darauf antwortete Ramakrishna: «Sag mir, was liebst du?» Da erwiderte er: «Mein Schaf.» Ramakrishna anwortete ihm: «Liebe dein Schaf mit deinem ganzen Herzen und entdecke darin das Göttliche.» Bei einem zweiten, der sagte: «Ich liebe nur meinen Tisch», sagte er in ähnlicher Weise: «Liebe deinen Tisch, denn darin offenbart sich etwas vom Schöpfungsgeheimnis, vom Göttlichen. Und diene ihm.» Diese Aufforderung, dem Geheimnis in sich zu dienen, also nicht Schüler zu werden, um dem Meister zu dienen, ist die zentrale Aufgabe der spirituellen WegbegleiterInnen. Dabei erkennen wir, dass wir alle Schüler mit unterschiedlichen Erfahrungen sind.

Annette Kaiser: Wir sind immer Schüler, wir sind immer Anfänger ...

4. Beantwortung von schriftlich gestellten Fragen der Zuhörer

Ist Selbstverwirklichung nicht ein Gegensatz zur Lehre, das eigene Selbst zu überwinden?
Franz-Xaver Jans: Es geht nicht darum, das Selbst zu überwinden, denn das Selbst ist ja das Allumfassende, es geht darum, die Egotänze zu überwinden bzw. durch die Egotänze zur wahren Natur des Menschseins hinzufinden. In diesem Sinn sagt zum Beispiel die indische Tradition in der Bhagadvagita: Das kleine Ich ist die grösste Kostbarkeit. Sie ist das Eingangstor in den Atman, ins Selbst. Oder anders ausgedrückt: Wenn ich meine Anhaftungen durchschaue, kann ich hinter mein Angehaftetsein sehen. – Es geht nicht einfach um Überwinden, sondern es geht um Integration. Dabei kann jeder den göttlichen Keim in sich selber entdecken, oder wie die jüdische Mystik sagt: den göttlichen Hauch in mir, den heiligen Atem. Integration bedeutet also: Im heiligen Atem, der mich belebt, die tiefste Wirklichkeit meines Lebens, meines Selbstes, zu erfahren.

Wie überprüft man das eigene spirituelle Wachstum?
Annette Kaiser: Das ist ganz einfach, ich frage mich: Bin ich jetzt präsent? – Bin ich hier und jetzt gegenwärtig? Das kann man immer überprüfen. Bin ich achtsam? Dieses Präsentsein hat in sich eine ganz leise, singende Freude, und wenn das Leben innerlich – nicht zwangsläufig äusserlich – leichter ist, dann ist Transformation, Wachstum vorhanden.

Was macht einen guten Schüler aus? Oder: Wie spüre ich, dass ich ein seriöser Schüler bin?
Annette Kaiser: Für mich war die Suche nach Selbsterkenntnis oder nach dem Erkennen des Göttlichen nach dem Berühren des Urgrundes eine Frage von Leben und Tod. Ernsthaftigkeit und Wahrhaftigkeit sind notwendig: Das Erkennen des Göttlichen muss das Primäre im Leben werden, ohne die äusseren Verpflichtungen zu vernachlässigen. Ich meine dies im Sinne eines inneren Brennpunktes, das hat nichts mit dem Äusseren zu tun. Dieses Eine muss so wichtig werden wie in den Upanishaden in diesem einen Satz über einen Ertrinkenden: Wenn wir nach Gott rufen oder nach dem Einen, oder wie immer wir das nennen wollen, wie ein Ertrinkender, der nach Luft schnappt, dann muss sich das Göttliche den Menschen unmittelbar offenbaren. Diese Intensität ist notwendig.

Braucht es überhaupt einen Begleiter oder Lehrer auf dem spirituellen Weg?
Franz-Xaver Jans: Ich würde die Frage umformulieren: Braucht es überhaupt Begleitung? Begleitung kann verschieden wahrgenommen werden oder ereignet sich verschieden. Manchmal ist es auch ein Buch, das auf mich zukommt, und ich bin plötzlich radikal, in meiner Wurzel, berührt. Der Botschaft, die mich aus diesem Buch heraus berührt, habe ich nachzufolgen. Ich erfahre etwas in mir, das sucht und in diesem Suchen geschieht auch Resonanz zu Menschen, die in gleicher Weise berührt sind. So haben viele ihre Lehrerin, ihren Lehrer gefunden, auf ganz eindrückliche Art und Weise.
Noch zur Frage der Beschleunigung des Weges. Der Weg ist in diesem Sinne nicht kürzer geworden. Ich mache die Beobachtung, dass gewisse Erfahrungen schneller gemacht werden als früher, das heisst aber noch lange nicht, dass sie dann integriert sind. Ich kann viele kleinere oder grössere Erleuchtungserlebnisse haben, aber bei den nächsten Schritten stellt sich die Frage: Wie inkarnieren diese Erfahrungen in mein Leben hinein, wie nehmen sie Gestalt an? Das dauert, wenn ich die Tradition anschaue, heute etwa gleich lang. Es gibt spirituelle Begabungen wie es auch andere Begabungen gibt. Was öfters erlebt wird, sind Berührungen, die den Menschen radikal aufwühlen, so dass er nachher sagt, das muss ich weitertragen und verarbeiten. Aber deswegen ist der Integrationsweg heutzutage nicht kürzer geworden.

Da es viele verschiedene innere Pfade, spirituelle Wege gibt, wie kann ich da überzeugt sein, dass ich auf dem richtigen Weg bin? Muss ich verschiedene ausprobieren?
Annette Kaiser: Wenn Sie wissen, dass Sie auf dem richtigen spirituellen Weg sind, haben Sie die Frage nicht mehr. Sie erledigt sich. Und manchmal ist es so, dass man verschiedene Wege ausprobieren muss und dann geht es darum, dass man schauen muss, wo man sich zuhause fühlt, wo eine Resonanz ist, wo man innerlich aufgehoben ist. Dort wo eine Freude ist, dort wo Sie etwas ganz tief anspricht, haben Sie dann keine Frage mehr. Aber es kann auch sein, dass Sie auf einem spirituellen Pfad ein grosses Stück weit gehen, und dass eines Tages der Lehrer, die Lehrerin oder die Wegweisung Sie noch auf einen anderen Weg hinweist, weil *ein* Weg nicht immer alles abdecken kann. Wir sagen: Es gibt so viele Wege wie Atemzüge der Menschen. Jeder Weg eines Menschen ist einzigartig, weil er selbst einzigartig ist.

Mein Meister ist gestorben, bevor ich ihn persönlich treffen durfte. Kann mir seine Präsenz als Wegweiser dienen oder ist dies nur bei einem lebendigen Meister in Interaktion möglich?
Annette Kaiser: Ich glaube, dass ein verstorbener Meister sehr hilfreich sein kann. Es kommt darauf an, wie intensiv diese innere Beziehung ist. Grundsätzlich ist alles möglich. Sehen Sie, das Glas Wasser verweist auf das Formlose. Jede Form, jedes Objekt, jede Begebenheit, jeder Atemzug, jeder Mensch, alles, was Ihnen im Leben begegnet, weist in sich selbst auf das Eine hin. Natürlich ist es so, dass wenn man einen lebendigen Lehrer hat, man eben direkt fragen kann, und das kann sehr hilfreich sein. Auch wenn man durch lebendige Menschen in einer Gemeinschaft getragen wird, kann dies natürlich sehr hilfreich sein. Grundsätzlich ist alles möglich. Folgen Sie dem eigenen Herzen.
Franz-Xaver Jans: Dazu vielleicht noch etwas: Wenn Sie entdecken, dass das innere Wohlwollen, das innere und äussere Bezogensein zur Schöpfung sich vertieft, wenn Sie liebevoller sich selber und den andern gegenüber werden, so ist das auch ein Kriterium. Sie können auch im Hohen Lied bei Paulus[4] nachlesen, was für Kriterien es gibt, dass der Weg des Herzens, das heisst die Mitte des Menschen, lebendig wird im Alltag, sowohl bezogen auf sich selber, auf die andern und auf die ganze Schöpfung. Ich glaube, das ist ganz wichtig, dass wir darauf achten, ob dieses Wohlwollen sich einstellt. Wir haben immer die Tendenz, wenn wir eine tiefe Erfahrung machen, dass wir darin eine Hütte bauen wollen. Wir können das auch «Taboritis» nennen. Doch dann

---
[4] Vgl. 1. Kor. 13.

heisst es: «Steig vom Berg hinab und schaue, wie sich das Erlebte in deinem Leben auswirkt ...» Dieses Leben ist tatsächlich ein Kreuzweg. Kreuz meint hier das Aushalten der Gegensätze in mir. Das ist oft sehr schwierig, aber es geht darum, dass ich die Gegensätze aushalte und «weiterackere», also nicht zurückschaue beim Pflügen, sonst falle ich neben die Furche.

Wäre es auch angemessen zu fragen, wann finde ich einen seriösen Meister? Oder wieviel Mühe muss ich mir geben, damit ich einen Meister finde?
Annette Kaiser: Ich denke, ein aufrichtiger Herzensschrei lässt den Meister oder die Lehrerin irgendwo auftauchen. Und ich sage immer wieder: Im jetzigen Augenblick, hier und jetzt, ganz in der Präsenz, sind Lehrer und Schüler eins. Und wir haben insofern, wenn scheinbar nichts fruchtet vom inneren Stossgebet für einen Meister oder eine Lehrerin oder um einen Pfad zu finden, so ist immer der jetzige Augenblick das Tor in die Ewigkeit. Genau jetzt.
Franz-Xaver Jans: Und wir dürfen dann immer fragen: Was liebe ich wirklich: das Schaf oder den Tisch? Und wie diene ich dieser Liebe? Es geht um die Ausfaltung dieser Liebe auf dem Weg. Und wir können mit Bruder Klaus fragen: Was hindert mich und was fördert mich, um ganz zu werden? Dabei ist es gut, wenn wir bedenken: Manchmal sind wir absolut überzeugt, dass uns etwas fördert, dabei hindert es uns und manchmal sind wir überzeugt, es hindert uns etwas, und genau das hat uns gefördert. Es braucht auch diese Bereitschaft, wohlwollend zu schauen, hindert es mich wirklich oder fördert es mich wirklich? Damit sind wir wieder bei der Lehrmeisterin *Achtsamkeit*.

Indizien einer tragfähigen Spiritualität
FRANZ-XAVER HIESTAND / CHRISTOPH MÜLLER

Die Autoren haben Struktur und Unterthemen des Referates im gemeinsamen Gespräch entworfen. Ausgearbeitet wurden die beiden Teile dann gesondert. Nach ihren Referaten begannen die Autoren einen (zum Teil kontroversen) Dialog, bevor sich auch die ZuhörerInnen am Gespräch beteiligten. Auf Grund dieser Diskussionen wurden die beiden Referatteile für die schriftliche Fassung überarbeitet.

1. Spannungen
FRANZ-XAVER HIESTAND

Wir nehmen Georg Schmids Anliegen nach «religiösem Konsumentenschutz»[1] auf unsere Weise auf und möchten Indizien anführen, aufgrund derer sich eine Spiritualität als tragfähig erweist. Ich beginne, indem ich, ausgehend von der jesuitischen Spiritualität, drei Spannungsfelder skizziere, die in vielen Spiritualitätsformen auftreten. Diese Skizzen legen Fragen nahe. Und je nachdem, wie sich diese beantworten lassen, ergeben sich positive oder negative Indizien für die Tragfähigkeit der entsprechenden Spiritualität.[2]

1.1 Trennung und Bindung

Nimm Dir, Herr, und übernimm meine ganze Freiheit, mein Gedächtnis, meinen Verstand und meinen ganzen Willen, mein ganzes Haben und Besitzen. Du hast es mir gegeben, zu Dir, Herr, wende ich es zurück; das Gesamte ist Dein; verfüge nach Deinem ganzen Willen, gib mir Deine Liebe und Gnade, das ist mir genug.

Ignatius von Loyola[3]

Bevor Jesus öffentlich aktiv wurde, hatte er sich 40 Tage der Wüste ausgesetzt.[4] Mahatma Gandhi fastete wiederholt. Der US-Jesuit Daniel Berrigan und seine sieben Gefährtinnen und Gefährten hatten sich

---
[1] Vgl. Schmid i.d.Bd.
[2] Wichtige Überlegungen und Intuitionen verdankt dieser Beitrag einem Artikel der evangelischen Theologin Ines Buhofer. (Vgl. Buhofer, Ines: *Verschleiss eines Begriffs. Kritisches zum Umgang mit dem Wort Spiritualität.* In: NZZ. Fernausgabe. Nr. 123 vom 31.5.1990, S. 45.)
[3] Ignatius von Loyola: *Die Exerzitien.* Einsiedeln 1965, S. 59f.
[4] Mk. 1,12–13; Mt. 4,1–11; Lk. 4,1–13.

zu langen Reflexionen und zum Gebet zurückgezogen, bevor sie 1980 zwei Sprengkopfhülsen von US-Atomraketen zertrümmerten.[5] In allen drei Beispielen haben Leute, die sich als spirituelle Menschen verstanden, im Namen ihrer Spiritualität für eine bestimmte Zeit von ihren gewohnten Lebensvollzügen und ihrer Umgebung Abstand genommen. Dieser zeitweilige Gang in die Wüste – äusserlich in eine abgeschiedene Gegend oder innerlich in die Einsamkeit, oder beides zugleich – entspringt einem tiefen Bedürfnis des Menschen. «Es steht schlimm um ein Leben, wenn es die Wüste nicht besteht oder sie meidet»[6], notierte der Jesuit Alfred Delp.

Am Anfang beinahe jeder Form von Spiritualität steht eine radikale Trennung. Der Mensch, der sich zu ihr durchringt, wagt sie, weil er bereits von einer Sehnsucht nach unmittelbarer Begegnung ergriffen ist. Wer die Abgeschiedenheit sucht, macht dies nicht primär, weil er noch mehr leisten oder noch besser werden will, sondern weil er seiner Sehnsucht nach Grösserem Raum schaffen will. Er will sich von allem lösen, was ihn daran hindert, sich unmittelbar auf ganz Anderes auszurichten. Die Wüste, und sei sie noch so sternenlos, erscheint ihm als viel versprechende Möglichkeit zu vertiefter Besinnung und fruchtbarer Erkenntnis. Deswegen zieht es ihn dorthin.

Wir können an Alltagserfahrungen anknüpfen. Täglich sind viele Menschen zwischen hundert Wahlmöglichkeiten hin- und hergerissen. Täglich müssen sie sich zwischen zahlreichen Optionen entscheiden. Diese Zerrissenheit lässt sie trotz allem Einsatz kraftlos erscheinen. Doch kaum sind sie für eine Weile dem Zwang, sich ständig entscheiden zu müssen, entronnen, spüren sie längst verloren geglaubte Kräfte wieder. Dieselbe Energie, welche sie zuvor für zahlreiche Entscheidungsprozesse aufwenden mussten, können sie jetzt in wenige Tätigkeiten investieren und diese dementsprechend dynamisieren. Bereits eine längere Bahnfahrt ohne Handy-Kontakte wirkt auf sie derart lockernd und gleichzeitig strukturierend, dass sie endlich einen ständig hinausgeschobenen Brief abfassen oder endlich in einer delikaten Frage zu einer stimmigen Entscheidung gelangen können. Sobald sie sich also, getrennt von zahlreichen Informationszuflüssen, ausserhalb ihrer gewohnten Lebensbahnen bewegen, spüren sie eine Kreativität wiederkehren, auf die sie gar nicht mehr gehofft hatten, und erahnen eine ursprüngliche Ganzheit.

Je tiefer sich nun jemand nach einer solchen Ganzheit sehnt, umso bereitwilliger trennt er sich von allem, was ihn von dieser Sehnsucht ab-

---

[5] Berrigan, Daniel: *To dwell in peace. An autobiography.* San Francisco 1987.
[6] Delp, Alfred: *Gesammelte Schriften. Band IV. Aus dem Gefängnis.* Frankfurt a.M. 1984, S. 220.

halten könnte. Ignatius von Loyola hat im oben angeführten Gebet eine christliche Variante dieser Sehnsucht und die sich daraus entwickelnde Dynamik auf die ihm eigene leidenschaftlich-nüchterne Art in Worte gedrängt. Sein Gebet, die Frucht jahrzehntelangen Ringens, fasst sowohl sein Exerzitien-Buch als auch seine Lebensdynamik zusammen.

Wer sich nach Ganzheit sehnt, lässt materielle Güter und Beziehungen zu Mitmenschen (sein *ganzes Haben und Besitzen*) hinter sich. Und je radikaler er sich ergreifen lässt, umso mehr ist er sogar imstande, eigene Haltungen aufzugeben, sich von seinen geistig-seelischen Fähigkeiten (seinem *Gedächtnis*, seinem *Verstand*, seinem *Willen*) und schliesslich sogar von seiner eigenen *Freiheit* freizumachen. Spätestens die Zeile *gib mir Deine Liebe und Gnade* dokumentiert indes, dass alle Trennungsimpulse an die Sehnsucht nach einer neuen Bindung geknüpft sind. Genauso wie die Wüsten-Eremiten, genauso wie später Franz von Assisi bei seinen Armutsbestrebungen oder die Beginen und genauso wie moderne Erweckungsbewegungen bei ihren Aufbrüchen will sich Loyola nicht aus Welt-Verdruss von der Welt lösen, sondern um eines Wertes willen, den er als noch höher einschätzt als die Werte, die er aufgibt.

Der tiefere Sinn für diese Dynamik liegt im Schicksal des jüdischen Zimmermannssohnes aus Nazareth begründet. In ihm ist Gott nach christlichem Glauben den Menschen radikal nahe gekommen. Wenn also Gott im Menschen Jesus gleichsam eine Karriere nach unten einschlug und der Weg dieses Menschen am Kreuz endete, dann zählen Loslassen und Absteigen notwendigerweise zum Weg all derjenigen, welche am Schicksal des Gekreuzigten teilhaben wollen. In diesen Abstieg soll auch der junge Jesuiten-Novize eingeführt werden. Wie Jesus soll auch er sich von allem freimachen, allen Besitz und alle Beziehungen zurücklassen. Er darf diesen Weg gehen nicht aufgrund eines heroischen Kalküls, sondern aufgrund seines Glaubens, dass das Erleiden des Todes für Jesus nicht das Ende bedeutete, und aufgrund seiner Hoffnung, dass er selbst alles, was er zurücklässt, auf einer neuen Ebene wiedergewinnen wird.

Dementsprechend soll er auf diesem Abstieg auch lernen, dass diese Trennungen bereits etwas von der Erfüllung der Bitte *gib mir Deine Liebe und Gnade* erahnen lassen. Er soll, in einer anderen Terminologie gesprochen, lernen, sich zu entgrenzen, um sich im Eigentlichen zu beheimaten. Sein «Ich» soll auf dem Weg spiritueller Transformation sterben und sich neu konstituieren.

Freilich wissen wir heute, dass asketische Impulse und Trennungssehnsüchte auch aus neurotischen Veranlagungen erwachsen, in endlose Selbstquälereien münden oder eine Moral fördern können, die sich am Perfektionismus orientiert. Lebensverneinende oder schwermütige Charaktere können ihre Anhänglichkeit an eine Spiritualität, welche Trennungen betont, benutzen, um eine schwärmerische Leidensseligkeit zu kultivieren. Wir wissen weiter, wie verhängnisvoll es ist, wenn eine ich-schwache Persönlichkeit sich zu schnell von materiellem und geistigem Besitz lossagt, den sie gar noch nicht wirklich erworben hat. Manche Menschen sind aufgrund ihrer Persönlichkeitsentwicklung gar noch nicht zu Trennungen im oben geschilderten Sinne fähig. Ihre Trennungen sind dann bloss maskierte Abwehr- oder Flucht-Varianten. Und wir wissen schliesslich, dass auch triebfeindliche oder unsichere Menschen den Schutz der Askese suchen.[7]

Vor diesem Hintergrund können wir an jede Spiritualität, deren Tragfähigkeit wir eruieren möchten, folgende Fragen stellen: Ermöglicht mir die Spiritualität, die ich «überprüfen» möchte, wirklich, in einem radikalen Sinne Abschied zu nehmen und mich auf einer neuen Ebene zu binden? Bietet sie mir Rahmenbedingungen, dank derer ich zumindest vorübergehend asketisch leben kann? Verfügt diese Spiritualität über Kriterien und Instrumente, mit deren Hilfe ich meine Motive, eine Trennung vorzunehmen, analysieren und die fruchtbaren von den fragwürdigen Motiven unterscheiden kann? Verleiht sie mir genügend Perspektiven, um das, was ich aufgebe, auf einer neuen Ebene wiederzugewinnen? Kurz, bietet mir diese Spiritualität die Möglichkeit, eigene Spannungen zwischen Trennungs- und Bindungsimpulsen je neu auszuloten, zu leben, auszuhalten und fruchtbar weiterzuentwickeln?

1.2 Eigenständig und bezogen auf eine Institution

> *Diese Gebetsgnade hat unser Vater [Ignatius von Loyola] in einzigartigem Ausmass erhalten. Und damit die Gnade, dass er in allen Dingen, Handlungen und Gesprächen Gottes Gegenwart wahrnahm mit einem feinen Gespür für das Geistliche, ja diese Gegenwart schaute und so «in actione contemplativus» war; er pflegte dies in das Wort zu kleiden: Wir sollen in allen Dingen Gott finden.*
>
> Hieronymus Nadal[8]

In mehreren Situationen war Ignatius von Loyola vom Eindruck durchdrungen, Gott habe sich ihm unmittelbar mitgeteilt. Das genügte ihm jedoch nicht. Bald nach seinen ersten Transzendenz-Erfahrungen suchte er nach Menschen, welche auf ihre Weise zur selben Gotteserfah-

---

[7] Scharfetter, Christian: *Der spirituelle Weg und seine Gefahren.* Stuttgart et al., 5., unveränderte Aufl. 1999, S. 88.
[8] Nadal, Hieronymus: *Epistolae et monumenta.* Band IV, Rom 1905, S. 651.

rung wie er gelangt waren. Und er hielt nach Frauen und Männern Ausschau, welche er zu jener Transzendenz-Erfahrung, die ihm zuteil geworden war, hin begleiten könnte. Ausserdem entschied er sich nach verschiedenen Zusammenstössen mit der Inquisition, seine eigene Spiritualität innerhalb des Rahmens zu leben, den die katholische Kirche damals vorgab.

Wie viele spirituell begabte Christinnen und Christen vor und nach ihm erfuhr sich auch der baskische Adelige im Spannungsfeld zwischen der eigenen Gotteserfahrung und der vorherrschenden kirchlichen Dogmatik, im Grundkonflikt zwischen dem, was sie innerlich erlebten, und den Aussagen, mit denen die Gemeinschaft, in welcher sie sich eingebettet fühlten, ihr Erleben beurteilte. Denn einerseits gilt Gott nach christlicher Vorstellung als Geheimnis, das sich der menschlichen Seele enthüllt, anderseits offenbart er sich in der Geschichte der Gemeinschaft all jener, die an ihn glauben. Auf der einen Seite lässt sich Gott also in einer individuellen Transzendenz-Erfahrung erschliessen, auf der anderen Seite im Rahmen der christlichen Religion, die sich auch in sozialen Institutionen konstituiert hat, ihre schriftlichen Ausdrucksformen gefunden hat und rituell gestaltet wird. Auf der einen Seite steht das Individuum, auf der anderen Kollektive mit ihrer Geschichte, ihren Traditionen und Lehren.

Wie in vielen Mystikerinnen und Mystikern vor und nach ihm reifte in Loyola die Überzeugung, es sei letztlich förderlicher, sich auf dem eigenen Weg in Auseinandersetzung zu jener Institution voranzutasten, in welcher er seine Heimat sah. Dementsprechend suchen Jesuiten seither ihren je eigenen Weg zu Gott, indem sie ihr eigenes Erleben immer wieder mit der kollektiven Ausrichtung der katholischen Kirche konfrontieren. Sie bewegen sich im Rahmen, nicht ausserhalb einer Institution. Sie fechten diese wohl an, lassen sie aber niemals ausser Acht.

Ignatius erzählte gegen Ende seines Lebens: «Und jedesmal und zu jeder Stunde, dass er Gott finden wolle, finde er ihn.»[9] Er war davon durchdrungen, Gott *in allen Dingen* suchen und finden zu können. Ihm nachfolgend, kennen Jesuiten von ihrer Kirche approbierte Regeln, gemäss denen sie Gott individuell suchen und finden sollen. Vorgeschriebene und jahrhundertealte Praxis ist beispielsweise, dass jeder Jesuit täglich eine Stunde meditiert[10], abends auf den vergangenen Tag zurückblickt und sich einmal im Jahr für die persönlichen

---

[9] Ignatius von Loyola: *Bericht des Pilgers*. Übersetzt und kommentiert von Peter Knauer SJ, Frankfurt a.M. 1999, S. 162.
[10] Stierli, Josef: *Ignatius von Loyola. «Gott suchen in allen Dingen»* Olten et al. 1981, S. 131f.

Exerzitien zurückzieht. Wie und wann er jedoch täglich meditieren, auf welche Weise er auf den vergangenen Tag zurückblicken und in welcher Form er seine Jahres-Exerzitien machen soll, muss er im Verlauf seines Lebens immer wieder neu ausloten.

Im weiteren soll der einzelne Jesuit seine Erfahrungen nicht nur der Kirche und ihren Instanzen aussetzen, sondern auch seinen Gefährten. Er soll sich über seine spirituellen Erfahrungen regelmässig mit anderen austauschen. Dies und regelmässige Diskussionen über wesentliche christliche Glaubensinhalte helfen mit, für eigene Erfahrungen eine adäquate Sprache zu finden. Sogar transpersonale Erfahrungen auf dem Weg der Gott-Suche (sogar besondere Wachbewusstseinszustände oder Erfahrungen, dass sich Raum und Zeit in Ausdehnung und Verengung verändern) können so besser geerdet werden.

Ein Jesuit soll also lernen, sowohl alleine unterwegs zu sein als auch gemeinsam mit anderen eine christliche Grundhaltung einzuüben. Er soll sowohl persönliche Erwartungen formulieren als auch konstruktiv nach gemeinsamen Lösungen suchen können. Er soll fähig werden, sich auf je neue Vereinbarungen einzulassen, ohne seine persönliche Ausrichtung der Gott-Suche zu verlieren.

Von diesem Idealbild des Jesuiten fühlen sich indes immer wieder Einzelgänger angezogen. Primär die individualistischen Aspekte des Jesuitenordens im Blick, suchen sie Abschirmung und hoffen, den Ansprüchen einer Gemeinschaft zu entkommen. Sie neigen dazu, ihre Welt in zwei Nebenwelten aufzuspalten: in eine vom Alltag losgelöste, hochkultivierte Eigenwelt und eine Aussenwelt, in welcher sie bestenfalls höflich mit anderen Menschen Verbindungen unterhalten. Umgekehrt erweist sich der kommunitäre Aspekt des Ordens für entscheidungsschwache, verantwortungsscheue oder starre Menschen als attraktiv. Sie wollen sich primär dem Schutz einer Gemeinschaft, einer Autorität und einer möglichst klar reglementierten Lebensform anvertrauen.

Vor diesem Hintergrund können wir an jede Spiritualität, deren Tragfähigkeit wir prüfen möchten, ein zweites Bündel von Fragen stellen: Wie weit ist in dieser Spiritualität das Bewusstsein lebendig, dass Herzlichkeit und gegenseitige Anteilnahme wesentlich zum Wachstum und zur Reifung des Einzelnen beitragen? Wie weit findet in der Gemeinschaft, die sich der entsprechenden Spiritualität verpflichtet weiss, der Einzelne Unterstützung auf seinem Weg? Wie weit verfügt die Spiritualität über Formen und Instrumente, damit sich der Einzelne von der Institution und die Institution vom Einzelnen konstruktiv konfrontieren lassen kann? Wie weit schenkt die Institution dem Einzelnen das Grundvertrauen, dass er seinen Weg alleine suchen darf? Wie reagiert sie, wenn er eine abweichende Form der Gott-Suche einschlägt? Kurz, wie weit ermöglicht die Spiritualität ein fruchtbares Spannungsverhältnis zwischen dem Einzelnen und der Institution?

1.3 Orientierung an einer Meisterfigur – Offenheit für andere Formen der Spiritualität

In allem auf den Herrn schauen.
Ludolf von Sachsen[11]

In vielen Spiritualitäten ist die Orientierung an einem geistlichen Meister ein zentrales Element.[12] In jeder christlichen Spiritualität soll Jesus Christus selbst diese Lehrer-Rolle einnehmen. Vom Karthäuser Ludolf von Sachsen haben Ignatius von Loyola und die Jesuiten den Leitspruch *In allem auf den Herrn schauen* übernommen, wobei mit *Herr* Jesus gemeint ist.[13] Sowohl in den Exerzitien als auch in den vielfältigen Begegnungen im Alltag will der Jesuit dieses Schauen kontinuierlich vertiefen und ein inneres Verhältnis zum Gekreuzigten und Auferstandenen ausbilden. Auf Jesus blickend und von ihm lernend, will er sein Leben so leben lernen, wie Jesus sein eigenes gelebt hat.

Anderseits ist sich der Jesuit bewusst, dass er Jesus nie vollends erfassen wird und ihm von jenem ständig «Überraschungen»[14] zugemutet werden. Er weiss, er kann in seiner Beziehung zu Jesus nur wachsen, wenn er die Begegnung mit anderen Menschen und deren Wegen sucht und anerkennt, dass auch sie in ihrer Andersartigkeit von Gott geschaffen sind und sich auf Gott hinbewegen. Wer Jesuit werden will, muss also lernen, zu akzeptieren, dass die Meister-Figur, an welcher er sich orientiert, eine lebendige und paradoxe ist; eine Figur, die ihm so nahe kommen kann, dass sie immer noch Geschichten auslöst, auch wilde und unerträgliche, und die gleichzeitig so schwer einholbar ist, dass es sich lohnt, sich ein Leben lang mit ihr zu befassen; eine Figur, die in ihrer Grösse auf den Menschen nebenan, auf den Anderen und seinen Weg verweist.

So ergibt sich ein letztes Fragenbündel: Wird eine Spiritualität absolut gesetzt? Oder besitzt sie in ihrer Meister-Figur das Potenzial, den Einzelnen zu befähigen, verschiedene Erfahrungsebenen und Weltanschauungen zu unterscheiden und in die eigene Lebensentfaltung ein-

---

[11] Ludolf von Sachsen: *Das Vorwort zum «Leben Jesu Christi»*. Eingeleitet und übersetzt von Andreas Falkner SJ, Frankfurt a.M. 1988, S. 24.
[12] Scharfetter, Christian 1999: a.a.O., S. 15.
[13] Maron, Gottfried: *Ignatius von Loyola. Mystik – Theologie – Kirche*. Göttingen 2001, S. 23ff.
[14] Oberholzer, Paul: *Christliche Spiritualität*. URL: http://www.aki.unibe.ch.

zubauen? Ist sie offen für eine universale Sicht? Kann sie den Weg des Anderen als genuin eigenen Weg würdigen und ihn als Quelle für die eigene Entwicklung erfassen?

2. Alltag – Menschenwürde – Empathie – Widerstand – Klage – Bescheidenheit
CHRISTOPH MÜLLER

Ich habe versucht, wichtige Indizien einer tragfähigen Spiritualität[15] übersichtlich zusammenzustellen (s. Tabelle am Schluss des Kapitels). Im Folgenden vertiefe ich einige Aspekte aus den einzelnen Abschnitten der Zusammenstellung. Ich gehe davon aus, dass vieles ohne weitere Kommentierung verständlich werden kann. Die Zusammenstellung selber bleibt mit Sicherheit fragmentarisch, unabgeschlossen und unvollständig. Sie lässt sich nicht auf einen Nenner bringen. Wenn Spiritualität ein *Lebens*phänomen ist, gehören *Spannungen* unabdingbar dazu. Frömmigkeit sprengt jedes Schema, auch das hier vorgelegte.

Ich gehe so vor, dass ich jeweils eine Leitfrage formuliere, auf die ich dann vertieft eingehe. Ausgehend von diesen Leitfragen formuliere ich normative Kriterien einer tragfähigen Spiritualität.

2.1 Lebt die Spiritualität vor allem im Alltag oder eher auf Gefilden, die alltagsabgeschirmt sind? (zu den Abschnitten 1–3 in der Tabelle)

Es kann sehr heilsam sein, *Aus-Zeiten* zu nehmen und *geschützte Räume* zu finden. Unterbrechungen des Gewohnten können lebenswichtig werden. Ein Kriterium für tragfähige Spiritualität ist jedoch, ob solche Zeiten und Räume dazu befähigen, den Alltag neu zu entdecken und selbst im scheinbar Gewöhnlichen das Ungewöhnliche wahrzunehmen. Manchmal machen Menschen auch in schwierigen Situationen ihres *Alltags* völlig überraschende Erfahrungen; es ist für sie wie ein «*Über-das-Wasser-gehen-Können*», indem sie *über die Erde* gehen. Alltag ist nicht einfach Alltag. Mit welchem Blick kommt er in Sicht? Welcher Blick verstellt ihn? Wie kommen wir zu unserem Blick?

«Wie schnürt ein Mystiker seine Schuhe?» So heisst ein aufschlussreiches Buch, das kürzlich erschienen ist. Der tägliche «Kleinkram» kann unversehens überraschend anders erfahren werden. Lorenz Marti erläutert dies mit einem Satz, der von einem Schüler des berühmten jüdischen Wanderpredigers Maggid von Mesritsch überliefert ist: «Ich

---

[15] Statt von «Spiritualität» würde ich lieber von «Frömmigkeit» reden. «Frömmigkeit» erscheint sperriger und weniger gefällig als «Spiritualität».

bin nicht zum Maggid gegangen, um bei ihm die Torah zu studieren, sondern um zu beobachten, wie er seine Schuhe schnürt.» Was wäre eine Spiritualität, die dazu führt, den Alltag zu entwerten und zu trivialisieren – und nichts mehr mit dem ganz konkret gelebten Leben zu tun hat? Lorenz Marti kommentiert den Maggid:

> *Es gibt viele grosse Theorien über Gott und die Welt. Doch am Ende kommt es immer darauf an, wie ich mit den ganz praktischen Anforderungen des ganz gewöhnlichen Alltags umgehe. Der Ort, an dem die grossen Fragen des Lebens zu reflektieren und zu meditieren sind, ist immer da, wo ich gerade bin.*[16]

2.2 Werden Menschen in ihrer unantastbaren Würde wahrgenommen?
(zu den Abschnitten 4–7 in der Tabelle)

Ich knüpfe hier an Texte aus den Evangelien an. Im Matthäusevangelium (Mt 25,31–46) wird von einer Gerichts-Inszenierung erzählt, einer ebenso anschaulichen wie provokativen Darstellung der Lebens-«Essentials». Vor dem (letzten) Gericht erscheinen Leute «aus allen Völkern». Sie haben Kranke besucht, Obdachlosen ein Zuhause gegeben, Flüchtlinge, Hungernde und Gefangene nicht im Stich gelassen. Sie handelten wie der barmherzige Samaritaner (im Lukasevangelium[17]) aus einer *elementaren Empathie* heraus. Es ist ein menschliches, verletzliches, fragmentarisches Handeln – und Christus, der in der Rolle des Weltenrichters auftritt, sagt dann: «Was ihr einem dieser Geringsten getan habt, das habt ihr mir getan.» In den Kranken, Obdachlosen, Flüchtlingen, Hungernden und Gefangenen sind sie, ohne es zu wissen, dem Weltenrichter begegnet. Die elementare Empathie erweist sich als die entscheidende Weise von Frömmigkeit. Menschliches und Göttliches werden nicht auseinander dividiert. Menschen werden mit ihrem verletzlichen Sein und Handeln zu MitarbeiterInnen des Ewigen – indem sie Menschen in ihrer unantastbaren Würde wahrnehmen.

In einer merkwürdigen Geschichte im Johannesevangelium fragt Jesus den Kranken, bevor er ihn heilt, ob er überhaupt gesund werden *will* (Joh. 5,6). Der Kranke wird an der Heilung *beteiligt*. Jesus achtet seine Würde; der Kranke ist nicht Demonstrationsobjekt. Hier zeichnet sich Spiritualität dadurch aus, dass die in ihr zum Zuge kommende Macht *geteilte* Macht ist. Es ist Macht in der Konkretion der Ermächti-

---

[16] Marti, Lorenz: *Wie schnürt ein Mystiker seine Schuhe? Die grossen Fragen und der tägliche Kleinkram.* Freiburg 2004, S. 11f.
[17] Luk. 10,29–37.

gung (*empowerment*). Im Geist dieser Spiritualität verfügen Menschen nicht über andere, auch nicht dort, wo dies zu ihrem Wohl geschehen soll. Und auch Gott verfügt nicht über sie.

2.3 Werden gemeinsame Entdeckungen (verlorener) christlicher Traditionen möglich? Und: Wie werden andere Traditionen wahrgenommen?
(zu den Abschnitten 8–9 in der Tabelle)

Es gibt einen reichen Schatz christlicher Spiritualität. Ich verweise hier nur auf das Buch von Dorothee Sölle, in dem dies sehr eindrücklich dargelegt wird – immer auch im Gespräch mit nichtchristlichen Weisen von Spiritualität.[18] Viele biblische Traditionen sind hierzulande fast unbekannt.[19] Dies kann zu einem Verlust an lebenswichtigen Wurzeln führen. Es kann auch als grosse Chance aufgefasst werden, wenn Menschen heute christliche Traditionen *neu entdecken wie ein unbekanntes und verheissungsvolles Land*, das mit Neugier und Respekt erkundet wird. Ein achtungsvoller und neugieriger Umgang mit religiösen Traditionen verträgt sich nicht mit einer cleveren oder auch plumpen Vermarktung und Anpreisung, und auch nicht mit einem Personenkult um besonders «spirituelle» Menschen.

2.4 Ist eine Spiritualität in sozialer, ökologischer und politischer Hinsicht wach? Sind kritische Fragen eine wichtige Dimension von Spiritualität? Und wird auch ein befreiendes Lachen erfahrbar? (zu den Abschnitten 10–13 in der Tabelle)

Georg Schmid hat in seinem Vortrag von einer Spiritualität gesprochen, die zu einer «décervelage» führt, zu einem «no brain, no pain». Es gibt eine zynische Art, in der PolitikerInnen und auch Kirchenleute ihre Überzeugungen, Machtinteressen und Ziele im Namen «Gottes» oder des christlichen Glaubens rechtfertigen und unangreifbar machen.

Eine tragfähige Spiritualität kann eine wache und empathische Offenheit nicht mit einer scheinbar unpolitischen Privatheit vertauschen. Aber wie können «Mystik und Widerstand» zusammenkommen und zusammengehören? Wie wird es möglich, die Augen nicht vor Ungerechtigkeit zu verschliessen und sich dem Entsetzen und der Niedergeschlagenheit nicht zu entziehen?

Es ist schwierig, angesichts vieler entmutigender Erfahrungen nicht bitter, hart und starr zu werden. Damit Klarsicht, soziales Engagement und politische Wachheit mit den unvermeidbar damit verbundenen Enttäuschungen und Mühseligkeiten nicht in Rechthaberei und Ver-

---

[18] Sölle, Dorothee: *Mystik und Widerstand*. «*Du stilles Geschrei*» (Serie Piper 2689). München et al. 2000.
[19] Auf eine dieser fast unbekannten Traditionen komme ich in den Hinweisen zur Klage zu sprechen.

bohrtheit umschlagen, brauchen wir Zeiten, wo wir aufatmen und auch feiern können. Und wir brauchen Räume zu einem befreienden Lachen (auch über uns selber)[20] – so dass es möglich wird, uns (*mit* dem Engagement, den Enttäuschungen und auch dem eigenen Versagen) *endlich*, aber nicht *un*endlich wichtig zu nehmen. Ich zitiere aus dem Buch von Peter L. Berger eine Geschichte von verblüffender Weisheit.

> *Ein junger Amerikaner reist durch Indien, auf der Suche nach dem Sinn des Lebens. Er erfährt, dass ganz droben auf einem der unzugänglichsten Gipfel des Himalaya ein Heiliger lebt, von dem es heisst, er kenne die Antwort auf diese Frage. Der junge Amerikaner verbringt viele Wochen auf der Wanderschaft, unter grossen Mühen und Strapazen, und erreicht endlich den Ort, wo der Heilige wohnt. Und da sitzt der weise Mann, reglos, den Blick auf den Mount Everest gerichtet. «Ich heisse John P. Shultz», sagt der junge Amerikaner. «Ich bin aus Cleveland, Ohio, und ich suche nach dem Sinn des Lebens. Ich habe gehört, Sie wüssten ihn. Könnten Sie mir sagen, was der Sinn des Lebens ist?»*
>
> *Ohne den Blick vom fernen Gipfel des Mount Everest abzuwenden, intoniert der Heilige feierlich: «Das Leben ist wie die Lotusblüte.»*
>
> *Der junge Amerikaner sagt nichts und sinnt über diesen dunklen Satz nach. Lange Zeit herrscht Schweigen. Dann tritt ein leichtes Stirnrunzeln auf das Antlitz des Heiligen, er wendet den Blick von dem fernen Bergesgipfel ab und fragt den jungen Amerikaner besorgt: «Oder haben Sie einen anderen Vorschlag?»*[21]

2.5 Klage und Für-Klage (zu den Abschnitten 14–15 in der Tabelle)

In vielen jüdisch-christlichen Traditionen finden wir die Geste und Sprachform der Klage. Die Klage ist ein schmerzlicher Appell an Gott gegen Gott, ein Schrei in der Gottesfinsternis. Gott wird als Herausforderung und Kraft zum Widerspruch erfahren. Damit werden Gottesbilder, die über Jahrtausende wie selbstverständlich erschienen und erscheinen, umgestürzt, vor allem dasjenige, das «Gott» (oder eine «höhere Macht», ein «Schicksal» usw.) zum Erklärungsgrund für alles Unerklärliche, gerade auch das Unerklärlich-Böse, macht.

Das biblische Buch Hiob ist ein Zeugnis solcher Herausforderungen, ein Zeugnis von Gottesfinsternis und neuer Gottesbegegnung. Am Schluss seines ersten Klage-Psalms (Hi. 3,25f) sagt Hiob:

---

[20] Berger, Peter L.: *Erlösendes Lachen. Das Komische in der menschlichen Erfahrung.* Berlin 1998.
[21] Ebd., S. XIX.

*Ja, was mich schrecklich schreckte, das traf mich wirklich,
und wovor mir grauste, das kam über mich.
Ich finde keine Rast und keine Stille,
ich kann keine Ruhe finden – es kommt das Wüten.*

Hiob redet nicht *über* den Schmerz, *über* seine Verzweiflung. Er steckt mitten drin.

Dieses intensive Suchen und Fragen nach sich selber ist für Hiob gleichzeitig die Frage nach dem Verlässlichen, nach der Wahrheit, nach *Gott*. Es ist ihm unmöglich, Gott aus seinem sinnlosen Leiden herauszuhalten. Und Hiobs Fragen nach Wahrheit und Gerechtigkeit, sein Fragen nach Gott gibt keine Erleichterung, deckt nicht zu, macht alles noch schwieriger, noch unausweichlicher.

Es ist etwas völlig anderes, wenn ich *zu* Gott schreie, als wenn ich *über* Gott Aussagen mache.

Es ist etwas völlig anderes, wenn ein Mensch schreit, vorbehaltlos, direkt, ohne dogmatische Zensur, aus seinem Schmerz und seiner Wut heraus und damit Gott verwickelt in das, was er erfährt, erleidet – oder wenn ein Mensch *über* Gott redet, *über* den Schmerz, *über* das Leiden.

«In Klage und Verzweiflung», so sagte der Theologe Henning Luther, «liegt mehr ehrliche Hoffnung als in Beteuerung von Sinn und Lebensgewissheit. Die Trauer hält die Treue zum Anderen, zum Besseren, zum Ende des Leidens ... Nur wer klagt, hofft.»[22]

Und dort, wo Menschen keine Klage mehr herausschreien können, wird die *Für*-Klage zu einem starken Zeichen der Solidarität; sie wird in hoffnungslosen Erfahrungen stellvertretende Sprache und Geste der Hoffnung gegen alle Hoffnung.

Die Klage ist eine spezifische Expression einer elementaren Geste von Spiritualität: des Gebets. Simone Weil hat als «Wesen des Gebetes» die «Aufmerksamkeit» genannt.[23] Die Aufmerksamkeit für das Menschliche öffnet für das Göttliche und die Aufmerksamkeit für das Göttliche öffnet die Augen für das Leben.

---

[22] Luther, Henning: *Die Lügen der Tröster. Das Beunruhigende des Glaubens als Herausforderung für die Seelsorge.* In: PrTh, 33. Jg. 1998, S. 163–176, 170. Der Vortrag fand sich im Nachlass des Marburger Praktischen Theologen. Er hielt ihn im Mai 1991, wenige Wochen vor seinem Tod.

[23] Dazu D. Sölle, a.a.O. (oben Anm. 4), S. 286f.

In einer der Leichenreden Kurt Martis heisst es:

preiset das leben
das hart ist und schön
preiset DEN
der ein gott von lebendigen ist[24]

2.6 Verzicht als Lebens-Entfaltung (zu den Abschnitten 16–17 in der Tabelle)
Franz-Xaver Hiestand hat von Trennung und Hinwendung zum Wesentlichen gesprochen, auch von Askese. Er zeigt, dass Askese lebensfeindlich sein kann, dass es aber auch einen Verzicht und Übungen des Verzichts gibt, welche die Lebens-Entfaltung fördern oder erst möglich machen.
Eine tragfähige Spiritualität braucht Übung und Wiederholung. Schnell-Erfolge werden hier nicht versprochen. Aber auch durch Übung und Wiederholung kann nichts erzwungen werden. Wenn Spiritualität zu einer Leistung wird, gerät sie in Atemnot.
Mit meinem letzten Beispiel komme ich wieder an den Anfang zurück. Es ist jetzt nicht der Mystiker, der seine Schuhe bindet, sondern ein Mönch, der sich in der Wüste mit einem Schüler unterhält. Und beide könnten heute gut unter uns sitzen:
Vor vielen hundert Jahren suchte ein verzweifelter junger Mönch seinen Altvater auf. Er war sehr enttäuscht, weil es ihm nicht gelungen war, als Einsiedler in der Wüste die ersehnte Ruhe zu finden. «Wie lange bist du schon Mönch?», wollte der Alte wissen. – «Acht Jahre.» – «Acht Jahre?» Der Alte runzelte die Stirn: «Ich trage das Mönchsgewand seit siebzig Jahren, und noch keinen Tag habe ich Ruhe gefunden! Und du verlangst mit deinen acht Jahren bereits Ruhe zu haben?» Es war einen Moment still, so still, dass man beinahe hören konnte, wie dem jungen Mönch ein Stein vom Herz fiel. Weil der Alte nichts weiter sagte, bedankte sich der junge Mönch und machte sich gestärkt auf den Weg.[25]

---

[24] Marti, Kurt: *Leichenreden*. Mit einem Vorwort von Peter Bichsel, Zürich 2001 (Erste Aufl. Neuwies / Berlin, 1969), S. 23.
[25] L. Marti, a.a.O. (oben Anm. 2), S. 147.

Zusammenstellung wichtiger Indizien einer tragfähigen Spiritualität

	Indiz	Beispiel	Indiz-Frage	konträr
1	Im Alltag das den Alltag Transzendierende entdecken und erfahren; «Gott unten»	«Das Wunder ist nicht, auf dem Wasser zu wandeln, sondern auf der Erde zu gehen.»	Lebt diese Spiritualität vor allem im **Alltag** oder auf Gefilden, die alltags-abgeschirmt sind?	Flucht vor dem Alltag, Abwertung, Banalisierung und Verdrängung des «Gewöhnlichen»
2	Sinne und Affekte kommen so ins Spiel, dass Menschen sich in ihrer guten Geschöpflichkeit erfahren.	Spaziergang in den Aare-Auen	Wie werden der Körper, die **Sinne** und die Affekte einbezogen?	Sinnlichkeit und Emotionalität werden abgewertet/überhöht/ instrumentalisiert.
3	Die Sprache ist klar und zugänglich.	«Wie schnürt ein Mystiker seine Schuhe?»	Wie ist die **Sprache**?	Jargon; Klischee; gestelzte, aufgeblasene, überhöhte Sprache
4	Menschen können einander in ihrer gottgegebenen Menschenwürde erfahren und achten.	Christus: «Was ihr einer/m dieser Geringsten getan habt ...» (NT: Matth. 25,40).	Werden die Menschen in ihrer unantastbaren **Würde** wahrgenommen?	Die «wahre» Menschenwürde erlangen nur die «wahrhaft Spirituellen».
5	elementar und offen	«Basis»-Gemeinschaften	Wer hat (keinen) **Zugang**? Was wird verdeckt gehalten?	Spiritualität nur für eine auserwählte und exklusive (z.B. zahlfähige) Gruppe
6	Dialogische Spiritualität; Differenzen werden nicht zugedeckt.	«LaiInnen»-Spiritualität	Ist die Spiritualität offen für die achtsame **Begegnung** mit anderen Spiritualitäten und Lebensweisen?	Die «wahrhaft Spirituellen» bleiben unter sich. Sie brauchen die Anderen nicht.
7	Autorität als empowerment	«Willst du gesund werden?» (NT: Joh. 5,6)	Wird **Macht** geteilt?	hierarchisch und elitär *fixiert*
8	reicher Schatz christlicher Spiritualität	Kirchen, wenn sie als Ermöglichungs-Räume für die Begegnung mit Spiritualität erfahren werden	Werden gemeinsame Entdeckungen (verlorener) christlicher **Traditionen** möglich?	Ignoranz gegenüber christlichen Weisen von Spiritualität
9	Achtung vor anderen lebensfreundlichen Traditionen und ihren konkreten sozialen und religiösen Kontexten		**Wie** werden Traditionen wahrgenommen (respektiert oder ausgebeutet)?	Spiritualität wird instrumentalisiert und als Ware auf den Markt gebracht.

10	aufmerksam im Blick auf Ungerechtigkeit, Missachtung der Menschenreche und Umweltzerstörungen	sozialpolitisch und ökologisch sensibel und unbestechlich	Was ändert sich durch diese Spiritualität im Blick auf **soziales, ökologisches und politisches Wach-Sein**?	Spiritualität als Flucht ins Private; (scheinbar) unpolitisch
11	hellhörig gegenüber terribles simplificateur(e)s und Propaganda	«*Gegen*lernen» ist erwünscht.	Schärft die Spiritualität den Blick, die Wahrnehmung, die Empathie für **Menschen im Dunkeln**?	schönfärben, wegsehen, unempfindlich werden
12	kritisch, reflexiv, transparent; keine Absolutheitsansprüche	klares Denken, Nachdenken, Weiterdenken	Sind **kritische Fragen** und Auseinandersetzungen wichtige spirituelle Dimensionen?	sich einer vorgegebenen Überzeugung fraglos unterziehen
13	Humor relativiert Absolutheits- und Machtansprüche.	heilsame Möglichkeit der Distanzierung	Ist es möglich, über sich selber zu **lachen** («redeeming laughter»)?	starre Strenge; sich lustig machen auf Kosten Anderer
14	wahrnehmen des Scheiterns, des Fragmentarischen	hoffen *in* den Aporien, hoffen *trotz*dem	Werden (verdeckte) Ganzheits- und **Vollkommenheitsnormen** auferlegt?	Ganzheitsideologie, Gesundheitsideologie
15	Trauer über Unfassbares, Zerstörerisches	Klage, Für-Klage	Ist es eine Spiritualität, die für alles eine **Erklärung** verspricht?	umfassende und lückenlose Welterklärung; Verharmlosung des Bösen
16	sich konzentrieren, üben, Entschleunigung, Langsamkeit	Askese der Entfaltung	Welche **Erfolge**, (Macht-)Gewinne und Höchstleistungen werden versprochen?	Askese der Unterdrückung
17	Wege, Umwege, Umkehrwege, verschiedene Wege	«Siebzig Jahre Mönch und kein bisschen ruhig ...»		Leistungs-Spiritualität; Fast-food- bzw. Instant-Spiritualität

Autorinnen und Autoren

Angaben über weitere Publikationen der Autoren können bei den aufgeführten Internetadressen gefunden werden.

BERNHARDT REINHOLD: geb. 1957. 1989 Promotion und 1998 Habilitation an der Theologischen Fakultät der Universität Heidelberg. Herbst 1997 Gastdozentur an der Vanderbilt University in Nashville TN. 1998–2000 Pfarrer in der Ev. Landeskirche Hessen-Nassau. 2000/01 Lehrstuhl für Systematische Theologie an der Universität Osnabrück. Seit 2001 Professor für Systematische Theologie / Dogmatik an der Universität Basel (Arbeitsschwerpunkt «Theologie der Religionen»). (www.unibas.ch/theologie/PersBernhardt.html)

DELLSPERGER RUDOLF: geb. 1943. Theologiestudium in Bern und Heidelberg. 1969 Assistent, 1974 Oberassistent-Lektor an der Evang.-theol. Fakultät Bern. 1973 Promotion, 1977/78 Forschungsstipendiat des SNF, 1981 Habilitation, 1980 Theodor-Kocher-Preis. 1980–1984 Pfarrer in Burgdorf. Seit 1986 Ordentlicher Professor für Neuere Kirchengeschichte, Theologiegeschichte und Konfessionskunde. Arbeitsschwerpunkte: Geschichte und Theologie der Reformation, des Pietismus und des 19. Jahrhunderts. (www.theol.unibe.ch/iht/dellsperger.html)

HIESTAND FRANZ-XAVER: geb. 1962. lic. phil. I, dipl. theol. 1981–1988 Studium der Germanistik, Altphilologie und Geschichte in Zürich. 1988 Eintritt in den Jesuitenorden, Noviziat in Innsbruck, Studium der Philosophie und Theologie in München und Paris. Seit 1998 Leiter des aki-Bern (der Katholischen Universitätsgemeinde Bern). (www.aki.unibe.ch)

JAGGI KASPAR H.: geb. 1949. Dr. med., Ausbildung Allgemeine Medizin in Bern, Prag, Luzern, Interlaken, Wengen. Tätigkeit in Heim für seelenpflegebedürftige Jugendliche «Sonnenhof», «Ita Wegman Klinik» und «Lukas-Klinik» (Onkologie) Arlesheim. Praxis in Ittigen bei Bern. Aus- und Fortbildungtätigkeit Anthroposophische Medizin für Therapeuten, Ärzte, Apotheker; Mit-Aufbau Schweiz. Verband für Anthrop. Kunsttherapie. (www.svakt.ch [«Therapiemethoden»] und www.anthro-sana.ch)

JÄGER WILLIGIS: geb. 1925. Priester und Benediktiner der Abtei Münsterschwarzach. Studium der Philosophie und Theologie an der Universität Würzburg. 1960–1975 Bildungsreferent bei den kirchlichen Werken Missio und Misereor, 1975–1981 Aufenthalt in einem Zen-Zentrum in Japan. Langjähriger Leiter des Meditationszentrums «Haus St. Benedikt» in Würzburg. 1996 Ernennung zum Zen-Meister. Seit 2003 spiritueller Leiter des Seminarzentrums «Benediktushof» in Holzkirchen bei Würzburg. Kurse und Vorträge über Mystik, Kontemplation und Zen. (www.willigis-jaeger.de)

JÄNCKE LUTZ: geb. 1957. Studium an der Technischen Universität Braunschweig und der Heinrich-Heine-Universität Düsseldorf. Forschungsaufenthalte an der Harvard Medical School Boston. Habilitation über «Funktionelle und anatomische Hemisphärenasymmetrien». Forschung und Lehrtätigkeit an verschiedenen Forschungszentren Deutschlands. Seit 2002 Ordinarius für Neuropsychologie, Psychologisches Institut, Universität Zürich. (http://www.psychologie.unizh.ch/neuropsy)

Jans Franz-Xaver: geb. 1943. Studium der Philosophie, katholischen Theologie und analytischen Psychologie. Psychotherapeut, Lehranalytiker und Supervisor am C.G Jung-Institut Zürich. Lehrbeauftragter am Institut für kirchliche Weiterbildung IFOK Luzern. Kontemplationslehrer, vielfältige Seminar- und Weiterbildungsarbeit (Hesychastische Mystik, kontemplative Spiritualität, vergleichende Symbolkunde). Verantwortlich für den Bereich Spiritualität im Via Cordis-Haus St. Dorothea, Flüeli-Ranft. (www.viacordis.ch)

Jecklin Hans: geb. 1938. Langjährige unternehmerische Erfahrung und Führungstätigkeit in zahlreichen kulturellen und sozialen Institutionen, parallel zu einem freien, westliches und östliches Wissen vereinigenden, inneren Erfahrungsweg. Heute: Begleitung von Einzelpersonen und Institutionen – Teams und Grossgruppen – bei der Sinn- und Visionsfindung im individuellen und gemeinschaftlichen Handeln (Praxis für Bewusstseinsentfaltung, Forum für Integrale Wirtschaft). (www.integralewirtschaft.info)

Kaiser Annette: geb. 1948. Studium der Ökonomie. Engagement in der Entwicklungszusammenarbeit (Swissaid, DEZA). Ausbildung in T'ai Ji und Qigong. Während 17 Jahren Schülerin der russisch-englischen Sufilehrerin Irina Tweedie. Seit 1991 von ihr autorisiert zur Leitung von Sufiseminaren und ab 1998 zur Weiterführung des Sufipfades der Naqshbandiyya Mujaddidiyya-Linie. Lehrt Meditation und arbeitet mit Träumen. Mystikerin und Leiterin der Villa Unspunnen in Wilderswil. Mehrere Buchpublikationen. (www.villaunspunnen.ch)

Leutwyler Samuel: geb. 1952. Studium der Chemie an der Universität Bern. 1979 Dr. phil.nat., anschliessend Forschungsaufenthalt an der Universität Tel-Aviv, Israel. 1984 Habilitation an der Universität Basel. Seit 1990 Professor für Physikalische Chemie am Departement für Chemie und Biochemie der Universität Bern. Forschungsschwerpunkt: Intermolekulare Interaktionen. (http://dcbsig1.unibe.ch)

Moser Marcus: geb. 1962. Studium der Philosophie, Theologie, Geschichte und Politikwissenschaft. Journalist BR. Philosophielehrer an der Kantonsschule Solothurn. Langjähriger Redaktor bei SR DRS. Seit 2001 Kommunikationschef / Leiter Abteilung Kommunikation der Universität Bern. (http://www.unibe.ch/oeffentlichkeit/media.html)

Müller Christoph: geb. 1944. Studium der Evang. Theologie, 1975 Dr. theol. (NT). 1988 Habilitation. 1978–1988 Pfarrer in Thun. 1988–1995 Professor für Praktische Theologie an der Universität Basel, seit 1995 an der CETheol. Fakultät der Universität Bern (Institut für Prakt. Theologie). Hauptarbeitsgebiete: Empirische Theologie (vor allem in Bezug auf Kasualien), Spiritualität, Hermeneutik, beteiligt am NFP 52 («Kindheit und Jugend im gesellschaftlichen Wandel») und im Instituts-Projekt «Rituale und Ritualisierungen in Familien». (www.theol.unibe.ch/ipt/mueller.html)

Müller Franz Nikolaus: geb. 1951. Studium der Theologie, Philosophie, Psychologie, Pädagogik und Sportwissenschaften in Salzburg. Promotion über Mystagogie (1990) bei Albert Biesinger, Tübingen. Lebt in Salzburg und Winterthur. Viele Jahre tätig in der Aus-, Fort- und Weiterbildung von Religionspädagogen an Gymnasien. Schulbuchautor. Von Willigis Jäger beauftragt, Kontemplation zu lehren. Lehrauftrag für Kontemplation an der Universität Salzburg. Mitglied der «Würzburger Schule der Kontemplation» und der Weggemeinschaft «Via Cordis». (www.sbg.ac.at/pth/people/mueller/home.htm)

NÄGELI MARKUS: geb. 1953. Primarlehrer. Studium der Theologie in Bern. 1984–2003 Pfarrer in Vechigen. 2002 Promotion. Mehrere kirchengeschichtliche und konfessionskundliche Publikationen. Langjährige Weiterbildung in Kontemplation und Meditativem Tanz, eigene Kursarbeit. Seit Herbst 2003 Schwerpunktpfarramt für Spiritualität in der Ref. Kirchgemeinde Thun-Strättligen und Mitarbeit am Projekt «Spiritualität und Wissenschaft» des Forums für Universität und Gesellschaft, Bern. (www.markus-naegeli.ch)

OBERMÜLLER KLARA: geb. 1940. Studium der deutschen und französischen Literatur, sowie Geschichte in Zürich, Hamburg und Paris. Seit Mitte der 60er Jahre Redaktorin bei der Kunst- und Kulturzeitschrift «du», der «Neuen Zürcher Zeitung» und der «Weltwoche». In den letzten Jahren Redaktorin und Moderatorin der «Sternstunde Philosophie» im Schweizer Fernsehen DRS. Übersetzerin und Herausgeberin. Seit ihrer Pensionierung im Jahr 2002 freiberuflich als Publizistin tätig. (http://autoren.nagel-kimche.de/autor_I.asp?ID=121)

RUTISHAUSER CHRISTIAN M. SJ: geb. 1965. Dr. theol., Bildungsleiter im Lassalle-Haus Bad Schönbrunn (Zentrum für Spiritualität, interreligiösen Dialog und soziale Verantwortung). Lehrbeauftragter für Jüdische Studien an der Hochschule für Philosophie in München und an der Universität Gregoriana in Rom. Mitarbeiter in nationalen und internationalen Kommissionen zum jüdisch-christlichen Gespräch. Publikationen zum Thema Spiritualität, Judentum und interreligiöser Dialog. (www. lassalle-haus.org)

SCHARFETTER CHRISTIAN: geb. 1936. Professor der Psychiatrie der Universität Zürich, tätig (bis 1999) in Klinik, Forschung, Lehre. Spezialgebiete: Psychopathologie, Schizophrenielehre, Genetik, interkulturell vergleichende Psychiatrie und Psychotherapie (Ethnopsychotherapie). Philosophisch-anthropologische Grundlegung, Religionen, Spiritualität. (http://www.gallileus.info/search/history/parts/4329)

SCHMID GEORG: geb. 1940. Studium der Theologie und Religionswissenschaft in Zürich, Bern, Basel, Rom und Alexandria, Virginia USA. Pfarrer in Graubünden 1965–1970, und Greifensee ZH 1986–2003. Seminarlehrer in Chur und Zürich, Leiter der evang. Informationsstelle Kirchen-Sekten-Religionen (www.relinfo.ch) 1993–2003. Titularprofessor für Religionswissenschaft an der Universität Zürich. Buchautor, Verfasser von Kirchenliedtexten. (www.theol.unizh.ch/staff/gschmid/)

SCHWINGES RAINER C.: geb.1943. Studium der Geschichte, Soziologie, Philosophie und Psychologie an den Universitäten Köln, Münster und Giessen. Habilitation 1985. Seit 1989 Professor für Allgemeine Geschichte des Mittelalters an der Universität Bern. Seit 2001 Präsident des Forums für Universität und Gesellschaft. Hauptarbeitsgebiete: Sozial- und Verfassungsgeschichte, Universitäts-, Bildungs- und Wissenschaftsgeschichte des Mittelalters und der Neuzeit. (www.hist.unibe.ch/content/personal/index_ger.htm)

STOLZ JÖRG: geb. 1967. 1987–1994 Studium der Soziologie, Volkswirtschaft und Philosophie in Zürich und Bielefeld. 1994 Lizentiat und 1999 Dissertation in Zürich. 1999–2002 Nachdiplomstudien in Paris, Mannheim und Ann Arbor (USA). Seit 2002 ordentlicher Professor für Religionssoziologie an der theologischen Fakultät der Universität Lausanne (Sektion Religionswissenschaft) und Direktor des Observatoriums der Religionen in der Schweiz. (www.unil.ch/ors)

TUGENDHAT ERNST: geb. 1930. Schulen in St. Gallen und Caracas. Studien in Stanford und Freiburg, Habilitation in Tübingen über den «Wahrheitsbegriff bei Husserl und Heidegger». 1966 ord. Professor für Philosophie in Heidelberg. Ab 1975–1980 Forschung am MPI in Starnberg. 1980–1992 Professur an der Freien Universität Berlin. 1992–1996 Gastprofessor an der Universidad Católica in Santiago de Chile. Seit 1999 wohnhaft in Tübingen. (https://selneu.ub.fu-berlin.de)

WELTER JÜRG: geb. 1950. Studium der evangelischen Theologie in Bern und Göttingen. Seit 1976 Pfarrer der reformierten Kirche. Arbeitsschwerpunkte: Verkündigung und Erwachsenenbildung. Seit 1990 intensive Auseinandersetzung mit der christliche Mystik in Theologie und Dichtung (Eckhart, Llull, Silesius, Weil). Seit 1995 tätig als Münsterpfarrer in Bern. (www.bernermuenster.ch/mitarbeitende.htm)

WILD PETER: geb. 1946. 25 Jahre lang Mönch im Benediktinerkloster Einsiedeln. Studium der Theologie, Germanistik und Religionswissenschaft. Gymnasiallehrer. Verlagslektor. Seit 1975 Leitung von Meditations- und Yogakursen. Seit 1997 Beauftragter der Evangelisch-reformierten Kirche Zürich für Meditation und Spiritualität. Leitet daneben freiberuflich Meditationskurse und Seminare zu spirituellen Themen. Übersetzer, mehrere Buchpublikationen.(www.zh.ref.ch/bug/content/e2/e19/e444/index_ger.html)

Im gleichen Verlag erschienen:

v/d/f

2., durchgesehene Auflage 2005,
288 Seiten, Tabellen und Grafiken,
Format 17 x 24 cm, broschiert
CHF 54.–/EUR 36.50 (D)
ISBN 3 7281 2983 6

NORBERT THOM,
JOANNA HARASYMOWICZ-BIRNBACH (HRSG.)
WISSENSMANAGEMENT
IM PRIVATEN UND ÖFFENTLICHEN SEKTOR
WAS KÖNNEN BEIDE SEKTOREN VONEINANDER LERNEN?

Die unsere Welt prägenden fundamentalen wirtschaftlichen, technologischen und sozialen Veränderungen wirken sich seit einigen Jahren gleichermassen auf den Staat und die Wirtschaft aus. In diesem Zusammenhang werden immer intensiver Möglichkeiten und Wege des gegenseitigen Lernens diskutiert, bei denen Verwaltungen und Unternehmen ihre jeweiligen Schwächen durch Einbindung der beim anderen Sektor beobachteten und bewährten Methoden und Instrumente effektiv und effizient abbauen. Dabei stellen sich auch Fragen im Bereich des Wissensmanagements im Sinne eines gezielten Umgangs mit der Ressource «Wissen».

Das Buch dokumentiert die Ergebnisse einer vom Forum für Universität und Gesellschaft der Universität Bern organisierten Tagung. Es bietet fundierte Informationen zum Gebiet Wissensmanagement aus Sicht verschiedener Fachdisziplinen, unterschiedlicher Betriebstypen sowie mehrerer Länder. Damit soll versucht werden, eine Brücke zwischen Praxis und Theorie einerseits sowie zwischen öffentlichem und privatem Sektor andererseits zu schlagen.

2001, 220 Seiten, Format 17 x 24 cm,
broschiert
CHF 52.–/EUR 32.40 (D)
ISBN 3 7281 2789 2

RICHARD J. WATTS, HEATHER MURRAY (HRSG.)
DIE FÜNFTE LANDESSPRACHE?
ENGLISCH IN DER SCHWEIZ

Wird Englisch zur fünften Landessprache der Schweiz? Kaum – aber die Tatsache, dass die Frage überhaupt gestellt wird, wirft ein grelles Schlaglicht auf den Status der englischen Sprache in der Schweiz. Zu einem Zeitpunkt, wo es wichtiger denn je ist, ob und wie die Schweiz den Anschluss an Europa und den Zugang zur globalen Marktwirtschaft findet, ist die Frage nach dem Kommunikationsmittel, der Sprache also, von eminenter Bedeutung. Der Vormarsch des Englischen wird in nächster Zeit wohl nicht aufzuhalten sein. Aber will die Schweiz gerade deswegen einen ihrer wichtigsten Trumpfkarten ausspielen – ihre wertvollen Erfahrungen mit dem Zusammenleben verschiedener Kulturen und deren Mehrsprachigkeit?

Die vorliegenden Beiträge sind eine Bestandesaufnahme der gegenwärtigen Situation und versuchen, das Problem sachlich zu beleuchten. Sie bieten keine direkte Antwort, aber sie eröffnen die kritische Diskussion.

Hansjürg Mey, Daniel Lehmann Pollheimer (Hrsg.)
ABSTURZ IM FREIEN FALL –
ANLAUF ZU NEUEN HÖHENFLÜGEN
GUTES ENTSCHEIDEN IN WIRTSCHAFT,
POLITIK UND GESELLSCHAFT

Die Befindlichkeit unseres Landes am Ausgang des 20. Jahrhunderts vermittelt ein eigenartig gespaltenes Bild. Während sich an der Oberfläche mehr oder weniger Ruhe und gesellschaftlicher Wohlstand zeigen, mehren sich die ungelösten Probleme und bilden eine latente Bedrohung. Gerade in jüngster Zeit wurden wiederholt wichtige Entscheide gefällt, die noch nicht ausgereift waren und zu unerwarteten Konsequenzen führten. Schlimmstenfalls wurden Probleme ungelöst an Bürgerinnen und Bürger delegiert.

Fehlt es an der Bereitschaft oder an der Fähigkeit, angemessen Entscheide zu fällen? Wie kommen Entscheide überhaupt zustande, wie sind sie motiviert? Und welche Mechanismen führen schliesslich zu «guten» Lösungen, welche zu «schlechten»?

Vier Beispiele aus der jüngsten Vergangenheit bilden den Ausgangspunkt, um gängige Entscheidungsmechanismen genauer zu untersuchen. Gefragt wird auch nach der Rolle der Entscheidungsträger und danach, welche Fähigkeiten die Hochschulen ihren Absolventen mitgeben sollten, damit sie zu «guten» Entscheidungsträgern in Wirtschaft, Politik und Verwaltung werden.

2001, 256 Seiten, zahlreiche Abbildungen,
Format 17 x 24 cm, broschiert
CHF 54.–/EUR 33.90 (D)
ISBN 3 7281 2703 5

Rainer C. Schwinges, Paul Messerli, Tamara Münger (Hrsg.)
INNOVATIONSRÄUME
WOHER DAS NEUE KOMMT – IN VERGANGENHEIT
UND GEGENWART

In einer globalisierten Welt, so könnte man meinen, ist für Unternehmen, Branchen und Forschung überall alles möglich – tatsächlich aber existieren auch heute noch Räume, die als Standorte höher im Kurs stehen als andere.

Ist es darum, weil in diesen Regionen ein über Jahrzehnte oder gar Jahrhunderte lebendig erhaltenes Spezialwissen bereits vorhanden ist, weil sich hier Hochschulen, Forschungsinstitute, Ausbildungsstätten mit den Bedürfnissen der regionalen Wirtschaft und Kultur beschäftigen? Hat es mit der umsichtig gepflegten Infrastruktur in diesen Landschaften zu tun, mit der Ansiedlung verwandter Gewerbe und Industrien, mit vorhandenen Dienstleistungen? Oder investieren Unternehmen da, wo wirtschaftliche Hemmnisse durch die Gesetzgebung wegfallen, wo der unternehmerischen Tätigkeit mehr Freiraum, mehr Freiheit gelassen wird?

Experten aus Wissenschaft, Politik und Wirtschaft haben sich im Rahmen einer Tagung der Akademischen Kommission der Universität Bern mit der Frage beschäftigt, welche Faktoren einen Raum zu einem Innovationsraum werden lassen.

2001, 200 Seiten, Format 17 x 24 cm,
broschiert
CHF 52.–/EUR 32.40 (D)
ISBN 3 7281 2706 X

Brigitte Kaufmann-Hayoz, Christine Künzli (Hrsg.)
«... MAN KANN JA NICHT EINFACH AUSSTEIGEN.»
KINDER UND JUGENDLICHE ZWISCHEN UMWELTANGST UND KONSUMLUST

Die in den letzten 25 Jahren Geborenen sind die erste Generation, die von frühester Kindheit an mit dem Wissen um die Bedrohung der natürlichen Lebensgrundlagen konfrontiert wurde. Ihre Zweifel am Fortbestand der Natur sind gepaart mit Gefühlen der Ohnmacht und der Hilflosigkeit. Zugleich sind sie in der heutigen Konsumgesellschaft gross geworden und haben die umweltbelastenden Lebensgewohnheiten als Selbstverständlichkeit übernommen. Kinder und Jugendliche leben mit Umweltangst und Konsumlust. Aber beide Orientierungen stehen in ihrem Bewusstsein unverbunden nebeneinander. Versäumen wir es etwa, die Heranwachsenden zu lehren, was Umwelt und Konsum miteinander zu tun haben? Lassen wir sie mit den schwierigen Herausforderungen und Belastungen allein, anstatt ihnen zu zeigen, wie sie diese bewältigen können? Hören wir zu wenig auf ihre Stimmen, die uns auffordern, auch an ihre Zukunft zu denken und sie in die Gestaltung dieser Zukunft einzubeziehen?

1999, 360 Seiten, zahlreiche Abbildungen und Tabellen, Format 17 x 24 cm, broschiert
CHF 54.–/EUR 34.90 (D)
ISBN 3 7281 2647 0

Peter Rusterholz, Anna Liechti (Hrsg.)
UNIVERSITÄT AM SCHEIDEWEG
HERAUSFORDERUNGEN – PROBLEME – STRATEGIEN

Die Universität ist strukturell und in ihrem Aufgabenbereich an der Grenze ihrer Möglichkeiten angelangt. Obwohl die Zahl der Studierenden kontinuierlich steigt, kürzt der Staat das Budget der Universitäten. Die hohe Qualität in Lehre und Forschung ist dadurch gefährdet. Gleichzeitig zeichnet sich durch die Globalisierung der Wissenschaft und die Forderung nach interdisziplinärer Forschung ein fundamentaler Wandel in der Wissensorganisation ab. Die Universität muss sich in einem veränderten gesellschaftlichen Umfeld und in der Konkurrenz mit anderen Wissenschaftsorganisationen reformieren und neu positionieren.
Experten und Expertinnen aus Politik, Wirtschaft und Wissenschaft haben sich diesen Herausforderungen an einem Symposium der Akademischen Kommission der Universität Bern gestellt. Die Publikation der Referate wird durch eine übergreifende Synthese der Tagung und die Berichte der interdisziplinären Arbeitsgruppen ergänzt.

1998, 264 Seiten, Format 17 x 24 cm, broschiert
CHF 54.–/EUR 34.90 (D)
ISBN 3 7281 2598 9